Manuel de Diagnostic
en
Psychobiologie Subcellulaire

Livres de l'Institute for the Study of Peak States Press

Peak States of Consciousness : Theory and Applications, Volume 1 : Breakthrough Techniques for Exceptional Quality of Life, Grant McFetridge Ph.D. avec Jacquelyn Aldana et Dr James Hardt (2004)

Peak States of Consciousness : Theory and Applications, Volume 2 : Acquiring Extraordinary Spiritual and Shamanic States, Grant McFetridge Ph.D. avec Wes Gietz (2008)

Peak States of Consciousness : Theory and Applications, Volume 3 : Subcellular Psychobiology, Disease, and Immunity, Grant McFetridge Ph.D. et al. (à paraître)

Le manuel du Whole-Hearted Healing™, Grant McFetridge Ph.D. et Mary Pellicer M.D. (2004)

The Whole-Hearted Healing™ Workbook, Volume 1, Paula Courteau (2013)

Subcellular Psychobiology Diagnosis Handbook : Subcellular Causes of Psychological Symptoms - Peak States® Therapy, Volume 1, Grant McFetridge Ph.D. (2014)

Silence the Voices : The Fungal Cause of Schizophrenia - Peak States® Therapy, Volume 2, Grant McFetridge Ph.D. (2017)

Suicide Prevention - Peak States® Therapy, Volume 3, Grant McFetridge Ph.D. et al (à paraître)

Spiritual Emergencies - Peak States® Therapy, Volume 4, Grant McFetridge Ph.D. et al. (à paraître)

Addiction and Withdrawal - Peak States® Therapy, Volume 5, Grant McFetridge Ph.D. et al. (à paraître)

Breakthrough Research : Techniques, Insights, and Mindset, Grant McFetridge Ph.D., Kirsten Lykkegaard DVM Ph.D. et al. (à paraître)

Pour commander, rendez-vous sur notre site www.PeakStates.com

Manuel de Diagnostic en Psychobiologie Subcellulaire

Les causes subcellulaires des symptômes psychologiques

Thérapie Peak States®, Volume 1

Grant McFetridge Ph.D.
Illustrations de Lorenza Meneghini et Piotr Kawecki
Traduit de l'anglais par François Olivier

« Méthodes pour un changement fondamental du psychisme humain »

Collaboration à la traduction : Thomas Gagey, Julien Roux, Ghita Ibnbrahim, Gaëtan Klein, Céline Guérin.

L'édition originale de cet ouvrage a été publiée au Canada par l'Institute for the Study of Peak States Press sous le titre : *Subcellular Psychobiology Diagnosis Handbook*

Première édition
Première impression, 2021

Pour l'édition originale :

Library and Archives Canada Cataloguing in Publication

McFetridge, Grant, 1955-, author
Subcellular psychobiology diagnosis handbook: subcellular causes of psychological symptoms / by Dr. Grant McFetridge;
illustrations by Lorenza Meneghini.

Includes bibliographical references and index.
ISBN 978-0-9734680-5-2 (pbk.)

1. Mental illness--Diagnosis--Handbooks, manuals, etc. 2. Mental healing--Handbooks, manuals, etc. 3. Psychobiology--Handbooks, manuals, etc. 4. Medicine and psychology--Handbooks,manuals, etc.
I. Institute for the Study of Peak States, issuing body
II. Title.

RC469.M34 2014   **616.89'075**   **C2014-900626-8**

Institute for the Study of Peak States Press
3310 Cowie Road
Hornby Island, British Columbia
V0R 1Z0 Canada
http://www.peakstates.com

*Ce livre est dédié à toute ma grande famille élargie,
dont les encouragements et le soutien affectif
m'ont été très précieux au fil des ans.
Je tiens en particulier à saluer :*

*Mon frère, Scott McFetridge
Ma sœur, Alison McFetridge (1964 - 2004)
Mon oncle, Frank Downey
Ma tante Brenda et son mari Hugh Blair
Et mon cousin Ian et sa femme Marina Harriman*

Convention de responsabilité civile

IMPORTANT !
LISEZ CE QUI SUIT AVANT DE CONTINUER

Le matériel contenu dans ce livre est fourni uniquement à des fins éducatives et n'est pas destiné à être utilisé par le grand public comme un outil d'aide personnel. Les processus décrits dans ce livre s'adressent aux professionnels du domaine de la guérison des traumatismes et ne sont pas destinés à être utilisés par des non-spécialistes sans *supervision compétente et qualifiée*. Comme il s'agit d'un domaine d'études relativement nouveau et spécialisé, même la plupart des professionnels agréés n'ont pas une formation adéquate à la fois en psychologie prénatale et périnatale et en psychotraumatologie.

Il est possible, et dans certains cas probables, que vous ressentiez une détresse extrême, à court et à long terme, si vous utilisez les processus décrits dans ce livre. Comme dans tout processus psychologique intense, des problèmes mettant la vie en danger peuvent survenir en raison de la possibilité d'apporter un stress important sur un cœur faible et d'activer des pulsions suicidaires, entre autres causes. Bien que nous ayons explicitement indiqué dans le texte les problèmes potentiels que vous pourriez rencontrer en utilisant ces processus, vous pourriez rencontrer quelque chose que nous n'avons jamais vu auparavant. Vous pouvez éprouver des problèmes graves ou mettant votre vie en danger avec n'importe lequel des processus décrits dans ce livre. La possibilité que vous mouriez en utilisant ces processus *existe*. Si vous n'acceptez pas d'être TOTALEMENT responsable de la façon dont vous utilisez ce matériel et des conséquences qui en découlent, nous vous demandons de ne pas utiliser les processus décrits dans ce livre. Cela devrait être évident, mais nous voulions le rendre totalement explicite.

Compte tenu de ce que nous venons de dire, les déclarations de bon sens suivantes constituent un accord juridique entre nous. Cela s'applique à tout le monde, y compris les professionnels agréés et les profanes. Veuillez lire attentivement les énoncés suivants :

1. L'auteur, toute personne associée à l'Institute for the Study of Peak States et les autres contributeurs à ce texte ne peuvent pas être et ne seront pas tenus responsables de ce que vous faites avec le matériel de ce livre et ces techniques.

2. Vous êtes tenu d'assumer l'entière responsabilité de votre propre bien-être émotionnel et physique si vous utilisez ces processus ou toute variation de ceux-ci.

3. Vous êtes tenu d'informer les autres personnes sur lesquelles vous utilisez ces processus, ou des variantes de ces processus et qu'elles sont entièrement responsables de leur propre bien-être émotionnel et physique.

4. Utilisez ces techniques sous la supervision d'un thérapeute ou d'un médecin qualifié, selon le cas.

5. Vous devez accepter de dégager l'auteur et toute personne associée à ce texte ou à l'Institute for the Study of Peak States de toute responsabilité envers toute réclamation faite par quiconque, y compris vous-même, sur qui vous utilisez ces processus, ou des variations de ceux-ci.

6. Bon nombre des noms de procédés utilisés dans ce livre sont des marques déposées, par conséquent, les restrictions légales habituelles s'appliquent à leur utilisation publique.

Par considération pour la sécurité des autres :

- Vous êtes tenu d'informer les autres personnes sur lesquelles vous utilisez ces processus ou des variantes de ces processus des dangers encourus, et de les informer qu'elles sont entièrement responsables de leur propre bien-être émotionnel et physique.

- Si vous écrivez (ou communiquez d'une autre manière) à d'autres personnes au sujet du nouveau matériel expérimental contenu dans ce livre, vous acceptez de les informer qu'il y a des dangers possibles à travailler avec ce matériel, et de leur donner des détails le cas échéant.

Le fait de continuer avec ce texte constitue une acceptation légale de ces conditions. Merci de votre compréhension.

Sommaire

Section 1 - Principes de base

Chapitre 1 - Comprendre les causes subcellulaires des symptômes émotionnels et physiques

Section 2 - Diagnostic et traitement

Chapitre 3 - Le paiement au résultat **29**

Chapitre 4 - Le premier entretien avec le client **45**

Chapitre 5 - Les approches diagnostiques **57**

Section 3 - Les maladies et les troubles subcellulaires

Chapitre 7 - Les quatre types de traumatismes biologiquement distincts .109

Chapitre 8 - Les cas subcellulaires les plus fréquents 125

Chapitre 9 - Les cas subcellulaires moins fréquents 147

Section 4 - Applications

Annexes

Remerciements

J'aimerais tout d'abord remercier mes collègues actuels et passés de l'Institute for the Study of Peak States. Ils ont librement donné de leur temps et de leur énergie, dans certains cas pendant de nombreuses années, pour aider aux efforts de recherche nécessaires à la découverte d'autant de biologie fondamentale et jusque-là inconnue. En particulier, j'aimerais rendre hommage à notre PDG, Frank Downey, qui a joué le rôle d'homme politique chevronné et qui a le talent d'aider des gens très différents à travailler ensemble.

J'aimerais également remercier nos formatrices Nemi Nath et Ingka Malten, ainsi que les membres du personnel de recherche Samsara Salier, Paula Courteau, Lars Vestby et Steve Hsu, qui ont révisé le texte et les détails fastidieux des cas subcellulaires afin de déceler les erreurs et omissions de contenu. En particulier, je remercie Lisbeth Ejiertsen qui a d'abord rassemblé mes notes de cours originales sous forme de tableau. J'aimerais aussi remercier les très nombreux thérapeutes qui ont suivi nos formations au fil des ans, qui ont participé au processus lent et souvent frustrant de l'élaboration du matériel contenu dans ce manuel, ou qui ont servi de cobayes pour les ébauches des documents alors que je vérifiais leur utilité et leur clarté.

Mon illustratrice, la thérapeute certifiée Peak States® Lorenza Meneghini, a également été d'une valeur inestimable pour réaliser des illustrations à partir des croquis souvent mal expliqués qui lui ont été présentés (en passant, je lui ai demandé de faire ces dessins au trait très simples - sinon chacun aurait été une œuvre complexe et détaillée). Et mes plus sincères remerciements à Piotr Kawecki, un autre thérapeute certifié qui est venu à mon secours en imaginant et en réalisant joyeusement la couverture étonnante que vous tenez entre vos mains.

J'aimerais également remercier les amis qui ont cru en moi et qui m'ont aidé dans ces moments difficiles où j'avais besoin d'encouragement pour poursuivre la recherche, en particulier Chant et Bahar Thomas, Lita Stone, Sheelo Bolm et le Dr Art MacCarley. Et Jim Harris, le directeur du département d'EE de Cal Poly, qui a pris le risque de m'embaucher et de m'encadrer à mon premier poste de professeur, il y a tant d'années de cela. Et ma profonde gratitude à Tony Clarkson, fondateur du Sanctuary of Healing au Royaume-Uni, pour son don financier qui nous a aidés à tenir le coup pendant notre difficile crise financière de 2008.

Chacun des modèles et des cas subcellulaires de ce manuel a nécessité des centaines, et souvent des milliers d'heures d'efforts au fur et à mesure que nous faisions les percées nécessaires pour comprendre la biologie subcellulaire. Ce travail était aussi incroyablement douloureux, fastidieux et décourageant, car les essais ont échoué les uns après les autres tandis que nous avons lentement mis au point des techniques qui fonctionnaient réellement. Encore une fois, j'aimerais rendre hommage au noyau de chercheurs, passés et actuels, qui ont régulièrement été confrontés à de grandes douleurs et souffrances dans l'espoir que leurs efforts feraient une différence dans le monde, en particulier (dans un ordre chronologique approximatif) : Marie Green, Deola Perry, Mary Pellicer, Maureen Chandler, Paula Courteau, Tal Laks, Nemi Nath, Matt Fox, Samsara Salier, Lars Vestby et Leif Pedersen. Et un merci spécial à Kasia Presalek, dont l'intégrité exceptionnelle et l'engagement envers l'ISPS l'ont amenée à aider librement de nombreuses personnes en Pologne qui avaient désespérément besoin d'elle en 2010-13.

J'aimerais également remercier les membres du personnel qui ont été blessés au cours de la recherche et qui, dans certains cas, ont traversé des années de douleurs continues et d'invalidité avant que nous puissions les aider. Enfin, j'envoie à l'univers mes remerciements les plus sincères à mes collègues et à mes chers amis dont la mort lors de nos explorations a repoussé les limites de notre compréhension et a rendu les choses plus sûres pour ceux qui ont suivi : Dorothy Gail, Edward Kendricks, Brian Beard, Adam Waisel et Edward Rodziewicz - vous nous manquez énormément.

Introduction

Ce manuel a été rédigé pour servir de livre de référence aux thérapeutes qui utilisent la thérapie Peak States® (littéralement « États Extraordinaires ») et sa technique de psychotraumatologie par régression, le Whole-Hearted Healing™ (WHH, littéralement « Guérison de Tout Cœur »). Nous l'utilisons également comme support de formation et ses annexes sont très utiles pour donner à nos élèves l'occasion de s'exercer à identifier les divers cas subcellulaires qu'ils peuvent rencontrer chez des clients.

Durant nos formations, nous avons constaté que l'une des plus grandes difficultés que rencontrent les thérapeutes est de poser un diagnostic. Ce livre cherche à résoudre ce problème en donnant aux thérapeutes un ouvrage de référence facile à utiliser pour identifier les divers cas subcellulaires que les clients peuvent présenter. De plus, les illustrations mettent à l'honneur une idée capitale : les problèmes psychologiques du client sont causés par divers problèmes que l'on retrouve dans sa biologie subcellulaire.

Cette première édition du manuel évoluera dans l'avenir. Nous continuerons à l'améliorer au fur et à mesure que nous ferons de nouvelles découvertes et, dans la mesure du possible, simplifierons nos techniques (voir annexe 9).

Pourquoi écrire un autre livre de psychologie ?

Le contenu de ce livre est fondamentalement différent de tout ce que vous avez vu auparavant, car il utilise un modèle biologique unique pour comprendre et traiter des problèmes psychologiques et médicaux. L'un des principaux problèmes de la psychologie et de la psychiatrie actuelles est que l'on ne comprend pas clairement pourquoi les clients souffrent de troubles ou de problèmes mentaux (ou même physiques). Les nouvelles thérapies du syndrome de stress post-traumatique (SSPT) et de traitement des traumatismes ont permis des avancées majeures pour aider les clients ayant vécu des traumatismes. Par contre, on ne comprend toujours pas comment ces thérapies fonctionnent dans les faits, pourquoi dans certains cas elles ne fonctionnent pas, ni comment les appliquer à de nombreux autres problèmes.

Heureusement, il s'avère qu'il y a une base sous-jacente à ces problèmes et troubles, mais dans un endroit que personne n'avait jamais imaginé - dans les cellules elles-mêmes. Ainsi, ce manuel couvre les spécificités d'un nouveau domaine, celui de la psychobiologie « subcellulaire ». Nous énumérons de nombreux problèmes subcellulaires, leurs symptômes mentaux et physiques, et les nouvelles techniques psychologiques qui interagissent directement avec ces problèmes subcellulaires pour les éliminer d'une manière fiable, efficace, rapide et sans médicament.

Quels présupposés avons-nous concernant vos compétences ?

Ce manuel présuppose que vous êtes en train d'apprendre ou que vous êtes déjà un thérapeute formé à l'utilisation de diverses techniques modernes, rapides et efficaces de traitement des traumatismes (psychotraumatologie) telles que l'EFT (tapotement de méridiens), l'EMDR (stimulation bilatérale alternée) ou la technique

TIR (régression). Il est également utile d'avoir des connaissances en psychologie prénatale et transpersonnelle. Nous avons constaté que les thérapeutes qui se forment auprès de nous sont généralement ceux qui ont atteint la limite de ce qui est possible avec d'autres approches, mais qui veulent être encore plus efficaces ; ou alors ce sont de jeunes étudiants qui veulent apprendre un cadre théorique cohérent permettant de comprendre la psychologie, la spiritualité et la médecine et de les intégrer dans un modèle biologique.

En classe, nous évoquons très souvent les principes de base de la biologie subcellulaire. Par conséquent, il peut être très utile de lire une introduction à la biologie subcellulaire de la cellule eucaryote (Wikipédia a de bons articles) et de regarder certaines des excellentes vidéos disponibles sur l'internet.

Ce livre n'explique *ni* les traitements *ni* les techniques. Nous faisons l'hypothèse que vous connaissez déjà les techniques de la Whole-Hearted Healing™ ou de la thérapie Peak States® requises pour chaque cas subcellulaire. Ces techniques sont soit enseignées dans nos formations de thérapeute, soit trouvées dans :

- *Le manuel du Whole-Hearted Healing™* de Grant McFetridge et Mary Pellicer MD,
- *The Whole-Hearted Healing™ Workbook* de Paula Courteau,
- D'autres livres de notre série *Peak States® Therapy*,
- *Peak States of Consciousness, Volumes 1-3* du Dr Grant McFetridge et al.

Comment ce manuel s'est construit

Ce manuel a commencé sous forme de posters que nos étudiants créaient et accrochaient aux murs durant leur formation pour renforcer leur apprentissage. Chaque poster comportait un cas subcellulaire, avec la liste des phrases types que les clients utilisaient pour décrire leur problème. Pour faciliter le diagnostic différentiel, les étudiants ajoutaient la liste des autres causes pouvant créer les mêmes symptômes. Lorsque les élèves commençaient à faire des séances supervisées avec les clients, ils pouvaient s'aider de ces posters affichés dans la salle Ce livre synthétise ce processus pour les thérapeutes qui ont terminé leur formation, mais qui ont peut-être oublié une partie du matériel qu'ils ont appris.

Ce livre n'est *pas* organisé pour partir des symptômes afin d'identifier la cause. Aussi pratique que cela puisse être, la plupart des symptômes ont une variété de causes. Nous avons donc adopté une approche différente. Comme les médecins qui apprennent à identifier des maladies ou les mécaniciens qui cherchent à comprendre l'origine d'une panne, nos étudiants mémorisent d'abord les problèmes subcellulaires, puis apprennent à identifier lesquels correspondent aux symptômes des clients. Heureusement, la plupart des problèmes des clients ne sont dus qu'à un traumatisme ou à l'un des cas subcellulaires courants. Par conséquent, nous nous concentrons d'abord sur la mémorisation des problèmes fréquents, puis nous ajoutons ensuite des cas plus rares. Pour faciliter ce processus d'apprentissage, nous avons aussi constaté que les illustrations des problèmes dans la cellule primaire amélioraient grandement la capacité de l'élève à se rappeler les cas subcellulaires. Les symptômes et le traitement étaient beaucoup plus évidents lorsque les étudiants comprenaient les dommages subcellulaires. C'est un peu comme avoir un manuel d'entretien d'une voiture ou un livre d'anatomie avec des photos qui montrent le problème que vous avez besoin de réparer.

Une fois cette partie du livre terminée, nous nous sommes rendu compte que le manuel devait vraiment inclure des moyens systématiques de diagnostiquer les problèmes, car certains clients nécessitent un peu de travail de détective pour comprendre quel est vraiment le problème. Puis nous avons ajouté deux chapitres sur des problèmes spécifiques dont les causes ne sont pas évidentes. Le dernier est particulièrement intéressant d'un point de vue paradigmatique, car il emploie le modèle scientifique de la biologie subcellulaire occidentale pour expliquer les causes (et le traitement) des problèmes spirituels, psychiques et connexes.

La « facturation au résultat »

Le chapitre sur la « facturation au résultat » est à bien des égards le chapitre le plus important de cet ouvrage, tant d'un point de vue éthique que pragmatique. Nous avons constaté que les thérapeutes qui sont payés s'ils réussissent deviennent très rapidement compétents. Par contre, les thérapeutes qui sont payés au temps passé subissent un effet dissuasif inconscient qui ralentit la guérison des clients. Encore une fois, en s'inspirant de l'analogie de la voiture, c'est un peu comme si un mécanicien facturait à l'heure alors qu'un autre facturait à la prestation.

Les questions de sécurité : la certification des thérapeutes et le soutien des cliniques

Bien que cela ne soit pas évident puisque beaucoup de gens pensent que la thérapie équivaut à discuter avec un ami, l'un des plus gros problèmes auxquels sont confrontés les concepteurs de techniques est celui de la sécurité. Ce n'est que depuis une vingtaine d'années que des processus efficaces de traitement des traumatismes (ou du syndrome de stress post-traumatique, plus extrême) sont apparus, et il a fallu beaucoup de temps aux praticiens pour réaliser qu'il y avait aussi des risques avec ces traitements très efficaces (ou, en fait, avec toute thérapie ou pratique spirituelle). Parce que l'Institut développait des techniques qui n'avaient jamais existé auparavant, nous avons d'abord établi plusieurs stratégies pour minimiser les problèmes imprévus ou identifier les facteurs de risque dans notre processus de développement de nouveaux produits. L'une d'entre elles consistait à former les thérapeutes à nos techniques et modèles, à vérifier qu'ils étaient formés dans des domaines tels que la prévention du suicide, et seulement alors à les autoriser à utiliser nos nouvelles techniques. Nous utilisons les cliniques de l'Institut comme soutien 24 heures sur 24 et 7 jours sur 7 auprès de ces thérapeutes en cas de problème et, à mesure que nos techniques et notre compréhension s'améliorent, nous tenons les thérapeutes au courant des outils les plus récents. Comme ces thérapeutes pratiquent la « facturation au résultat » pour l'ensemble de leur travail (les clients ne paient que si le traitement convenu fonctionne), il y a un très bon retour d'information vers le groupe de recherche s'il y a un problème avec un nouveau procédé ou technique.

Alors, que se passe-t-il lorsque nous publions un livre dans lequel nos techniques sont accessibles au grand public ? Eh bien, les techniques que nous décrivons ne sont que celles qui ont eu une bonne et longue période d'essai pour mettre en évidence toute réponse atypique. Malgré ces précautions, certaines techniques ont des problèmes intrinsèques qu'un thérapeute doit savoir reconnaître et traiter - tout comme le mécanicien ou le médecin doit être capable de repérer et de traiter tout problème ou effet secondaire inhabituel (comme l'odeur de gaz lors d'un changement de pompe à eau). Par conséquent, ce livre est spécifiquement écrit pour les thérapeutes qui ont suivi ou suivent notre formation. Ainsi, pour la plupart des lecteurs, ce livre n'a qu'un but éducatif et n'est pas un livre sur la façon de faire de la thérapie - mais nous le mettons à la disposition du public pour catalyser un changement radical dans la psychologie, la psychiatrie et la médecine, vers un nouveau modèle biologique clair qui permet de créer et d'utiliser des techniques beaucoup plus efficaces pour aider les clients.

Les processus réservés Peak States®

Encore une fois, pour des raisons de sécurité, il y a un certain nombre de processus enseignés lors de nos formations que les participants acceptent de ne pas utiliser à moins d'avoir obtenu une licence de l'Institut pour ce faire. C'est pour leur protection ainsi que celle de leurs clients (ou de leur famille et de leurs amis). Il s'agit généralement aussi de processus qui continuent d'évoluer au fil du temps, soit pour devenir plus efficaces, soit pour minimiser certains problèmes qui ont pu survenir chez certains clients. Ils sont appelés dans ce manuel « processus réservés aux thérapeutes certifiés Peak States® ». Ces processus guérissent les traumatismes dans un événement clé du développement, ce qui permet de traiter le problème du client.

À propos des marques déposées

Historiquement, dès qu'une nouvelle thérapie connaît un certain succès commercial, deux problèmes se posent. D'abord, certaines personnes lisent le livre et deviennent instantanément des « experts ». Ensuite, ils enseignent le matériel car cela peut parfois être très lucratif ou cela leur donne l'impression d'être importants. Cela peut avoir pour résultat malheureux que les clients ne soient pas aidés ou, pire, soient blessés, donnant à cette nouvelle thérapie une réputation négative complètement injustifiée. Deuxièmement, les gens enseignent d'autres choses, mais les appellent du même nom pour attirer des clients ou des étudiants, ce qui fait perdre toute signification au nom original.

Pour éviter ces problèmes, nous avons breveté notre travail, comme il est maintenant habituel de faire dans ce domaine et dans d'autres domaines technologiques, précisément pour ces raisons. Par conséquent, seul le personnel actuel de l'Institute for the Study of Peak States (ISPS, littéralement l'« Institut pour l'Étude des États Extraordinaires ») est autorisé à enseigner la technique de la Whole-Hearted Healing™ et la thérapie Peak States®. Ce n'est pas parce que nous voulons en tirer de l'argent (même si ce serait formidable pour nous !), mais plutôt en raison de la nature de notre matériel - il continue de changer et d'évoluer, donc les enseignants doivent rester à jour. Plus important encore, pour la sécurité des étudiants, nous n'autorisons que des thérapeutes très qualifiés à enseigner. Ils doivent avoir des compétences et des connaissances beaucoup plus importantes que celles que l'on peut apprendre dans nos publications, et ils travaillent directement avec le groupe de recherche de l'Institut au cas où il y aurait des problèmes imprévus ou de nouveaux développements.

Les techniques d'acquisition des états extraordinaires ne sont pas incluses

Ce manuel ne couvre *pas* notre travail pour acquérir des états de conscience extraordinaires. Il se concentre plutôt sur les problèmes psychologiques et les maladies.

Dans le dernier chapitre, nous abordons brièvement certains des problèmes psychologiques qui s'appliquent spécifiquement aux états extraordinaires et aux expériences spirituelles - pour une couverture complète de ce sujet, voir notre livre *Spiritual Emergencies - Peak States® Therapy, Volume 4* (à paraître).

Les limites de ce manuel

Tout d'abord, la psychobiologie subcellulaire est un domaine en perpétuelle évolution. Bien que le matériel contenu dans ce livre permette aux thérapeutes et aux médecins de traiter et de comprendre de nombreux problèmes qu'ils ne pouvaient pas traiter auparavant, nous n'avons pas encore de traitements pour toutes les maladies des clients. Ce n'est pas un problème dû à la solidité de ce modèle - au contraire, il faut énormément de temps pour explorer cet immense nouveau domaine de la biologie et appliquer ses principes. Avec le temps, nous nous attendons à ce que de plus en plus de traitements pour des maladies et des troubles spécifiques soient mis au point, mais il faudra des décennies avant que toutes les applications de cette nouvelle approche soient développées. Ainsi, nous disons à nos étudiants d'utiliser toutes les techniques qu'ils connaissent, pas seulement celles que nous enseignons - la seule chose qui compte est que le client se rétablisse. Quoi qu'il en soit, la psychobiologie subcellulaire est une nouvelle façon de comprendre la thérapie et les maladies qui donne à nos étudiants un cadre inestimable pour mettre en pratique ces autres techniques. Cela leur permet aussi de mieux comprendre les champs d'application de ces techniques ainsi que leurs avantages et leurs limites.

Deuxièmement, ce livre n'est qu'un instantané de notre théorie et de nos techniques. Dans la plupart des cas, il se limite au matériel qui a été remis à nos thérapeutes avant 2010. Cela s'explique par le fait qu'il faut du temps et un nombre important de clients pour vérifier la sécurité et la fiabilité, de sorte qu'il y a généralement un délai de quatre à six ans entre nos découvertes et leur diffusion. Par conséquent, les techniques et les cas subcellulaires les plus récents ne sont que rarement inclus.

Enfin, ce livre n'est pas conçu pour donner une base théorique solide et détaillée. Il a plutôt été conçu comme un document de référence pour les thérapeutes en exercice qui pourraient avoir besoin d'examiner rapidement les causes et les traitements possibles pour un client. Pour une théorie plus approfondie, nous vous référons à nos manuels *Peak States of Consciousness*.

Nous espérons également qu'à l'avenir, ce manuel deviendra obsolète. Notre modèle théorique et nos expériences actuelles suggèrent qu'il existe des moyens beaucoup plus simples et plus complets de guérir les problèmes psychologiques et médicaux.

À propos des illustrations de la couverture...

L'illustration de la couverture, créée par Piotr Kawecki, représente une cellule eucaryote stylisée avec ce qui est censé ressembler à trois vues en gros plan de zones de la cellule. Réalisées comme s'il s'agissait de photographies réelles, ces vues illustrent trois problèmes subcellulaires. La case du haut montre le cas des « copies », où un organisme bactérien parasite se fixe aux ribosomes le long de séquences d'ARNm répliquant des gènes bloqués. La case du milieu montre le cas d'une association du corps, avec une vue latérale de deux ribosomes bloqués dans la membrane rugueuse du réticulum endoplasmique. La case du bas montre le cas d'un vortex, avec une mitochondrie aspirant continuellement le cytoplasme à son sommet (à cause d'une lésion sur l'histone couvrant un gène).

Dr. Grant McFetridge
Institute for the Study of Peak States,
Hornby Island, Canada

Section 1

Principes de base

Chapitre 1

Comprendre les causes subcellulaires des symptômes émotionnels et physiques

L'un des plus gros problèmes en psychologie et en médecine est que, malgré une énorme quantité d'outils et de techniques, il n'existe toujours pas de modèle théorique clair permettant de comprendre les raisons pour lesquelles les gens présentent des symptômes psychologiques. Oui, il y a dans certains cas des causes biologiques, comme les lésions cérébrales ou les toxines, mais c'est de loin l'exception et non la règle. Depuis les années 1950, les chercheurs ont supposé que les symptômes étaient liés à une mauvaise biochimie cérébrale, mais les tentatives d'aller plus loin avec ce modèle ont échoué. Et ont tant échoué que les grandes compagnies pharmaceutiques ont pris la décision d'abandonner la recherche sur les troubles mentaux. L'hypothèse la plus récente est que les troubles sont dus à des réseaux neuronaux endommagés et, encore une fois, des travaux intéressants en découlent, mais aucune percée ne s'est produite. Comme ces idées semblent raisonnables, nous imaginons qu'il n'y a aucun progrès parce qu'il s'agit simplement de domaines difficiles à traiter.

Et si les symptômes étaient causés par une chose à laquelle personne n'avait jamais pensé ?

Alors, avant de nous prendre pour des fous, voyons les prérequis d'un modèle radicalement nouveau. Premièrement, il ne doit pas contredire les conclusions des observations antérieures. (Ou alors être capable d'identifier les observations négligées, inexactes ou mal extrapolées.) Deuxièmement, il doit être en mesure d'intégrer toutes les données, pas seulement celles qui nous conviennent mais aussi les « vérités qui dérangent ». Troisièmement, il doit être capable de traiter les problèmes que les techniques existantes ne traitent que partiellement, très difficilement ou pas du tout. Enfin, nous espérons qu'il explique tout d'une manière élégante et simple, résolvant ainsi la confusion dans les données et les modèles existants.

Et oui, il existe une telle solution, dans un domaine de la biologie que personne n'a jamais associé à des symptômes psychologiques - à l'intérieur même de la cellule.

Ce manuel, rédigé à l'intention des psychothérapeutes praticiens formés à nos techniques, met l'accent sur une variété de problèmes subcellulaires, leurs symptômes et leurs traitements. Et vous donne une introduction à l'un des nouveaux domaines scientifiques les plus passionnants jamais découverts - celui de la psychobiologie subcellulaire.

Ce chapitre est une brève revue des informations de base pertinentes pour les thérapeutes qui diagnostiquent des problèmes psychologiques d'un point de vue subcellulaire. Il existe plusieurs nouveaux modèles biologiques fondamentaux qui doivent être compris avant de travailler avec des problèmes subcellulaires. Une couverture en profondeur de ces modèles, comment ils ont été découverts et leurs applications se trouvent dans *Peak States of Consciousness : Theory and Applications*, Volumes 1-3.

Les traumatismes et les thérapies traumatologiques

Le traumatisme biographique, qui donne dans son cas plus extrême un Syndrome de Stress Post-Traumatique, était considéré comme incurable par la psychologie conventionnelle jusqu'à une date relativement récente. En 1996, quatre thérapies très différentes qui pouvaient réellement éliminer les symptômes de traumatisme ont été décrites dans le premier article évalué par des pairs dans *The Family Therapy Networker*. Cela a ouvert la voie à leur utilisation légale par des thérapeutes agréés aux États-Unis. Malheureusement, l'acceptation de ces méthodes a été très lente et elles ne sont toujours pas enseignées dans la plupart des programmes universitaires. Quoi qu'il en soit, ces techniques de guérison des traumatismes sont incroyablement importantes, car il s'avère que la plupart des problèmes des clients sont directement ou indirectement dus à un traumatisme. Actuellement, les deux techniques les plus populaires sont l'EMDR et l'EFT.

La technique de guérison des traumatismes de l'Institute for the Study of Peak States (ISPS, littéralement l'« Institut pour l'Étude des États Extraordinaires »), le Whole-Hearted Healing™ (WHH, littéralement « Guérison de Tout Cœur »), est basée sur la régression. Développée au début des années 1990, elle a été conçue à la fois comme une modalité de guérison des traumatismes et pour permettre un accès facile aux expériences prénatales afin d'étudier l'origine des états de conscience extraordinaires. Cependant, les thérapeutes praticiens formés par l'ISPS utilisent généralement une technique plus rapide et plus facile de tapotement sur un point de méridien. Ils n'utilisent habituellement le WHH ou d'autres techniques que si le tapotement ne fonctionne pas ; ou utilisent le WHH en combinaison avec le tapotement lors d'une régression à des moments clés du développement prénatal.

Au cours des années de développement de la technique du WHH, il est également apparu clairement qu'il existait plusieurs types de traumatismes fondamentalement différents : biographiques (du passé), associatifs (comme chez le chien de Pavlov) et générationnels (traumatisme hérité). Chaque type nécessitait sa propre technique ou approche. Ces données ont été dérivées empiriquement à l'époque - la base biologique subcellulaire sous-jacente du traumatisme n'a été découverte que quelques années plus tard. Le chapitre 7 passe en revue ces types de traumatismes en détail, avec des illustrations de leurs causes biologiques.

Le modèle de la cellule primaire

En 2002, nous avons fait une découverte biologique extraordinaire et fondamentale. Il s'avère que la conscience se trouve à l'intérieur d'une seule cellule du corps. Cette cellule, qui se forme au cours de la quatrième division cellulaire après la conception, nous l'avons appelée « cellule primaire ». Toutes les autres structures du cerveau et du corps sont des extensions des organites qui se trouvent à l'intérieur de cette cellule. C'est comme si cette cellule était le microprocesseur et que le cerveau était un appareil périphérique conçu pour le prétraitement et le post-traitement. Les problèmes à l'intérieur de cette cellule se répercutent dans le reste du corps ; *c'est* le modèle de base. Rétrospectivement, le modèle de la cellule primaire a un sens du point de vue de l'évolution. Nous vivons dans un monde « centré sur les cellules » ; les organismes multicellulaires ne sont que des cellules uniques qui ont trouvé le moyen de s'étendre dans un environnement plus vaste, un peu comme une personne portant un costume de robot géant.

Avec cette découverte, nous avons rapidement réalisé que tous les types de traumatismes psychologiques étaient causés par l'inhibition de l'expression génétique à l'intérieur de cette cellule primaire, mettant en cause des histones endommagées couvrant les gènes, des séquences d'ARNm bloquées et des ribosomes. Notre modèle a été publié en 2008 dans le Volume 2. Marcus Pembrey a découvert le même mécanisme en observant une communauté isolée dans le nord de la Suède. Son travail, bien qu'appliqué uniquement à l'héritage épigénétique, a validé nos résultats en utilisant une approche totalement différente. Cependant, ce que les biologistes conventionnels ne savent pas encore, c'est que le même mécanisme épigénétique s'applique également à tous les types de traumatismes.

Le modèle de la biologie transpersonnelle

Un des aspects les plus significatifs de la découverte de la cellule primaire est que la conscience qu'a une personne de l'intérieur de cette cellule est superposée à sa conscience du monde et de son corps. C'est comme dans un film d'effets spéciaux, avec deux mondes très différents superposés l'un à l'autre. Cela s'avère être la clé de l'apparition des symptômes psychologiques. Les problèmes biologiques à l'intérieur de la cellule primaire sont *vécus* comme des symptômes psychologiques ou physiques.

Une extension du modèle de cellule primaire résout également l'un des plus grands mystères de notre temps - comment intégrer l'existence d'expériences spirituelles, chamaniques et psychiques à la science moderne. Le paradigme scientifique actuel rejette l'existence de ces phénomènes, mais l'expérience personnelle de nombreuses personnes et une quantité écrasante de travaux de recherche fascinants dans ce domaine ont démontré leur existence. Actuellement, l'explication dominante parmi les chercheurs dans ce domaine est que les expériences non ordinaires ne peuvent pas être expliquées par la science standard, et doivent donc être étudiées comme un sujet à part et qui dispose de ses propres règles. Heureusement, ce conflit entre deux visions du monde peut être résolu grâce à la compréhension de notre « modèle de la biologie transpersonnelle ». Il dit simplement que ce genre d'expériences a toujours une base physique, biologique, qui se trouve à l'intérieur de la cellule primaire. En fait, les gens « voient », vivent ou accèdent aux phénomènes biologiques qui se produisent à l'intérieur de la cellule ; c'est pourquoi ils ne peuvent être trouvés dans le monde physique ou par des examens médicaux.

Ce modèle s'applique aussi à d'autres phénomènes très difficiles à accepter et inhabituels comme des expériences hors du corps, l'expérience d'être une autre personne ou un animal, des voix schizophrènes, etc. Tout comme vous avez besoin d'un téléphone mobile physique pour vous connecter à des ondes radio « invisibles », les structures biologiques subcellulaires de la cellule primaire permettent à une personne d'avoir ce genre d'expérience étrange.

Les vues « biologiques » ou « spirituelles »

Les gens peuvent observer des événements de régression ou des phénomènes cellulaires primaires de deux façons fondamentalement différentes : d'un point de vue « biologique » ou d'un point de vue « spirituel ». La vue biologique est ce à quoi vous vous attendriez généralement si vous utilisiez vos yeux ou si vous regardiez à travers un microscope. (Cela inclut la perspective « hors du corps » observée dans les mémoires traumatiques, parce qu'il s'agit toujours d'une vision du « monde réel ».) La vision spirituelle est beaucoup plus étrange - la personne voit des images de l'intensité et de la distribution de la conscience dans la zone qui correspond aux structures biologiques (un peu comme un film radiographique), plutôt qu'une image des structures elles-mêmes. Ce mode inclut également des vues de phénomènes « spirituels » (tels que les royaumes de l'enfer, les expériences de kundalini, les cordes, etc.) qui correspondent à une fonction biologique ou à un substrat.

Bien qu'il soit possible de passer d'une vision spirituelle à une vision biologique, les gens restent dans la vision spirituelle pour une raison très simple - cela évite la douleur physique. S'ils passent à la vue biologique (et vont « dans le corps »), ils ressentiront de la douleur à la suite d'une blessure ou d'un dommage. Malheureusement, rester dans la « vision spirituelle » a des inconvénients majeurs - les problèmes biologiques sous-jacents ne peuvent être reconnus ou guéris.

Les états extraordinaires

Notre travail avec la cellule primaire nous a permis de découvrir que les sensations liées à une expérience ou un état extraordinaire sont présentes car une fonction biologique spécifique au sein de la cellule primaire fonctionne de façon optimale. Pour répéter, les fonctions *biologiques* subcellulaires correspondent à des expériences ou à des états *psychologiques*.

Il est particulièrement important pour nos travaux de recherche d'avoir un état extraordinaire qui nous permet de « voir » à l'intérieur de la cellule primaire pour observer les processus et les dysfonctionnements biologiques. L'état complet ne donne pas de visions vagues ou imaginaires, il permet de voir aussi clairement que si vous regardiez autour de vous dans votre maison. C'est ainsi que nous avons pu faire des esquisses des problèmes subcellulaires pour ce manuel. (Soit dit en passant, il nous a fallu quelques années après la découverte de cet état pour nous rendre compte que nous regardions à l'intérieur d'une cellule ; au début, nous pensions que c'était une sorte d'expérience spirituelle étrange. Cette capacité, qui est dans une certaine mesure relativement courante, est réprimée ou mal comprise chez pratiquement tous ceux qui l'ont.)

Cependant, pour la recherche, cette capacité *deus ex machina* n'est pas aussi simple qu'elle n'y paraît au premier abord, même si elle permet d'économiser énormément de temps et d'argent par rapport à la microscopie électronique ou aux techniques plus modernes d'étude des cellules vivantes. La cellule primaire est remplie de choses inhabituelles en localisations et en tailles. Trouver la source d'un problème peut s'avérer très difficile. Par exemple, nous ne savons souvent même pas si une chose est censée être là ou non, ou, si oui, comment savoir si elle fonctionne correctement. Pour se faire une idée de la difficulté de la tâche, imaginez un gigantesque paquebot de croisière. Maintenant, où chercher un problème de la taille d'un chat domestique, alors que vous ne savez même pas que vous cherchez un chat, et vous ne le reconnaîtriez pas si vous le voyiez ? Il nous a donc fallu une décennie d'observations, d'élaboration de techniques et d'essais pour créer le matériel de ce manuel. Et il reste encore beaucoup de travail à faire.

Un autre domaine thérapeutique important est celui des « urgences spirituelles », où un client vit des expériences religieuses ou spirituelles inhabituelles au point de se trouver en crise. Ces problèmes peuvent souvent être traités tout simplement à l'aide d'une compréhension des causes subcellulaires ou développementales correspondantes. Par exemple, l'éveil de la kundalini est un cas subcellulaire dans ce manuel ; il cause d'énormes problèmes pour beaucoup de gens, mais il peut être éliminé avec une technique de guérison simple. Référez-vous à notre *Spiritual Emergencies - Peak States® Therapy, Volume 4* (à paraître) pour des informations complètes sur ce sujet.

Les techniques subcellulaires (de type psychologique)

Nous « vivons » à l'intérieur de la cellule primaire - les symptômes psychologiques (émotions et sensations) ne sont que la façon dont nous éprouvons des problèmes biologiques subcellulaires. Ces problèmes dans la cellule primaire se répercutent également dans notre corps pour causer des problèmes médicaux. Cependant, l'information circule dans les deux sens ; les sensations de nos corps physiques retournent aussi dans la cellule primaire. Il s'avère que nous pouvons utiliser cette voie pour créer des techniques « psychologiques » qui interagissent directement avec les structures subcellulaires et les problèmes dans la cellule primaire. En fait, c'est ainsi que toutes les techniques de traumatologie empiriques et efficaces fonctionnent réellement. (Par exemple, les thérapies méridiennes ou énergétiques fonctionnent en interagissant avec les structures fongiques de la cellule primaire, comme nous l'expliquons au chapitre 2.) Heureusement, nous pouvons maintenant observer comment une technique fonctionne à l'intérieur de la cellule pour comprendre ses limites, pour l'améliorer ou pour trouver comment elle obtient son effet - est-ce qu'elle élimine les symptômes en réparant ou en endommageant la cellule ? Ce qui est encore plus excitant, c'est que nous pouvons aussi dériver des techniques inédites maintenant que nous savons que nous interagissons avec l'intérieur d'une cellule. Un très bon exemple de ceci est notre Body Association Technique™ (littéralement « Technique d'Association du Corps »). Sachant que nous voulions enlever les ribosomes incrustés dans le réticulum endoplasmique rugueux, nous avons conçu une visualisation simple et des instructions rapides qui permettent à un client d'éliminer ces associations du corps. Ce sont les traumatismes qui créent, par exemple, des dépendances, des symptômes de sevrage et une foule d'autres problèmes.

Il s'avère qu'il existe de nombreux types de dysfonctionnements à l'intérieur d'une cellule primaire typique. Alors que la technique du WHH était en cours d'élaboration au début des années 1990, il est devenu évident qu'il y avait des problèmes physiques et émotionnels qui ne pouvaient pas être guéris en utilisant notre propre technique de régression pour la guérison des traumatismes, ou en fait, par toute autre technique que nous connaissions. Au fur et à mesure que les moyens de guérir ces autres problèmes ont été élaborés empiriquement, ils sont devenus partie intégrante d'une liste croissante de « cas spéciaux » qu'un thérapeute devait apprendre en utilisant la technique du WHH. Ce n'est qu'au cours de la décennie suivante que nous avons réalisé que ces cas psychologiques correspondaient à des problèmes biologiques et subcellulaires. Dans ce manuel, nous ne faisons plus référence à la plupart de ces « cas spéciaux » dans le cadre du Whole-Hearted Healing™, car les techniques qui les traitent ne font pas appel à cette technique de régression. Au lieu de cela, nous les appelons maintenant des cas subcellulaires et les techniques utilisées pour les guérir font partie de la thérapie Peak States®.

Les conventions d'appellation des cas subcellulaires

Malheureusement, nous n'utilisons pas de convention homogène pour nommer chacun des cas subcellulaires car les noms ont évolué au fil du temps au fur et à mesure que nous élaborions ce matériel. Ainsi, certains ont des noms qui correspondent à des diagnostics standard (comme « lésions cérébrales »), d'autres qui identifient leur effet psychologique (comme « copies »), d'autres qui décrivent les lésions ou la structure subcellulaire (comme « cristaux brisés ») et certains sont des hybrides (comme « voix ribosomiques »). Nous nous excusons pour cette confusion !

Les infections parasitaires subcellulaires

Comme nous le verrons en détail dans le chapitre suivant, l'une des découvertes les plus troublantes que nous ayons faites est que les êtres humains (ainsi que les mammifères et les oiseaux, et probablement les organismes eucaryotes en général) sont les hôtes de divers types de parasites qui vivent *à l'intérieur* de leur cellule primaire. Ces organismes parasitaires subcellulaires se divisent en quatre grandes classes : les organismes semblables à des insectes (probablement des prions), les organismes fongiques, les organismes bactériens et les virus. En fait, la présence ou l'action de ces organismes est la cause directe de plusieurs des dysfonctionnements subcellulaires de ce manuel. Et ils sont aussi indirectement à l'origine de presque tous les problèmes subcellulaires ; par exemple, le mécanisme de l'histone endommagée sous-jacent au traumatisme est dû à l'un de ces organismes.

Par exemple, il y a un phénomène qui, d'un point de vue conventionnel, ressemble à un fantasme - celui du traumatisme de la « vie antérieure ». Que l'on y croie ou non, il est clair par expérience que cela cause des symptômes chez certains clients, et plusieurs techniques mises au point par diverses personnes ont été empiriquement mises au point pour régler ce problème. Mais une application du « modèle de la biologie transpersonnelle » dit qu'il doit y avoir une base biologique subcellulaire pour ce phénomène - et il y en a une. Il s'agit d'un sous-produit d'un organisme fongique qui vit imbriqué dans la surface interne de la membrane de la cellule primaire. Les dommages causés à cet organisme se traduisent par des structures flottantes libres qui se connectent à des séquences de traumatismes d'ARNm bloqués et servent de « passerelles » vers des expériences de vie antérieures. Une fois ce problème biologique compris, une autre approche devient possible pour l'élimination globale de tous les traumatismes de la vie passée : soit réparer l'organisme fongique, soit l'éradiquer.

Pour le *thérapeute*, travailler avec les problèmes des clients impliquant les divers organismes parasites est dans certains cas *potentiellement* dangereux - une formation est nécessaire pour utiliser ces techniques en toute sécurité. Pour les personnes faisant de la *recherche*, les investigations impliquant ces organismes sont *extrêmement* dangereuses ; dans notre expérience, des dommages permanents ou la mort sont possibles et même probables.

Les traumatismes prénatals et le modèle des événements développementaux

Comme nous l'avons déjà mentionné, la technique de régression du WHH mise au point au début des années 1990 visait à éliminer les traumatismes, bien que son but premier était de voir s'il existait un lien entre les traumatismes prénatals et des états de conscience exceptionnels (ce qu'on appelle maintenant les « états extraordinaires »). Cette hypothèse s'est avérée exacte, mais nous avons également constaté que tous les traumatismes n'étaient pas pertinents. Ce qui importe, ce sont les traumatismes à des moments clés du développement prénatal, lorsque l'organisme devient soudainement plus complexe. Si tout se passe bien, nous avons une sensation ou une capacité extraordinaire correspondante dans le présent. En cas de traumatisme grave, en particulier de traumatisme générationnel qui inhibe la formation structurelle correcte, l'état extraordinaire est réduit ou bloqué. Ce concept s'appelle le « modèle des événements développementaux pour les états, les capacités et les expériences extraordinaires ». Le volume 2 de *Peak States of Consciousness* présente une chronologie de plusieurs des événements clés du développement.

Ce qui est aussi vraiment important dans ce modèle, c'est que seule une poignée relative de moments spécifiques du développement compte. Cela signifie que le même processus peut être utilisé sur n'importe qui en ciblant ces moments uniques, plutôt que d'avoir besoin de travailler avec chaque client comme s'il était un cas totalement unique (comme c'est habituellement le cas avec la thérapie). Après avoir été aux prises avec ce problème pendant un certain nombre d'années, en 1998-1999, nous avons mis au point une méthode pour cibler ces événements en utilisant des phrases et de la musique spécifiques pour déclencher les gens dans ces moments. Nous appelons cela des « processus de commandes de Gaïa » en utilisant la « technique de régression sur une phrase ».

Ces traumatismes prénatals clés peuvent également être d'une importance cruciale pour la compréhension et le traitement de nombreux problèmes psychologiques. Parfois, le lien entre l'événement développemental et le symptôme actuel n'est pas du tout évident - mais, comme dans la résolution d'un problème mathématique, un thérapeute peut rapidement éliminer le problème s'il est lié à un cas connu. Par exemple, les pulsions suicidaires proviennent le plus souvent des traumatismes durant la coupure du cordon à la naissance. Le cordon est habituellement coupé trop tôt et cause un Syndrome de Stress Post-Traumatique (SSPT) massif chez le nouveau-né.

Pour insister sur ce point, le modèle des événements développementaux décrit comment la biologie *dans le passé* affecte la biologie de la cellule primaire *dans le présent*. Comme les deux faces d'une pièce de monnaie, ces deux modèles décrivent les mêmes problèmes soit selon la perspective des dommages subcellulaires actuels, soit selon la perspective des causes passées. Ainsi, les techniques thérapeutiques travaillent soit sur les dysfonctionnements actuels de la cellule *(à la* thérapie méridienne), soit éliminent la cause dans le passé (*à la* régression), soit sont un hybride des deux approches.

Les applications médicales

Il s'avère que la cellule primaire et le modèle des événements développementaux sont également vitaux pour une autre raison importante. Ils expliquent de nombreux problèmes médicaux, surtout ceux qui ne semblent pas avoir de cause évidente et qui ne répondent pas aux antifongiques, aux antibiotiques ou aux antiviraux. Malheureusement, du point de vue de la recherche, nous avons constaté qu'il n'est pas facile de déterminer les causes à partir des symptômes ; la biologie subcellulaire est souvent assez complexe. La bonne nouvelle, c'est qu'une fois ces problèmes résolus, certaines maladies graves peuvent généralement être éliminées rapidement lors d'une visite au cabinet d'un thérapeute, sans qu'il soit nécessaire de recourir à des interventions médicamenteuses. Ce manuel énumère deux de ces maladies, les « voix ribosomiques » de la schizophrénie (un problème fongique) et le syndrome d'Asperger (un problème bactérien). Le volume 3 de *Peak States of Consciousness* couvre un plus grand nombre de maladies et présente également nos techniques actuelles pour en découvrir les causes et développer des remèdes.

Ces modèles résolvent également une observation plutôt déconcertante en psychologie et en médecine - pourquoi différentes personnes répondent-elles différemment au même problème ? Prenons l'exemple de l'attaque d'une banque à main armée : étant donné que des personnes semblables vivent le même événement traumatisant, pourquoi certaines sont atteintes du SSPT, alors qu'environ un tiers d'entre elles n'en sont généralement pas affectées ? Il s'avère qu'il y a deux facteurs - certains ont déjà une histone endommagée sur les gènes qui sont déclenchés pendant l'événement, ce qui provoque la formation du SSPT ; ou la personne a un état extraordinaire qui la rend immunisée contre un traumatisme. De même, les traumatismes crâniens affectent les gens différemment. Nous avons également pu retracer ce problème jusqu'à un événement très précoce du développement qui rend (ou ne rend pas) le cerveau résistant aux traumatismes physiques.

Ce qui nous passionne le plus, c'est qu'à long terme, nous pensons que nous trouverons des processus où les traitements individuels ne seront plus nécessaires. Nos modèles indiquent qu'il est possible de rendre les gens immunisés contre des classes entières de maladies simultanément. Étant donné la perte rapide d'efficacité des antibiotiques, cette application pourrait être d'une importance cruciale dans les années à venir.

Le modèle du cerveau triunique

L'une des premières découvertes fondamentales que nous avons faites au début des années 1990 en utilisant le WHH sur les traumatismes prénatals a été l'existence des « cerveaux triuniques » (familièrement, la conscience de l'esprit, du cœur et du corps). Bien que la structure cérébrale triunique ait déjà été découverte chez les primates par le Dr Paul MacLean des années auparavant, son application au concept psychologique du « subconscient » était nouvelle à l'époque. Plus important encore, son lien avec la biologie subcellulaire était (et est encore) complètement méconnu.

Au cours de la décennie suivante, nous avons suivi l'origine de la conscience de ces structures cérébrales jusqu'au stade de développement le plus précoce possible : des structures en forme de blocs qui sont vécues comme des « êtres sacrés » se forment initialement à l'intérieur de la mère et du père près du moment de leur implantation chez les grands-mères. C'est là que s'amorce l'étape de la « cellule de genèse » ; chaque bloc recueille des sacs d'ARN, qui sont ensuite enfermés dans des vésicules pour former sept types différents de cellules procaryotes (telles des bactéries). Ils expérimentent alors ce qui est très probablement une récapitulation de l'origine endosymbiotique de la vie eucaryote sur terre ; ils s'unissent pour former une cellule germinale primordiale, chacun devenant un organite subcellulaire différente. Ces blocs avec leurs structures environnantes se déplacent ensuite à travers la cellule primaire parentale et dans la zone des ovaires ou des testicules dans le zygote parental.

Pour en revenir à l'exemple des traumatismes, ces cellules de type bactérien sont également la raison pour laquelle il y a différents types de traumatismes. Chacune contribue ses propres gènes spécialisés au noyau de la nouvelle cellule germinale, et chaque organite utilise toujours ces mêmes gènes pour ses propres besoins dans la cellule. Tous les types de traumatismes ont la même cause sous-jacente ; lorsqu'une protéine doit être fabriquée, une couche d'histones endommagée couvrant le gène fait que la copie d'ARNm colle au gène au lieu de flotter dans le cytoplasme. Cependant, les expériences psychologiques correspondantes diffèrent radicalement. Les séquences d'ARNm bloquées pour l'organite du peroxysome (qui se manifeste dans la région du périnée) créent des traumatismes générationnels ; celles pour le réticulum endoplasmique (il se manifeste dans le ventre) créent des associations corporelles ; et celles pour les ribosomes (ils se manifestent dans la région du cœur) créent des traumatismes biographiques.

Dans le présent, la conscience dans chacun des minuscules blocs des êtres sacrés s'étend vers l'extérieur dans les organites de la cellule primaire. De là, la conscience continue de s'étendre vers l'extérieur dans les organes multicellulaires et les structures cérébrales correspondantes. Soit dit en passant, bien que nous parlions habituellement de trois cerveaux - le corps (reptilien), le cœur (mammifère ou limbique) et l'esprit ou le mental (primate ou néocortex), il y en a en réalité sept paires, avec un ensemble provenant de chaque parent.

Bon nombre des problèmes que rencontrent les gens sont directement ou indirectement dus à des dommages ou à des objectifs contradictoires dans ces cerveaux triuniques, et plusieurs des cas subcellulaires en sont le reflet. L'inverse est également vrai - les 14 consciences cérébrales sont censées être fusionnées en une seule ; différentes configurations de fusion parmi les consciences cérébrales résultent en différents états extraordinaires.

Le Centre de Conscience (CdC)

Le modèle du cerveau triunique explique parfaitement l'existence du subconscient. Cependant, cela soulève la question, qu'est-ce alors que la conscience ? Plutôt que d'essayer d'utiliser l'une des nombreuses définitions confuses et contradictoires de la psychologie, il s'avère que l'on peut utiliser une procédure kinesthésique simple pour identifier ce que l'on entend par ce mot. Prenez votre doigt, pointez-le vers vous-même (pas besoin de vous toucher avec cette procédure), et déplacez-le lentement vers le bas à partir du haut de votre tête pour trouver l'étendue de l'endroit où vous ressentez que vous vous trouvez dans votre corps. C'est l'endroit où se trouve votre Centre de Conscience (CdC). Il peut être à un endroit ou à plusieurs, et pour la plupart des gens, cet endroit où vous êtes dans votre corps peut se déplacer temporairement en utilisant la volonté. Nous appelons ce concept expérientiel le Centre de Conscience (CdC). Comme le dit le modèle de la biologie transpersonnelle, il s'avère que la conscience consciente a un substrat physique dans la cellule primaire. Ce concept de CdC est extrêmement important pour les thérapeutes, car ils l'utilisent assez souvent dans diverses techniques de guérison.

Points clés

- Le « modèle de la cellule primaire » dit que la conscience se trouve dans une seule cellule du corps.
- L'expérience quotidienne d'une personne est un mélange simultané de perception normale et de perception de l'intérieur de la cellule primaire.
- La psychobiologie subcellulaire est l'étude des dysfonctionnements à l'intérieur de la cellule primaire qui causent des problèmes psychologiques.
- Des techniques de type psychologique peuvent interagir avec la cellule primaire pour réparer les problèmes.
- Le « modèle des événements développementaux » indique que les états extraordinaires sont bloqués par les traumatismes lors de premiers moments clés du développement.
- Les états pathologiques ou la susceptibilité à ceux-ci surviennent également à des moments clés du développement.
- Le « modèle de la biologie transpersonnelle » dit que toutes les expériences spirituelles, chamaniques et psychiques sont basées sur la biologie physique à l'intérieur de la cellule primaire.
- Il existe trois types de traumatismes : générationnels, associatifs et biographiques.
- Les traumatismes sont indirectement causés par des couches d'histones endommagées sur les gènes.
- Le « modèle du cerveau triunique » explique le phénomène du subconscient, ainsi que de nombreux problèmes et plusieurs états extraordinaires.
- Les organites à l'intérieur de la cellule primaire ont une conscience qui s'étend vers l'extérieur dans les organes et les structures (triuniques) du cerveau.

- Les parasites à l'intérieur de la cellule primaire sont directement ou indirectement responsables du dysfonctionnement subcellulaire.
- Travailler avec des parasites subcellulaires est potentiellement dangereux - une formation spécialisée est nécessaire.
- La conscience peut être définie à l'aide d'une procédure kinesthésique qui situe le « centre de conscience » dans le corps.

Bibliographie

- British Broadcasting Corporation (BBC) Horizon (2005). *The Ghost in Your Genes*
  Cette vidéo explique à merveille la découverte des dommages épigénétiques par le Dr Pembrey grâce à des données provenant de familles vivant dans une ville isolée de Suède.
- Grossniklaus, U., Kelly, W.G., Ferguson-Smith, A.C. et al. (2013). Transgenerational epigenetic inheritance : how important is it. *Nature Reviews Genetics* (mars 2013), 14, 228-235
- Lipton, B. (2005). *Biologie des croyances - Comment affranchir la puissance de la conscience, de la matière et des miracles*. Éditions Ariane
  Une bonne introduction à la biologie subcellulaire pour les non-initiés, bien qu'il manque le concept de la cellule primaire.
- MacLean, P. (1990). *The Triune Brain in Evolution : Role in Paleocerebral Functions*. Pleunum Press
  L'ouvrage de référence sur la biologie du cerveau triunique (écrit pour des spécialistes) basé sur ses recherches au NIMH.
- McFetridge, G. et al. (2004, 2008, et à paraître). *Peak States of Consciousness, Volumes 1-3*
- McFetridge, G. et al. (à paraître). *Spiritual Emergencies - Peak States® Therapy Volume 3*
- McFetridge, G., Pellicer, M. (2004). *Le manuel du Whole-Hearted Healing*™
  Un manuel pratique à l'usage des thérapeutes sur cette technique de régression.
- Université de Harvard. Inner Life of the Cell [en ligne]. 8,11 minutes
  Une excellente vidéo d'animation avec commentaires sur l'activité extra et intracellulaire. On peut la trouver sur YouTube ou sur le site internet de Harvard. Elle est également très utile pour comprendre les illustrations contenues dans ce manuel.
- Université de Harvard. Molecular Machinery of Life [en ligne]. 2,09 minutes
  Une excellente vidéo d'animation avec commentaires sur les fonctions subcellulaires. On peut la trouver sur YouTube ou sur le site internet de Harvard. Elle est très utile pour comprendre les illustrations contenues dans ce manuel.

- Wylie, M.S. (1996). Going for the cure. *Family Therapy Networker* (juillet/août 1996), 20(4), 20-37
  Il s'agit du premier article évalué par des pairs sur quatre techniques psychologiques qui peuvent effectivement éliminer les symptômes d'origine traumatique.

Chapitre 2

Les parasites de la cellule primaire - Symptômes et sécurité

Bien qu'ayant déjà derrière moi une carrière réussie en tant qu'ingénieur électricien en recherche, conception, consultation et enseignement universitaire, j'ai commencé à 30 ans un projet qui me passionnait beaucoup plus : comment apporter la santé fondamentale à l'humanité. En 2008, 24 ans plus tard, je commençais à ressentir un profond désespoir, je n'étais tout simplement pas assez intelligent pour résoudre le problème central. Certes, j'avais résolu de nombreux problèmes biologiques essentiels, comme l'origine du cerveau triunique, l'existence de la cellule primaire, la biologie subcellulaire du traumatisme, et ainsi de suite, mais j'étais toujours incapable de comprendre les problèmes vraiment fondamentaux de notre espèce.

Pire encore de mon point de vue, quelques stagiaires thérapeutes de l'ISPS avaient déclenché en eux-mêmes des douleurs chroniques que je n'arrivais pas à traiter, malgré les heures interminables que j'y passais. C'est pour cette raison et parce que j'avais l'impression d'avoir échoué dans mon projet de base que j'ai annulé en 2009 les formations et j'ai commencé à fermer l'ISPS. Cela s'est avéré être l'une des meilleures décisions que je n'aie jamais prises. De nombreuses personnes ont abandonné l'école ; les quelques membres du personnel qui sont restés étaient vraiment concentrés sur l'objectif principal de l'ISPS. Cela m'a donné le temps et l'espace nécessaires pour m'occuper uniquement de ces problèmes au lieu d'être submergé par les tâches de gestion. Lentement et une à une, nous avons fait des percées : d'abord, comment éliminer en toute sécurité les douleurs chroniques de ces élèves (le problème du parasite de classe 1 décrit dans ce chapitre) ; la biologie unique des états de Beauté Fondamentale et de Relation Optimale ; la cause subcellulaire de toutes les émotions négatives et celle des traumatismes eux-mêmes ; et, au début du printemps 2011, dans l'un des plus beaux jours de ma vie, la source du problème fondamental central de notre espèce (et en fait chez tous les mammifères).

Bien qu'au moment d'écrire ces lignes, nous n'ayons pas encore de solutions à ces problèmes fondamentaux à l'échelle de notre espèce, la compréhension de ces mécanismes biologiques nous permet enfin de poursuivre notre travail. La mort d'un si grand nombre de mes amis et collègues proches au cours de cette recherche n'avait pas été en vain.

La thérapie et les parasites subcellulaires

L'aspect le plus dangereux dans notre recherche sur les nouveaux procédés thérapeutiques est un aspect que l'ISPS n'a pas voulu expliquer au public jusqu'à maintenant. C'était pour une raison de sécurité très sérieuse : la connaissance du problème peut inciter certaines personnes à se concentrer dessus de manière à s'infliger des douleurs à long terme, des blessures ou même potentiellement la mort. Le problème est simple - les êtres humains sont les hôtes de différents types d'organismes parasites à l'intérieur et autour de la cellule primaire elle-même. Malheureusement, à cause de la nature de la cellule primaire, notre conscience peut interagir avec ces organismes d'une manière beaucoup plus profonde et dommageable que ce que nous pourrions supposer possible. Ce problème n'est *pas* semblable à notre expérience avec les types habituels d'organismes pathogènes dans nos intestins ou dans notre corps que les médecins traitent régulièrement.

Ce problème parasitaire est présent chez tout le monde, bien que les gens établissent généralement une sorte d'homéostasie pour minimiser les symptômes physiques et mentaux. Malheureusement, les pratiques spirituelles, la psychothérapie ou même les événements de la vie peuvent entraîner des problèmes avec ces organismes. Ainsi, ces problèmes surviennent avec n'importe quelle thérapie, pas seulement la nôtre. La différence est que nous reconnaissons la cause des problèmes qui peuvent survenir lors d'un développement personnel ou d'un travail de thérapie, et nous avons des moyens de traiter beaucoup d'entre eux.

Il y a quatre problèmes clés avec ces organismes parasites que les cas subcellulaires de ce manuel couvrent. (Voir l'annexe 8 pour une liste sommaire des cas de parasites subcellulaires.) Premièrement, les parasites vivent en nous, et leurs structures et fonctions perturbent les nôtres. Deuxièmement, la plupart des gens interagissent ou communiquent inconsciemment avec eux, ce qui entraîne divers symptômes physiques et émotionnels. Troisièmement, et c'est probablement le plus troublant, nous pouvons perdre notre identité en y abandonnant notre conscience. Et enfin, contrairement à nos hypothèses culturelles, certaines espèces de parasites agissent comme des téléphones portables, permettant des interactions à distance entre les personnes, donnant lieu à des problèmes interpersonnels et culturels généralisés.

Contrairement aux maladies conventionnelles, ces organismes parasites infectent la quasi-totalité de la race humaine et se transmettent de parent à enfant sans qu'il soit nécessaire de recourir à des agents pathogènes externes. Et ils causent de graves problèmes de santé mentale et physique à notre espèce. (Pour un exposé complet sur ce sujet, voir *Peak States of Consciousness, Volume 3*). Ces parasites peuvent être divisés en trois classes, chaque classe exploitant un mécanisme différent pour tromper le système immunitaire humain. (Fait inhabituel, les principales espèces de parasites infectent également tous les mammifères et oiseaux.) Il est intéressant de noter que les espèces de parasites d'une classe donnée sont radicalement différentes en taille, apparemment pour qu'elles puissent exploiter différents environnements à l'intérieur de la cellule. Certains sont minuscules par rapport à un gène enrobé d'histones, d'autres représentent un pourcentage significatif de la taille de l'ensemble de la cellule primaire.

D'un point de vue thérapeutique, de nombreux cas de ce manuel utilisent des traitements qui permettent de travailler au niveau d'un parasite donné. Ainsi, les techniques sont conçues pour faire disparaître les symptômes d'un client en éliminant le parasite, en modifiant les interactions du client avec un parasite donné, ou en guérissant le parasite et en aidant indirectement l'hôte. (Cette approche visant un parasite unique convient à la plupart des problèmes psychologiques, mais certaines maladies comme le syndrome d'Asperger sont causées par des interactions plus complexes entre des traumatismes lors d'événements développementaux et les parasites de différentes classes.) Cependant, il existe des traitements plus globaux possibles pour ces problèmes de parasites. Par exemple, la technique Peak States® « Silent Mind Technique » (SMT, littéralement la « Technique de l'Esprit Silencieux ») fonctionne en immunisant une personne contre le champignon borg (décrit ci-dessous) ; ceci élimine simultanément tous les divers problèmes que le champignon cause chez une personne. Notre recherche actuelle est principalement axée sur la recherche de processus globaux qui rendront une personne immunisée contre chacune des différentes grandes classes de parasites.

DANGER

Le travail sur les problèmes parasitaires peut causer des douleurs à long terme ou des blessures graves. Dans les cas extrêmes, il peut entraîner la mort. Ce type de problème ne devrait être traité que par un thérapeute formé et certifié qui a à la fois l'expérience et le soutien du personnel d'une clinique Peak States. N'expérimentez PAS de nouvelles façons de guérir cela, car vous pouvez facilement causer un développement incontrôlé soudain et des symptômes extrêmes ou potentiellement mortels.

Un angle mort dans notre culture

Curieusement, l'existence de parasites subcellulaires qui peuvent communiquer entre eux à l'intérieur de la personne et entre les personnes est une idée que la plupart de nos étudiants peuvent accepter. C'est peut-être parce que le modèle leur permet de traiter facilement des problèmes qu'ils n'avaient pas pu traiter auparavant.

Cependant, un problème que nous avons rencontré chez les thérapeutes et dans la recherche est dû à notre supposition culturelle que chacun de nous est complètement seul ; et que ce que nous ressentons est dû seulement à notre propre expérience intérieure qui est façonnée après la naissance. Pourtant, rien n'est plus éloigné de la vérité, tant en termes de traumatismes prénatals que de l'existence de parasites qui affectent le comportement. Malheureusement, cette hypothèse entraîne un angle mort intéressant. Le thérapeute (et les chercheurs) agit généralement comme si les actions d'un parasite subcellulaire étaient dues uniquement aux traumatismes ou aux problèmes du client. Bien que, dans un sens, cela soit vrai - nos traumatismes leur permettent d'être là et peuvent limiter la portée de leurs actions ou les augmenter - le problème est que *les parasites ont leur propre ordre du jour.* Cet ordre du jour peut causer des problèmes sur lesquels le client n'a absolument aucun contrôle direct. À l'extrême, les parasites peuvent blesser ou même tuer accidentellement l'hôte humain, ce que la personne ne veut évidemment pas qu'il arrive. Essayer de guérir chaque activité parasitaire comme si c'était le problème du client ne fonctionne pas. Ce serait comme essayer de guérir quelqu'un qui a tiré sur des gens en ne travaillant que sur son conjoint - oui, ils se sont mariés et vivent dans la même maison, mais cela n'en fait pas la seule cause du comportement de l'autre.

Dans le même ordre d'idées, non seulement les gens font l'expérience de la conscience du parasite comme s'il s'agissait de la leur, mais ils interagissent aussi avec les parasites comme ceux-ci étaient d'autres personnes. Cela peut aussi causer une variété de problèmes, parce que le parasite n'est *pas* une autre personne, et qu'il peut réagir de façon inattendue ou nuisible à l'hôte. Ce qui est aussi difficile à réaliser, c'est que nous les voulons en nous parce qu'ils nous font nous sentir en sécurité ou à l'aise, puissants, et ainsi de suite - même s'ils nous font du mal. Pour reprendre l'analogie précédente, c'est comme avoir une bande de conjoints violents. Il est important de comprendre cette dynamique parce qu'elle peut changer notre façon de travailler avec un client ; par exemple, nous pouvons commencer le traitement en éliminant la raison pour laquelle le client pense qu'un parasite subcellulaire est une personne qu'il connaît.

La recherche à l'ISPS

Au début, nous n'avons pas réalisé ce qui causait les divers symptômes que nous voyions chez certains de nos employés, thérapeutes stagiaires et clients. Ces symptômes pouvaient être présents à court ou à long terme, ils étaient souvent incroyablement douloureux ou débilitants. Parfois, ces personnes présentaient déjà des symptômes ; parfois, une thérapie (quelle qu'elle soit, et pas seulement nos propres techniques) déclenchait leurs problèmes. Nous avons consacré énormément d'heures de travail à ce casse-tête, en nous-mêmes et avec les personnes touchées, pour essayer de comprendre ce qui se passait. Au début, nous avions un préjugé inconscient selon lequel le travail sur les états extraordinaires, la spiritualité et la guérison psychologique était intrinsèquement sûr. Avec le temps, ce point de vue a commencé à changer lentement à mesure que de plus en plus de problèmes sont apparus que nous ne comprenions pas. Au cours d'une période d'environ cinq ans, nous avons lentement commencé à soupçonner l'existence de différents types de parasites dans la cellule primaire. Mais il ne suffisait pas d'avoir une hypothèse - nous testions simultanément notre compréhension en inventant de nouveaux traitements expérimentaux, ce qui demandait des heures d'efforts, de frustration et d'échec. Au cours de cette période, plusieurs membres de notre équipe de recherche ont été grièvement blessés et deux sont décédés alors qu'ils travaillaient sur la problématique des parasites. Comme la connaissance de ce problème pouvait causer des symptômes chez les personnes vulnérables, nous avons pensé que nous devions trouver des traitements à la fois sûrs et efficaces avant de pouvoir partager cette information avec le public de façon éthique et sécuritaire.

Soit dit en passant, nous avons vu que lorsque certaines personnes lisent des articles sur les dangers et les risques associés à la recherche, elles craignent que la thérapie soit tout aussi dangereuse. Cependant, c'est la même situation que dans un domaine que nous tenons tous pour acquis : la mise au point de nouveaux médicaments et de nouvelles procédures médicales. Normalement, nous n'entendons jamais parler des erreurs et des problèmes lors de leur phase de recherche (et nous ne nous en soucions pas), et nous ne pensons au produit que lorsque nous allons le chercher à la pharmacie ou chez le médecin.

Heureusement, à nos débuts dans les années 1990, alors que nous développions de nouvelles techniques pour atteindre des états de conscience extraordinaires, nous avions anticipé ces questions de sécurité. Comme nous ne savions pas à quoi nous attendre durant ce processus de recherche avec des outils complètement novateur, nous avions conçu la structure future de l'ISPS pour gérer spécifiquement les problèmes de sécurité potentiels. Au début des années 2000, l'ISPS avait suffisamment grandi pour mettre en œuvre cette structure de sécurité et ses protocoles. Comme pour tous nos projets de recherche, nos essais commencent avec l'équipe de recherche. Une fois que nous croyons avoir un traitement potentiel, nous étendons les tests au personnel de l'ISPS. Si tout se passe bien, nous élargissons nos tests en demandant à nos thérapeutes certifiés Peak States de faire le test sur eux-mêmes ; et finalement, après avoir testé sur un nombre suffisant de personnes, nous permettons prudemment l'utilisation du processus auprès de nos clients. Cependant, nos tests et notre filet de sécurité ne s'arrêtent pas là : notre personnel clinique avancé sert de renfort aux thérapeutes certifiés au cas où ils rencontreraient des problèmes avec les clients. Cela nous donne également le retour d'information dont nous avons besoin pour tester nos processus sur le long terme. Et comme tous nos thérapeutes agréés ne travaillent que sur la base d'un « paiement au résultat », nous obtenons également un feedback rapide si le processus n'est pas pleinement efficace.

Bon nombre de nos étudiants ont eu le réflexe naturel de vouloir faire de la recherche par leurs propres moyens. Il est difficile pour la plupart des gens de croire que cela pourrait être dangereux. Soit, ils ont les mêmes croyances que nous, du genre « l'exploration intérieure est bénéfique », soit, tel un adolescent qui conduirait une voiture de course, ils pensent qu'il ne peut pas leur arriver de mauvaises choses parce qu'ils sont plus intelligents, plus capables, plus chanceux et ainsi de suite. Il est particulièrement difficile pour les gens de sortir de la mentalité isolationniste de notre culture pour réaliser émotionnellement qu'ils ont affaire à plus qu'eux-mêmes - que les parasites ont leur propre conscience et leurs propres actions séparées des leurs.

Surtout dans le cas des problèmes de parasites, nous disons à nos élèves de ne pas essayer de trouver des moyens alternatifs ou meilleurs que ceux que nous enseignons. En effet, il existe plusieurs façons (qui semblent évidentes) d'éliminer les parasites. Malheureusement, nous avons constaté après d'amères expériences que ces moyens évidents n'étaient pas sûrs. Le plus gros problème est que le corps croit fondamentalement qu'il a besoin de ces organismes. Si vous commencez à perturber l'homéostasie, votre corps réagira en rendant le problème beaucoup, beaucoup plus grave pour compenser. Malheureusement, nous parlons aussi d'organismes qui ont leurs propres objectifs ; notre survie n'en fait pas partie. Pour un parasite individuel, il n'est pas évident de savoir quelles répercussions majeures ses actions peuvent avoir sur l'hôte.

Le Projet Humanité

L'une des choses les plus difficiles à faire pour quiconque est de regarder le monde et de percevoir des incohérences avec son propre paradigme. Normalement, nous tenons les choses pour acquises - « c'est comme ça » - et nous travaillons peut-être dans ce cadre pour améliorer les choses. Mais l'une des découvertes les plus importantes de l'ISPS a été que le monde qui nous entoure n'est pas *du tout* censé être comme il est. Ce que nous considérons comme normal à presque tous les niveaux de l'espèce humaine - personnel, interpersonnel, social, culturel, physique, médical et environnemental - est le résultat de maladies parasitaires répandues à l'échelle de l'espèce.

L'ISPS a été fondé pour essayer de résoudre un seul problème - comment guérir l'espèce humaine. Nos premiers travaux nous avaient montré qu'il était possible d'avoir des états de conscience fondamentalement positifs qui, s'ils étaient répandus dans la population, résoudraient automatiquement une foule de problèmes sur la planète (la destruction de l'environnement, l'excès de population, l'injustice sociale, les problèmes mentaux, les maladies physiques, l'immunité bactérienne et virale, la régénération corporelle et quantité d'autres problématiques…). En 1998, nous avons réalisé que notre espèce n'avait besoin que de trois états de conscience clés (sur plus d'une centaine que nous avions identifiés), mais ce n'est qu'en 2011 que nous avons découvert que ces états clés étaient bloqués par les dommages causés par des organismes parasites dans la cellule primaire. (En fait, ces organismes ont infecté tous les mammifères, c'est pourquoi nous ne voyons pas de différences significatives entre les espèces.)

Les trois différentes classes de parasites énumérées ci-dessous bloquent chacune un état extraordinaire clé du « Projet Humanité ». Ces organismes sont listés par ordre de gravité approximative ; c'est aussi l'ordre chronologique dans lequel ils ont infecté notre espèce à l'origine. Maintenant que nous comprenons la nature du problème qui a handicapé l'humanité, les efforts de l'ISPS se concentrent sur la recherche de moyens pour rendre les gens immunisés contre ces trois classes de parasites. (Pour plus de détails sur la dérivation et la biologie de ce problème, voir *Peak States of Consciousness, Volume 3*).

Les parasites insectiformes (Classe 1)

Ces parasites vivent à l'intérieur et sur la cellule primaire et partagent une caractéristique commune ; ils ressemblent tous à divers insectes à carapace dure, et ont généralement un « goût » métallique. Ces organismes peuvent causer des sensations de douleur lancinante, de brûlure et de sensation que quelque chose est sur la peau ou s'enfouit dans le corps. L'attention qu'on leur porte, consciemment ou inconsciemment, les fait réagir comme des animaux sauvages : ils peuvent geler sur place, émettre des toxines pour se cacher, s'enfouir dans les membranes ou attaquer avec des appendices en forme de griffes qui causent des douleurs de perforation ou de déchirure. Nous observons que ces parasites sont extrêmement communs dans la cellule. Ils sont de tailles très diverses ; ceux qui représentent un pourcentage important des membranes nucléaires ou cellulaires sont particulièrement dangereux, car ils peuvent déchirer les membranes cellulaires primaires et causer la mort du client.

Une espèce particulière de parasite de cette classe crée le blocage principal à des états de conscience extraordinaires fondamentaux, y compris la capacité de se régénérer. La guérison partielle ou la suppression de cette infection entraîne divers états majeurs, tels que la Beauté Fondamentale, la Relation Optimale et d'autres. Le travail sur cette espèce dépasse la portée de ce manuel.

Étonnamment, cette classe de parasites « insectiformes » n'est pas décrite dans les textes de biologie standard ; cependant, il est très probable que ce soit parce que ce sont en fait des prions. Ces parasites insectiformes semblent être une forme de vie essentiellement non carbonée ; certaines et peut-être toutes les espèces de cette classe sont rapidement détruites par l'ATP (l'équivalent en oxygène des cellules) si on ouvre une brèche dans leur défense.

Les cas subcellulaires qui sont causés par différentes espèces de cette classe de parasites sont la perte d'âme, la résistance à avoir des sentiments positifs altruistes et les bulles.

Les risques associés au travail avec ces organismes comprennent des douleurs extrêmes (de façon intermittente ou continue), une peur diffuse, les idées délirantes, la psychose, la perte d'identité, les lésions irréparables graves aux membranes cellulaires, plusieurs maladies et dysfonctionnements corporels graves, la perte d'états extraordinaires et la mort subite.

Les parasites fongiques (Classe 2)

Les parasites fongiques ont tous deux caractéristiques en commun : ils ont un matériau cristallin à l'intérieur d'eux-mêmes et donnent des sensations de nausée (comme du vomi) lorsqu'ils sont pleinement ressentis. Cependant, différentes espèces ont des formes radicalement différentes, allant de structures fixes à des masses de filaments blancs ou noirs ressemblants à de la barbe à papa, en passant par des poulpes ou des méduses. Plusieurs des cas subcellulaires de ce livre sont le résultat d'actions ou de problèmes avec différentes espèces fongiques à l'intérieur de la cellule primaire. Par exemple, diverses structures identifiées dans le volume 2 de *Peak States of Consciousness* à l'intérieur du noyau nucléaire (la zone vide à l'intérieur du nucléole) sont toutes fongiques : l'anneau qui crée la « colonne du soi » qui est à la base du trouble de la personnalité multiple et d'autres problèmes ; la « merkaba » qui crée des problèmes dans l'interconnexion des cerveaux triuniques et un type de trouble de déficit de l'attention avec ou sans hyperactivité (TDAH) ; la « séquence » qui est à l'origine des « traumatismes fondamentaux » et la « pomme de pin » qui crée les problèmes des bulles et des boucles temporelles.

Loin de nos croyances culturelles, plusieurs des sous-espèces de parasites fongiques partagent également des « esprits de groupe » (parfois appelés « conscience collective » ou « conscience composite ») ; ils s'expérimentent comme un seul organisme vivant simultanément dans plusieurs corps humains. Parce que la plupart des gens expérimentent ces organismes comme faisant partie d'eux-mêmes, cela crée des ravages tant au niveau interpersonnel que sociétal. Le meilleur exemple de ce problème est probablement celui du champignon subcellulaire « borg » (appelé ainsi en raison de son horrible similitude fonctionnelle avec l'espèce borg de Star Trek), qui ressemble à un poulpe. Au niveau individuel, les borgs agissent pour interconnecter les sensations traumatiques des gens, donnant lieu à l'expérience en temps réel et ressentie que les autres ont une « personnalité » caractéristique. Diverses traditions psychiques décrivent ces connexions comme des « cordes ». Étonnamment, ce n'est pas une métaphore ; c'est une perception mal comprise des tentacules d'un champignon borg. En termes thérapeutiques, ce phénomène de « cordes » est la cause première du transfert et du contre-transfert. Un problème plus grave est dû au fait que ce parasite influence les actions et le comportement des gens dans un effet que nous appelons le « blocage tribal ». Cela donne inconsciemment aux gens les « règles » de leur culture et crée des conflits culturels. La plupart des gens sentent quand quelqu'un d'une autre culture est présent - ce qu'ils ressentent en réalité, c'est l'antagonisme entre deux sous-espèces borg. Ainsi, l'histoire sanglante et à grande échelle de l'humanité avec ses nationalismes, son racisme et ses guerres est en fait causée par ce champignon dans ses compétitions pour étendre son territoire à un nombre croissant d'êtres humains. Cela n'influence pas seulement le comportement ; un grand pourcentage de notre espèce fusionne sa conscience dans les borgs pour se sentir puissant, compensant les sentiments d'impuissance et d'inadéquation ; mais, ce faisant, ils perdent leur humanité.

Plusieurs des divers organismes fongiques différents sont considérés à tort comme des structures « spirituelles » ou « énergétiques » du corps par diverses traditions spirituelles ou religieuses. Par exemple, les « chakras » avec leurs « méridiens » de connexion sont en fait le corps d'un organisme fongique qui vit sur la membrane nucléaire externe. D'autres exemples : les « chemins de vie » à l'intérieur de la membrane nucléaire font partie d'un organisme fongique ; le réseau des vies antérieures à l'intérieur de la membrane cellulaire est une espèce fongique différente ; la structure du maillage de l'âme à l'intérieur du noyau cellulaire qui est perçu « au-dessus » la personne est encore une autre espèce fongique ; et les trous-a.

Les risques associés au travail avec ces organismes comprennent la perte d'identité personnelle, le déclenchement de la schizophrénie, les sentiments de faiblesse, la fatigue, les blocages de la conscience et des sensations corporelles, l'engourdissement physique, la peur extrême, la fatigue légère à débilitante, les nausées sévères, l'acide corrosif dans la cellule, les blessures causées par les parasites par d'autres personnes, les pertes de mémoire et la mort subite.

Les parasites bactériens (classe 3)

Ces parasites bactériens unicellulaires ont l'aspect et le toucher des bombes à eau - ils ont généralement des surfaces molles, sont très souples, peuvent être plutôt amorphes ou parfaitement globulaires, généralement translucides ou transparents, certains ont des filaments (fimbriae), et certains ont des structures attachées à l'extrémité des filaments. Ces organismes partagent tous la qualité de paraître intrinsèquement « toxique » à l'observateur (si la sensation n'est pas bloquée par la conscience). Ils peuvent également émettre des toxines - lorsqu'ils le font, la cellule bactérienne « semble » avoir une teinte grise à noire. Différentes espèces de cette classe existent dans une grande variété de tailles et peuvent être trouvées dans le cytoplasme, dans le noyau et à l'extérieur de la cellule primaire. Au cours des régressions, on les trouve également à l'intérieur et à l'extérieur du spermatozoïde, de l'ovocyte et du zygote. Peu importe l'espèce, les organismes de cette classe exploitent tous la même vulnérabilité cellulaire sous-jacente qui leur permet d'être dans la cellule.

Les gens peuvent sentir chaque cellule bactérienne comme ayant une tonalité émotionnelle qui peut être neutre, négative, ou complètement maléfique. Certaines sont vécues comme des « personnes » ou des présences passives, mais avec une sensation négative ou maléfique sous-jacente. Une espèce que l'on trouve dans le noyau nucléaire chez pratiquement tous les humains et les mammifères est perçue « en dessous » de la personne et donne lieu à l'expérience d'un « royaume infernal souterrain » si une personne y met son CdC. Plus important encore, les dommages causés par ces organismes aux premiers stades du développement sont la cause sous-jacente du mécanisme des traumatismes, ainsi que la raison pour laquelle les gens peuvent même avoir des émotions « négatives ».

Le cerveau du corps utilise souvent ces parasites bactériens en forme de « bombe à eau » comme une sorte de matériau de réparation, pour colmater les dommages comme les déchirures ou les trous dans d'autres structures subcellulaires. Par conséquent, on ne peut généralement pas éliminer les bactéries de ces zones à moins que les dommages sous-jacents ne soient guéris en premier.

Les cas subcellulaires qui sont directement causés par différents organismes de cette classe sont les copies, les boucles sonores, les trous-m, les contournements de traumatismes, la présence d'ancêtres « négatifs » dans le présent et la présence des grands-parents dans la conscience. Ils causent aussi d'autres problèmes graves chez les gens comme l'autisme léger (incapacité de se connecter émotionnellement), la fatigue, la douleur de pression, la nausée, l'engourdissement émotionnel, la paranoïa, et plusieurs problèmes psychologiques spécifiques. Plus rarement, ils sont parfois utilisés dans une réaction défensive inconsciente contre une autre personne - donnant la sensation que la personne est « dans votre espace », avec la sensation de filaments insérés dans votre corps, provoquant des réactions qui vont de l'anxiété (ou la peur) à l'agacement (ou la colère).

Les risques associés au travail avec ces organismes comprennent le déclenchement de sensations horribles de mal, d'épuisement ou de fatigue extrême, de paranoïa, de pensées et de sentiments négatifs, de sentiments de pression, de symptômes autistiques (Asperger), de sensations de choc électrique, de sentiments extrêmes de froid, de suffocation, d'engourdissement dans tout ou partie du corps et d'autres problèmes graves. On peut s'identifier en partie ou en totalité à une bactérie (c'est-à-dire que le CdC est à l'intérieur), ce qui fait que les gens se sentent paranoïaques, négatifs ou maléfiques, engourdis (sensations corporelles supprimées et sentiments positifs) et fatigués, et peut entraîner une perte totale de l'identité personnelle ; la motivation pour abandonner la conscience à ces organismes est de se sentir plus en sécurité et à l'aise, malgré les sentiments et les pensées agressifs et négatifs qui en résultent.

Les virus

Au moment d'écrire ces lignes, nos modèles et quelques expériences préliminaires suggèrent fortement que des virus sont présents dans le cytoplasme ou le noyau de la cellule en raison de problèmes de développement dus à des dommages causés par des parasites bactériens au début du développement. Ainsi, les virus semblent être opportunistes plutôt que d'exploiter eux-mêmes une vulnérabilité biologique directe. (Il est intéressant de noter que certaines personnes ont une immunité complète contre les infections virales et bactériennes. L'acquisition de cet état est l'un des objectifs de nos efforts de recherche.) Comme les virus peuvent parfois causer des symptômes psychologiques (ainsi qu'un nombre incroyable de maladies), nous les incluons dans cette discussion sur les classes de parasites.

Les virus utilisent des signaux pour tromper le cerveau de l'hôte humain. Par exemple, la cause de la pneumonie virale est un virus qui ressemble beaucoup à un ballon de football lorsqu'il se déplace dans le cytoplasme. Pour l'hôte, ces virus « ressemblent » à des amis d'enfance et à des membres de la famille. Ainsi, lorsqu'une personne se sent profondément seule, son corps peut rechercher et entretenir ce virus pour soulager sa solitude (ce qui peut donner naissance à une maladie pulmonaire potentiellement mortelle).

Nous avons également observé des problèmes psychologiques liés à une action virale. Chez certaines personnes, un filet viral (ressemblant beaucoup à un mouchoir en dentelle fine) est construit environ à mi-chemin entre la membrane nucléaire et le nucléole. Ce filet viral peut entourer partiellement ou complètement le nucléole et causer une pression dans la tête d'une personne qui en est atteinte (habituellement diagnostiquée comme une migraine). Étonnamment, les personnes qui ont ce problème et qui souhaitent évoquer une dynamique de groupe négative réussissent à activer le filet viral chez d'autres individus susceptibles.

Les amibes

Au moment d'écrire ces lignes, il est probable qu'il y ait aussi des organismes amibiens dans le cytoplasme de la cellule primaire. Il s'agirait de protistes (eucaryotes, avec un noyau), plutôt que de bactéries (procaryotes, sans noyau). Au moment d'écrire ces lignes, nous n'avons pas encore identifié de cas subcellulaire amibien ; il se peut qu'il y en ait un que nous n'ayons pas encore vu, ou que nous ayons confondu un parasite amibien avec une bactérie sans nous en rendre compte.

Quoi qu'il en soit, notre modèle biologique prédit que tout parasite amibien ne peut être dans la cellule que parce que l'une des trois principales classes de parasites lui permet indirectement d'y être.

Points clés

- Les trois classes de parasites subcellulaires à cellules primaires sont les insectiformes, les champignons et les bactéries.
- Des espèces différentes de parasites subcellulaires provoquent des symptômes émotionnels, psychologiques et physiques différents.
- Il y a beaucoup de tailles et d'espèces dans chaque classe subcellulaire de parasites ; certains sont mobiles, d'autres non.
- Chaque classe de parasite exploite une vulnérabilité différente dans la cellule.
- Les virus semblent exploiter les vulnérabilités créées par les parasites bactériens.
- Pour la sécurité des clients, les thérapeutes ne doivent utiliser que des techniques éprouvées.
- La recherche sur ce sujet est extrêmement dangereuse.

Bibliographie

- Andersen, B., et al. (2009). The Life of a Dead Ant : The Expression of an Adaptive Extended Phenotype. *The American Naturalist* (septembre 2009) [en ligne]

Décris la capacité d'un parasite fongique à contrôler des fourmis et donne d'autres exemples.

- Dawkins, R. (2012). *Host Manipulation by Parasites*
Excellent aperçu de ce nouveau domaine.
- McFetridge, G. et al. (à paraître). *Peak States of Consciousness, Volume 3*
- Pennisie, E. (2014). Parasitic Puppeteers Begin To Yield Their Secrets, *Science Journal* (17 janvier 2014) [en ligne]
Brève description de ce nouveau champ d'influence parasitaire.
- Roberts, L., Janovy Jr., J. (2008) *Foundations of Parasitology*, 8e édition
Manuel de premier cycle pour les étudiants en biologie et/ou zoologie.
- Young, E. (2014). Suicidal Crickets, Zombie Roaches and Other Parasite Tales. *Ted Talks* (mars 2014) [en ligne]
- Zimmer, C. (2001). *Parasite Rex : Inside the Bizarre World of Nature's Most Dangerous Creatures*
Excellent livre de synthèse pour les non-professionnels.

Section 2

Diagnostic et traitement

Chapitre 3

Le paiement au résultat

Lorsque nous parlons de notre travail avec des clients ou des professionnels, leur première réaction est souvent « quelles sont les preuves ? », ou alors les universitaires nous demandent « où sont les études scientifiques validant ce modèle ? » Lorsque nous répondons que nous n'en avons pas besoin parce que nous avons une politique de « paiement au résultat », il y a une pause momentanée, leurs yeux se perdent dans le vague pendant une seconde, puis les gens se répètent en général comme si nous n'avions pas parlé. Apparemment, le saut vers l'idée d'une facturation des traitements aux résultats est tout simplement un concept trop étrange pour être compris du premier coup.

Pourquoi en est-il ainsi ? Eh bien, les clients confondent parfois ce concept avec une sorte d'escroquerie, où les gens « garantissent » un produit, ne le livrent pas et gardent ensuite l'argent. Ou alors ils ne croient tout simplement pas que vous êtes sérieux, parce que c'est tellement en dehors de leur expérience. Les universitaires ont tendance à avoir une problématique différente, qui touche au cœur de la pratique de la psychologie et de la médecine. Actuellement, beaucoup d'outils statistiques sont utilisés (souvent de façon incorrecte) dans la recherche parce que les chercheurs ne conçoivent pas de solutions binaires de type « ça a marché ou ça n'a pas marché ». Au lieu de cela, les résultats des tests sont habituellement si vagues ou contradictoires que le meilleur résultat qu'ils peuvent espérer obtenir se situe souvent à peine au-dessus du seuil de l'effet placebo. Cet état d'esprit peut aussi mener à des situations tout à fait bizarres comme celles que j'ai vues dans ma propre formation doctorale, où on nous a enseigné des échelles de mesure qui ignoraient le problème spécifique du client que nous traitions, et qui mesurait plutôt « l'amélioration globale » - malheureusement parce qu'il n'existait en vérité aucun traitement efficace pour des problèmes précis.

Lorsque Frank Downey et moi avons conçu la structure de l'ISPS dans les années 1990, nous nous attendions à ce que nos techniques de première génération ne fonctionnent pas toujours (ou seulement partiellement) pour certains clients. Nous développions quelque chose d'entièrement nouveau, il y avait beaucoup de choses que nous ne comprenions pas encore, et les problèmes des gens sont souvent très complexes. Cependant, nous n'étions intéressés que par l'élimination totale des symptômes (notez que nous utilisons cette expression parce qu'il est socialement et souvent juridiquement inacceptable de parler de « guérison »). Les succès partiels étaient précieux du point de vue de la recherche mais, dans le cadre du « paiement au résultat », le seul résultat qui compte est « nous avons fait ce qui était convenu ». Cela signifie que les thérapeutes doivent réellement tenir leurs engagements et, s'ils ne le peuvent pas, qu'ils ne pénalisent pas financièrement les clients en raison de leurs propres limites (ou de celles de l'ISPS). Cela présente également l'énorme avantage que nous n'avons pas à faire d'études scientifiques extrêmement coûteuses - après tout, c'est le client qui sait vraiment si le problème est définitivement parti.

Qu'est-ce que le « paiement au résultat » (la « facturation au résultat ») ?

L'Institute for the Study of Peak States est à l'avant-garde d'une méthode de facturation différente de celle utilisée par la plupart des thérapeutes conventionnels (même si elle est déjà utilisée dans de nombreuses autres professions). Lorsque nous parlons aux clients, nous appelons cela le « paiement au résultat », et lorsque nous parlons aux thérapeutes, nous appelons cela la « facturation au résultat ». Tous les thérapeutes qui emploient nos processus sous licence et utilisent notre marque déposée s'engagent à respecter cette condition dans *tout* le travail qu'ils font, que ce soit en utilisant nos techniques ou celles d'une autre personne.

Comment cela fonctionne-t-il ? Lors de la première séance, le thérapeute et le client s'entendent par un contrat écrit sur l'objet du travail et sur les critères de réussite. Les honoraires sont négociés à ce moment-là (bien que la plupart des thérapeutes utilisent un barème de facturation fixe qui simplifie grandement cette étape). Les modes de facturation ouverts tels que celui au temps passé ne sont *pas* acceptables - le client doit savoir exactement ce qu'il accepte et ce qu'il va payer dans le cadre du contrat. Évidemment, certaines personnes ne choisiront pas de devenir clients, mais il n'y a pas de frais pour cette consultation initiale puisqu'il n'y a eu aucun résultat. Après le traitement, si les critères de succès prédéterminés ne sont pas respectés, le thérapeute certifié n'est pas rémunéré et ne facture *pas* pour le temps passé. De toute évidence, certains clients ne génèreront pas de revenus et, dans les cas de clients malhonnêtes, le client obtiendra le service, mais le thérapeute ne sera pas payé. Toutefois, ce mode de facturation n'est pas inhabituel - il est standard pour la plupart des entreprises, et les frais sont ajustés pour tenir compte de ces problèmes. L'annexe 10 présente une façon simple de calculer les honoraires minimaux d'un thérapeute lorsqu'on utilise un unique barème de facturation.

Dans certains cas, l'ISPS établit des critères non négociables de succès pour certains processus autorisés et spécifiques utilisés par nos thérapeutes certifiés - par exemple, quelqu'un qui entend des voix ne les entend plus ; la personne souffrant d'addiction à une substance ne veut plus la consommer ; les processus Peak States® doivent donner au client les sensations caractéristiques de l'état ; etc. Un autre exemple de ce principe de paiement au résultat est la recherche. Bien qu'il nous arrive de passer un contrat avec un client pour un résultat précis impliquant un travail de recherche, l'ISPS ne rédige jamais de contrat avec les clients pour leur facturer les heures consacrées à la recherche de traitements pour de nouvelles maladies.

Pourquoi le « paiement au résultat » (la « facturation au résultat »)

Le principe de la « facturation au résultat » résout un certain nombre de problèmes graves des professions de guérison médicales et psychologiques.

Dans ce chapitre, nous discuterons d'un certain nombre de raisons pratiques pour lesquelles la facturation au résultat est une bonne idée pour les thérapeutes. Cependant, de notre point de vue, le principal problème de la facturation à l'heure est d'ordre éthique. Il est tout simplement moralement inadmissible d'exiger de l'argent de clients que vous n'aidez pas. La « règle d'or » le décrit clairement : « faites aux autres ce que vous voudriez qu'ils vous fassent ». De nombreux clients viennent voir des thérapeutes parce qu'ils ont désespérément besoin d'aide, et ce sont souvent eux qui sont le moins en mesure de payer, justement à cause de leurs problèmes. Ces personnes ont besoin de leurs ressources pour obtenir une aide réelle, et non pas pour soutenir un sentiment de bon droit chez le thérapeute. C'est un peu comme si vous ameniez votre voiture pour la faire réparer et que le mécanicien vous disait qu'il ne pouvait pas la réparer, mais que vous lui deviez maintenant des milliers de dollars pour le temps qu'il avait perdu.

Le problème pratique le plus grave qui se pose probablement dans le système actuel est celui de l'incitation à l'échec (que nous espérons inconsciente). Lorsque nous facturons à l'heure, nous sommes récompensés pour nos échecs. Le paiement renforce les échecs et, comme vous le savez, nous obtenons davantage de ce que nous renforçons. Ce principe est bien décrit par Kylea Taylor dans son livre *Ethics of Caring*, où elle présente un tableau des pièges dans lesquels les thérapeutes peuvent facilement tomber avec leurs clients. Ainsi, les pratiques de facturation standard où vous facturez à l'heure, et non en fonction de la performance, peuvent poser plusieurs problèmes :

- Le thérapeute typique veut inconsciemment que son client continue à suivre une thérapie pour que le thérapeute continue d'être payé.
- Le thérapeute typique est encore inconsciemment réticent à l'apprentissage de nouvelles techniques plus rapides parce que cela interférerait avec son flux de revenus.
- Le thérapeute doit supprimer ses propres instincts et adhérer à un système qui nie la question éthique de facturer les gens alors que rien n'est accompli.

De notre point de vue en tant qu'organisme d'enseignement et de certification, le « paiement au résultat » résout également le problème majeur de la vérification de la compétence d'un thérapeute. Normalement, les thérapeutes et autres professionnels de la santé passent des examens pour démontrer leur compétence. Malheureusement, cette mesure ne fonctionne pas très bien, comme peuvent en témoigner tous ceux qui ont passé des examens de fin d'études secondaires ou collégiales ! En utilisant la facturation au résultat, nous constatons que les thérapeutes sont ou deviennent rapidement compétents, ou alors ils ne gagnent tout simplement pas leur vie. Ainsi, ce système lui-même s'autocorrige automatiquement - nos thérapeutes sont financièrement motivés pour devenir plus compétents et rechercher de meilleures techniques de traitement. (Bien sûr, nous vérifions leurs connaissances et leurs compétences avant de les certifier pour les aider à faire la transition pour devenir de nouveaux thérapeutes. Et nous les aidons à devenir de meilleurs thérapeutes durant la première année ; mais le problème de la compétence se résout rapidement sans pénaliser financièrement les clients.)

La « facturation au résultat » résout également un autre problème courant - le rejet des nouvelles thérapies simplement parce que le thérapeute est à l'aise avec ce qu'il sait déjà. Comme l'a dit le physicien prix Nobel de physique Max Planck, fondateur de la théorie quantique : « Une nouvelle vérité scientifique ne triomphe pas en convainquant ses adversaires et en leur faisant voir la lumière, mais plutôt parce que ses adversaires finissent par mourir et qu'une nouvelle génération qui la connaît se forme ». Heureusement, avec le principe du « paiement au résultat », les thérapeutes sont forcés de rechercher activement des techniques plus récentes et plus efficaces, plutôt que de simplement éviter le changement ou de compter sur des organismes qui ont un intérêt direct à promouvoir des techniques obsolètes ou inefficaces.

En résumé, le barème d'honoraires de l'ISPS pour la « facturation au résultat (succès) » signifie que le thérapeute facture en fonction de la performance, et non du temps passé. Ceci présente de nombreux avantages :

1. Il encourage le thérapeute à être aussi compétent que possible.
2. Il encourage le thérapeute à établir des critères clairs et réalistes avec ses clients.
3. Il minimise le problème des attentes irréalistes des clients.
4. Il décourage le thérapeute de devenir un « ami rémunéré » et de prolonger ainsi inutilement la souffrance du client.
5. Il encourage le thérapeute à orienter les clients vers des thérapeutes qui ont la capacité de les guérir.
6. Cela minimise le problème du client qui oublie qu'il avait eu le problème une fois celui-ci parti (l'effet apex).
7. C'est satisfaisant d'un point de vue éthique.

Avec le principe de la « facturation au résultat », le thérapeute est automatiquement incité à améliorer ses résultats, à se concentrer davantage sur les problèmes du client et à travailler plus rapidement avec lui. C'est satisfaisant d'un point de vue éthique et c'est aussi une caractéristique presque unique dans le monde des thérapeutes ou des médecins.

Les craintes des thérapeutes envers le « paiement au résultat »

Dans le cadre de notre formation de thérapeute, nos étudiants s'exercent à la guérison en traitant leurs peurs à l'égard de l'utilisation de la « facturation au résultat » dans leur travail. Parce que ces problèmes (souvent liées à des peurs de survie) motivent inconsciemment le thérapeute, nous avons découvert qu'une discussion rationnelle des problèmes impliqués est souvent une perte de temps jusqu'à ce que les problèmes émotionnels sous-jacents soient éliminés. Certains déclencheurs courants sont :

- Je me sens coupable de facturer autant pour un processus aussi simple et rapide.
- Je me sens coupable de faire payer plus cher afin de compenser pour les clients que je ne peux pas aider.
- Et si le client est guéri mais dit qu'il ne l'est pas ?
- Je ne comprends pas ce que le client veut vraiment - je ne perçois pas le vrai problème.

- J'ai peur que le client ait trop d'attentes à mon égard.
- C'est trop compliqué.
- J'ai peur des actions en justice.

La rédaction du contrat - la négociation des résultats

Comme nous le montrerons dans les prochains chapitres, le principe de la « facturation au résultat » a un impact majeur sur la façon précise de poser un diagnostic et d'effectuer les traitements avec les clients. Plutôt que d'offrir un soutien émotionnel ou des conseils utiles, le thérapeute a maintenant la tâche de définir avec précision le problème réel du client et de réussir à le résoudre.

Nous avons constaté qu'au début, la plupart de nos étudiants ont beaucoup de difficulté à rédiger le contrat de « paiement au résultat » avec le client. Souvent, c'est parce que les techniques et les pratiques qu'ils ont apprises dans le passé les gênent, qu'il s'agisse de thérapie conventionnelle, de travail sur la respiration ou d'autres modalités. Bien que le diagnostic puisse être difficile à établir, il est beaucoup plus facile d'identifier le *résultat* souhaité que les gens ne le pensent.

Demandez simplement à votre client quel est son plus grand problème. Les clients sont dans votre bureau pour une raison, et elle est généralement assez simple. En général, le client n'a qu'un seul problème majeur, même s'il a du mal à le mettre en mots. La plupart des thérapeutes font souvent, à cette étape, une erreur importante. S'ils ne sont pas prudents dans la formulation de leurs questions, ils obtiendront une liste de problèmes. C'est exactement la même chose que si un mécanicien vous posait des questions sur les problèmes de votre voiture vieille de 15 ans - une question générale obtiendra une longue réponse. La porte grince, le verrou du coffre ne fonctionne pas, il y a de la rouille sur la carrosserie là où vous l'avez heurtée, etc. Mais la véritable raison pour laquelle vous êtes là, c'est parce que le pot d'échappement émet une grosse fumée noire !

Il y a parfois effectivement plusieurs problèmes. Ne rédigez jamais un seul contrat pour plusieurs problèmes, car un seul échec signifie que vous ne serez pas payé pour votre travail. Au lieu de cela, proposez de travailler sur les problèmes et de les facturer séparément. Présenté ainsi, le client établit immédiatement les priorités et identifie ce pour quoi il est réellement là. Il décide de ce qui est financièrement important pour lui.

Lors de la rédaction du contrat, plus c'est concis, mieux c'est ! Si vous vous êtes concentré sur le vrai problème, en général, un accord pour éliminer la douleur émotionnelle liée à la phrase unique qui évoque le maximum de souffrance (ce que nous appelons la « phrase déclencheur ») est tout ce qui doit être mis dans le contrat. Encore une fois, les nouveaux thérapeutes inscrivent par erreur une liste de symptômes dans le contrat, mais cela ne fait qu'inclure des problèmes annexes dans leur accord, et ils sont maintenant tenus de guérir également. Veillez à ce que le contrat soit simple et à ce qu'il reste ciblé. (L'annexe 2 donne des exemples de différents types de contrats de « paiement au résultat ».)

Un thérapeute débutant peut rédiger un contrat de résultats sans avoir la moindre idée de ce qui cause le problème. Ceci n'est pas gênant, et tout échec deviendra une expérience d'apprentissage pour le thérapeute. Cependant, avec l'expérience, le thérapeute va parfois reconnaître un problème qu'il sait qu'il ne peut pas guérir. Dans ce cas, il en informe le client et peut lui proposer de travailler sur des problèmes connexes. Par exemple, un client a un trouble obsessionnel compulsif (TOC) que le thérapeute ne sait pas encore comment éliminer ; une fois qu'il l'a annoncé au client, il lui demande s'il serait satisfait s'il éliminait un problème lié à sa maladie, comme le stress ou l'embarras. Dans un autre exemple plus extrême, un client mourait d'un cancer. Bien que le thérapeute ne puisse pas guérir la maladie, il a constaté que le problème secondaire du client était la peur de la mort, qu'il a réussi à guérir (la peur de la mort déclenchée par le cancer était causée par une quasi-noyade lorsqu'il était enfant).

L'un des problèmes que nous avons vus avec les thérapeutes qui établissent des contrats est un « processus de survente ». Nous voulons dire par là qu'ils connaissent un traitement, par exemple la Silent Mind Technique, et au lieu de vraiment comprendre les besoins du client et d'y répondre précisément, ils suggèrent que le client devrait suivre le traitement (habituellement coûteux) à la place, sous-entendant que le problème du client serait probablement résolu. Cela ne se termine que par un désastre : même si le client accepte le contrat, il sera malheureux par la suite parce qu'il aura toujours son problème. Cela contraste avec un thérapeute qui comprend ce que le client veut et se rend compte qu'il serait incapable de le lui fournir, et lui propose donc des solutions de remplacement. Dans ce dernier cas, le client est traité comme un allié plutôt que comme une source de revenus.

Prenez des notes claires sur ce que vous avez convenu ! Laissez le client lire ce que vous avez écrit et voyez si c'est clair pour lui. Utilisez exactement la formulation du client, n'essayez pas de paraphraser. Cela permet de s'assurer que les attentes sont bien définies (les « critères de réussite ») ; cela sera nécessaire pour éviter le problème de l'apex une fois que vous aurez terminé.

En résumé, restez concentré sur ce que vous pouvez faire et, au besoin, décomposez le problème en ses éléments clés et offrez des choix pour que le client décide de ce qui est important pour lui.

Exemple : Le client veut divorcer

Le client a des problèmes avec une partenaire et il veut apprendre cette thérapie afin de pouvoir s'aider lui-même. Vous savez qu'il y a habituellement des dizaines de problèmes avec les partenaires, alors vous vous concentrez sur le ou les problèmes clés. Dans le cas présent, le client veut essentiellement être avec une autre personne. Vous ne portez pas de jugement, mais vous expliquez ce que la thérapie peut faire (un apaisement à propos de ses sentiments). Le client se rend compte que le principal problème réside dans son anxiété à l'idée d'en parler à sa conjointe. Et il veut au passage une petite formation à l'EFT (ce qui présuppose que l'EFT ait un effet sur les problèmes de ce client).

Dans le contrat, vous pouvez inclure la formation à l'EFT ou la facturer séparément. Dans les deux cas, vous devez déterminer les critères de résultats. Il se peut que, dans ce cas, les résultats ne soient que l'exposition à la technique et qu'il n'y ait pas d'objectifs explicites, ou bien qu'il y ait un certain niveau de compétence. C'est à vous de définir ce que vous êtes à l'aise de fournir, et vous pouvez négocier avec le client pour déterminer ce qui fonctionne le mieux pour vous deux. Un thérapeute expérimenté n'inclurait pas l'enseignement de l'EFT dans le contrat principal et pourrait simplement prendre un peu de temps pour montrer le processus au client dans le cadre du traitement, ainsi que donner des conseils pour regarder des vidéos gratuites sur YouTube.

Exemple : Le client ne peut pas ressentir

La cliente était incapable de se souvenir de son passé, de ressentir des émotions ou des sensations corporelles. C'est typique dans les cas d'abus sexuels extrêmes à un âge précoce, ce qui s'est d'ailleurs avéré être le cas avec cette cliente. Il a fallu modérer ce que la cliente attendait comme résultat parce que les thérapies de régression n'auraient pas été efficaces. (Cela suppose que le thérapeute ne « corde » pas avec la cliente pour réprimer les sentiments extrêmes d'abus qu'elle ressent.) Ainsi, le thérapeute a dû évaluer si la cliente est une bonne candidate pour la guérison de problèmes ou s'il faudrait simplement établir un contrat d'encadrement et de soutien sur des questions spécifiques. Ou si le client devait simplement consulter un thérapeute conventionnel ou participer à un groupe de soutien par les pairs pour un soutien émotionnel.

Avec plus d'expérience, le thérapeute pourrait reconnaître que l'engourdissement du client provient d'un problème d'interaction avec un parasite bactérien et référer le client à une clinique pour ce traitement. Dans cet exemple, une fois l'engourdissement disparu, les émotions traumatiques pourraient ensuite être ressenties et il faudrait probablement les traiter. Il pourrait également y avoir un traumatisme bloquant la mémoire ou un problème de TPM où la personnalité dominante actuelle n'est pas celle qui a vécu le traumatisme. La cliente devrait décider si elle veut être traitée pour cela, le traumatisme ou la séparation lui permettant d'éviter les mémoires traumatiques.

Fixer les honoraires et estimer la durée du traitement

Dans l'approche du « paiement au résultat », le contrat prévoit des honoraires prédéterminés. L'annexe 10 présente une façon simple, efficace et à faible risque pour les thérapeutes d'établir ces honoraires. Dans cette approche, le thérapeute généraliste n'offre qu'un seul tarif pour tout problème du client. C'est ainsi que procèdent la plupart des thérapeutes qui pratiquent le « paiement au résultat » (bien que certains traitements de maladies spécifiques puissent utiliser un tarif prédéterminé différent). Parce que nous savons qu'il y a un certain pourcentage de clients que le thérapeute ne peut pas aider, le thérapeute doit savoir quand il doit cesser d'essayer. Heureusement, cette durée limite optimale minimise les coûts pour le client tout en maximisant le revenu du thérapeute. Cette limite se situe généralement entre 3 et 6 heures. Les clients qui prennent plus de temps ne sont pas facturés, mais sont dirigés vers des thérapeutes plus avancés ou spécialisés, comme ceux qui travaillent dans nos cliniques.

Il est possible d'utiliser d'autres méthodes de facturation, comme l'estimation de la durée du traitement et la facturation sur cette base. Ou, peut-être, utiliser une sorte de combinaison d'approches. Cependant, cela augmente le risque financier pour le thérapeute et augmente le coût, parfois de façon spectaculaire, pour environ la moitié des clients. Nous ne recommandons pas ces autres approches à moins que vous ne soyez spécialisé ou très expérimenté. Si vous êtes intéressés par les formules de ces autres méthodes de calcul des honoraires, nous vous invitons à consulter le site internet de l'ISPS.

La « règle de trois »

Les thérapeutes doivent prévoir le temps nécessaire pour deux brèves séances après la guérison complète du problème : de façon optimale, l'une quelques jours après la guérison initiale et l'autre environ deux semaines après le traitement. Ces rendez-vous doivent être fixés avec le client dans le cadre d'un traitement normal. Mais pourquoi ? Ce suivi est dû à la cause épigénétique du traumatisme et aux limites de la plupart des techniques de guérison. Attendre après un traitement « réussi » permet à des traumatismes pertinents « cachés » ou non déclenchés ou à des traumatismes qui n'ont pas été complètement guéris d'être activés par les circonstances quotidiennes dans la vie du client. Cela peut aussi être dû à des « boucles temporelles » qui restaurent le problème dans le client. Ce problème n'est pas simplement le client qui porte son attention sur une nouvelle problématique, bien que cela puisse évidemment se produire et engendrer ses propres problèmes.

Nous n'avons pas une bonne estimation de la fréquence à laquelle ces séances de guérison supplémentaires sont réellement nécessaires, mais il est probablement raisonnable de supposer que cela sera le cas avec un tiers des clients. Il s'agit simplement d'une règle de bonne pratique que de le planifier avec le client, et fait partie intégrante de la « facturation au résultat ». Certains thérapeutes prennent les rendez-vous supplémentaires et les annulent si tout va bien ; d'autres ajoutent des rendez-vous en fonction des besoins.

La durée du traitement conventionnel

Le temps qu'un client type va effectivement consacrer à une psychothérapie conventionnelle est assez court. Curieusement, il est très difficile de trouver des études définissant exactement ce que sont ces temps, surtout au cours des 10 dernières années. Dans un article de synthèse de 2000 (sans aucune référence à l'appui) : « En examinant les données sur l'utilisation et les résultats de la psychothérapie, il est de plus en plus reconnu qu'il n'existe pas de thérapie brève, car il n'existe pas de thérapie à long terme. Environ 90% de tous les patients en psychothérapie viennent pour moins de 10 séances, la valeur médiane étant d'environ 4,6 séances et le nombre modal de séances étant exactement de un. » Dans une grande étude de 2011 sur les troubles dépressifs majeurs : « Le nombre modal de séances pour tout traitement dans le système de santé mentale communautaire était de un en 1993 et en 2003. Le nombre médian de séances de psychothérapie était de 5,0 en 1993 et en 2003. Le nombre moyen de séances de psychothérapie était de 8,5 (écart-type de 10,0) en 1993 et de 9,4 (écart-type de 10,6) en 2003.

Heureusement, notre approche thérapeutique est en adéquation avec ce modèle de client typique. Comme l'a dit Gay Hendricks, le concepteur de la Body Centered Therapy (littéralement « la Thérapie Centrée sur le Corps ») dans ses formations : « Le client devrait être guéri en deux séances. Si cela prend plus de trois séances, le thérapeute ne sait pas ce qu'il fait. » Nous sommes d'accord. Ainsi, les thérapeutes certifiés de base devraient essayer de traiter le plus grand nombre possible de clients au cours de la première séance, de guérir le client type en deux ou trois séances (environ 2 à 4 heures) ou, au pire, de terminer le traitement en environ trois ou quatre séances (4 à 6 heures).

Les critères de résultats et les garanties de durée dans le temps

Lorsque vous travaillez avec un client, vous devez déterminer exactement quels sont les critères du *résultat visé*. Dans de nombreux cas, cela peut signifier que vous écrivez quelque chose qui peut être vérifié sur place. Dans d'autres cas, le client peut avoir besoin d'aller quelque part ou de rencontrer quelqu'un pour vérifier si l'intervention a réussi. En tant que thérapeute, c'est à vous et à votre client de décider ce qui est acceptable et pendant combien de temps vous êtes prêt à attendre pour voir si les résultats sont stables.

Par exemple, les cliniques de l'ISPS offrent des traitements spécialisés, souvent coûteux, pour diverses affections ou troubles. Nous exigeons généralement le paiement du client après trois semaines sans symptômes. (Deux semaines suffiraient pour vérifier la stabilité du traitement, mais cette troisième semaine permet généralement au client de se sentir plus en sécurité en raison des frais élevés impliqués). Après cette période, si les symptômes devaient réapparaître pour une raison quelconque, nous rembourserions simplement l'argent (et/ou essaierions d'aider le client). Dans une situation de thérapie, une période beaucoup plus courte serait adéquate et plus prudente, à moins que vous n'ayez conclu un autre accord avec votre client. Vous devrez peut-être aussi déterminer si vous voulez que le client accepte un autre traitement avant d'effectuer un remboursement, ou si vous effectuez juste un simple remboursement. (Notez que si vous effectuez plus de traitements, ces données sont prises en compte dans le calcul de votre revenu et du temps total de contact avec les clients pour estimer les frais futurs - voir l'annexe 10.)

La satisfaction des clients et le problème de l'apex

Lorsque vous guérissez complètement le problème d'un client, vous allez rapidement rencontrer un phénomène embêtant : certains clients vont oublier qu'ils avaient eu ce problème que vous avez guéri. En effet, lorsqu'ils essaient de se rappeler à quoi ressemblait le problème, il ne reste plus de sensations et, du coup, les clients « ne peuvent tout simplement pas se souvenir » du problème. (C'est comme oublier où vous vous êtes cognés s'il n'y a plus de douleur pour vous guider.) Cela peut signifier qu'ils ne voudront pas vous payer car « ça n'a jamais été un problème », ou, pire, qu'ils diront aux autres que la séance de thérapie était inutile ou une perte de temps. Pour eux, leur *vrai* problème, c'est le nouveau point de souffrance qu'ils ressentent sur le moment.

Vous pouvez résoudre ce problème de plusieurs façons. Tout d'abord, l'éducation : le problème de l'apex est présenté dans la brochure du client, et vous devrez lui expliquer dès le départ. Il est important d'expliquer la nature et le fonctionnement des thérapies de dernière génération. Ensuite, gardez des traces. Une façon d'y parvenir est de leur demander d'écrire exactement quel est le problème, à quel point ils se sentent mal, de donner une échelle d'Unité Subjective de Détresse (USD), et en particulier de se concentrer sur les paramètres de la « facturation au résultat » dont vous avez convenu. C'est bien de l'écrire, mais c'est encore mieux d'utiliser des enregistrements vidéo ou audio. Cela capture l'intensité de leur souffrance et, plus tard, les clients sont presque toujours surpris de s'être sentis ainsi - ils ne s'en souviennent tout simplement plus.

L'autre avantage que vous avez est de facturer des honoraires fixes prédéterminés dont vous avez convenu dans un contrat. La façon dont vous percevez les honoraires dépend de vous - et peut évidemment varier d'un client à l'autre -, mais une façon de régler ce problème est de leur demander de faire un chèque pour le montant dont vous avez convenu et de le conserver pendant toute la durée du traitement. Puisqu'ils avaient bien voulu faire ainsi, les clients décident à un certain niveau qu'il devait s'agir d'un problème important puisqu'ils avaient signé le chèque !

Certaines situations ne permettent pas le « paiement au résultat »

Dans certaines circonstances, le barème d'honoraires pour les résultats n'est pas possible ou n'est pas approprié à mettre en œuvre. Par exemple :

- Pour les remboursements par une mutuelle ou une compagnie d'assurance maladie (et ils n'autoriseront pas une structure d'honoraires basée sur la performance).
- Le client veut essayer l'une des techniques que vous connaissez et n'a pas de critères de succès particuliers.
- Le client est votre étudiant et la session fait partie ou vient en complément d'un programme de formation.

Dans la mesure où des circonstances particulières empêchent réellement l'application du critère de « facturation au résultat » et que ceci est clair pour le client, le thérapeute peut, au cas par cas, ajouter une clause d'exception au contrat avec le client. Cependant, en dehors des situations d'enseignement, cette situation se présente rarement - vous pouvez généralement établir des critères de réussite pour presque toutes les activités.

Malheureusement, nous avons aussi constaté que les thérapeutes hésitent à s'adresser aux assurances ou à d'autres organismes pour leur suggérer de passer à ce type de facturation, soit de façon générale, soit dans leur cas particulier. Comme cela profite financièrement aux organismes en question, il sera intéressant à l'avenir de voir si les compagnies d'assurance elles-mêmes ne vont pas finir par faire pression en faveur de ce changement.

Les différends avec les clients

Malgré tous vos efforts, il y aura des clients avec lesquels vous aurez des problèmes. Espérons que la plupart de ces personnes décideront de ne pas travailler avec vous après l'entrevue initiale, mais certaines le feront. Acceptez ceci comme une réalité de la vie et non comme une sorte d'échec personnel de votre part (Nous supposons toutefois que vous le prendrez comme une opportunité de vous pencher sur vos propres problématiques.)

Si le problème est qu'un client estime qu'il n'a pas obtenu les résultats convenus, et que vous ne pouvez pas parvenir à un accord rapide et à l'amiable, la réponse est simple. Rappelez-vous : « Le client a toujours raison ». Vous êtes dans ce métier pour le long terme, et le bouche-à-oreille est essentiel à votre succès. Vous ne facturez tout simplement pas (ou alors remboursez l'argent). Évidemment, il y aura des gens qui en profiteront - mais cela se produit dans toutes les entreprises. Vous le prévoyez simplement dans vos honoraires. Heureusement, dans notre expérience, les clients malhonnêtes sont très rares.

En ce qui concerne les thérapeutes certifiés par l'ISPS, leurs brochures (et nos sites internet) indiquent également aux clients qu'ils peuvent contacter l'ISPS en cas de différends. Cela fait partie de notre contrat de licence et montre clairement aux clients que ces thérapeutes font partie d'une organisation professionnelle exceptionnelle. Au fil des ans, nous avons rarement eu des problèmes avec nos thérapeutes certifiés, mais cela arrive parfois. Dans le cadre de leur contrat de licence, nous nous réservons le droit de mettre fin à leur licence et à leur utilisation de nos outils, marques déposées et logos sous licence.

Les marques déposées, les logos et les organisations affiliées

Lorsqu'un des thérapeutes que nous avons formés signe un contrat de licence avec l'ISPS, il obtient le droit d'utiliser nos processus pour des maladies ou des problèmes spécifiques, d'avoir le soutien de nos cliniques pour les clients difficiles et d'avoir accès aux nouvelles découvertes et aux mises à jour de sécurité. Ils ont également le privilège d'utiliser un logo de thérapeute certifié par l'ISPS sur leurs documents et sites internet à des fins publicitaires. Mais ce logo signifie plus que l'utilisation d'outils thérapeutiques de pointe - cela signifie qu'ils ont accepté de n'utiliser que des « facturations au résultat » dans tous leurs travaux thérapeutiques. Ces thérapeutes inhabituels ouvrent la voie à un changement fondamental dans la façon dont la thérapie et la médecine sont pratiquées dans le monde.

L'ISPS dresse également la liste des organisations ou des individus affiliés du monde entier sur ses sites internet. En plus d'être des organisations de pointe qui font un excellent travail dans divers domaines, elles utilisent également les principes de la « facturation au résultat » (ou de la donation) dans leur travail. Nous nous sentons privilégiés d'avoir rencontré et connu ces différents individus et groupes qui travaillent aussi pour faire une différence dans le monde.

Questions et réponses

Q : « Avez-vous des suggestions sur la façon de faire de la publicité pour le « paiement au résultat » ?

Un thérapeute a trouvé que l'expression « Pas de résultat - Pas de paiement » dans sa publicité fonctionnait bien.

Notez qu'il n'est pas approprié de proposer une guérison « garantie » (comme dans « satisfait ou remboursé »), car de nombreux endroits ont des lois qui s'opposent à de telles formulations dans le cadre de la psychothérapie. Il est à noter que ces lois ont été conçues pour lutter contre la fraude, et non pour interdire l'utilisation du modèle de facturation de « paiement au résultat ».

Q : « Je ne sais toujours pas comment définir les critères de résultats. Avez-vous des conseils ? »

Certains thérapeutes ont tendance à penser que cette étape est beaucoup plus difficile qu'elle ne l'est, même s'ils le font déjà inconsciemment dans leur pratique.

Vous êtes en partenariat avec votre client - vous concluez un accord que vous jugez souhaitable et possible. Il n'est pas nécessaire que ce soit énorme et difficile - c'est juste ce que vous voulez tous les deux que ce soit. Par exemple, si vous êtes tous les deux d'accord qu'une réduction de 30% d'un symptôme est le résultat, c'est très bien - vous n'avez pas besoin de viser la guérison parfaite.

L'important ici est que votre client accepte que ce que vous vous engagez à faire vaille le montant qu'il va payer. L'accord peut aller d'une simple volonté que le thérapeute écoute le client à un contrat de se débarrasser partiellement ou complètement d'un problème chronique de longue date. Il n'y a pas de règles établies, si ce n'est que c'est ce dont vous avez convenu tous les deux.

Q : « Comment puis-je éviter de faire faillite tant que je n'arrive pas à faire un bon diagnostic ? »

Nous vous recommandons d'utiliser le tarif fixe par contrat de l'annexe 10. Il ne vous faudra pas longtemps - probablement une vingtaine de clients - avant de constater que vous êtes beaucoup plus confiant dans votre capacité à poser un diagnostic et à établir les critères de résultats.

Q : « Je suis thérapeute et j'utilise diverses techniques. Si je suis certifié par l'ISPS, dois-je facturer au résultat même si je n'utilise pas vos techniques avec le client ? »

Oui, l'ensemble de votre pratique devrait changer pour incorporer la « facturation au résultat » (autant que possible). La certification est une licence, comme si vous aviez une franchise McDonald's. Vous ne pouvez pas commencer à servir des burritos en ayant les arches dorées et le nom McDonald sur votre porte. Pour certains thérapeutes, c'est un trop grand changement par rapport à leur zone de confort. Ainsi, ils ne deviennent pas certifiés mais utilisent nos techniques qui se trouvent dans le domaine public, tel le Whole-Hearted Healing™, ainsi que leurs autres techniques, et n'utilisent tout simplement pas le matériel hors du domaine public qu'ils ont appris en classe.

Q : « Mon gros problème est que j'ai des clients qui ont tout un tas de problèmes, et je ne sais pas comment clarifier leur problème pour obtenir un accord sur les résultats. Le client ne reconnaît pas qu'il a des problèmes distincts, car il se sent mal et veut que cela cesse. »

Certains clients ont vraiment de nombreux problèmes et, dans ce cas, il vous faut identifier les pires et proposer de travailler sur eux individuellement ou de façon groupée, en fonction de ce que vous négociez avec le client. Une telle personne pourrait être un bon candidat pour l'état Inner Peace (littéralement « Paix Intérieure »). Il y a aussi certains processus pathologiques qui peuvent causer cet effet, comme le problème du trou-a ou les parasites insectiformes de la dépendance. Vous pouvez également faire appel à un spécialiste ou à un thérapeute ou mentor avancé dès le début, si le problème est suffisamment important.

Cependant, de tels clients sont des exceptions. D'après notre expérience, le vrai problème est que le thérapeute s'est « perdu dans l'histoire du client ». Ainsi, au fur et à mesure que l'on tente de le démêler, le client passe d'un problème à l'autre. Il est essentiel qu'il reste concentré sur l'émotion et le sentiment qui est la sensation dominante pour lui afin d'en arriver au cœur du problème. Rappelez-vous - vous pouvez offrir le calme et la paix vis-à-vis de leur problème.

Certains clients veulent simplement parler et ressentir une connexion. Vous êtes au fond un ami rémunéré. Il est possible de l'identifier et de s'entendre sur ce qui constitue des résultats pour cette personne. Cependant, dans cette situation, vous êtes généralement plus cher que les thérapeutes standard. Toutefois, puisqu'aucune guérison n'est nécessaire dans ce cas, vous pourriez vouloir réduire vos honoraires parce qu'il n'y a aucun risque de ne pas être payé. En gros, vous ne faites payer que son temps de parole.

Paula Courteau écrit : « Certains clients, y compris la plupart des personnes souffrant de dépression et les personnes ayant des antécédents d'abus, auront besoin de séances régulières afin de maintenir un fonctionnement décent ; dans le cas de la dépression, c'est parce que nous ne connaissons pas la cause profonde de chaque type de dépression ; la violence comporte souvent plusieurs événements déclencheurs. Si vous êtes très clair sur cet état de choses avec ces clients, et qu'ils veulent toujours travailler avec vous, alors un modèle d'enseignement ou d'accompagnement avec un tarif à la session pourrait être plus approprié qu'un système au résultat. » Cependant, si le client a une attente explicite ou implicite de guérison, alors une série de brefs contrats de rémunération à l'acte est le bon choix.

Q : « J'ai un client avec des problèmes très complexes, et il me faudra beaucoup de temps pour les résoudre. Comment est-ce que je facture ? »

Vous identifiez également les problèmes majeurs et proposez de facturer séparément pour chacun d'eux. Cela amène le client à évaluer ce qui est vraiment important financièrement pour lui, plutôt que d'essayer de prendre la décision à sa place.

Le fait de fixer une durée maximale de travail avec un client vous évite d'avoir des ennuis financiers avec lui lorsque vous facturez au résultat. Cependant, cela ne signifie pas que vous n'avez pas à aider le client - cela signifie que vous travaillez avec votre spécialiste, votre praticien avancé ou votre mentor pour gérer le client d'une manière plus efficace.

Respectez vos propres limites - vous ne pouvez pas être tout pour tout le monde.

Q : « Je suis frustré par ce système et ses limites. Je vais juste revenir à ce que je sais déjà. »

Malheureusement, l'apprentissage et l'utilisation de nouvelles compétences entraînent souvent de l'inconfort. L'un des problèmes ici est que de nombreux thérapeutes n'ont jamais eu à appliquer une approche de facturation au résultat pour gagner leur vie. Cependant, si vous aviez déjà fait du conseil, travaillé chez un concessionnaire automobile, ou si vous aviez votre propre entreprise, vous penseriez probablement que c'est tout à fait normal. Les personnes qui occupent ces emplois travaillent toutes sur un barème fixe et ne savent pas toujours si cela fonctionnera ou non pour un client donné.

Il est intéressant de noter que quelques thérapeutes ont remarqué qu'ils n'avaient pas un sentiment de calme sous leur sentiment de frustration face à ce nouveau système - un indicateur clé que les sentiments proviennent de traumatismes passés - et ont alors guéri leur problème et, à leur grande surprise, se sont sentis très à l'aise avec ce système.

Q : « Il y a beaucoup d'autres thérapeutes qui font un excellent travail. Je ne vois pas en quoi la certification de l'ISPS est bien meilleure. Après tout, votre matériel est maintenant en grande partie dans le domaine public. »

Oui, il y a beaucoup de thérapeutes qui ont les mêmes compétences et les mêmes taux de réussite que les thérapeutes certifiés par l'ISPS. Ce qu'il y a de différent, c'est 1) la facturation au résultat ; 2) le soutien de la clinique de l'ISPS dans votre pratique ; 3) la possibilité de travailler avec certains clients sur les états de conscience extraordinaires ; 4) une éventuelle reconnaissance de votre nom au sein de l'ISPS ; et 5) la possibilité de travailler dans l'une de nos cliniques lorsque vous serez à l'aise avec les techniques de base.

Q : « J'estime qu'il y a trop de règles dans l'ISPS. Je veux qu'on ait confiance en mon propre jugement, parce que je suis une personne honnête, éthique et compétente. J'aimerais avancer lentement dans ces nouvelles façons de travailler. Il n'y avait rien de tel dans mon ancien métier de carrossier. »

Beaucoup de gens dans les professions d'aide n'ont jamais été exposés au fonctionnement d'une entreprise de haute technologie. L'accord de certification avec nos diplômés est une licence pour utiliser une partie du matériel que nous avons développé. C'est un système que nombre de gens ne connaissent pas de par leur propre expérience professionnelle. Heureusement, bien qu'il ne soit pas familier, il est tout à fait normal et accepté dans d'autres professions - y compris la partie qui concerne la « facturation au résultat ».

Parce que nous soutenons nos praticiens certifiés par notre aide et notre réputation, les accords que nous concluons sont plus spécifiques que ceux employés dans d'autres modalités. De plus, le matériel que nous développons est expérimental et nécessite une utilisation attentionnée pour des raisons de sécurité et le contrôle de la qualité.

Q : « Je n'ai pas réussi à guérir le client dans la limite des 3 heures que je me suis fixée. Et maintenant ? »

Vous devez décider si vous voulez continuer ou non. Vous avez peut-être déjà réalisé que vous ne pouvez de toute façon pas aider cette personne. Si vous vous arrêtez tout simplement maintenant, en moyenne, vous atteindrez vos objectifs de revenu - parce que vous avez déjà inclus ce genre d'occurrence dans le calcul de vos honoraires. À ce stade, vous devriez référer le client - ou, si vous le souhaitez, continuer d'essayer d'aider et accepter que votre revenu horaire équivalent soit quelque peu réduit.

Paula Courteau écrit : « Je demanderais aussi : la personne guérit-elle quelque chose ? C'est-à-dire, est-ce que cela prend beaucoup de temps parce que la personne ne peut pas guérir (ne peut pas entrer dans son corps, ne peut pas ressentir, résiste au processus, etc.) ou parce que le problème est complexe ? S'il y a de bons progrès et que le problème continue d'évoluer, je pourrais envisager de consacrer du temps supplémentaire. Si nous restons bloqués la plupart du temps, je mettrais sans hésitation un terme à la thérapie et je renoncerais à mes honoraires. »

Q : « J'ai décidé de dépasser ma limite de trois heures (« J'y suis presque ! »). C'était une mauvaise idée ? »

Évidemment, vous pouvez facturer vos honoraires si vous réussissez. Toutefois, il est sage de prévoir un échec, ce qui signifie que votre revenu diminuera proportionnellement au temps passé en plus. Le temps d'apprentissage est parfois bénéfique, lorsque vous vous entraînez. Cependant, n'oubliez pas que les cliniques de l'ISPS sont prêtes à vous aider (si vous êtes certifié par l'ISPS).

Q : « Je n'aurai pas assez de clients si je guéris chacun en seulement trois séances ! »

C'est à la fois un problème et une opportunité. Pour le meilleur ou pour le pire, la nature de la thérapie change en raison de l'introduction des thérapies énergétiques. Le thérapeute doit trouver des moyens d'obtenir un flux continu de clients, par exemple en travaillant pour une institution qui les trouve et les oriente vers lui. Par conséquent, il est important d'avoir quelque chose qui nous distingue de la concurrence, comme le fait de « facturer au résultat ». Le bouche-à-oreille peut vous aider, si le problème de l'effet apex ne l'en empêche pas - mais la meilleure façon d'éviter ce problème global de clientèle est de vous spécialiser dans une problématique particulière ou dans un domaine particulier, et de bâtir votre réputation là-dessus, plutôt que d'être un généraliste.

Q : « Combien de séances d'entraînement me faudra-t-il pour que je puisse calculer mes honoraires avec précision ? »

Environ 10 sessions réussies vous donneront suffisamment d'informations pour calculer votre tarif minimum standard et la durée limite optimale. Cependant, vous devriez tenir une comptabilité à mesure que vous progressez dans le diagnostic et la guérison, afin de vous assurer que l'équivalent de votre taux horaire tient toujours la route.

Si vous fixez les frais en estimant les délais d'exécution, vous aurez besoin d'un retour d'expérience beaucoup plus important ! Nous ne le recommandons qu'aux thérapeutes très expérimentés, ou aux thérapeutes qui se spécialisent et sont familiers avec la plupart des éventualités qui peuvent se produire.

Points clés

- Le « paiement au résultat » s'attaque aux problèmes d'éthique en concluant des accords explicites : (1) vous n'êtes payé que si tous les critères de succès prédéterminés sont remplis ; (2) le client sait combien coûtera le traitement avant qu'il ne commence.

- Le système de facturation de « paiement au résultat » est la norme dans de nombreuses industries. Avec un minimum de pratique, il est facile à intégrer dans la thérapie.

- Le principe du « paiement au résultat » exige automatiquement que le thérapeute identifie la problématique clé du client et détermine le résultat de la thérapie (critères de réussite) que le client souhaite.

- Le système de facturation le plus simple pour le « paiement au résultat » est un tarif fixe pour tous les clients. Il comprend une « durée limite » préétablie qui fixe le moment où il faut renoncer à essayer de guérir le problème d'un client.

- Dans le cadre du « paiement au résultat », le client détermine les résultats qu'il souhaite obtenir, sauf dans le cas où il utilise un processus particulier qui a des résultats prédéterminés.

- L'utilisation de la psychobiologie subcellulaire et des thérapies modernes de guérison de traumatismes signifie que le client est généralement guéri en quelques séances. Cela correspond bien au temps réel que les clients types sont prêts à consacrer à une thérapie.

- L'effet apex fait oublier à de nombreux clients qu'ils ont eus un problème une fois qu'il est complètement guéri. Vous devez l'anticiper en conservant des documents écrits ou enregistrés sur la problématique du client avant de le traiter.

Bibliographie

- Taylor, K., Kornfield, J. (1995). *The Ethics of Caring : Honoring the Web of Life in Our Professional Healing Relationships*

Chapitre 4

Le premier entretien avec le client

Lorsque nous formons les thérapeutes dans les domaines de la psychobiologie subcellulaire, des événements prénataux ou des techniques de guérison des traumatismes, nous devons aussi les former à de nouvelles façons de travailler avec les clients. Notre exigence selon laquelle les thérapeutes doivent *toujours* « facturer au résultat » et *non pas* à l'heure signifie qu'ils doivent être en mesure de diagnostiquer rapidement et efficacement le problème du client, ainsi que de reconnaître ce qu'ils ne peuvent pas traiter. Ce passage d'une orientation traditionnelle « d'ami rémunéré » à une orientation plus semblable à celle d'un mécanicien, d'un ingénieur ou d'un médecin hautement qualifié est un soulagement énorme pour certains thérapeutes, alors que c'est plus difficile pour d'autres. Nous avons constaté que même les thérapeutes qui ont déjà recours à des thérapies de pointe de guérison des traumatismes doivent à nouveau se former sur la façon d'identifier rapidement le problème du client et de rédiger un contrat efficace de « paiement au résultat ».

Le matériel contenu dans ces chapitres est enseigné dans notre formation de thérapeute – mais ce n'est pas une sorte d'exercice théorique ou académique, ce matériel est utilisé par des thérapeutes qui voient des clients payants dans tous les pays du monde.

Les étapes du premier entretien

Lorsque nous effectuons le premier entretien d'un nouveau client, nous devons habituellement effectuer les tâches suivantes :

1. Recueillir l'historique du client (généralement fait avant la rencontre avec le client) ;
2. Créer une relation empathique ;
3. Expliquer le déroulement typique du traitement ;
4. Présenter et faire signer les formulaires de responsabilité et de consentement éclairé (chapitre 6) ;
5. Clarifier la problématique (et obtenir la « phrase déclencheur ») ;
6. Établir les critères du « paiement au résultat » et rédiger le contrat (chapitre 4) ;
7. Poser un diagnostic (chapitre 5) ;
8. Effectuer le traitement (s'il reste du temps).

Ces différentes activités se font généralement un peu simultanément, même si nous les dissocions en activités distinctes pour des raisons pédagogiques. L'ordre peut également varier d'un client à l'autre et d'un thérapeute à l'autre. Si ces étapes sont faites séquentiellement, il est habituellement nécessaire de faire des allez retours entre elles pour obtenir un bon résultat. Par exemple, le diagnostic et l'établissement des critères du « paiement au résultat » sont généralement interactifs - vous devriez avoir une ébauche de diagnostic suffisante sur les problèmes que vous identifiez chez le client afin d'être raisonnablement confiant de pouvoir l'aider. Cela signifie que vous choisissez les problèmes et les résultats que vous pensez pouvoir obtenir. Notez également qu'avec le système de « facturation au résultat », les thérapeutes ne facturent pas l'entrevue initiale et l'étape du diagnostic. Ce temps est plutôt comptabilisé dans le montant des honoraires qui fait partie du contrat initial avec le client.

Avec de l'expérience, les différentes approches et astuces que nous donnons ci-dessous deviendront tout simplement automatiques ; ou alors vous trouverez votre propre façon de faire les choses.

Conseil : Combien de temps devrait durer l'entrevue initiale ?

Avec de la pratique, le client type peut être interviewé et diagnostiqué en 3 à 10 minutes ; prévoyez jusqu'à 20 minutes au total pour terminer tous les autres aspects du travail avec un nouveau client avant de commencer le traitement. Pour accélérer ce processus, la plupart des thérapeutes demandent au client de remplir son historique et, s'il y a lieu, de passer en revue les formulaires de responsabilité et de consentement éclairé *avant* la première rencontre.

Recueillir l'historique du client

Le recueil de l'historique initial sous forme écrite se fait habituellement avant la rencontre en personne, ce qui vous fait gagner du temps et permet au client de réfléchir plus attentivement à ses réponses. Nous n'allons pas inclure d'exemples de formulaires d'historique dans ce manuel, car ce que vous devez savoir peut varier grandement selon le type de clientèle que vous voyez. Par exemple, les clients ayant des problèmes de toxicomanie ont habituellement besoin d'un historique beaucoup plus détaillé.

Quoi qu'il en soit, nous vous recommandons de prendre un historique non seulement pour vos propres archives, mais pour plusieurs autres raisons très pratiques :

- Sur le plan de la sécurité, vous devez savoir si le client souffre d'un trouble cardiaque ou d'un autre problème médical tel que le diabète qui rendrait la thérapie de guérison des traumatismes dangereuse ou difficile.
- Sont-ils actuellement suicidaires ou l'ont-ils été ?
- Cela peut vous faire gagner du temps, car il peut être utilisé pour aider le client à se focaliser sur son problème avant sa venue dans votre cabinet.

L'historique peut également être très utile sur le plan du diagnostic :

- Si les ancêtres ou la famille du client ont aussi le problème, cela simplifie immédiatement le diagnostic en le limitant à des problèmes générationnels ou des copies, qui sont tous deux faciles à guérir.

- Un historique peut vous aider à distinguer le problème actuel d'autres problèmes préexistants, dont les symptômes pourraient vous embrouiller lorsque vous essayez d'en conclure avec le problème actuel.
- Une description des autres traitements déjà effectués pour le problème peut vous aider à poser un diagnostic. Par exemple, si le client a également consulté un thérapeute qui travaille sur les traumatismes, cela peut vouloir dire qu'il a des boucles temporelles autour du problème.
- Savoir s'ils consomment des drogues psychoactives légales (ou illégales) peut aussi aider à clarifier votre diagnostic.

Créer une relation empathique

Une partie de la réussite du travail avec les clients réside dans la capacité d'établir rapidement un rapport afin qu'ils aient confiance en vous pour les guider à travers des processus parfois douloureux. Et cela peut également contribuer à ce qu'ils vous réfèrent de nouveaux clients (si l'effet apex ne leur fait pas oublier qu'ils avaient eu un problème avant que vous les ayez traités).

Cependant, dans notre formation, nous insistons sur le fait que vous n'êtes pas un « ami rémunéré » et que le temps que vous passez simplement à discuter avec les clients est généralement plus efficacement consacré à leur diagnostic et à leur guérison. Rappelez-vous, vous n'êtes pas payé à l'heure, vous êtes payé pour guérir avec succès le problème du client. En classe, nous mettons l'accent sur l'apprentissage de la capacité à effectuer rapidement un diagnostic et un traitement - une fois que le thérapeute est compétent dans ce domaine, il peut avoir une idée du temps qu'il veut passer à discuter dans son cabinet. Par analogie, c'est comme un mécanicien automobile qui parle à un client - être serviable et amical est important, mais vous avez aussi un travail à faire.

Vous devez accepter que le courant ne va pas bien passer avec certains clients - ou votre propre instinct peut vous dire qu'il y a une sorte de problème avec le client qui va saboter votre travail avec lui. Quelle qu'en soit la raison, vous devriez décider rapidement si vous voulez continuer l'entretien de diagnostic. Rappelez-vous que vous ne faites pas payer pour l'entretien de diagnostic - c'est une perte de temps et d'effort si le client s'en va voir ailleurs après que vous lui ayez consacré ce temps-là.

Paula Courteau écrit : « Le développement de l'empathie est un aspect essentiel de votre entretien, mais ce n'est pas nécessairement une composante distincte. De bonnes aptitudes à la communication tout au long de l'entretien vous permettront de développer une empathie mutuelle tout en restant à la tâche. »

Expliquer le déroulement typique du traitement

Étant donné que de nombreux thérapeutes n'ont pas d'expérience avec les thérapies de guérison des traumatismes, voici quelques « règles de base » pour les séances typiques pour les clients. Les séances durent habituellement entre 1,5 et 2 heures - le client peut être trop fatigué pour continuer si cela dure plus longtemps -, mais une durée fixe, telle que la séance standard de 50 minutes au cabinet, ne fonctionne pas. (Si vous expliquez cela à l'avance à vos clients, ils comprennent généralement quand une session pour quelqu'un d'autre dépasse le temps alloué.) Le client type prendra entre une et trois séances pour éliminer le problème, puis vous devrez vous attendre à voir brièvement le client deux autres fois pour vous assurer que le traitement est stable et durable. C'est ce que nous appelons la « règle de trois » (voir ci-dessous).

Pour gagner du temps, nous vous suggérons d'avoir une liste standard de questions et réponses prêtes pour vos clients dans un document, une brochure ou en ligne. Ceci répond aux questions classiques des clients :

- Que dois-je faire avant le rendez-vous ? (Lisez et remplissez les formulaires, écrivez le problème, etc.)
- Travaillez-vous en personne ou par Skype ? (Cela peut dépendre de ce que vous traitez et de vos propres préférences.)
- Quels types de problèmes traitez-vous et lesquels ne traitez-vous pas ? (Par exemple, formation spécialisée en toxicomanie, suicide, etc.)
- Combien de temps durent les séances et quel nombre de séances peuvent-ils s'attendre à avoir ?
- Questions sur la prise de médicaments ou la modification de leurs traitements.
- Comment vous organisez la facturation, la politique de « paiement au résultat », etc.
- Que se passe-t-il si j'arrête le traitement avant la fin ?

Selon les besoins du client, vous devrez peut-être lui expliquer la différence entre la guérison d'un traumatisme et une simple activité de conseil (par exemple, de l'aide pour trouver un emploi, etc.). Suivant vos compétences, vous pourriez avoir besoin de référer le client à quelqu'un d'autre, ou vous pourriez être en mesure de faire les deux au besoin - mais les critères de « paiement au résultat » doivent toujours être identifiés. Cela vous aide aussi à vous assurer que le client ne s'attend pas à ce que vous résolviez, par du conseil, des problèmes qui nécessitent vraiment de guérir des traumatismes.

Nous avons souvent vu que les thérapeutes débutants veulent expliquer trop de choses aux clients. Ils oublient que la plupart des clients sont là pour se débarrasser de leur souffrance, pas pour comprendre le matériel que le thérapeute a appris. Les clients supposent que vous êtes un expert dans votre domaine - et feront ce que vous leur dites de faire, même si cela n'a pas beaucoup de sens pour eux. Ils vous consultent de la même façon que vous pourriez consulter un expert-comptable ou un mécanicien automobile - après tout, vous ne voulez pas les détails non plus, vous voulez juste que le travail soit bien fait.

Aussi évident que cela puisse paraître, les thérapeutes doivent avoir suffisamment de pratique pour se sentir en confiance en ce qu'ils font. Cela ne veut pas dire qu'ils seront parfaits, mais plutôt qu'ils savent ce qu'ils savent et ce qu'ils ne savent pas, et qu'ils peuvent découvrir les erreurs qu'ils ont commises au cours du traitement si les choses tournent mal. Le client peut ressentir votre confiance, mais peut aussi ressentir si vous en manquez. Encore une fois, voulez-vous travailler avec un expert-comptable qui semble nerveux à l'idée de faire votre comptabilité ?

Si une séance doit se terminer avant que le client n'ait terminé, il se peut qu'il ressente un sentiment extrêmement négatif, et le fait de se concentrer sur une émotion positive comme la gratitude peut l'aider à revenir dans le moment présent. Et assurez-vous qu'à la fin d'une séance, le client est en mesure de conduire en toute sécurité. Par exemple, le client peut être tellement détendu suite au relâchement de la tension qui l'opprimait qu'il s'endort au volant. Et rappelez-leur de s'abstenir de prendre de grandes décisions de vie pendant le traitement, d'attendre si possible que celui-ci soit terminé - les sentiments traumatiques stimulés par une thérapie incomplète peuvent motiver une personne de façon inappropriée. Même après la fin du traitement, encouragez-les à prendre le temps de laisser les choses se calmer avant de prendre des décisions importantes (comme un emploi, une relation, etc.).

Conseil : La « règle de trois »

Rappelez-vous qu'après l'élimination complète des symptômes d'un client, nous avons constaté empiriquement qu'il vous faut encore prévoir deux autres séances de suivi (habituellement de courte durée) : une quelques jours après et une autre une semaine et demie à deux semaines après environ. Il arrive que des traumatismes entourant une problématique n'aient pas été activés dans votre cabinet et soient déclenchés par la suite ; parfois, le client a un problème de boucle temporelle qui réinitialise le traumatisme. Informez le client à l'avance qu'il s'agit d'une partie standard de la thérapie et qu'il peut s'attendre à ce que les symptômes qui ont disparu dans le cabinet réapparaissent. Cela change radicalement la relation que vous entretenez avec le client - au lieu de paniquer ou de désespérer si le problème réapparaît, le client s'y attend calmement et s'y prépare.

Puisque vous pratiquez la « facturation au résultat », le temps pour ces deux visites ou consultations téléphoniques supplémentaires doit être inclus dans votre prix original.

Conseil : Durée de la séance

Dans la thérapie traditionnelle par la parole, il est beaucoup plus facile de trouver un point où vous pouvez arrêter la séance pour reprendre à la suivante. Dans notre travail, une fois que vous avez commencé une régression ou une autre intervention, il est généralement important de la terminer. Ceci pour plusieurs raisons :

a) De nouveaux problèmes peuvent survenir entre les sessions, et il est difficile de se reconnecter avec le problème initial. Le client peut se tromper sur ce qu'il a commencé à l'origine.

b) Pour revenir à l'ancien problème, il se peut qu'il vous faille éliminer un problème actuel. Un temps précieux est consacré à d'autres questions - maintenant dominantes - qui n'ont aucun rapport avec les critères de résultats sur lesquels vous vous êtes mis d'accord.

c) Le client peut continuer à souffrir après la séance. Il peut avoir des facultés de conduite et d'adaptation amoindries lorsqu'il quitte votre cabinet en dépit des « pansements » que vous utilisez pour le sortir du traumatisme parce que le temps est écoulé.

D'un autre côté, le travail sur les traumatismes demande de l'énergie et le client peut s'épuiser après un certain temps, donc cela devient contre-productif de passer plus de temps avec lui. Cela varie en fonction de l'ancienneté du client (les anciens clients connaissent déjà les processus dans une certaine mesure) et d'un client à l'autre. Une durée maximale raisonnable serait d'environ 1,5 heure, bien que certains thérapeutes prévoient un maximum de 2 heures.

En tant que thérapeute certifié, il vous faudra déterminer quelle durée de séance vous voulez mettre en place. Cependant, il y aura des clients qui auront besoin de plus de temps que prévu, même si quelqu'un d'autre attend son tour. D'après notre expérience, le fait de prévenir à l'avance les clients que cela peut se produire désamorce habituellement tout problème, surtout si vous leur faites remarquer que c'est peut-être eux qui auront besoin de plus de temps dans l'avenir. Une autre stratégie consiste à organiser vos « heures sans contact » entre les clients, afin que vous soyez plus flexible. Les thérapies comme le travail sur la respiration et le TIR reconnaissent ce problème et l'intègrent dans la pratique. Les thérapeutes qui utilisent l'EFT ont tendance à s'en tenir typiquement à des séances « d'une heure longue de 50 minutes ».

Présenter et faire signer les formulaires de responsabilité et de consentement éclairé

Pour gagner du temps au cabinet, nous recommandons que le thérapeute remette les formulaires de responsabilité et de consentement éclairé au client à l'avance en ligne ou lorsqu'il attend sa séance. Mais que vous le fassiez à l'avance ou dans votre cabinet, vous devrez quand même vérifier qu'ils ont lu et compris les documents, et obtenir leur signature. Ces documents sont légalement requis dans la plupart des pays.

Le fait de remplir ces formulaires a un effet intéressant sur la plupart des clients. Il leur fait savoir que vous comprenez vraiment les problèmes qui peuvent survenir - que vous êtes un professionnel de pointe extrêmement compétent - et que vous voulez qu'ils sachent à quoi prêter attention en cas de problème.

Le chapitre 6 traite en détail de ces formulaires légaux.

Avant de rencontrer les clients, vous êtes-vous préparé à tout problème inattendu ?

- Savez-vous quoi faire si le client devient suicidaire ? Savez-vous où emmener votre client s'il a besoin d'une surveillance 24 heures sur 24 ?
- Savez-vous comment (et pourquoi) traiter une abréaction traumatique grave ? (Cela se produit parfois lorsque des souvenirs d'abus sexuel sont déclenchés.)
- Votre formulaire d'admission des clients pose-t-il explicitement des questions sur des maladies cardiaques ou d'autres affections physiques mettant la vie en danger ? (Cela permet d'identifier les clients qui sont à risque lorsqu'ils utilisent des techniques potentiellement stressantes, et de régler les problèmes de responsabilité.)
- Le client a-t-il des problèmes de santé qui pourraient compliquer le travail, tels des antécédents de maladies psychiatriques ?
- Si vous activez un problème chez votre client que vous ne pouvez pas guérir, avez-vous pris des dispositions avec quelqu'un de plus qualifié pour s'en occuper en cas d'urgence ?

Remarque : À moins que vous ne soyez spécialisé dans le travail avec des clients suicidaires, nous vous recommandons de ne pas travailler avec des clients qui ont des antécédents de tentatives de suicide ou d'idées suicidaires. Ce devrait être l'une des premières étapes du dépistage que vous effectuez auprès des clients, à la fois pour les protéger et pour minimiser leur déception de ne pas être acceptés pour un traitement. Si vous travaillez avec des clients suicidaires, c'est une très mauvaise idée de le faire à distance (par Skype ou par téléphone) - ils ont besoin d'être soutenus localement par des personnes qui peuvent intervenir physiquement.

Clarifier la problématique

Jusqu'à maintenant, les étapes de l'entretien étaient assez classiques pour un thérapeute guérissant les traumatismes. C'est ici que nos étudiants doivent commencer à changer les modes de fonctionnement qu'ils ont appris dans d'autres systèmes de thérapie - et c'est là que les stagiaires commencent à commettre des erreurs.

Trouvez le problème principal : les clients ont généralement beaucoup de problèmes. La plupart des gens sont comme de vieilles voitures qui ont un kilométrage important. En tant que thérapeute, vous devez garder le client concentré sur son problème majeur, celui qui l'a conduit à votre cabinet, qu'il veut vraiment éliminer et pour lequel il est prêt à payer. Et c'est là que beaucoup de thérapeutes font leur première erreur. Ils posent une question beaucoup trop générale et demandent au client de décrire ses problèmes, du coup celui-ci va chercher une réponse et parlera d'une liste de symptômes et de problèmes. C'est comme si vous apportiez votre vieille voiture chez le garagiste. En pensant qu'il va tout réparer gratuitement, vous lui parlez de la poignée de porte grippée, de la suspension qui grince, des vibrations de la roue... et le vrai problème, que le moteur a des ratés, n'est qu'un élément parmi tant d'autres dans votre liste.

Le thérapeute ne se rend pas compte que de nombreux clients n'ont aucune idée de ce que vous pouvez ou ne pouvez pas faire. Parfois leurs attentes sont trop élevées, parfois trop faibles. Parfois, ils croient que tous leurs problèmes sont liés. Votre travail consiste à les amener à se concentrer sur le point qui compte vraiment pour eux, celui pour lequel ils sont heureux de payer. Pour continuer l'analogie avec la voiture, vous devez savoir ce qu'ils veulent vraiment réparer. Et notez que ce n'est peut-être pas ce que vous pensez qu'ils devraient réparer. S'ils ont vraiment plus d'un problème, établissez un contrat distinct pour le suivant. N'essayez pas de résoudre plus d'un problème à la fois !

Parfois, le client décrit un seul problème, mais ne se rend pas compte du nombre d'éléments individuels et déconnectés qu'il contient. Encore une fois, il est essentiel que le client trouve l'aspect le plus important de son problème pour le traiter afin qu'il soit satisfait et que vous réussissiez. Souvent, une fois la partie clé guérie, il ne se soucie pas du reste du problème.

Concentrez-vous sur les symptômes : certains de vos clients tenteront de vous « expliquer » pourquoi ils ont un problème et ce qui le cause. Il peut être très difficile de les amener à vraiment décrire les sensations qui les dérangent, en particulier si le client est un thérapeute. (Pour cette raison, nous recommandons généralement que nos thérapeutes ISPS facturent jusqu'à trois fois plus cher lorsqu'ils travaillent avec des thérapeutes en raison du temps qui sera perdu de cette façon.) Le problème le plus fréquent que nous observons ici est que le stagiaire perd le contrôle de l'entretien - et cela peut durer des heures ! Le thérapeute doit fermement mettre un terme à ce genre de choses, ramener le client à ses symptômes et le maintenir là. Rappelez-vous que vous devez avoir des symptômes pour diagnostiquer le problème et rédiger un contrat. (Bien sûr, certains clients savent réellement quelle est la cause de leur problème, mais c'est assez rare.)

Un problème connexe est celui du moment où le thérapeute se laisse emporter par le récit du client - c'est ce qu'on appelle « se perdre dans l'histoire ». Aussi divertissant que cela puisse être, c'est une perte de temps et cela n'a pas d'impact sur la rédaction de votre contrat, le diagnostic ou le traitement du problème.

D'autres évitent de parler de leurs sensations par embarras ou pour des questions de religion. Par exemple, même de nos jours, beaucoup de gens ont des difficultés à parler de leurs problèmes sexuels. Lorsqu'ils parlent de leur relation, ils tournent autour du sujet et évitent tout vocabulaire sexuel. Nous avons aussi vu des gens en conflit entre ce qu'ils ressentent et leur éducation religieuse, nécessitant un questionnement beaucoup plus doux.

Le traitement axé sur le client : Le client vient à vous, le thérapeute, parce qu'il souffre et qu'il est prêt à payer pour être soulagé. Cela ne signifie pas que le thérapeute décide quel problème doit être traité (sauf pour les clients mandatés par le tribunal). C'est le client qui a le contrôle, même s'il est évident qu'il a besoin d'aide dans d'autres domaines. Par exemple, il peut être clair que le client est paranoïaque et qu'il a besoin d'aide - mais ce n'est généralement pas ce que le client veut éliminer. Vous ne devriez pas non plus essayer, à moins que cela fasse partie d'un problème que le client veut guérir.

À ce propos, il y a un autre problème éthique que nous avons observé, lorsque le thérapeute essaie de vendre son processus préféré (ou financièrement lucratif). Bien sûr, avec le « paiement au résultat », le client obtient ce qui a été convenu, mais ce n'est *pas* ce pour quoi il est venu. Par exemple, à peu près tout le monde a besoin de la Silent Mind Technique - la qualité de vie de la plupart des gens s'améliore considérablement. Mais ce n'est généralement pas pour cela que le client est venu vous voir. C'est contraire à l'éthique d'agir de la sorte et, de toute évidence, cela crée des clients mécontents.

Les critères prédéfinis pour les maladies : Contrairement à la thérapie générale, si le thérapeute identifie qu'il est nécessaire de traiter une maladie spécifique pour laquelle il n'existe pas de test de laboratoire médical (comme le syndrome d'Asperger, le syndrome de fatigue chronique, la schizophrénie, le TDAH, etc.), l'ISPS prédéfinit les critères qui seront utilisés pour vérifier si le problème a disparu. En effet, la plupart des catégories du DSM ou d'autres manuels de diagnostic donnent des listes de symptômes sans aucune idée de leur cause, de sorte qu'ils incluent souvent une grande variété de symptômes sans rapport aucun avec le processus de guérison d'une maladie précise - en gros, ils mettent différentes maladies dans le même panier. Au contraire, nos processus sont optimisés pour une maladie donnée et ses symptômes caractéristiques. Deuxièmement, certains clients présentent des symptômes de maladies ou d'affections multiples et s'attendent à tort à ce que tous leurs symptômes disparaissent avec le traitement. Et troisièmement, s'il y a un désaccord après le traitement, nous pouvons vérifier si la condition convenue a disparu ou non après l'utilisation de notre processus Peak States® réservé.

La phrase déclencheur - un critère de « paiement au résultat »

« Clarifier la problématique » - « se concentrer sur le problème présenté » - « obtenir les symptômes » - tout cela peut sembler de bon conseil, mais les thérapeutes ont de la difficulté à le faire d'une manière qui donne au client l'assurance qu'ils comprennent ce qu'il demande. Et cela ne décrit même pas les difficultés qu'éprouvent les thérapeutes à rédiger le contrat de « paiement au résultat ». Les débutants ont bientôt plusieurs pages de symptômes sur leur contrat, ce qu'aucun thérapeute ne pourrait traiter dans un délai raisonnable, ni même accomplir complètement dans l'état actuel de la technique. Heureusement, nous avons trouvé une astuce élégante, simple et directe pour résoudre ce problème - nous l'appelons la « phrase déclencheur ».

Il s'agit d'une phrase qui déclenche le maximum de symptômes et d'inconfort chez le client ; ce n'est *pas* une description du problème, de l'histoire ou des symptômes. Par exemple, pour obtenir la phrase déclencheur, vous pourriez demander au client : « Donnez-moi une phrase ou deux ou trois phrases qui illustrent ce qui vous dérange vraiment, vraiment, vraiment dans cette situation ? » Par conséquent, une phrase déclencheur pourrait être « Elle m'a quitté » ou « Le salaud ! » plutôt qu'une brève description du symptôme ou de l'histoire. J'insiste encore une fois sur ce point : la phrase déclencheur n'est *pas* une description du problème ou des symptômes, mais plutôt ce qui déclenche la pire douleur émotionnelle dans le présent.

La véritable phrase déclencheur est évidente pour le client, une fois qu'il a trouvé les mots justes – l'USD est de 10 ou presque 10, et le client dira que cela reflète exactement l'essence de sa douleur. D'autres phrases déclencheurs possibles auront une USD plus faible. Le client peut vous donner quelques phrases, mais cela signifie que le thérapeute n'a pas tout à fait trouvé la phrase déclencheur la plus douloureuse et la plus pénible. Avec un peu de pratique, il est évident pour un thérapeute que lorsque le client a atteint le cœur du problème, sa souffrance atteint son paroxysme. Avec un peu de pratique, vous pouvez facilement le voir dans le langage corporel du client.

Une fois que vous avez la bonne phrase déclencheur, pratiquement tous les clients seront d'accord pour dire que c'est ce qu'ils veulent que vous guérissiez. Si ce n'est pas le cas, cela signifie généralement que vous n'avez pas obtenu la meilleure phrase déclencheur. Vous n'avez qu'à inscrire la phrase déclencheur dans le contrat, accompagnée de l'intensité de la souffrance associée (échelle USD), puis à inscrire comme critère de « paiement au résultat » le fait d'être capable de dire la phrase avec une USD de zéro.

Ainsi, lorsqu'il travaille avec le client pour clarifier le problème, le thérapeute écoute l'histoire pendant quelques minutes, puis, habituellement, il passe rapidement à la phrase déclencheur.

L'autre utilité clé de la phrase déclencheur est qu'elle nous aide à trouver des traumatismes pertinents pendant le processus de guérison. En prononçant cette phrase, le client prend automatiquement conscience de ses symptômes.

Exceptions : Certains problèmes subcellulaires n'ont pas ou n'ont pas besoin d'une phrase déclencheur. Par exemple, un vortex mitochondrial a un symptôme fixe, donc, dans ce cas-là, essayer d'obtenir une phrase déclencheur n'a aucun sens. Par contre, une phrase déclencheur est particulièrement utile pour les problèmes causés par un traumatisme.

Conseil : La prise de notes

Lorsque vous écoutez le client, notez les mots qu'il utilise lorsqu'il dit des phrases émotionnellement chargées. Il est important de noter leur formulation exacte, et non d'utiliser votre propre formulation de ce que vous avez entendu. Il se peut que vous ayez besoin de certains d'entre eux pour aider à déclencher le client lors de l'obtention de la phrase déclencheur, de la rédaction du contrat, ainsi qu'au cours de la guérison pour vous assurer que le problème est résolu. Vous découvrirez que cela peut aussi vous aider à apprendre à repérer les mots clés qui proviennent de cas subcellulaires.

L'autre utilisation importante de la prise de notes est de garder une trace des traumatismes et des autres cas subcellulaires que vous avez guéris pendant vos séances, afin que vous puissiez vérifier votre travail lors des séances de suivi en cas d'inversions de traitement ou d'autres problèmes.

Incidemment, lorsque vous répétez au client ce qu'il a dit, ne changez pas de mode de perception. Par cela nous voulons dire rester avec des mots kinesthésiques si le client est manifestement kinesthésique, des mots visuels si le client est manifestement visuel, et ainsi de suite. Cela évite de la confusion chez le client et il n'a pas à traduire en ses propres termes ce que vous lui avez dit, ce qui pourrait interrompre ou faire dérailler l'entretien.

Le diagnostic et le traitement

Le chapitre 5 traite de plusieurs façons de poser un diagnostic, l'essentiel de ce manuel couvrant des cas subcellulaires spécifiques. Les méthodes de traitement ne sont qu'énumérées dans ce manuel ; référez-vous à l'annexe 9 pour retrouver les manuels où elles sont expliquées.

Les thérapeutes certifiés Peak States travaillent généralement seuls et dans une pratique privée. Cependant, contrairement à la plupart des thérapeutes, ils sont reliés au réseau des cliniciens hautement qualifiés de l'ISPS, en cas de problèmes ou s'ils ont besoin de conseils pour poser des diagnostics. Nous avons constaté empiriquement au fil du temps que la plupart des thérapeutes passent par une courbe d'apprentissage d'environ un an avec ce matériel, mais constatent ensuite qu'ils ont rarement besoin d'aide ou d'assistance avec les clients.

Conseil : Le réseau de thérapeutes

Curieusement, d'après notre expérience, très peu de thérapeutes travaillent en réseau avec d'autres thérapeutes, que ce soit dans leur région ou dans leur spécialité. C'est exactement le contraire de ce que vous devriez faire ! C'est peut-être dû à des soucis financiers, mais rappelez-vous que vous ne pouvez pas guérir tout le monde et que c'est une perte de temps d'essayer, car vous n'êtes payé que si vous terminez le travail avec succès. Non seulement le réseau peut rendre le travail de thérapeute beaucoup plus amusant, mais il permet aussi de référer des clients si vous n'êtes pas qualifié pour travailler sur leur problème, ou si vous avez simplement une mauvaise alchimie avec un client.

Travailler en équipe dans une clinique peut aussi servir à attirer des clients, surtout si votre clinique a un thème qui est pertinent pour votre région. Cela renforce votre présence dans la communauté, ainsi que votre réputation et votre clientèle, car vous pouvez traiter un plus grand nombre de clients en collaboration avec d'autres praticiens. De plus, cela peut être plus amusant que de travailler seul et vous donne l'occasion d'améliorer vos compétences et de discuter de problèmes avec vos collègues.

Conseil : La spécialisation

Nous insistons sans cesse sur le point suivant dans notre formation - les thérapeutes peuvent être des « généralistes », mais il est *largement* préférable de se spécialiser. Non seulement vous pouvez devenir beaucoup plus compétent dans votre capacité à diagnostiquer et à traiter, mais en choisissant une spécialisation qui vous passionne, vous vous réveillez tous les matins en attendant la suite de votre journée avec impatience. Et il y a d'autres avantages :

- Les clients cherchent généralement un spécialiste pour leur problème, pas un généraliste.
- Vous pouvez souvent attirer des clients du monde entier, et pas seulement de votre région.
- D'autres thérapeutes qui ne sont pas spécialisés dans ce que vous faites seront plus à l'aise pour vous envoyer les clients appropriés.

La spécialisation est l'un des moyens les plus efficaces et les plus faciles d'accroître la clientèle - le fait d'être reconnu comme un expert dans un problème particulier attire vraiment des clients et est généralement beaucoup plus facile que le fait d'être un généraliste.

De plus, la spécialisation vous permet de facturer plus cher que vos concurrents, surtout si vous offrez un service qu'on ne peut trouver ailleurs. Comme de nombreux traitements de l'ISPS sont uniques, ils offrent la possibilité d'augmenter les revenus. Par exemple, sur la base de ce principe, les cliniques de l'ISPS facturent au prix fort, car nous nous spécialisons dans les problèmes qui n'ont pas de traitement ou, au mieux, que des traitements partiels ailleurs (et cela nous permet de récupérer une partie des coûts de recherche).

Points clés

- L'entretien initial dure en général 20 minutes, la partie diagnostic prenant environ 3 à 5 minutes.
- Maintenez le client focalisé sur le fait de vous parler de ses symptômes ; sa propre analyse et son histoire détaillée ne sont généralement pas utiles.

- La « règle de trois » dit qu'après avoir éliminé avec succès le problème du client, vous devez effectuer un suivi deux autres fois sur une période de deux à trois semaines pour vérifier ou renforcer la stabilité du traitement.
- L'identification d'une « phrase déclencheur » qui évoque les pires souffrances du client au sujet de son problème vous donne un critère simple pour le contrat de « paiement au résultat ».
- Lorsque vous rédigez le contrat : soyez bref ; précis ; rédigez plusieurs contrats en cas de problèmes multiples ; gagnez suffisamment d'expérience pour savoir ce que vous ne pouvez pas traiter ; n'établissez pas de contrat pour quelque chose que vous ne pouvez pas vérifier ou donner au client (comme un rendez-vous avec un top model).
- Le contrat peut être rédigé sans diagnostic, mais il peut être utile de faire les deux un peu simultanément, car cela pourrait changer ce que vous proposez au client.

Bibliographie

Sur la façon d'être thérapeute en psychotraumatologie :

- Courteau, P. (2013). *The Whole-Hearted Healing™ Workbook*
  Ce livre mis à jour est conçu pour les personnes qui travaillent sur elles-mêmes.
- Craig, G. (2016). *Le manuel d'EFT*. J'ai Lu
- French, G., Harris, C. (1998). *Traumatic Incident Reduction*
  Excellente source d'information sur l'écoute sans jugement et la thérapie de psychotraumatologie TIR.
- McFetridge, G., Pellicer, M. (2004). *Le manuel du Whole-Hearted Healing™*.
  Un manuel pratique à l'usage des thérapeutes sur cette technique de régression.
- Shapiro, F. (2007). *Manuel d'EMDR (Intégration neuro-émotionnelle par les mouvements oculaires): Principes, protocoles, procédures*. InterÉditions

Chapitre 5

Les approches diagnostiques

Dans nos formations de thérapeutes, nous passons beaucoup de temps à enseigner des techniques que les étudiants pratiquent ensuite sur eux-mêmes et sur les autres participants. Au début, nous avons essayé de tout faire tenir dans une formation de 5 jours, puis de 9 jours pour minimiser le coût pour les étudiants. Nous pensions que les élèves seraient suffisamment motivés pour mettre en pratique ce que nous leur avions enseigné. Malheureusement, nous avons constaté que très peu de thérapeutes pratiquaient, utilisaient et maîtrisaient ce nouveau matériel après la formation - il s'agissait d'un challenge trop important pour qu'ils le fassent seuls. Pour répondre à ce problème, nous sommes passés en 2010 à une formation d'un mois et notre taux de certification est passé d'environ 5% à environ 70%.

Avec davantage de temps d'enseignement à notre disposition, nous avons vu qu'il était essentiel que chaque étudiant ait la possibilité d'avoir une pratique supervisée avec au moins trois clients réels. Cela lui permettait de s'exercer sur l'entretien initial, le diagnostic et le traitement. Il était surprenant de voir le nombre d'étudiants qui ne voulaient qu'un enseignement scolaire. Le fait d'avoir à faire face à des clients et d'appliquer ce qu'ils savaient provoquerait presque toujours d'énormes résistances (en fait, des mini-révoltes !) chez la plupart des étudiants, même chez des thérapeutes qui avaient déjà eu des clients depuis des années. C'était toujours amusant de dire à ces élèves incrédules que leurs émotions étaient classiques, mais que, à la fin de leurs séances de pratique, diagnostiquer et traiter de nouveaux clients serait une expérience amusante qu'ils attendraient avec impatience. Nous avons également constaté que leur plaisir s'est grandement accru pendant les séances en demandant aux autres étudiants d'observer et d'offrir des suggestions si l'étudiant thérapeute sur la sellette le souhaitait - cela devient une activité communautaire fascinante et d'un grand soutien pour tous, y compris pour les clients !

En général, l'enseignant pouvait diagnostiquer le client au cours de la première ou des deux premières minutes, mais les élèves prenaient jusqu'à 30 minutes le temps qu'ils maîtrisent ce savoir-faire. C'est devenu un défi amusant d'arrêter l'entretien avec le client après les trois premières minutes pour demander aux étudiants leur diagnostic. Cette différence de vitesse était en partie due à une simple familiarité avec les cas subcellulaires, mais aussi au fait que, chez les enseignants, les compétences diagnostiques étaient devenues une seconde nature. Pour tenter de transmettre ces compétences, Paula Courteau a publié en 2013 un excellent cahier d'exercices sur la technique de régression du Whole-Hearted Healing™ qui a donné un modèle de diagnostic couvrant plusieurs des cas subcellulaires de ce manuel. Les méthodes présentées dans ce chapitre sont un peu différentes mais les deux approches sont utiles.

J'espère que les méthodes présentées dans ce chapitre vous seront utiles dans votre propre pratique.

Une nouvelle orientation pour les thérapeutes

Si vous ne devez retenir qu'une seule chose de ce chapitre, ce que vous allez lire dans ce court paragraphe est le plus important. Lorsque vous faites un diagnostic avec un client, vous devez *toujours* avoir en tête une idée de ce que pourrait être son problème - en commençant avant même qu'il n'ouvre la bouche. Vous ne pouvez pas être un auditeur passif !

Ceci est une orientation très, très différente de celle à laquelle la plupart des thérapeutes sont formés. En général, les thérapeutes apprennent à écouter avec compassion, ce qui est bien - mais d'après notre expérience, cela entrave leur capacité à poser un diagnostic. Le thérapeute doit être proactif et non réactif lorsqu'il pose un diagnostic.

Cette nouvelle orientation change tout. Cela ne signifie pas que vos idées initiales seront justes, mais cela vous permet de poser immédiatement les bonnes questions afin que vous puissiez diagnostiquer rapidement et précisément votre client. Nous n'insisterons jamais assez sur ce point - à maintes reprises, nous voyons des stagiaires thérapeutes poser des questions complètement dénuées de sens, dans une tentative vaine d'amener le client à dire quelque chose qu'il pourrait reconnaître, ou simplement pour qu'ils puissent établir un lien émotionnel. Lorsque vous posez les mauvaises questions ou des questions générales comme « comment vous sentez-vous ? », le client va essayer de répondre. Cela entraîne de la confusion, des discussions sur des symptômes ou des problèmes aléatoires et fait dérailler l'ensemble du processus de diagnostic.

D'après notre expérience avec les élèves, ils se trompent parce qu'ils ne sont pas assez directifs lorsqu'ils évaluent le client. Au lieu de cela, parce que vous avez tous les cas subcellulaires en tête, vous allez chercher à vraiment diriger votre client pour qu'il décrive ce qui le dérange et poser des questions pour savoir si c'est un simple traumatisme, un cas subcellulaire ou un problème structurel. Bien sûr, le thérapeute doit connaître à fond les cas subcellulaires afin de pouvoir poser des questions pertinentes au moment du diagnostic. Encore une fois, poser des questions au hasard (ou des questions empathiques qui ne sont pas diagnostiques) n'est *pas* une bonne idée. Cette approche devrait être considérée comme un tout dernier recours.

Comme nous l'avons dit dans l'introduction de ce chapitre, dans la pratique, nos élèves disposent de trois minutes pour faire le diagnostic initial. S'ils ne sont pas sûrs de la cause, nous leur demandons d'énumérer les problèmes subcellulaires possibles, de passer en revue les questions de diagnostic différentiel pertinentes, et ainsi de suite - mais 9 fois sur 10, le diagnostic du client est évident et toute question diagnostique supplémentaire ne fait que le vérifier.

L'annexe 4 présente de courts exemples de symptômes que nous utilisons pour donner aux stagiaires l'occasion de s'exercer à reconnaître les cas subcellulaires

- et l'annexe 5 présente une liste de cas réels que nous utilisons pour les amener à penser au diagnostic de cette nouvelle façon, avant de commencer avec de vrais clients. L'annexe 1 énumère certains des problèmes émotionnels courants que les élèves rencontrent lorsqu'ils tentent d'établir un diagnostic. Les élèves parcourent la liste ou pensent à poser un diagnostic pour trouver les idées qui déclenchent leurs réactions émotionnelles ; et comme exercice, nous leur demandons de les guérir pour qu'elles n'aient plus de contenu émotionnel.

Concentrez-vous sur les symptômes réels

L'autre point clé est que vous devez garder le client concentré sur la description de ses symptômes réels et expérientiels, et non sur l'histoire de ses problèmes, ni sur ses explications, ni sur celles de son ancien thérapeute, de son médecin ou de son propre diagnostic. Encore une fois, cela va à l'encontre de la formation standard en thérapie ; mais une fois que vous commencez vraiment à comprendre la psychobiologie subcellulaire et les traumatismes développementaux, vous réalisez que la plupart des problèmes ont commencé dans l'utérus et persistent en raison des dommages à l'intérieur de leurs cellules. Une fois que vous acceptez vraiment émotionnellement ce principe selon lequel les symptômes ne sont pas le résultat logique de la situation actuelle du client - qui n'est que le déclencheur de la biologie sous-jacente - vous réalisez que parler de leurs problèmes fait perdre du temps et interfère avec le processus de diagnostic. Ce genre de discussion n'amène que des problèmes sans rapport qui font perdre au client le fil de sa véritable problématique.

Bien qu'à l'occasion, vous aurez besoin que le client raconte son histoire pendant encore un certain temps afin de comprendre ce qu'est vraiment le problème, pour la plupart des clients, raconter une histoire est en fait une très mauvaise idée. Ils ajouteront simplement d'autres problèmes à leur liste en essayant d'expliquer pourquoi ils ressentent ce qu'ils ressentent. (Bien sûr, restez attentif car il arrive parfois que le client sache vraiment ce qui ne va pas.)

Beaucoup plus rarement, certains clients ne peuvent pas décrire les symptômes physiques ou le contexte pour une raison très différente - ils traversent une « urgence spirituelle » et leurs descriptions sont de nature expérientielle « spirituelle ». (Il ne s'agit pas de questions de religion ou de croyance, qui sont traitées à l'aide de techniques standard.) Dans ces cas, le client est passé à un mode de vision et d'expérience que nous appelons la « vision spirituelle ». Cela complique le diagnostic, car la cause biologique sous-jacente de leur problème n'est pas reconnaissable de ce point de vue. Le thérapeute diagnostique le problème biologique sous-jacent soit à partir de sa description, si elle correspond à un cas standard, soit en demandant au client de passer à la « vue physique », douloureuse mais plus utile afin de pouvoir percevoir les problèmes biologiques sous-jacents. Le chapitre 13 aborde ces problèmes plus en détail.

La peur d'avoir tort

Un autre problème courant, chez les thérapeutes qui ne connaissent pas ce cadre théorique, c'est la peur de se tromper dans leur diagnostic. Bien sûr, c'est en partie lié à leurs expériences passées dans l'environnement académique où les tests sont très nombreux, mais une partie de cette situation est due à une crainte réelle de nuire au client. Il faut habituellement un certain temps pour que le thérapeute apprenne qu'il n'y a pas de problème s'il fait une erreur de diagnostic. Si leur traitement ne fonctionne pas, ils peuvent simplement faire une pause afin de comprendre pourquoi - peut-être que le client ne comprend tout simplement pas les directives du traitement ; est-ce à cause de l'interférence d'un problème traumatique ; ou est-ce une erreur réelle dans le diagnostic ? Quoi qu'il en soit, le thérapeute peut tout simplement calmement réévaluer et recommencer à zéro. Dans nos cours, nous laissons toujours les étudiants commettre des erreurs de diagnostic pour qu'ils se sentent à l'aise de commencer le traitement, puis de réaliser que le problème ne disparaît pas, et de recommencer.

À l'occasion, le thérapeute peut proposer plusieurs diagnostics alternatifs pour le problème du client. Bien qu'il puisse choisir de continuer de poser des questions diagnostiques, il est souvent plus rapide de choisir la cause la plus probable et de commencer le traitement ; ou d'éliminer une des autres possibilités si le traitement correspondant est très rapide (par exemple, dans le cas d'un simple traumatisme biographique). Cette approche par tâtonnement montrera rapidement au thérapeute s'il est ou non sur la bonne voie.

Autres erreurs courantes dans le diagnostic

Les erreurs les plus courantes que les nouveaux thérapeutes commettent lorsqu'ils font un diagnostic sont de parler ou de poser des questions pour combler le silence lorsqu'ils ne sont pas certains de leur diagnostic. Il vaut mieux ne *rien* dire que de poser des questions au hasard ! Si vous posez une question (ou leur dites de faire quelque chose qu'ils ne comprennent pas), le client essaiera habituellement de répondre au mieux de ses capacités. Ainsi, une mauvaise question vous déportera vers des problèmes de leur vie sans rapport avec leur demande, ou les rendra confus. Nous n'insisterons jamais assez sur ce point - ne posez une question que si vous avez une bonne raison de le faire, et soyez conscient que vous devrez peut-être aider le client à se remettre sur les rails après que vous l'ayez posée.

De plus, pendant cette phase de diagnostic, veillez à ne pas poser de questions qui obligent le client à réfléchir ! (C'est le genre de question à laquelle le client marque un temps d'arrêt avant de répondre.) Dans ce cas, les clients prennent souvent la tangente, introduisant de nouveaux problèmes qui ne sont pas pertinents par rapport au problème réel que le client veut régler (et pour lequel il est prêt à payer).

Le thérapeute doit également être très prudent dans la façon dont il formule ses questions, afin que le client ne devienne pas confus. Poser une question dans le registre visuel à un client orienté kinesthésique est susceptible de provoquer des incompréhensions qui prendront du temps à dissiper. Le client fera ce que vous lui dites - même si cela ne fait qu'ajouter de la confusion. Attention à ce que vous dites !

Comme nous l'avons dit, au cours de ce processus pour poser un diagnostic, le thérapeute est actif, pas passif. Ayez toujours une idée de ce qui pourrait causer le problème et vérifiez ce que le client dit par rapport à cela. C'est le contraire d'une thérapie typique. Cela peut prendre un certain temps pour se former à cette nouvelle façon de travailler. Répétons-le d'une autre façon : lorsque le client entre dans votre bureau, vous devriez déjà avoir des idées de diagnostic rien qu'en les regardant. Ou avoir au moins les cas les plus fréquents en tête. Bien que cela semble pouvoir être une source d'erreur en préjudiciant l'entretien, c'est l'inverse qui se produit. Cela vous permet plutôt de poser des questions appropriées et d'écouter vraiment, vraiment, vraiment ce qu'ils disent pour voir si cela correspond à vos idées.

Un autre problème courant que nous constatons chez les nouveaux thérapeutes est qu'ils ne vérifient pas s'il y a des symptômes préexistants. Cela signifie que le client a un problème actuel ainsi qu'un symptôme plus ancien, généralement continu, qui n'est pas apparenté. Cela peut à la fois perturber le diagnostic et brouiller le traitement subséquent, car le client ne fera pas de distinction entre les deux ensembles de symptômes, à moins que vous ne vous assuriez qu'ils le fassent. N'oubliez pas de vérifier cela !

Encore une fois, nous voyons souvent de nouveaux thérapeutes perdre le contrôle de la séance de diagnostic pendant de longues périodes de temps lorsque le client se lance dans des histoires ou des explications. La plupart des thérapeutes ont besoin de s'exercer à gentiment couper court, peut-être en leur expliquant qu'ils ont besoin de symptômes physiques réels pour les aider à poser un diagnostic.

Enfin, lors du diagnostic et de l'entretien, ne laissez pas l'entretien traîner en longueur. Gardez votre client concentré sur le problème qui a besoin d'être réglé, c'est-à-dire soyez quelque peu directif avec la plupart des clients (mais ne commettez pas l'erreur d'attirer leur attention sur d'autres problèmes - restez focalisé sur la tâche en cours). Dans la plupart des cas, il y a juste quelques points auxquels vous devriez prêter attention dès le début :

- Est-ce un problème médical ? (Les thérapeutes oublient souvent que certains problèmes sont causés par des blessures corporelles, des maladies ou des substances.)
- Est-ce générationnel ? D'autres membres de la famille l'ont-ils ? La guérison de ces traumatismes a un impact énorme sur les clients.

Comprendre les symptômes traumatiques, structurels et parasitaires

Parce que nous travaillons avec des cas subcellulaires, il est très important que vous compreniez la différence entre les problèmes de traumatisme simple, les problèmes structurels et les problèmes de maladie subcellulaire. Comme nous l'avons dit, les simples traumatismes biographiques et générationnels peuvent causer de nombreux problèmes chez les gens. Ces traumatismes contiennent des sentiments qui sont temporairement portés à la conscience par des circonstances ou des pensées extérieures ; ou sont présents continuellement. Des associations du corps sont également créées lors d'événements traumatiques et motivent plus particulièrement les comportements d'addiction.

Les problématiques structurelles subcellulaires sont différentes. Ici, le symptôme émotionnel du client est causé par un défaut structurel dans la cellule primaire et non par un traumatisme contenant des sentiments semblables. Les symptômes physiques et émotionnels des problèmes structurels dans la cellule primaire sont dus à des lésions cellulaires, et *non* au sentiment du traumatisme qui a causé les lésions en premier lieu. Par analogie, un problème structurel serait comme avoir une fuite dans le toit, du coup les meubles prennent l'eau et moisissent. Les problèmes structurels sont indirectement dus aux traumatismes générationnels. Pour aider le client, vous devez être en mesure de reconnaître les symptômes de dommages structuraux et d'apprendre comment trouver les traumatismes causaux. De nombreux cas ou situations subcellulaires dans ce manuel ou dans les manuels du Whole-Hearted Healing™ sont dus à des problèmes structurels. De plus, la plupart des processus Peak States® que nous enseignons agissent en guérissant des problèmes structurels dans la cellule primaire.

Les maladies subcellulaires constituent encore un troisième type de problème. Ils peuvent être divisés en deux parties : la plus évidente est celle où un symptôme est dû à un parasite causant des problèmes dans la cellule. Par exemple, lorsqu'un parasite insectiforme cause de la douleur en déchirant une membrane cellulaire. La recherche d'un traumatisme avec le même sentiment de douleur est une perte de temps, car le symptôme n'est pas directement lié au traumatisme. Le deuxième type de problème parasitaire est plus courant, mais beaucoup plus effrayant. Dans ces cas, le client s'identifie au parasite. Tout problème ou blessure du parasite est vécu par le client comme si c'était son propre problème. Ces deux effets peuvent également se superposer, lorsque les symptômes du client proviennent à la fois des dommages causés par le parasite et de la souffrance du parasite lui-même. Pour diagnostiquer et traiter ces problèmes, vous devez être capable de reconnaître les symptômes relativement peu nombreux que ces parasites peuvent causer et apprendre ce qu'il faut faire. Cela peut impliquer la destruction du parasite, amener le client à cesser de provoquer inconsciemment le parasite pour qu'il cesse de lui faire du mal, ou guérir le parasite pour qu'il n'ait plus de symptômes.

Les présupposés concernant les antécédents du thérapeute

Dans notre formation, nous présupposons que le thérapeute a déjà de l'expérience dans des techniques de psychotraumatologie : EMDR, TIR, thérapies méridiennes comme l'EFT, etc. En fait, la plupart des thérapeutes qui suivent notre formation utilisent déjà ces techniques de façon professionnelle, mais ils veulent simplement de meilleurs outils afin de pouvoir guérir plus de problèmes qu'ils ne le peuvent actuellement. Nous recommandons que les thérapeutes connaissent autant de techniques que possible - *pas* seulement les nôtres - au cas où une technique particulière fonctionnerait mal ou pas du tout sur un client donné. Dans le cadre de nos cours, nous enseignons nos propres techniques efficaces qui ciblent spécifiquement les différents types de traumatismes, mais d'autres techniques permettent habituellement de faire le travail.

Le diagnostic différentiel et le CIM-10

Peu importe les approches diagnostiques que vous utilisez pour diagnostiquer votre client, il vous faudra mémoriser tous les cas subcellulaires que nous avons identifiés jusqu'à présent. C'est à peu près à ce moment-là que nos élèves poussent en chœur de grands gémissements - mais il n'y a vraiment pas d'autre solution. Malheureusement, les différents cas ont des traitements différents, donc le thérapeute doit généralement trouver la cause du problème pour le traiter correctement.

Pour de nombreux clients, le diagnostic est évident car les symptômes ne correspondent vraiment qu'à un seul cas subcellulaire particulier. Étonnamment, cela arrive assez souvent.

Cependant, chez certains clients, vous aurez plusieurs cas subcellulaires possibles qui vous viendront à l'esprit au moment du diagnostic. Vous devrez ensuite faire votre diagnostic différentiel pour déterminer quel cas correspond vraiment. Parfois, il s'agira de vérifier si d'autres symptômes identifient le cas particulier ; parfois, il vous faudra commencer un traitement réel pour vérifier vos hypothèses et voir si les symptômes évoluent. Comme vous le verrez, il existe également diverses approches diagnostiques qui vous aident à différencier les cas possibles pour réduire la liste des causes possibles. Par exemple, nous enseignons aux étudiants à commencer par le cas le plus fréquent s'il y a plusieurs possibilités lorsqu'ils travaillent avec des clients de niveau de fonctionnement moyen ou faible. Heureusement, les approches diagnostiques peuvent toutes être utilisées simultanément - comme l'utilisation des diagrammes de Venn, cela réduit considérablement le nombre de cas à ceux qui se recoupent à travers chacune des approches.

Chaque entrée de cas subcellulaire de ce manuel énumère les autres cas qui partagent des symptômes similaires et donne de brèves étapes pour effectuer un diagnostic différentiel. Voici deux exemples pour illustrer comment cela fonctionne. Nous avons arbitrairement sélectionné deux symptômes émotionnels communs et énuméré leurs causes subcellulaires les plus probables ; nous avons inclus des moyens rapides de faire un diagnostic différentiel et donc d'identifier quel cas en est effectivement la cause. Ces possibilités sont classées grossièrement de la plus commune à la plus rare. On s'attend à ce que les étudiants soient en mesure de dresser ce genre de liste à la volée tout en diagnostiquant le client lors de l'entrevue initiale. Le chapitre 12 traite beaucoup plus en détail des symptômes standard et de leur diagnostic différentiel.

Exemple : Le client a une tristesse sévère et de longue durée

- Perte d'âme - sont-ils tristes parce que quelqu'un leur manque ou parce qu'ils ont très envie de les revoir ?
- Traumatisme biographique (simple) - existe-t-il une image ou un moment traumatique qui corresponde au sentiment ?
- Copie - testez en demandant si le sentiment est en partie à l'extérieur du corps ; si le sentiment a une personnalité (faites attention qu'ils n'ignorent pas la personnalité des parents) ; ou si le tapotement ne fonctionne pas sur le sentiment.
- Traumatisme générationnel - le sentiment est personnel ; beaucoup de membres de leur famille en sont atteints.
- Blocage tribal - le client se sent en fait « lourd », pas triste.

Exemple : Le client a peur ou est anxieux depuis longtemps

- Trous - y a-t-il un emplacement à l'intérieur du corps ? C'est une cause très probable.

- Traumatisme - le tapotement simple fonctionne-t-il ? (Attention à l'inversion psychologique).
- Copie - est-ce que c'est en partie à l'extérieur du corps ? La peur a-t-elle la personnalité de quelqu'un ?
- Blocage tribal - la peur est-elle une réponse à des émotions qui rentrent par le nombril ?

D'un autre côté, parfois, vous n'aurez tout simplement aucune idée de ce qui cause leur problème. C'est là que le savoir-faire et l'expérience entrent en jeu dans la pratique de la thérapie. Nous indiquons dans une section ultérieure certaines des raisons courantes pour lesquelles un thérapeute ne reconnaît pas un cas standard, et ce qu'il faut faire pour y remédier. Mais parfois, il faut deviner - et la meilleure hypothèse est de commencer par utiliser des techniques de guérison des traumatismes. Heureusement, les thérapeutes agréés de l'ISPS disposent d'une autre ressource : notre personnel clinique hautement qualifié est à leur disposition pour les aider au besoin dans le diagnostic et le traitement.

L'état actuel de la technique

Mais le diagnostic ne se limite pas à placer le client dans l'une des boîtes de problème subcellulaire particulière de ce manuel. Malheureusement, il s'agit d'une nouvelle technologie, et il y a de nombreux problèmes que nous ne savons pas encore comment traiter. Dans le cadre de votre formation, il est aussi important pour vous de savoir ce que vous ne savez *pas* encore comment traiter que de savoir ce que vous pouvez traiter. La liste CIM-10 (Classification Internationale des Maladies, 10e Révision, de l'Organisation Mondiale de la Santé) à l'annexe 11 montre quelles sont les causes subcellulaires probables de divers problèmes - et montre bien trop de domaines où nous n'avons pas encore de solutions. Lorsque vous connaissez vos limites, vous pouvez proposer au client ce que vous savez faire et le laisser décider si cela justifie la dépense, plutôt que d'échouer dans ce que vous ne savez pas faire.

Mais tout change très rapidement dans ce domaine. Pour rester à jour, veuillez consulter notre site internet Peak States® pour les mises à jour. Cette liste évolue constamment à mesure que nous développons de nouvelles techniques et que nous découvrons les causes de nouvelles maladies. En fait, l'une des meilleures raisons de se faire certifier par l'ISPS, outre le plaisir de s'associer à d'autres thérapeutes de pointe qui « facturent au résultat », est de recevoir nos informations concernant de nouveaux développements et de nouvelles techniques.

L'approche de la psychobiologie subcellulaire nous permet de comprendre et de traiter divers problèmes « incurables » ou d'étiologie inconnue, car elle chevauche la zone entre la psychologie et la biologie. Par exemple, nous comprenons maintenant la cause et nous avons un traitement pour le Syndrome de Fatigue Chronique, et vous pouvez trouver des informations à ce sujet sur notre site internet. Après suffisamment de tests, et s'il n'y a pas de problèmes de sécurité ou d'amélioration, nous finissons par mettre ces processus à la disposition du public. Le livre *Peak States of Consciousness, Volume 3* (à paraître) couvrira la théorie, les méthodes d'analyse et les méthodes de traitement pour un certain nombre de maladies importantes. Pour ceux qui sont intéressés, nous énumérons également un certain nombre de nos projets de recherche sur notre site internet ; mais nous avons beaucoup d'autres projets non répertoriés sur lesquels nous travaillons en fonction de notre disponibilité et des opportunités. Par exemple, trois de nos projets de recherche hautement prioritaires sont actuellement :

- L'autisme sévère, qui est un projet répertorié ;
- Le diabète de type 1 - nous pensons en avoir identifié la cause et nous travaillons actuellement à un traitement.
- Le (TOC) - nous pensons en avoir identifié la cause et recherchons un traitement. Il s'agit d'un projet non répertorié.

Le diagnostic - L'approche rapide de l'évaluation fonctionnelle

L'une des astuces que nous utilisons est une évaluation presque instantanée du client. Nous classons les clients dans l'une des trois catégories suivantes :

- Fonctionnement haut (ou élevé) - les pensées, les émotions et les actions sont cohérentes. Le client se sent stable, avec seulement un ou deux problèmes qui le touchent. Ils vont bien dans le reste de leur vie. Bon candidat pour les états extraordinaires.
- Fonctionnement moyen (ou dans la moyenne) - une personne typique, ils ont beaucoup de drame émotionnel dans leur vie, mais peuvent fonctionner. La plupart des clients en thérapie et la plupart des thérapeutes appartiennent à cette catégorie.
- Fonctionnement bas (ou faible) - a de nombreux problèmes, peut être diagnostiqué comme mentalement malade.

La raison de cette catégorisation grossière et presque instantanée est que les personnes à haut niveau de fonctionnement sont généralement très simples à guérir, presque toujours avec un seul problème qui les dérange dans une vie autrement facile. Ce sont automatiquement d'excellents clients, et vous pouvez établir un contrat pratiquement immédiatement. Ces personnes sont relativement rares en tant que clients ; mais elles peuvent venir à vous pour des états extraordinaires, et pour cela elles sont idéales. Leur problème habituel vient du blocage tribal, avec des sentiments de lourdeur ou de résistance qui surgissent dans leur vie alors qu'ils essaient de vivre plus pleinement qu'un individu moyen. Il faut généralement un peu de temps aux nouveaux thérapeutes pour apprendre cette astuce, parce qu'ils ne sont généralement pas exposés à des personnes de haut niveau dans leur pratique ou dans leur propre vie.

Les personnes dont le fonctionnement est moyen ou faible ne sont généralement *pas* de bons candidats pour les états extraordinaires. S'ils s'adressent à vous pour en obtenir un, il s'agit presque toujours « d'automédication » - pour couvrir ou bloquer un sentiment douloureux ou un problème dans leur vie. D'après notre expérience, nous avons constaté que vous devez découvrir ce qu'ils essaient de dissimuler avec l'état et le traiter à la place. Une fois guéris, ils ne s'intéresseront plus à l'état extraordinaire. Si au lieu de cela vous allez de l'avant avec le processus Peak States®, leur problème restera généralement intact et vous aurez un client insatisfait. (Notez que quelques processus Peak States®, tels que la Silent Mind Technique™ ou le Inner Peace Process™, obtiennent leur effet en éliminant un problème spécifique ; le thérapeute doit être capable de reconnaître quand ils sont nécessaires pour résoudre le problème particulier d'un client).

Les gens qui fonctionnent mal sont ceux avec qui vous devez être très prudent lorsque vous écrivez des contrats. Comme une grande partie de leur vie est un problème, vous devez préciser exactement ce que vous acceptez de guérir. Il est peu probable qu'ils se sentent beaucoup mieux lorsque vous avez terminé, car ils ont tellement de problèmes simultanés qu'ils ne se sentiront généralement pas très différents lorsqu'ils en auront éliminé un. Cependant, il y a des exceptions - certains troubles mentaux causés par un processus pathologique (comme les voix ribosomiques, les trous-a ou les parasites de l'addiction) peuvent s'être propagés à d'autres aspects de leur vie pour causer d'autres problèmes. L'élimination de la maladie peut parfois améliorer considérablement leur vie dans de nombreux domaines.

Questions clés

- Si le client demande un état extraordinaire, est-ce qu'il essaie vraiment de traiter un problème ? (Si c'est le cas, la guérison du problème éliminera l'envie d'avoir l'état. Le fait de leur donner l'état ne rendra pas le client satisfait du résultat, car il est peu probable que cela puisse résoudre son problème.)

Le diagnostic - L'approche par mots-clés dans les symptômes

La première compétence diagnostique que nous enseignons aux thérapeutes est de guetter les phrases-clés et les mots-clés dans ce que dit le client. Cela permet d'identifier rapidement si problème est un simple traumatisme ou un cas subcellulaire particulier. Évidemment, cela suppose que vous avez vraiment appris et intégré les cas subcellulaires, afin de pouvoir en reconnaître un lorsque le client parle. Nous incluons dans ce manuel plusieurs façons dont un client peut décrire un cas et, lorsque c'est possible, nous demandons au thérapeute de faire l'expérience des cas en eux-mêmes, de sorte qu'il puisse toujours en reconnaître un même si le client le décrit d'une manière différente. Bien sûr, le thérapeute peut avoir besoin de poser plus de questions pour s'assurer que le cas auquel il pense est le bon ; mais attention à ne pas entraîner le client dans un problème qui n'est pas lié !

Cette approche par mots-clés est loin d'être infaillible, mais, avec de la pratique, elle peut souvent être utilisée pour diagnostiquer un problème presque instantanément. Voici quelques exemples courants tirés de ce manuel :

Exemple : Les cas simples de traumatismes dus à un gène bloqué

- Le problème est très personnel ; il exprime qui je suis, comment je suis défectueux au fond de moi - traumatisme générationnel.
- Les membres de ma famille ont le même problème - traumatisme générationnel
- Addictions - association du corps
- Problème de sentiment positif - traumatisme positif
- Tiraillé entre deux directions - dilemme

Exemple : Les cas subcellulaires structurels ou parasitaires

- La thérapie par tapotement n'a aucun effet sur le symptôme - copie
- Je me sens lourd, résistant, je veux changer de vie - blocage tribal
- Anxiété/peur - trous

- Perte, nostalgie, solitude, tristesse - perte d'âme
- Douleur quand je bouge - structure du cerveau de la couronne
- Voix, dépendance sexuelle, possession démoniaque, channeling - voix ribosomiques
- Plusieurs personnes que je connais émanent le même problème - projection
- Douleur aiguë, fatigué, lourd - malédictions
- Perte de la capacité de former des jugements ; les gens paraissent tels des objets - arrêt d'un cerveau
- Étendue émotionnelle réduite - émotions aplaties

Le diagnostic - L'approche fondée sur la probabilité d'occurrence

Les cas subcellulaires de ce manuel sont organisés spécifiquement pour les thérapeutes généralistes. Étant donné que ces thérapeutes seront confrontés à pratiquement tous les problèmes au cours de leur carrière, les trois groupes de cas sont à peu près dans l'ordre de leur fréquence dans une population de clients aléatoire. Les cas les plus courants se trouvent au chapitre 8, et on s'attend à ce que les étudiants thérapeutes soient capables de réciter chaque aspect de ces cas dans leur sommeil. Les cas du chapitre 9 sont moins fréquents, mais nous nous attendons toujours à ce que le thérapeute les connaisse bien. Les cas du chapitre 10 sont encore moins fréquents. Le thérapeute doit toujours savoir qu'ils existent, mais nous nous attendons à ce qu'ils s'y réfèrent lorsqu'ils auront besoin de renseignements plus précis sur le traitement ou le diagnostic différentiel. Cependant, les thérapeutes qui se spécialisent travaillent habituellement spécifiquement avec un ou plusieurs de ces cas subcellulaires rares.

Un traumatisme simple est de loin la cause la plus probable

Pendant le diagnostic, les nouveaux étudiants en thérapie se précipitent souvent sur des cas subcellulaires rares alors que la cause n'est que le type habituel de traumatisme simple et ordinaire qu'ils connaissent bien. (Et comme les étudiants en première année de médecine, ils se diagnostiquent aussi par erreur comme ayant ces cas inhabituels.) Si vous ne posez aucun diagnostic, vous pouvez toujours n'utiliser qu'une technique de psychotraumatologie et vous attendre à guérir complètement un client plus de la moitié du temps (en supposant qu'il n'a pas déjà essayé des techniques de psychotraumatologie sur son problème et échoué). C'est la bonne nouvelle. Obtenez l'échelle d'USD, remplissez les critères de facturation au résultat, trouvez la phrase déclencheur et vous êtes partis.

La mauvaise nouvelle, c'est que plusieurs de vos clients sont venus vous voir parce qu'ils ont tout essayé et n'ont pas réussi à se débarrasser de leur problème. Cela ne signifie pas nécessairement qu'il ne s'agit pas d'un simple traumatisme, car ils peuvent être aux prises avec des boucles temporelles (voir chapitre 11) ou un problème de causalité cachée (voir ci-dessous). Ou peut-être que les techniques de psychotraumatologie qu'ils ont utilisées n'ont pas été en mesure de cibler adéquatement leurs traumatismes biographiques, générationnels ou associatifs. Mais cela signifie qu'il est effectivement plus probable qu'ils aient un problème de maladie subcellulaire (comme une copie) ou un problème structurel.

Dans ce manuel, nous n'aborderons pas les nombreuses techniques et méthodes de diagnostic des traumatismes simples qui ont été développées pour d'autres thérapies (EMDR, EFT, TIR, etc.) - nous espérons que vous les connaissez déjà. Cependant, nous nous concentrerons sur le problème des traumatismes cachés ou réprimés parce que cela pose généralement des difficultés à nos étudiants lors de leurs séances de diagnostic d'entraînement avec des clients. À première vue, ce phénomène se produit environ chez un client sur quinze. Il existe également un certain nombre de problèmes subcellulaires qui annulent ou imitent faussement la guérison du traumatisme. Le chapitre 11 les couvre en détail.

En guise de conclusion, si le diagnostic ne se déroule pas bien et que vous n'arrivez pas à comprendre ce qui cause leur problème, les chances sont en votre faveur si vous essayez simplement une technique de psychotraumatologie pour voir ce qui se passe. En fait, pour certains clients complexes, vous pouvez finir par diagnostiquer la cause réelle en essayant simplement de guérir le client une possibilité à la fois.

> *Astuce : Les copies ressemblent à de simples traumatismes qui ne guérissent pas.*
>
> Si quelque chose qui ressemble à un simple traumatisme ne change pas après deux minutes d'une thérapie qui utilise le tapotement sur le point gamut, la raison la plus probable est qu'il s'agit en fait d'une « copie ». Elles ne répondent à aucune thérapie de psychotraumatologie parce que les sentiments ne proviennent pas d'une séquence de traumatismes due à un ribosome bloqué. Au lieu de cela, un organisme bactérien chez le client a été utilisé pour faire une « copie » de l'émotion ou de la sensation d'une autre personne pendant un moment de traumatisme. Bien qu'il soit possible que cet effet de blocage soit plutôt dû à un traumatisme « gardien » (c'est-à-dire une inversion psychologique), cela est moins fréquent que le problème des copies. Vous pouvez rapidement faire un diagnostic différentiel en demandant si le sentiment a la personnalité de quelqu'un d'autre, ou si le sentiment s'étend en fait en dehors de leur corps.

Questions clés :
- Avez-vous déjà tapoté sur votre problème ? (Si oui, ce n'est probablement pas un simple traumatisme.)
- Avez-vous suivi d'autres thérapies pour votre problème ? (Ceci peut être pertinent ou non, mais peut vous aider à éliminer les causes possibles.)

Quel type de traumatisme dois-je guérir en premier ?

Disons que vous avez diagnostiqué le client et constaté qu'il a un problème traumatique que vous pouvez traiter. Y a-t-il un ordre optimal pour le type de traumatisme que vous devriez traiter en premier ? La réponse est « en quelque sorte ». Ainsi, en règle générale, si ce que vous avez besoin de guérir n'est *pas* évident, vous commencez par les traumatismes générationnels, puis faites les associations du corps, et finissez par les traumatismes biographiques.

Nous enseignons cette idée simple à nos élèves en notant que c'est la même chose que de dire « guérir le corps du bas vers le haut ». Le bas du corps, le périnée, possède la conscience du cerveau triunique qui contribue les gènes qui créent les traumatismes générationnels. En fait, les traumatismes générationnels sont souvent à l'origine du problème du client. Si le client estime que le problème est en rapport avec la façon dont il est défectueux au niveau le plus profond, ou s'il s'agit d'un problème qui lui semble très, très personnel, alors vous devriez fortement soupçonner qu'un traumatisme générationnel est à l'origine du problème ou bien y contribue. Si tel est le cas, guérissez-le d'abord. Les traumatismes générationnels ne sont pas seulement « personnels », ils déterminent comment votre cellule primaire est réellement fabriquée, ils ont donc également un impact énorme sur les problèmes structurels. Beaucoup de gens peuvent guérir les problèmes générationnels en ressentant simplement l'émotion et en tapotant - d'autres doivent prendre conscience de la ligne générationnelle avant que le tapotement (ou la technique de régression) soit efficace.

Le cerveau suivant en remontant est le cerveau du corps, situé au niveau du ventre. Il apporte les gènes qui font les associations du corps, traumatismes qui ont l'impact le plus fort sur une personne typique après les traumatismes générationnels. Notez que si le problème du client est une addiction ou s'il recrée continuellement un symptôme, alors, bien sûr, vous commenceriez par ce type de traumatisme, et non par un traumatisme générationnel.

En continuant vers le haut du corps, les gènes du cerveau du cœur créent des traumatismes biographiques ; ils ont un impact encore moindre sur une personne typique. Nous ne disons pas qu'ils n'ont pas d'impact - loin de là, comme peuvent l'attester les survivants de maltraitances -, mais plutôt que l'impact sur notre fonctionnement est proportionnellement moindre. Ce type de traumatisme cause des sensations émotionnelles bloquées qui sont habituellement le symptôme apparent ; mais leur autre effet, la création de décisions et de croyances limitantes, cause parfois de grands ravages chez le client. Évidemment, si une croyance limitante est le problème du client, vous commenceriez par guérir le traumatisme biographique et ignoreriez l'ordre empirique.

Questions clés :
- D'autres membres de votre famille, en particulier vos ancêtres, ont-ils aussi ce problème ? (Si c'est le cas, il s'agit probablement d'un problème générationnel et la guérison générationnelle serait utilisée. Notez que la plupart des clients ne pensent pas en ces termes, et ne pensent pas à inclure cette information dans leurs formulaires d'historique ou leurs descriptions - vous devez demander.)
- Est-ce que le problème vous concerne au plus profond de vous ? (Si oui, recherchez un traumatisme générationnel.)

Le diagnostic - L'approche par type de problème

Nous pouvons souvent classer immédiatement un problème d'un client comme étant un problème physique, émotionnel, mental, relationnel ou personnel. Cela nous donne un petit groupe de causes subcellulaires probables à vérifier avec des questions spécifiques et dirigées. Les étudiants thérapeutes trouvent cette approche extrêmement utile lors de leurs séances de diagnostic. Évidemment, la liste des causes ci-dessous n'est qu'une ligne directrice, car le même symptôme peut avoir plusieurs causes possibles différentes ; et elle ne couvre pas tous les cas possibles, seulement les cas relativement communs. Pour plus de détails, voir le chapitre 11.

Problèmes physiques (assurez-vous qu'il ne s'agit pas d'un problème médical)
- Mal de dos : Traumatisme simple provoquant la tension des muscles de la colonne vertébrale et le désalignement de la colonne vertébrale.
- Douleur lorsque le client bouge : structure du cerveau de la couronne.
- Se sent lourd : blocage tribal.
- Sensation de brûlure, de coups de couteau ou de déchirure : parasites insectiformes.
- Une douleur aiguë constante comme un clou dans le corps : malédiction.
- Fatigué dans certaines parties du corps : malédiction enveloppante.
- Impossible de bien dormir : kundalini, anxiété (traumatisme, trous), ou voix.

Problèmes émotionnels
- Traumatisme (générationnel, associatif, biographique)
- Tristesse, perte, solitude : perte d'âme.
- Des sentiments qui ne s'en vont pas : copies
- Traumatismes activés en permanence : association du corps, ou problème d'ancrage de l'ARNm.
- Registre émotionnel faible : émotions aplaties ou bactérie enveloppante.
- Émotions extrêmes : traiter avec la technique de Waisel.

Problèmes mentaux
- Croyances limitantes ou dogmatiques : traumatisme biographique ou fondamental
- Bavardage mental ou pensées obsessionnelles : utilisez la Silent Mind Technique.
- Impossible de se sortir des chansons de la tête : traitez les boucles sonores.

Problèmes relationnels
- Problèmes avec le conjoint : les cordes (le plus probable) ; projections ; cordes-m (le moins probable).
- Problèmes avec la façon dont les autres sont ressentis : généralement un problème de corde, ou moins souvent de projection.
- Comme si d'autres bloquaient sa vie : blocage tribal.
- Quelqu'un lui manque : perte d'âme.
- Les autres cultures font peur, sont un fardeau : causé par le champignon borg (et traité avec la SMT).
- Ressens dans le présent la même chose que quelqu'un d'autre dans le passé : copies.
- Attirances sexuelles inappropriées : voix ribosomiques.

Problèmes personnels
- Perte d'identité (familiale, professionnelle, etc.) : problème de vide dans la colonne du soi.
- Mort / annihilation / suicide : traumatisme de la mort du placenta.
- Groupes sur la souffrance de l'humanité : projection.

Le diagnostic - À l'intérieur ou à l'extérieur du corps ?

Une façon d'établir un diagnostic différentiel pour un certain nombre d'affections consiste à faire prendre conscience au client si les symptômes sont à l'intérieur ou à l'extérieur du corps. Paula Courteau a proposé cette approche utile au diagnostic ; nous vous référons aux organigrammes de diagnostic qui se trouvent dans son livre *The Whole-Hearted Healing™ Workbook* pour une description plus détaillée. Les cas subcellulaires de problèmes ressentis comme extérieurs (ou partiellement extérieurs) au corps incluent :

- Copies (moitié à l'intérieur, moitié à l'extérieur du corps).
- Voix ribosomiques (à des endroits fixes dans l'espace autour du corps).
- Blocage tribal (les sentiments manipulateurs viennent de l'extérieur du corps).
- Malédictions enveloppantes (à la surface du corps).
- Images hors du corps de traumatismes (comme regarder une pièce de théâtre ou un film).
- Projections (des personnes ou des objets émanent un sentiment).
- Cordes (problèmes de personnalité ressentis chez les autres).
- Émotions de parasites insectiformes (bien qu'elles puissent parfois être à l'intérieur du corps).

Les symptômes des autres cas subcellulaires sont généralement ressentis à l'intérieur du corps.

Le client aux problèmes sans fin ou le client incurable

Au fil des ans, nous avons vu un petit pourcentage de clients qui présentaient une interminable série de problèmes. Peu importe ce que vous réussissez à guérir, ils ne sont pas satisfaits et reviennent bientôt en prétendant que vous ne les avez pas aidés comme promis. Ils disent chaque fois « c'est celui-ci mon vrai problème », mais une fois ce problème parti, ils reviennent vite avec un nouveau problème. Parfois, ces personnes ont un fonctionnement moyen ou, plus souvent, un fonctionnement bas. Dans certains cas, ce problème est associé à une maladie mentale grave évidente ou à un comportement « borderline » ; dans d'autres, le client peut fonctionner adéquatement dans le monde. Comme certaines de ces personnes étaient en fait des étudiants thérapeutes, nous avons eu l'occasion d'essayer de comprendre ce qui se passait en elles. Au moment d'écrire ces lignes, il est clair que nous n'avons pas encore tous les mécanismes subcellulaires qui peuvent causer ce comportement, mais voici ceux que nous avons observés jusqu'à présent (dans l'ordre approximatif d'occurrence décroissante) :

- Trous-a : Le client a l'impression qu'il doit avoir l'attention des autres sinon il va mourir. Souvent, les clients atteints de ce problème ne remarquent pas sans aide la sensation motrice dans leur corps ; ils peuvent aussi utiliser des parasites qui « drainent » les autres pour pouvoir réprimer cette sensation sous-jacente. C'est un problème très fréquent.
- Insectiformes de l'addiction : Le client est accro aux sentiments négatifs. Peu importe ce que vous guérissez, ils reviennent rapidement à cette négativité par défaut. C'est aussi très fréquent. Une personne avec ces insectiformes peut constater que leur CdC ne peut pas du tout ou seulement très peu s'éloigner

d'un endroit particulier, souvent la tête. Guérissez les traumatismes générationnels sur la tonalité émotionnelle du parasite.

- Associations du corps : Pour une raison quelconque, le client a associé la mort ou la souffrance à un ou plusieurs sentiments positifs. Leur corps va continuellement les approvisionner en traumatismes pour éviter de « mourir ».
- Kundalini : Le client a une série interminable de traumatismes activés. Ils présentent aussi généralement une inflation et une déflation de l'ego, ainsi que des troubles du sommeil. Le cerveau du corps est à l'origine de ce problème.
- Conflits des cerveaux triuniques : Les symptômes résultent de l'attaque d'un cerveau triunique par un autre au niveau physique et/ou émotionnel. Les symptômes se manifestent dans la région du corps d'un cerveau triunique (par exemple, dans la tête, le cœur, etc.). Les symptômes peuvent inclure différents types de douleurs, d'étranges problèmes de parasites, etc.
- Trous couvrant l'ensemble du corps : Le client ne se plaint généralement pas activement, mais il ne se sent jamais bien après avoir traité d'autres problèmes. Essentiellement, il n'a pas vraiment de corps - c'est surtout un trou. En général, il se sent désespéré et « gris », et a l'impression qu'il n'ira jamais bien.
- Paranoïa globale : Dans ce cas, le client ne peut pas accepter le fait qu'on l'a aidé - il a l'impression que le thérapeute doit être en tort, même si le traitement est réussi.

Les traumatismes à la causalité cachée et les traumatismes réprimés

Pour les traumatismes simples, le symptôme apparent du client est le même que celui du traumatisme. Comme c'est la situation habituelle, la psychotraumatologie fonctionne bien pour de nombreux clients.

Cependant, chez certains clients, il est nécessaire de savoir quand le problème a commencé, car les symptômes dont ils se plaignent ne sont *pas* à l'origine de leur problème ; essayer de les éliminer ne résoudra pas le problème du client. Il s'avère que de nombreuses personnes utilisent des mécanismes de défense qui leur permettent de supprimer avec succès leurs propres sentiments émotionnels (ou physiques) traumatiques majeurs. Aussi difficile à croire que cela puisse paraître, ils sont souvent complètement inconscients des sentiments extrêmement douloureux qui motivent leurs actions et créent d'autres expériences émotionnellement douloureuses dans leur vie. Ainsi, il est parfois judicieux de vérifier l'origine d'un événement, *surtout* lorsque le client se plaint d'un certain nombre de sentiments, plutôt que d'un seul problème central.

Le thérapeute apprend rapidement à reconnaître ces traumatismes causaux cachés. Le thérapeute peut voir qu'il doit exister un moment originel aux problèmes du client ; mais le client essaiera inconsciemment d'éviter ce point de décision et ce sentiment douloureux. Il peut être un peu difficile de l'atteindre parce qu'il va résister de remonter au moment où cela s'est produit pour la première fois afin d'éviter le contenu émotionnel douloureux. La persévérance est la clé ; cela aide de savoir qu'il doit y avoir un moment de traumatisme causal réprimé qui crée des symptômes subséquents chez le client. Si nécessaire, nous recommandons fortement d'utiliser l'approche TIR pour traiter ces types de traumatismes réprimés. Ce problème est encore plus facile à voir si le problème du client est cyclique ; il passe par une période où tout va bien, puis le problème se manifeste à nouveau et les symptômes douloureux dont se plaint le client réapparaissent.

Un élève écrit : « J'imagine qu'il est difficile d'avancer dans le diagnostic quand la cliente n'est pas capable de ressentir. On y est restés un certain temps, sans progresser, jusqu'à ce qu'elle commence à ressentir ce qui la tracassait. Nous avons donc parlé de vous, du personnel, de sa réaction, etc. À partir de là, la discussion a lentement révélé d'autres mots-clés qui m'ont aidé à identifier de quoi il s'agissait. »

Ci-après se trouve une représentation graphique de l'évolution des sentiments d'un client dans le temps. Le traumatisme causal caché, qui a à la fois un sentiment douloureux et une décision inconsciente et traumatisante, se produit au moment où l'on passe de la facilité et du simple plaisir au début de divers sentiments douloureux.

Exemple : Un client endetté

Un client est arrivé en voulant guérir ses sentiments vis-à-vis du fait d'être constamment endetté, d'avoir à emprunter de l'argent et de se sentir plutôt sournois dans la façon dont il traitait les gens en raison de sa situation financière. Il s'est avéré que ce schéma s'était répété au fil des ans. Il a fallu beaucoup de travail pour le ramener au moment où il avait décidé de ne pas chercher de travail et de recommencer le cycle de la pauvreté, mais finalement, il a finalement retrouvé l'instant où il s'était senti effrayé et inadéquat par rapport à son travail, ce dont il avait fait abstraction et qu'il avait évité quand il parlait de ses problèmes. Une fois ce moment identifié, un simple tapotement sur les sentiments qui ont surgi a non seulement éliminé le déclencheur, mais aussi tous les sentiments ultérieurs qu'il avait eus en faisant ce mauvais choix.

Essentiellement, il nous a fallu maintenir le client concentré sur le moment où sa situation avait changé - le moment où il était passé de sentiments positifs à des sentiments négatifs - jusqu'à ce que le sentiment traumatisant à l'origine du comportement devienne conscient.

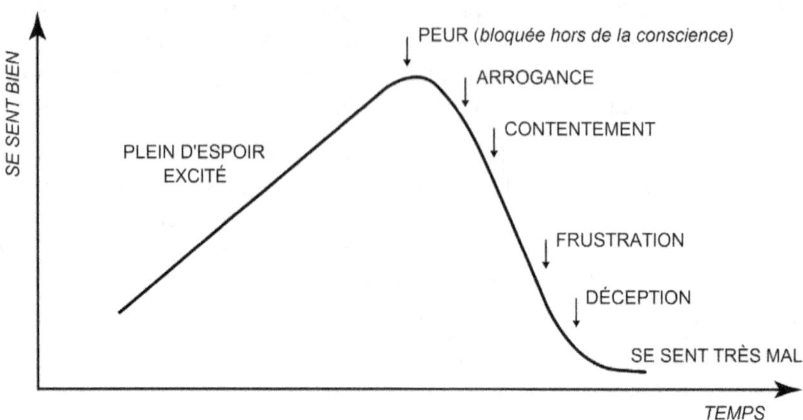

Figure 5.1 : Exemple d'un client dont la causalité est cachée - une cause bloquée hors de la conscience consciente, mais évidente dans sa localisation temporelle.

Questions clés :

- Quand le problème a-t-il commencé ? Quel symptôme s'est produit à ce moment-là ? (Vous pratiquez la psychotraumatologie sur ce moment-là, ou alors vous voyez si c'est le début d'un cas subcellulaire.)

La compensation avec des parasites

Heureusement, le problème suivant n'est pas courant, mais on le retrouve souvent chez les clients qui ne semblent pas pouvoir être aidés sur un point précis. Cela peut être très déroutant à moins que vous ne compreniez le mécanisme et les moyens de l'identifier. Dans ce problème, la cause sous-jacente est encore une fois un sentiment traumatique que le client ne veut pas ressentir. Mais plutôt que d'éviter ou de supprimer les sensations traumatiques, ils trouvent un moyen de les compenser. Par exemple, le client se sent inadéquat, mais évite ce sentiment en restant dans des situations où il reçoit constamment des éloges. Ou peut-être a-t-il peur d'être pauvre, alors il continue d'accumuler de l'argent et des objets pour essayer de compenser cette peur. Par analogie, le client est comme une huître qui forme une perle dure autour d'un grain de sable irritant.

Malheureusement, la conscience des gens est à la fois à l'intérieur de la cellule et dans le monde extérieur. Ce qu'ils font dans le monde réel est aussi ce qu'ils font à l'intérieur de la cellule - plus précisément, ce qu'ils font dans la cellule est la même chose que ce qu'ils font dans le monde. Ainsi, le client essaiera de trouver des moyens de compenser ses sentiments en interagissant simultanément avec des parasites ou d'autres organismes pathogènes à l'intérieur de la cellule primaire. Ainsi, vous avez des actions plus évidentes dans le monde extérieur et des actions cachées dans la cellule. Dans certains cas, la compensation subcellulaire fonctionne si bien qu'ils n'agissent pas aussi dans le monde réel.

Exemple : Une infection pulmonaire virale

Une cliente avait une bronchite de longue date. Elle voulait que ce problème chronique disparaisse. Cependant, cette maladie compensait une émotion cachée et douloureuse. Il ne servait à rien de traiter directement le problème viral, car la cliente résistait inconsciemment à toute tentative de guérison afin de pouvoir conserver sa compensation. Le déclencheur initial de son problème était de se sentir seule. Cette solitude était un sentiment qu'elle savait qu'elle voulait désespérément éviter dans sa vie, bien que si on lui posait la question, elle affirmait que vivre seule ne lui posait aucun problème. Il s'est avéré que son corps trouvait que le virus ressemblait à un ami d'enfance. Le virus était une compensation si efficace que le client ne se sentait pas seul dans le présent. La solution a été de guérir les sentiments sous-jacents de solitude initiale et de ne pas être aimé. Le fait de s'attaquer directement à ces sentiments a mis fin au besoin secondaire des sensations virales et la maladie pulmonaire a immédiatement disparu.

Exemple : Se sentir puissant

Le client avait un sentiment d'impuissance chronique et sous-jacent jusqu'à l'âge de 19 ans, lorsqu'il avait soudainement trouvé un moyen de se sentir puissant et de réprimer l'impuissance. Ce qu'il avait fait, c'était abandonner sa conscience au parasite borg. Le compromis était la perte de la capacité d'éprouver un sentiment d'humanité envers les autres ; il les voyait plutôt maintenant comme de simples objets à modeler selon sa volonté ou à pousser hors de son chemin. Le client avait également utilisé ce lien fongique pour manipuler et blesser les autres. Malheureusement, nous estimons que ce mécanisme très courant touche environ 20 à 30 % de la population générale. Le traitement a été la Silent Mind Technique suivi du traitement des sentiments traumatisants d'impuissance.

L'addiction à des substituts sensoriels

Une autre façon pour les clients de compenser un sentiment traumatique est d'utiliser un « substitut sensoriel ». Ici, le client a vécu une expérience traumatique (presque toujours prénatale ou périnatale). Au niveau du corps, le client a associé la survie à ce qui l'entourait au moment du traumatisme. Plus tard dans la vie, il recherche des substituts qui sont *ressentis* de la même façon que ceux de l'environnement prénatal, ou qui s'en approchent le plus possible. Parce que pour le corps, « plus il y en a, mieux c'est », la personne s'accroche inconsciemment aux substituts sensoriels dans le monde réel et en trouve également à l'intérieur de sa cellule.

Exemple : Les attirances sexuelles

Ce problème extrêmement courant est causé par une lésion in utero du fœtus. Au moment de la blessure, le fœtus tente désespérément de se connecter à la mère pour obtenir de l'aide afin de survivre. Le sentiment traumatisant est semblable à celui de la noyade, où la personne tente désespérément d'atteindre l'air. À cet instant, il associe automatiquement la survie au fait d'être entouré par la tonalité *émotionnelle* de la mère au moment où il a été blessé. Après la naissance, le client s'entoure de personnes qui ont les mêmes tonalités émotionnelles. Après la puberté, il se retrouve attiré sexuellement par les personnes qui ont ces tonalités émotionnelles, bien qu'ils réalisent rarement que c'est cela la force motrice. Dans ce cas, les substituts sensoriels sont des partenaires sexuels. De même, à l'intérieur de la cellule, ils acquièrent des « voix » ribosomiques qui correspondent également aux tonalités émotionnelles qu'avait la mère.

Cette pulsion inconsciente de substitution sensorielle est une catastrophe à plusieurs niveaux - le client tentera également inconsciemment d'induire ces sentiments chez les personnes qui l'entourent. Cela cause des problèmes relationnels et, chez les enfants, c'est souvent la cause de crises de colère.

Comment un thérapeute peut-il identifier le sentiment caché ? Heureusement, il se peut qu'il n'en ait même pas besoin. Si le thérapeute peut identifier la sensation ou le sentiment qui attire le client, un simple travail sur les associations du corps permettra se débarrasser de la pulsion sous-jacente et éliminera tout le problème. Mais parfois, il n'est pas du tout évident de savoir quel est le sentiment visé - comme le montre l'exemple précédent, il n'est pas évident que les sentiments sexuels aient quelque chose à voir avec la tonalité émotionnelle de l'autre personne !

La façon la plus simple de trouver l'un de ces traumatismes cachés est de faire ressentir au client ce qui se passe lorsqu'il imagine que le substitut n'est plus disponible. Cela peut fonctionner ou non, selon la force avec laquelle le client évite le sentiment sous-jacent. Une astuce qui fonctionne souvent est de leur faire imaginer quelqu'un d'autre qui n'a plus le substitut et de voir comment ils se sentiraient. Cette distanciation permet habituellement au client de reconnaître chez l'autre le sentiment qu'il évite en lui-même.

Une variante de cette astuce d'imaginer que le client n'a plus le substitut est d'essayer d'imaginer l'extrême opposé du substitut. Par exemple, si le client craint de ne pas avoir d'argent, vous pourriez lui faire imaginer que son compte en banque est vide, mais l'opposé serait qu'il est endetté et sans le sou dans la rue. Toutefois, cela doit être fait avec soin afin d'éviter de stimuler des problématiques non liées. Dans le même ordre d'idées, vous pouvez bloquer l'activité ou la sensation de compensation. Par exemple, si le client a désespérément besoin d'un café, vous lui feriez imaginer qu'il ne pourra plus jamais prendre une autre tasse de café. Cet examen du cas extrême peut souvent aider le client à reconnaître le sentiment plus subtil qu'il évite.

Ces approches éliminent habituellement la force motrice sous-jacente ou les sentiments traumatisants qui les poussent à avoir une sensation compensatrice ou un substitut sensoriel. Elle peut aussi faire ressortir les « traumatismes gardiens » qui provoquent une inversion psychologique et le désir de bloquer tout changement dans le problème. Quelle que soit la façon dont vous le faites, une fois que le sentiment moteur est identifié, la guérison du traumatisme par régression ou en éliminant directement l'association du corps fait l'affaire.

Les événements déclencheurs et les interactions avec des parasites

Une autre façon de trouver le sentiment compensé originel est de rechercher la causalité cachée. Dans une section précédente, nous avons dit que c'était parfois une bonne idée de regarder quand le problème a commencé. Cela peut nous aider à trouver la cause traumatique du problème du client ou à l'identifier comme un cas subcellulaire ou un traumatisme simple à partir d'une description de ce qui s'est passé. Lorsqu'il s'agit d'un traumatisme simple, le sentiment originel va être intense, puisque le client fait tout son possible pour l'éviter. Cependant, lorsque vous tenez compte des problèmes structurels et des parasites qui peuvent entrer en jeu, la cause initiale peut être beaucoup, beaucoup moins intense. Les sensations et les problèmes qui en découlent peuvent être beaucoup plus extrêmes que la cause.

Les élèves confondent souvent la gravité des symptômes avec les causes. Ils oublient que le symptôme, aussi grave soit-il, peut être le résultat indirect d'un parasite ou d'un problème structurel. Vérifier quand cela s'est produit (et voir si c'est quelque chose qui est également présent dans leur famille pour identifier les causes générationnelles) peut permettre au thérapeute d'identifier le déclencheur d'origine. Une fois identifiés et guéris, les symptômes disparaissent. Cependant, les thérapeutes doivent se rappeler que certains processus de la maladie ne répondront pas à cette approche - la guérison du traumatisme déclencheur n'annule pas la cascade de problèmes qu'il a provoquée. Comme avec un fusil, la balle ne retournera pas dans le canon si vous relâchez la détente. Ces problèmes impliquent généralement des parasites et nécessitent un niveau de guérison plus profond ; certains des cas subcellulaires de ce manuel couvrent ce type de maladies.

Conseil : Les symptômes ignorés

Lorsque le client présente un symptôme majeur qui ne répond pas au traitement, il peut aussi ressentir des symptômes beaucoup plus légers ailleurs dans son corps. Ces symptômes plus légers peuvent en fait être la cause du problème le plus évident ! Par exemple, une migraine causait une douleur intense dans la tête du client. Mais c'étaient les sensations douces et subtiles de leur plexus solaire qui étaient responsables des maux de tête via une interaction parasitaire. Une fois celle-ci guérie, le mal de tête a disparu.

Éviter certaines zones du corps

Bien que cela puisse paraître surprenant, la plupart des gens évitent complètement de ressentir quoi que ce soit dans certaines parties de leur corps. Heureusement, ce problème n'est généralement pas pertinent à leur plainte actuelle. Cependant, si la guérison ne se déroule pas bien, ou s'il n'y a pas de cause évidente au problème, le thérapeute peut avoir à demander au client de vérifier certaines régions de son corps pour y déceler des symptômes passés inaperçus. Quasiment tous les clients font abstraction de la zone du nombril. En fait, même leur demander de sentir leur nombril ne suffit souvent pas ; le client doit en fait le toucher avec sa main avant d'y remarquer des symptômes. (Ceci est dû à divers traumatismes comme la coupure du cordon ombilical ou les interactions parasitaires à cet endroit au début du développement.)

Ce manque de sensibilité dans une zone corporelle est souvent causé par le problème du Trouble de la Personnalité Multiple abordé plus loin dans le manuel, mais peut être le résultat d'un problème parasitaire dans cette zone, en particulier un problème bactérien. Dans ce cas, le client utilise la bactérie comme une couverture réconfortante ou l'emploie pour anesthésier une lésion ou un symptôme sous-jacent. Par exemple, les trous-a sont souvent recouverts d'un parasite qui bloque l'extrême sensation de manque. Les régions occultées ou engourdies du corps peuvent aussi être causées par des expériences traumatisantes, comme des abus sexuels ou des blessures traumatisantes - il peut également y avoir à ces endroits des pertes d'âme ou des trous qui bloquent les sensations ou les symptômes.

Les traumatismes dominants et les états extraordinaires

Certaines personnes ont un problème particulier dans leur vie qui éclipse tout le reste. Ceci est généralement causé par un traumatisme majeur qui est continuellement activé pour une raison quelconque. En ce qui concerne le diagnostic et la guérison, il est traité comme n'importe quel autre problème du client.

Cependant, nous le mentionnons ici parce qu'il est pertinent pour les contrats impliquant des états de conscience extraordinaires. Les traumatismes dominants provoquent un effet très étrange chez certains clients - ils bloquent l'acquisition d'états extraordinaires par la méthode de guérison des traumatismes lors d'événements développementaux. Même si un processus Peak States® pour l'obtention d'un état extraordinaire est effectué correctement, il n'y a aucun changement dans le client. Pourtant, bizarrement, si le problème dominant est guéri ultérieurement, le client aura soudainement aussi cet état extraordinaire.

Laisser le client choisir un état extraordinaire dans une liste parce qu'il espère que cela va régler sa douleur ne fonctionne tout simplement pas (avec les états actuellement disponibles), et ne donne qu'un client insatisfait - même lorsqu'il obtient exactement ce qu'il a demandé dans le contrat. Le thérapeute doit identifier et traiter le problème réel de son client avant de tenter tout travail sur les états extraordinaires.

Points clés

- Le diagnostic exige que le thérapeute soit proactif dans l'identification des cas subcellulaires possibles quand il travaille avec le client.
- La mémorisation des différents cas subcellulaires est nécessaire pour que les thérapeutes puissent poser un diagnostic.
- Le diagnostic est généralement très rapide, généralement quelques minutes seulement pour les thérapeutes expérimentés.
- Les traumatismes simples sont la cause habituelle des symptômes du client environ la moitié du temps.
- De nombreux diagnostics de la CIM-10 ne sont pas encore traités par les cas subcellulaires actuels. Toutefois, il y a en permanence de nouveaux traitements et de nouvelles découvertes dans ce nouveau domaine.

- Il existe plusieurs approches différentes qui peuvent être utilisées simultanément pour aider à identifier ou à accélérer le diagnostic des cas subcellulaires :
- L'évaluation fonctionnelle rapide
- Les mots-clés dans les symptômes
- La probabilité d'occurrence
- Le type de problème
- À l'intérieur ou à l'extérieur du corps
- Certains clients ont une série de problèmes sans fin. Il y a actuellement plusieurs cas subcellulaires connus qui causent ce phénomène.
- La cause de certains problèmes des clients est un simple traumatisme caché. Les traumatismes causaux réprimés, la compensation par des parasites, les symptômes déclencheurs légers, la perte de sensation dans certaines parties du corps, et d'autres mécanismes doivent être compris pour diagnostiquer correctement ces clients.

Bibliographie

- McFetridge, G. et al. (à paraître). *Peak States of Consciousness, Volume 3*
  Explique la théorie qui sous-tend la recherche de traitements pour diverses maladies qui causent des pathologies psychologiques et physiques.
- McFetridge, G., Pellicer, M. (2004). *Le manuel du Whole-Hearted Healing™*
  Le manuel décrit les traitements pour de nombreux cas subcellulaires sans expliquer leur origine subcellulaire.
- Courteau, P. (2013). *The Whole-Hearted Healing™ Workbook*
  Ce livre, spécialement conçu pour un usage personnel, contient une excellente approche systématique du diagnostic pour de nombreux cas subcellulaires.
- OMS. *CIM-10, catégories F00-F99 (Troubles mentaux organiques)* [en ligne]

Chapitre 6

Les risques, le consentement éclairé et les questions d'éthique

« Je suis ici pour devenir un meilleur être humain. »

Cette citation provient d'un de mes étudiants lors d'une formation de thérapeute en 2012. Pour mettre les choses en perspective, sur près d'un millier d'étudiants, sa réponse à la question de savoir ce qu'ils voulaient retirer de notre formation était unique - mais c'est pourtant le véritable objectif de la recherche au sein de l'ISPS.

Comme je venais à l'origine d'un domaine complètement différent, l'ingénierie électrique, je m'attendais naïvement à une éthique élevée et à des motivations altruistes chez les thérapeutes, les enseignants spirituels, les développeurs de techniques et les autres types de guérisseurs. Et j'ai eu le plaisir de rencontrer beaucoup de gens extraordinaires dans ce milieu. Cependant, le problème le plus troublant que j'ai rencontré au fil des ans est probablement l'absence totale de comportement moral ou éthique chez bon nombre des thérapeutes qui sont venus me voir pour se former ou qui se sont portés volontaires pour travailler à l'ISPS.

Pire encore, ce problème imprègne l'ensemble du champ de la thérapie et du développement personnel. Par exemple, nous découvrons parfois des problèmes dans les techniques d'autres développeurs parce que nous comprenons la biologie sous-jacente. La première fois que cela s'est produit, c'était avec un processus qui, pour être efficace, fait du mal au client. Lorsque j'ai contacté le concepteur de la technique pour discuter du problème et de ce que nous avions découvert, il est rapidement devenu évident qu'il s'en fichait - suite à cette expérience et quelques autres du même genre, notre politique est maintenant de ne pas discuter des problèmes dans les travaux des autres parce qu'il s'agit tout bonnement d'une situation « perdant-perdant ». Dans un autre exemple de problèmes éthiques systémiques, l'une des meilleures femmes que je connaisse dans ce domaine a finalement fait des avancées dans le développement et l'introduction de nouvelles techniques dans les conférences qu'elle organisait. Une fois son travail devenu profitable, un petit groupe de gens extérieurs a délibérément utilisé le mensonge, la manipulation émotionnelle et la tromperie pour saboter sa réputation afin de prendre le contrôle de son travail. Ce qui était bizarre à voir, c'est la facilité avec laquelle tant de gens ont accepté cela ! Cela l'a tellement anéanti qu'elle a complètement changé de domaine.

En cherchant à comprendre ce qui motivait ces types de comportements et ce qui rendait d'autres personnes susceptibles à de tels agissements, nous avons découvert plusieurs nouveaux cas subcellulaires. Par exemple, un besoin d'attention si fort que ça ne pose pas de problème de faire mal aux autres est souvent motivé par le cas du trou-a. De même, les personnes qui abandonnent leur conscience au champignon borg montrent également une volonté totale de nuire aux autres pour leurs propres fins (ou plus exactement, pour les fins du parasite). Cependant, il s'avère qu'il existe un problème plus profond et plus fondamental dans toute notre espèce. Ce problème, qui n'entre pas dans le cadre de ce manuel, est au cœur de notre travail à l'ISPS.

La formation conventionnelle concernant la sécurité des clients

L'une des plus grandes difficultés que nous rencontrons dans la formation des thérapeutes est de les amener à comprendre intellectuellement *et* émotionnellement que la thérapie, la méditation et les autres pratiques spirituelles comportent réellement des risques. Nous avons vu à maintes reprises des étudiants qui ne croient pas qu'eux-mêmes ou leurs clients rencontreront de graves problèmes en utilisant de puissantes techniques de psychotraumatologie. Cela peut être dû à un simple manque d'expérience personnelle (ils n'ont jamais vu ou ressenti un problème sérieux en eux-mêmes, ils ne peuvent donc pas croire émotionnellement que c'est possible), à un manque d'expérience professionnelle (pas d'interventions d'urgence, pas de formation sur le viol ou le suicide), ou à des croyances religieuses, une formation ou des convictions (« nous n'en avons jamais plus que nous ne pouvons gérer » et « la méditation est toujours profitable » sont des exemples de ce type de croyances erronées). Pire encore, ils sont complètement inconscients du danger auquel ils exposent leurs clients ou eux-mêmes. Lorsque des problèmes surviennent, ces élèves ne sont pas du tout préparés et une tragédie peut en résulter.

Évidemment, la formation conventionnelle en tant que thérapeute couvre habituellement les questions de sécurité des clients. Cependant, même cela n'est pas suffisant et, à mon avis, de nombreux programmes de formation des thérapeutes ne donnent pas une formation adéquate. Par exemple, environ la moitié des programmes de maîtrise en psychothérapie étudiés ne donnent *aucune* formation officielle pour la prévention du suicide (American Psychological Association, 2003). Si vous avez l'intention d'utiliser le matériel contenu dans ce manuel, nous vous recommandons *fortement* de suivre une formation le plus tôt possible sur les sujets énumérés ci-dessous. Ils sont offerts dans la plupart des endroits dans le cadre de la formation continue pour les thérapeutes. Si vous avez l'intention d'être certifiés pas l'ISPS, pour votre sécurité et celle de vos clients, vous devez avoir suivi une formation spécialisée dans ces domaines.

- Prévention du suicide.
- Intervention d'urgence/violence sexuelle et physique.
- Identification d'une psychose ou d'une autre maladie mentale.
- Urgences spirituelles.

Le suicide

Il existe plusieurs excellentes formations sur comment reconnaître et gérer les personnes suicidaires. Comme nous l'avons déjà dit, nous exigeons que tous les thérapeutes certifiés par l'ISPS soient formés sur ce sujet. C'est logique, un client peut être suicidaire en venant vous voir, parfois la psychotraumatologie ou d'autres types de thérapie peuvent révéler des pulsions suicidaires. Vous devez être en mesure de le reconnaître, d'orienter le client vers les ressources de soutien disponibles et de connaître les exigences juridiques pertinentes dans votre région.

Les raisons pour lesquelles la psychotraumatologie ou d'autres types de thérapie (ou de pratiques spirituelles) peuvent activer des pulsions suicidaires sont qu'elles accèdent au traumatisme de la mort du placenta au moment de la naissance, ou activent une copie ou un traumatisme générationnel avec la pulsion suicidaire qui en découle. Nous savons après d'amères expériences que ces souvenirs traumatiques peuvent activer une pulsion écrasante de se suicider. Cela donne une sensation corporelle qu'il faut se suicider immédiatement. Ce sentiment n'a pas besoin de raison émotionnelle pour exister, car il n'est pas lié au désir d'échapper à une souffrance insupportable. Au lieu de cela, une personne avec ce sentiment veut simplement obéir à cette impulsion souvent écrasante. Ce problème est mortel, en partie parce que le client peut agir immédiatement ou, pire encore, attendre qu'il ne soit ni observé ni arrêté.

Les traumatismes qui induisent la compulsion de se suicider sont :

- Les traumatismes associés à la mort du placenta à la naissance. Il y a habituellement plusieurs de ces traumatismes.
- La coupure du cordon à la naissance stimule presque toujours des pulsions suicidaires.
- Et des événements moins courants comme le cordon ombilical enroulé autour du cou pendant la naissance.

Ce problème peut survenir chez des clients qui n'ont jamais ressenti cette sensation auparavant. Ces clients, en particulier, n'ont aucune stratégie d'adaptation, car l'expérience est nouvelle - et peut donc être encore plus risquée que pour les clients ayant des antécédents d'impulsions suicidaires. Pire encore, vous pouvez guérir le traumatisme apparent, mais le client peut en déclencher un autre de la même période et se suicider quand même. Il s'agit d'un domaine qui s'adresse à des experts formés et agréés, et non à des amateurs.

Si votre client a des antécédents de pulsions suicidaires, nous vous recommandons fortement de ne pas tenter de lui induire des états extraordinaires, même si vous êtes un thérapeute qualifié. Il faut d'abord s'occuper de cette problématique du suicide, car faire un travail qui permet au client de se sentir mieux ou d'avoir plus d'énergie peut simplement lui donner l'énergie de se suicider.

Le chapitre 11 traite plus en détail de ce sujet, ainsi que d'autres cas subcellulaires qui peuvent également causer des pulsions suicidaires.

La psychose et d'autres troubles mentaux graves

Malheureusement, *n'importe quelle* thérapie efficace ou pratique spirituelle peut réveiller un matériel réprimé qui entraîne une crise émotionnelle et physique grave. Certains clients peuvent même déclencher une crise psychotique majeure. En tant que thérapeutes, nous pouvons dire que certains clients sont manifestement fragiles et qu'ils ne sont clairement pas prêts à faire face à des problèmes douloureux ou difficiles. Cependant, même les clients qui n'ont pas d'antécédents de ce genre de problèmes et qui sont clairement stables et en bonne santé mentale peuvent déclencher des maladies mentales graves de toutes sortes.

Même une chose aussi simple qu'une simple régression peut parfois déclencher une psychopathologie. Par exemple, on peut déclencher chez certaines personnes un trouble bipolaire (maniaco-dépressif) en accédant aux contractions à la naissance - même chez des clients qui n'ont jamais eu de problème avec ce trouble auparavant. (Le Dr Stanislav Grof a également fait cette observation.)

Un autre exemple est le problème que nous avons vu avec les Troubles de la Personnalité Multiple (TPM). Le TPM est un problème beaucoup plus courant qu'on ne pourrait le croire - nous estimons qu'environ 70% de la population générale en souffre dans une certaine mesure. Ce n'est généralement pas évident parce que le client réussit à passer assez facilement d'une personnalité à l'autre et parce qu'il n'est pas conscient de ce qui se passe. Malheureusement, des modalités de guérison efficaces peuvent aggraver ce problème chez les personnes vulnérables en éliminant les problèmes qui avaient tendance à masquer le trouble.

Pour ces raisons, nous recommandons fortement aux thérapeutes qui utilisent des thérapies énergétiques ou des techniques de régression de suivre une formation conventionnelle en psychopathologie et en traitement, afin qu'ils puissent apprendre à les reconnaître et savoir quand leur formation est insuffisante et que leur client doit être référé ailleurs.

Les urgences spirituelles

La régression, la psychotraumatologie, les pratiques spirituelles ou le travail sur les états extraordinaires peuvent déclencher délibérément ou accidentellement des états, des expériences et des capacités qui sont considérés comme « spirituels » dans notre culture. Malheureusement, certaines personnes vont entrer en crise à cette occasion - d'où l'expression « urgence spirituelle ». Il y a toute une gamme de problèmes qui peuvent survenir. Les étudiants qui passent leur certification auprès de l'ISPS sont tenus de suivre davantage de cours dans ce domaine.

Voici quelques exemples de ce problème que vous rencontrerez probablement dans votre carrière :

- Des sentiments de grandeur et de manie.
- Des expériences absolument terrifiantes du mal ou de Dieu.
- Le réveil de la kundalini.
- L'incapacité à modérer les capacités psychiques.

Beaucoup d'autres problèmes existent, et devraient être passés en revue dans les textes sur l'urgence spirituelle. Deux excellents livres sont *Spiritual Emergency* de Stanislav Grof (qui a fondé cette discipline) et *A Sourcebook for Helping People With Spiritual Problems* d'Emma Bragdon, qui est plus orienté vers l'aide et l'intervention. Le test de certification de l'ISPS dans ce domaine est inspiré du matériel contenu dans ces livres. Les cours en ligne en anglais du Dr David Lukoff « DSM-IV Religious and Spiritual Problems » et « Ethical Issues in Spiritual Assessment » sur www.spiritualcompentency.com sont recommandés, mais non obligatoires.

Notez que les urgences spirituelles sont généralement confondues avec la psychose par les thérapeutes et les psychiatres conventionnels. Les médicaments que les clients reçoivent dans ce cas ne font que ralentir ou arrêter l'intégration qui doit se produire, et peuvent bloquer un changement bénéfique car la prescription médicamenteuse peut impliquer qu'ils sont psychotiques.

Le chapitre 12 traite plus en détail des cas subcellulaires pertinents.

Les risques associés à la psychothérapie standard

La plupart des thérapies puissantes de nouvelle génération peuvent accidentellement découvrir ou évoquer des éléments traumatisants qui peuvent causer du tort à votre client (ou à vous-même). *Les thérapies en psychotraumatologie ne sont ni intrinsèquement sûres ni inoffensives.* Ce préjudice peut aller de la détresse à court terme, aux accidents dus à une incapacité après une séance, aux symptômes mentaux et physiques à long terme comme une douleur ou une incapacité, le trouble bipolaire, la psychose, les urgences spirituelles, la mort par suicide et d'autres problèmes. Ces problèmes peuvent survenir même chez les personnes ne présentant *aucun* symptôme antérieur. Heureusement, ces problèmes sont relativement rares et habituellement traitables ; dans la plupart des cas, les avantages l'emportent largement sur les risques.

Ces types de problèmes surviennent à l'occasion, même avec les thérapies extrêmement douces par la parole utilisées par la plupart des thérapeutes. Cependant, les thérapies de psychotraumatologie peuvent rapidement et *accidentellement* mettre à jour des matériaux réprimés qui peuvent ne pas pouvoir être guéris au cours d'une séance, voire même pas du tout avec la thérapie utilisée. Ce fait n'est pas précisé dans la majorité de la littérature thérapeutique, mais c'est néanmoins un fait. C'est par exemple, l'une des raisons pour lesquelles l'EMDR n'est enseigné qu'aux thérapeutes agréés, qui ont déjà reçu une formation sur la façon de traiter ce type de problèmes.

Dans ce chapitre, nous ne répéterons pas toutes les informations que vous auriez déjà dû tirer de votre formation sur les diverses techniques de psychotraumatologie pour reconnaître et traiter ce genre de problèmes imprévus. Nous nous concentrerons plutôt sur quelques problèmes qui sont souvent omis, ou qui peuvent être mieux compris d'un point de vue biologique.

Les médicaments sur ordonnance et le traitement des traumatismes

Curieusement, l'un des problèmes que rencontrent les clients qui consomment des psychotropes sur ordonnance, c'est lorsque la thérapie fonctionne et qu'ils se sentent mieux. Ils sont alors tentés de changer les doses ou simplement de jeter le médicament lorsqu'ils ressentent les premières améliorations. Alors pourquoi est-ce un problème ?

Tout d'abord, bon nombre de ces drogues causent de graves symptômes de sevrage physique et mental lorsqu'ils tentent d'arrêter d'un seul coup. Vous devez constamment rappeler à votre client : « Si votre état s'améliore, veuillez demander au médecin prescripteur une réévaluation avant d'arrêter le traitement. *N'arrêtez pas votre traitement sans surveillance médicale.* »

La deuxième raison peut être tout aussi sinistre. Vous avez peut-être guéri les symptômes présentés, mais les médicaments peuvent avoir masqué un problème secondaire qui avait été caché ou contrôlé par le médicament. Il peut s'agir d'une maladie que vous ne savez pas comment traiter (comme un trouble maniaco-dépressif ou un TOC) ou d'une maladie qui cause de graves problèmes au client, comme la psychose, la paranoïa ou des pulsions suicidaires. Une diminution lente de la dose peut mettre ce problème en évidence et vous permettre de mettre fin aux diminutions.

Un autre problème étonnamment courant dans la consommation de drogues psychoactives au cours de la dernière décennie est dû au nombre élevé de clients qui sont sous médication. C'est un problème à cause des effets secondaires des médicaments - il y a un grand nombre d'états psychologiques (et physiques) qui peuvent être déclenchés par ces médicaments, et de nombreux clients ne réalisent pas que cela peut être dû à leurs médicaments. Cela peut complètement faire échouer votre diagnostic, à moins que vous ne vous en rendiez compte.

Ce qui peut être encore plus déroutant, c'est qu'il existe de nombreux médicaments d'ordonnance qui ne sont pas censés être psychoactifs, mais qui peuvent causer des symptômes psychologiques, comme la confusion, la dépression, les délires paranoïdes, les hallucinations visuelles et auditives et la psychose. « Les médicaments qui causent des symptômes de psychose comme effet secondaire le font presque toujours lorsqu'ils sont pris pour la première fois. Les symptômes psychotiques disparaîtront, parfois immédiatement et dans d'autres cas plus lentement, dès que le médicament sera arrêté. » (Extrait de *Surviving Schizophrenia*). Ainsi, le thérapeute doit vérifier exactement quand les symptômes du client ont commencé pour diagnostiquer ce problème.

N'oubliez pas qu'à moins d'être médecin, vous n'êtes pas légalement autorisé à donner des conseils sur les médicaments d'ordonnance d'un client.

Exemple : La cliente avait été incapable de dormir suffisamment pendant de nombreux mois, et elle était en conséquence très frénétique et handicapée. Il s'est avéré que cela avait été causé par une réaction inhabituelle à ses nouvelles vitamines coûteuses ; ne s'en rendant pas compte, elle en avait pris plus pour essayer de surmonter sa fatigue. Il a suffi d'arrêter de les prendre pour éliminer le problème en quelques jours.

La retraumatisation

Étant donné qu'un grand nombre de thérapeutes ne sont pas familiers avec les thérapies de psychotraumatologie, ils déclenchent souvent des problèmes qu'ils sont incapables de comprendre ou de gérer. Par exemple, ils peuvent écouter avec empathie le problème d'un client, mais au lieu de l'aider, cela active simplement les souvenirs douloureux du client et ajoute une autre couche de souffrance. Pour les thérapeutes formés dans plusieurs modalités de psychotraumatologie, il est peu probable que ce problème se produise, bien que cela puisse prendre un certain temps pour aller à la racine de leur souffrance.

À l'heure actuelle, nous croyons fermement que si un thérapeute ne connaît pas plusieurs thérapies efficaces en psychotraumatologie, le fait de voir des clients devrait être considéré comme une faute professionnelle. Cela ne signifie pas nécessairement qu'ils ont besoin d'utiliser ces techniques, mais plutôt que leur connaissance représente un niveau minimum de compétence requis pour un thérapeute.

La déstabilisation ou la décompensation

Rarement, vous travaillez sur un client et vous guérissez quelque chose, mais le symptôme que vous avez éliminé était en fait utilisé inconsciemment par le client pour se maintenir fonctionnel. En ce qui concerne le traitement typique des traumatismes, le problème apparent peut avoir caché des abus beaucoup plus douloureux ou d'autres expériences de SSPT. Ou le problème qui se présentait était de garder un cas subcellulaire hors du champ de la conscience. Par exemple, un client avait des problèmes autour de la perte de son emploi, mais la guérison d'un traumatisme n'a fait que lui faire ressentir le sentiment bien pire de l'anéantissement. Heureusement, ces problèmes peuvent être traités, même si le client est souvent ébranlé par ce qui s'est passé - c'est à ce moment-là que le fait de lui faire lire les formulaires de consentement éclairé l'aide vraiment à percevoir ceci comme quelque chose qui peut arriver, plutôt qu'une sorte de crise ou de trahison par le thérapeute.

Dans certains cas, le client devient complètement handicapé avec un problème psychopathologique plus grave. C'est extrêmement rare chez les clients qui ont un fonctionnement moyen, mais c'est plus probable chez les clients dont le fonctionnement est faible et qui ont des antécédents de maladie mentale.

Les risques liés aux cas de psychobiologie subcellulaire ou aux processus portant sur des événements développementaux

Dans les sections précédentes, nous avons cerné certains des risques courants associés aux traitements en psychotraumatologie. Les cas de psychobiologie subcellulaire (impliquant des problèmes structurels ou parasitaires) utilisent habituellement des thérapies de psychotraumatologie pour la guérison et présentent donc les mêmes risques que ceux associés à ces thérapies. Les cas subcellulaires ajoutent aussi de nouveaux risques, car l'éventail de problèmes pouvant être abordés est plus large, mais le risque global pour le client est en fait réduit par une formation en psychobiologie subcellulaire. Ceci est dû à une meilleure compréhension de ce que la thérapie standard fait réellement biologiquement au client. C'est un peu comme dire qu'un thérapeute conventionnel possède uniquement un marteau, de sorte que chaque symptôme du client est traité comme un clou ; et on ne perçoit ainsi pas les risques potentiels de leur taper dessus.

Dans ce manuel, nous n'énumérerons pas les problèmes de sécurité liés aux traumatismes liés aux événements développementaux. Pour plus d'informations sur ce sujet, nous vous renvoyons à notre livre *Peak States of Consciousness, Volume 2*, Annexe A ; et à nos manuels sur la technique Whole-Hearted Healing™.

Les présupposés inconscients sous-jacents concernant la thérapie et les risques associés

Comme nous l'avons dit, lorsque nous donnons des cours à des thérapeutes, nous constatons qu'en dépit de tout ce que nous disons, démontrons en classe ou que nous leur faisons vivre, de nombreux étudiants ne croient tout simplement pas émotionnellement que la thérapie (ou la méditation ou d'autres pratiques spirituelles) peut causer des problèmes. Cela devient un problème de sécurité tant pour eux-mêmes que pour leurs clients - et cela les amène à passer outre des précautions nécessaires ou à éviter de discuter des questions de sécurité avec les clients. Ce problème doit absolument être abordé dans leur formation.

Certaines de leurs croyances à propos de la sécurité proviennent d'un simple traumatisme ; ils sentent qu'ils doivent y croire afin de pouvoir prétendre que rien de mal ne leur arrivera jamais (ou, plus fondamentalement, qu'ils ne vieilliront jamais et ne mourront jamais). Par exemple, « Je suis tellement évolué que je n'aurai aucun problème », « C'est juste la leçon que je suis venu apprendre dans cette vie » et ainsi de suite. Dans l'annexe 1, nous énumérons certaines de ces croyances causées par les traumatismes, et nous demandons aux élèves de les guérir dans le cadre de la classe. Ceci a l'avantage supplémentaire de faciliter le travail de l'enseignant dans cette partie de la formation.

Cependant, il y a aussi d'autres raisons pour lesquelles les gens se sentent ainsi malgré des preuves contradictoires. La raison la plus simple est que le thérapeute n'a jamais été exposé à cette idée, voire même qu'on lui a enseigné le contraire, que ce soit à travers ses professeurs, son éducation religieuse ou son cercle social. Comme vous le savez probablement, désapprendre des idées d'une autorité de confiance prend beaucoup plus de temps et est beaucoup plus difficile à faire qu'apprendre des idées au départ. Ce conflit cause inévitablement de la confusion et de la détresse intérieure chez les étudiants, mais après quelques semaines d'exposition au matériel de formation, les étudiants intériorisent généralement les nouvelles informations de façon adéquate.

Un autre problème, beaucoup plus délicat, mais très répandu, est celui des modèles inconscients sous-jacents que les thérapeutes utilisent lorsqu'ils essaient de comprendre de nouveaux matériaux thérapeutiques ou médicaux. Essentiellement, les gens utilisent inconsciemment des analogies simples et familières lorsqu'ils essaient de comprendre de nouvelles informations ou comment quelque chose fonctionne. Dans ce cas, beaucoup de thérapeutes imaginent que la guérison est comme avoir un bol fêlé avec un morceau qui s'est détaché. L'hypothèse sous-jacente est donc qu'ils doivent simplement savoir comment trouver le morceau et quelle colle retiendra ce morceau une fois qu'ils l'auront remis en place. Une autre analogie couramment utilisée est celle du nettoyage d'un bol. Le travail du thérapeute est d'aider le client à éliminer les vieux restes d'aliments. Ces analogies fonctionnent souvent, mais sont des exemples de ce qu'un ingénieur appellerait des « modèles linéaires de petits signaux ». Cela signifie que tant que les changements apportés sont minimes par rapport à d'autres parties du psychisme, le psychisme demeure relativement stable et le client peut guérir son problème d'une manière relativement simple. Si vous considérez le bol comme la psyché, le reste du bol reste solide et le récurage ou le collage fonctionne bien.

Pour nous approcher de la vérité, utilisons à nouveau notre analogie de la personne comme une vieille voiture. Lorsqu'il est temps de réparer les choses, vous commencez à dévisser une pièce et le boulon rouillé se brise à l'intérieur du bloc moteur. Ou bien un vieux relais électrique est en fait la cause du problème du démarreur intermittent. Ou bien les nouveaux amortisseurs que vous venez d'installer provoquent un stress sur les autres pièces usées qui font du bruit ou se brisent. De la même façon, en thérapie, les symptômes peuvent être de causes indirectes, ou la résolution d'un problème peut en causer un autre, ou la guérison d'un problème peut révéler un autre problème. C'est le modèle que les thérapeutes expérimentés en traumatologie pourraient utiliser s'ils avaient un client difficile.

Malheureusement, certains problèmes ou problématiques que nous traitons chez nos clients ne ressemblent en rien à l'une ou l'autre de ces analogies. En réalité, le psychisme (la cellule primaire) dans le présent est plus comme le fond d'une avalanche. Ce modèle est en fait assez proche de la réalité, car les problèmes survenus dans les phases précoces de notre développement se transforment en problèmes de plus en plus importants (dommages subcellulaires et activité parasitaire) plus tard dans la vie. Certaines personnes chanceuses n'ont qu'un petit amas de neige, d'autres ont eu une avalanche qui a écrasé le chalet de montagne. Ce qui se passe en cas d'avalanche dépend également du terrain, car certaines zones stables peuvent minimiser les dommages en descente. L'impact dépend de l'endroit où les choses ont mal tourné, et pas seulement de la quantité de neige impliquée. La plupart du temps, la guérison s'effectue comme si on enfonçait le bras dans la neige pour aider le chien à sortir du trou dans lequel il était enseveli. Mais quand nous guérissons de gros problèmes, c'est comme si nous creusions dans un bâtiment effondré à la recherche de survivants. Si vous déménagez trop de choses, la pièce s'effondre et votre situation est pire qu'au début. Les ingénieurs appellent cela un « modèle non linéaire à grand signal », car ils aimeraient pouvoir prédire où étayer le toit avant de creuser. D'un point de vue subcellulaire, vous vous êtes peut-être débarrassé d'un parasite, mais cela a laissé la place à une espèce plus agressive. Ou vous vous êtes débarrassé d'un symptôme que votre corps estimait nécessaire à la survie, alors il a trouvé une nouvelle façon de rendre le symptôme encore plus dommageable.

Enfin, l'analogie d'une « mine antipersonnel » ou « d'appuyer sur la gâchette d'une arme à feu » correspond à certains problèmes. Il s'agit généralement de problèmes prénatals qui se cachent tranquillement jusqu'à ce qu'un événement de la vie les déclenche - et de graves problèmes surgissent alors dans le présent. Un certain nombre de maladies (comme le diabète, le syndrome de fatigue chronique et la schizophrénie) et de problèmes psychologiques (comme les pulsions suicidaires) sont ainsi. Un déclencheur commun est tout événement qui met la vie du client en danger, comme une maladie ou un accouchement ; d'autres fois, il s'agit de quelque chose de plus unique pour l'individu. Habituellement, le client vient parce qu'il a déclenché l'un de ces problèmes ; parfois, ils se déclenchent au cours de la thérapie. Si le thérapeute a de la chance, le simple fait de guérir le traumatisme déclenché résout le problème. Si le thérapeute est malchanceux, l'événement déclencheur a déclenché une avalanche ou une cascade de problèmes et la guérison de l'événement déclencheur n'a aucun effet. Dans ce dernier cas, c'est comme si on s'attendait à ce que la balle retourne dans l'arme à feu lorsqu'on relâche la détente, ou à ce que la jambe se rattache après l'explosion de la mine antipersonnel. Une partie de la formation du thérapeute consiste à connaître ces problèmes et à les éviter (comme dans le cas de la mort du placenta) ou, espérons-le, à savoir comment traiter les problèmes qui en résultent.

Une partie de votre formation en psychobiologie subcellulaire consiste à pouvoir choisir le meilleur modèle pour votre client et son problème particulier :

travaillez-vous avec un bol en poterie, une vieille voiture rouillée, une avalanche ou une mine antipersonnel ?

La sécurité et l'État de la Cellule Primaire

L'un des plus grands risques liés au travail avec la biologie subcellulaire n'est pas immédiatement évident. Si le client (ou le thérapeute) acquiert la capacité de travailler à l'intérieur de sa propre cellule primaire, il est malheureusement possible de se blesser par accident. La personne peut maintenant « voir » et « toucher » l'intérieur de sa cellule, et la tentation d'interférer peut s'avérer irrésistible pour certains, en particulier ceux qui se croient tellement capables ou « spirituellement avancés » qu'ils sont convaincus que rien ne pourrait jamais leur arriver. Malheureusement, c'est exactement comme si on donnait les clés d'une Ferrari neuve à un enfant de 15 ans et qu'on s'attendait à ce qu'il n'ait pas d'accident.

Un autre risque courant est que la personne peut maintenant « voir » les parasites subcellulaires et interagir involontairement avec eux. Malheureusement, quand la personne se concentre sur eux, ils n'aiment pas ça. S'ils réagissent agressivement, comme le font de nombreux parasites, ils causent des dommages à l'intérieur de votre cellule primaire. Ce problème d'interaction parasitaire est quelque peu aléatoire - vous ne savez tout simplement pas quand vous pourriez le déclencher ou le degré de blessure.

Dans nos formations, nous avons régulièrement un formateur ou un participant qui explique à quel point il s'est blessé en jouant avec l'intérieur de sa cellule primaire (même s'il avait été averti des dangers). Par exemple, il y en a un qui s'est retrouvé avec une douleur constante et écrasante pendant des années, sans emploi et sans ressources (car nous n'avions aucune idée comment réparer les dommages qu'il s'était infligés). Ainsi, pour éviter ce genre de problèmes, nous n'enseignons *pas* aux gens comment interagir directement avec leur cellule primaire. Nous enseignons plutôt des techniques de type psychologique qui leur permettent d'interagir efficacement avec la cellule sans utiliser (ou avoir besoin) de l'État de la Cellule Primaire. Nous faisons aussi signer aux étudiants un accord de ne pas divulguer certaines techniques que nous enseignons et que nous jugeons trop risquées pour les clients ou le public parce qu'elles interagissent trop directement avec la cellule.

D'un autre côté, les biologistes cellulaires qui font de la recherche trouveraient probablement que l'État de la Cellule Primaire est inestimable. L'état peut être utilisé exactement comme un microscope infiniment ajustable, mobile et en temps réel, avec des commandes de ralenti et d'arrêt sur image. Ils pourraient utiliser cet état pour étudier *in situ* les processus biologiques, les structures et les agents infectieux en tandem avec leurs outils standard.

La pratique en groupe des processus de guérison des événements développementaux

En général, nous décourageons (mais nous n'interdisons pas) nos thérapeutes certifiés d'effectuer un travail de guérison des événements développementaux en groupe.

Cette question peut se poser si le thérapeute veut faire un processus Peak States (par exemple, faire la Silent Mind Technique) pour un groupe afin de minimiser les coûts des clients et maximiser ses propres revenus. Cependant, l'expérience nous a montré que, généralement, dans un groupe, un client sur cinq a un problème qui ne peut être réglé qu'individuellement. Par conséquent, si un thérapeute veut faire un travail de groupe, nous ne l'autorisons qu'avec un soutien clinique avancé sur appel, ou si le thérapeute a d'autres thérapeutes pour l'aider - prévoir un autre thérapeute pour chaque 5 à 6 clients supplémentaires, pour gérer toute crise. Et, quel que soit le nombre de thérapeutes présents, nous limitons également la taille maximale des groupes, toujours pour des raisons de sécurité, à un maximum de 15 personnes. Ceci s'applique également à la formation en groupe des thérapeutes.

Outre les questions de sécurité, l'autre problème est simplement celui de l'efficacité. Le travail en groupe ne vous dispense pas de respecter les critères de réussite de la « facturation au résultat ». Cela signifie généralement que les thérapeutes finiront par devoir de toute façon traiter individuellement un pourcentage important des participants pour terminer leur processus, bien que le travail de groupe puisse leur faire gagner du temps. Cependant, avec le temps, la plupart des thérapeutes qui avaient l'habitude de travailler en groupe abandonnent cette pratique parce qu'elle n'est tout simplement pas aussi rentable qu'elle ne l'était lorsqu'ils ne garantissaient pas les résultats, ou ne faisaient qu'un autre type de processus ou d'activité léger.

Il y a des circonstances où le travail en groupe a beaucoup plus de sens, comme dans certains traitements de guérison assez simples tels que l'élimination des vortex.

Le travail à distance avec les clients (par Skype ou par téléphone)

Beaucoup de nos thérapeutes certifiés travaillent à distance par Skype (ou l'équivalent) en toute sécurité et efficacement. Un dépistage est nécessaire ; par exemple, les clients ayant fait des tentatives de suicide ou, pire encore, ceux qui sont activement suicidaires ne devraient pas faire l'objet d'un traitement en raison des risques de déclenchement d'un problème. Le travail à distance avec des clients suicidaires ne devrait être effectué que par des thérapeutes spécialement formés à cet effet, et seulement si le client dispose d'une structure de sécurité et d'un thérapeute *sur place* qui prendra les rênes en cas de problèmes. Pour les clients plus typiques, assurez-vous simplement qu'il y a à la fois un soutien pour le client pendant et après le traitement, comme un membre de la famille à la maison, et des préparatifs pour les urgences telles des émotions extrêmes, une douleur accablante ou des pulsions suicidaires soudaines. (En plus d'expliquer les problèmes possibles que le client pourrait rencontrer en thérapie et le formulaire de responsabilité signé pour qu'il sache dans quoi il s'embarque).

Il y a encore des problèmes que les thérapeutes utilisant la téléthérapie peuvent rencontrer. Rarement, un client peut dire qu'il a des symptômes, mais en réalité, il vit quelque chose d'autre qu'il ne veut pas admettre. Vous pouvez généralement voir ce problème dans leur langage corporel lorsque vous êtes physiquement avec ce genre de personnes, mais sur Skype, il est facile de le manquer.

Les risques liés à la guérison spirituelle ou « à distance »

Notre société et la plupart des thérapeutes considèrent la guérison « à distance » ou « spirituelle » comme un fantasme - mais elle existe et peut causer des dommages involontaires parce qu'elle peut déclencher exactement les mêmes problèmes que toute thérapie en psychotraumatologie. En raison de ces risques, nous avons des directives éthiques à l'intention des thérapeutes certifiés ou des thérapeutes des cliniques de l'ISPS qui utilisent ces techniques. Nous disons que les thérapeutes ne peuvent utiliser les techniques de guérison à distance que lorsque toutes les personnes impliquées sont présentes pour faire un retour d'information et ont donné leur permission (avec le consentement éclairé et l'accord de responsabilité habituels). Même en dehors des problèmes de sécurité et de risque, tout ce domaine soulève également des questions éthiques entièrement nouvelles.

La participation des clients est nécessaire lors des séances de « guérison à distance » pour leur sécurité. Le thérapeute pourrait ne pas savoir si quelque chose ne va pas s'il n'a pas de retour d'information verbal - le client doit être en mesure de lui faire savoir si quelque chose ne va pas et de décrire les symptômes pour que le thérapeute puisse l'aider ou lui trouver de l'aide. Deuxièmement, les techniques peuvent causer des symptômes physiques ou émotionnels importants qui se manifestent soudainement et de façon inattendue chez le client. Il pourrait être accidentellement blessé s'il est engagé dans des activités qui nécessitent une attention soutenue, comme la conduite d'un véhicule ou l'utilisation d'outils dangereux (scie, couteau, etc.). Troisièmement, parce que si le client n'a aucune idée de la raison pour laquelle un symptôme est apparu soudainement, cela pourrait lui causer de l'anxiété et de l'inquiétude inutiles, ou l'amener à chercher des interventions médicales d'urgence ou à long terme inutiles.

Exemple : La « guérison spirituelle » est souvent tentée avec des patients atteints de cancer. Malheureusement, le cancer (avec d'autres maladies) est une maladie « psychologiquement inversée ». Cela signifie que le corps du client a l'impression qu'il a besoin de la maladie pour survivre, même si celle-ci est en réalité en train de le tuer. Si un traitement commence réellement à éliminer les symptômes, le corps va généralement aggraver la maladie ou la rendre plus agressive pour compenser les effets de l'intervention. Lors de l'utilisation de techniques standard, le client ressentira cet effet et évitera tout autre traitement. Cependant, lorsque la guérison « spirituelle » bien intentionnée est employée à distance sans la participation du client, celui-ci ne peut pas arrêter l'intervention. Dans la plupart des cas, cela n'a pas d'importance, car les techniques de guérison à distance sont généralement si médiocres qu'elles n'ont de toute façon aucun effet. Cependant, si elle a réellement un effet positif sur les symptômes, cela peut accélérer la mort d'un client tandis que le corps tente de compenser en restaurant ou en augmentant les symptômes.

En particulier, en 2004, nous avons publié une technique que nous appelons la « Distant Personality Release » (DPR, littéralement « Libération d'une Personnalité Distante »). Bien qu'elle puisse être considérée comme une autre technique de guérison, elle fonctionne en éliminant à distance des traumatismes chez une autre personne, à travers une interaction limitée avec l'organisme fongique borg. Heureusement, bien que la technique puisse potentiellement causer des problèmes chez la personne distante parce que des traumatismes sont éliminés, cela arrive très rarement - et la technique ne fonctionne qu'entre deux personnes qui sont déjà connectées par des « cordes » qui leur causent toutes deux des problèmes. Ainsi, en pesant les avantages et les inconvénients, nous permettons l'utilisation de la DPR *lorsque nécessaire*, dans les cas où les circonstances ne permettent pas aux deux personnes d'être présentes et de donner leur permission.

Une autre technique bien connue pour la guérison à distance (mais que nous n'enseignons pas) est appelée « EFT par procuration ». Cette technique peut causer exactement les mêmes problèmes que la thérapie EFT en psychotraumatologie. Malheureusement, contrairement à la DPR, elle peut aussi stimuler un problème complètement méconnu qui est décrit dans ce manuel et que nous appelons le cas subcellulaire du prion lié aux états extraordinaires. Les personnes sensibles, qu'il s'agisse du client, du thérapeute ou des deux, peuvent ainsi perdre de façon permanente des états de conscience extraordinaires. Pire encore, d'autres interactions parasitaires peuvent également se produire entre le guérisseur et le client, ce qui peut occasionnellement causer d'autres symptômes graves et parfois permanents. En supposant que le guérisseur peut même utiliser avec succès ce genre de techniques, ces problèmes ont tendance à se produire de façon aléatoire en fonction des traumatismes et de la dynamique parasitaire entre différentes personnes. Cependant, certains guérisseurs ont des problèmes systémiques de parasites, de dommages internes ou de traumatismes qui causent beaucoup plus fréquemment des problèmes aux clients. Par contre, les thérapeutes qui ont un état de Beauté Fondamentale stable n'interagissent pas automatiquement avec les parasites même s'ils sont présents, et ne causent donc pas ces problèmes chez les clients.

Dans le cas des membres d'une famille qui se soignent à distance les uns les autres, les problèmes de parasites sont rarement préoccupants parce qu'ils se sont déjà inconsciemment connectés les uns aux autres de façon occasionnelle toute leur vie. En d'autres termes, tous les dégâts sont déjà presque tous survenus et l'homéostasie parasitaire s'est établie pendant qu'ils grandissaient.

Exemple : Nous avons vu un cas très inhabituel où un fils qui fonctionnait bien évitait toute intimité avec sa mère parce qu'il sentait inconsciemment les dommages qu'elle lui causait. Il était complètement déconcerté par ses propres sentiments à ce propos, parce qu'il savait que cette mère était une bonne personne qui tenait profondément à lui. Toutes les tentatives de guérison en psychotraumatologie n'ont fait aucune différence, car il ne s'agissait pas d'un problème de traumatisme et n'ont donc pas réglé le véritable problème des parasites.

Les cliniques de l'ISPS ont parfois des clients qui viennent nous demander de l'aide après avoir été réellement blessés par des « guérisseurs » qui tentent de « guérir à distance ». Il est souvent très difficile de déterminer ce qui a besoin d'être réparé parce que le client ne peut généralement pas donner de détails sur ce qui lui a été fait, et cela implique souvent des interactions parasitaires inhabituelles.

La guérison régénérative

Presque tout le monde confond la guérison à distance ou spirituelle avec la guérison régénérative, en raison de nos présupposés culturels chrétiens. La guérison régénérative a plusieurs caractéristiques déterminantes : elle guérit pratiquement tout chez une personne, des dents aux organes manquants, et elle est rapide, de l'ordre de quelques secondes à quelques minutes. Un test simple et concluant pour quelqu'un qui prétend être capable de pratiquer la guérison régénérative est de trouver une cicatrice sur votre corps (ou sur le leur) et de lui demander de l'éliminer - s'il peut induire une guérison régénérative chez les autres, la cicatrice disparaîtra complètement en quelques secondes et il ne restera que de la peau lisse. Cependant, les personnes possédant cette compétence sont de plus en plus rares - en près de 30 ans de recherches de par le monde, nous n'avons rencontré que trois personnes qui avaient cette capacité de façon stable.

Les guérisseurs qui pratiquent la guérison à distance - s'ils sont légitimes et constants - font tout simplement exactement le genre de guérison que l'on trouve dans ce manuel. Ce qu'ils font, c'est ce qu'une personne normale pourrait faire sur elle-même avec des conseils et une formation. En revanche, la guérison régénérative utilise une approche radicalement différente qui n'implique aucun type de guérison des traumatismes, mais qui contourne plutôt temporairement le problème central de notre espèce. Il est intéressant de noter que cette approche régénérative n'a pas de risques ni de problèmes parasitaires ; toutes ces sortes de problèmes sont automatiquement traités. Cependant, les personnes qui peuvent le faire ne sont normalement que temporairement dans l'état de régénération. Lorsqu'ils ne sont pas dans cet état, s'ils ne sont pas dans un état stable de Beauté Fondamentale, des interactions parasitaires nuisibles peuvent encore se produire. Dans notre petit échantillon, deux des personnes avaient des états de Beauté Fondamentale stables ; la troisième ne l'avait pas et a donc causé des dommages à certains clients.

Cette incompréhension de la différence entre la guérison à distance et la guérison régénérative peut causer beaucoup de tort. D'après notre expérience, les guérisseurs à distance « survendent » souvent leur capacité, affirmant qu'ils peuvent guérir beaucoup plus qu'ils ne le peuvent réellement afin d'obtenir de l'attention ou des revenus. Pire encore, des clients désespérément malades perdent de l'argent et du temps qu'ils ne peuvent pas se permettre de perdre en essayant d'obtenir de l'aide de ces personnes. Tout cela s'ajoute aux traumatismes potentiels ou aux problèmes parasitaires que nous avons déjà évoqués lorsque nous avons parlé de la guérison à distance.

La formation de thérapeute et les précautions de sécurité

Dans nos formations de thérapeutes, les étudiants font et apprennent beaucoup plus que ce qu'ils sont autorisés à faire avec les clients. De plus, nous pouvons aussi demander des volontaires pour tester de nouveaux processus expérimentaux. Ainsi, il y a potentiellement plus de risques pour nos étudiants thérapeutes que pour nos clients.

Ainsi, au fil des ans, nous avons constaté qu'il est utile de mettre l'accent sur les questions de sécurité *avant* la formation. Cela permet à la fois de filtrer les élèves pour lesquels la formation serait inappropriée car leurs problèmes de peur ralentiraient ou perturberaient la classe, mais aussi d'avertir clairement les élèves qu'il s'agit d'un travail nouveau et expérimental. « Tout d'abord, vous devez reconnaître qu'en assistant à ce cours, vous risquez votre santé et votre vie. Si vous et votre partenaire n'êtes pas disposés à accepter qu'il s'agisse d'une activité potentiellement dangereuse ou mettant votre vie en danger, vous ne devriez *pas* suivre ce cours. Ce domaine est trop nouveau pour garantir que vous n'aurez pas de problèmes - pire, vous pourriez rencontrer des problèmes que vous n'avez jamais connus auparavant. » Heureusement, notre compréhension et nos techniques se sont améliorées au cours des dernières années à un point tel que ce genre de préoccupations est beaucoup moins important ; en fait, c'est pourquoi nous sommes maintenant prêts à publier ce manuel.

Deuxièmement, notre formation s'adresse aux personnes équilibrées qui n'ont pas d'antécédents de maladie mentale ou d'idées suicidaires. Ceci n'est pas un jugement sur votre valeur en tant qu'individu, mais plutôt d'une reconnaissance du fait que vous êtes venu au monde avec des traumatismes qui vous causent des problèmes et qui devraient être traités d'abord, avant d'aller plus loin. Si l'état de l'art dans l'ISPS ou ailleurs ne sait pas comment guérir votre maladie, vous n'avez qu'à attendre que cela arrive. Notez également que l'acquisition de divers états extraordinaires ne résoudra probablement pas votre problème.

Après la formation

Les enseignants peuvent gérer la plupart des situations qui surviennent pendant la formation. Cependant, une fois que vous avez quitté la formation, vous devez prendre des précautions pour votre sécurité. Il est possible que des souvenirs traumatiques deviennent actifs quelques jours après l'atelier - par analogie, nous avons enlevé une partie du barrage, et l'eau peut commencer à couler. Dans de rares cas, l'activation d'un nouveau matériau peut être une inondation. (Notez que cela peut se produire avec n'importe quelle thérapie puissante et ne provient pas seulement de nos travaux.) Nous vous donnons nos numéros de téléphone pour gérer d'éventuels problèmes post-formation, utilisez-les si vous en avez besoin !

Nous donnons aux nouveaux étudiants environ trois mois pour passer leur examen de certification après de l'ISPS. Après cette période, vous perdez l'admissibilité à la certification, à moins que vous ne suiviez une autre formation. Nous avons cette politique pour deux raisons : notre matériel change assez rapidement, de sorte que les étudiants peuvent rapidement ne plus être à la page ; et cela règle le problème des étudiants qui ne sont jamais diplômés, mais qui veulent continuer à utiliser nos ressources de soutien gratuites.

La pratique à la maison

Si vous décidez de pratiquer seul, vous devez être prêt à faire face aux problèmes potentiels qui peuvent survenir. Rien ne sera infaillible, vous devez accepter qu'il existe un facteur de risque inévitable, mais vous pouvez le minimiser en vous y préparant à l'avance. Informez d'abord vos proches des dangers possibles et élaborez avec eux une stratégie à l'avance. L'une des étapes les plus simples et les plus utiles est de prendre des dispositions pour que quelqu'un d'autre vienne vous voir après une séance de thérapie. Par exemple, vous pouvez rencontrer du matériel qui vous fait agir comme si vous étiez fou, ou vous pourriez avoir l'impression qu'il est parfaitement normal de vouloir vous suicider immédiatement, et ainsi de suite. Votre « référent » peut vous aider dans cette situation, ou du moins appeler à l'aide. Bien que les conjoints devraient faire partie de votre réseau, nous recommandons d'avoir des référents parmi les collègues qui ne font pas partie de la famille - nous avons vu des situations où l'étudiant est devenu peu communicatif et où le conjoint a simplement supposé que tout allait bien.

Voici d'autres mesures pratiques à prendre :

- Trouver une ligne locale d'intervention en cas de crise. (Par exemple, le site www.befrienders.org/support/ contient de nombreuses ressources un peu partout dans le monde.)
- Trouvez une ligne d'assistance téléphonique locale et un centre de surveillance 24 heures sur 24 pour les interventions en cas de suicide.
- Trouvez un camarade de classe ou un ami pour être votre « référent ».
- Établissez une relation d'échange avec les autres étudiants de l'ISPS. Faites au moins une partie de votre travail avec d'autres élèves qui peuvent vous donner un aperçu de votre état mental (peut-être êtes-vous devenu maniaque, délirant, suicidaire, etc.) et donner des conseils « sur-le-champ » si vous rencontrez un traumatisme trop important pour que votre état d'« observateur » soit maintenu intact.
- Trouvez un thérapeute dans votre région qui travaille avec les dernières thérapies efficaces.
- Établissez une relation mentor/thérapeute avec un thérapeute certifié de l'ISPS.

En cas de problème

Après une formation de thérapeute, des problèmes peuvent apparaître une fois de retour à la maison. C'est particulièrement problématique dans le cas des formations intensives de courte durée parce qu'il n'y a pas de temps en classe pour surveiller les élèves après qu'ils aient fait un travail de guérison majeur sur eux-mêmes. Les élèves peuvent ne pas se rendre compte qu'ils ont des problèmes ou que leur comportement a radicalement changé parce qu'un matériau traumatique a fait surface. Au cas où, vos professeurs vous contactent dans les jours qui suivent immédiatement la formation.

Voici certaines choses simples que vous pouvez faire si vous avez des problèmes :

1. Contactez immédiatement votre formateur. S'il ne peut être joint, n'importe quel thérapeute d'une clinique de l'ISPS fera l'affaire.

2. Contactez votre « référent ». Ce sera une personne qui vous appellera régulièrement pour vérifier comment ça va et à qui vous pourrez parler si vous commencez à vous sentir mal.
3. Allez sur un site internet spécialisé et lisez ce qu'il faut faire si vous commencez à avoir des pulsions suicidaires (par exemple http://www.crisisservicescanada.ca/fr/ au Canada, https://www.conduites-suicidaires.com/urgences/ en France et http://stopsuicide.ch/besoin-daide-s/ en Suisse).

Après la certification par l'ISPS

Les thérapeutes nouvellement certifiés suivent une année de mentorat mensuel. Ceci est conçu pour améliorer vos compétences en abordant vos cas de clients difficiles avec votre mentor et vos collègues.

Nous organisons aussi régulièrement des séminaires par téléconférence pour nos thérapeutes certifiés. Nous les utilisons pour introduire de nouveaux éléments qu'ils n'ont pas rencontrés dans leur formation, ou pour approfondir ce qu'ils ont appris. Ils doivent donc avoir toutes les mesures de sécurité en place avant de participer à ces appels. Toutes ces activités comportent des risques potentiels et nous ne travaillerons pas avec eux tant que leur « filet de sécurité » n'est pas en place.

Le consentement éclairé

Un formulaire de consentement éclairé permet simplement aux clients de savoir quels sont les risques de la thérapie, afin qu'ils puissent décider s'ils veulent que leur problème soit traité ou non. De nombreux pays exigent maintenant que les clients lisent et signent un formulaire de consentement éclairé avant de commencer le traitement. Par exemple, elle est exigée par la loi aux États-Unis. D'autres pays n'exigent pas encore ce type de document. Il existe de nombreux exemples de formulaires que l'on peut trouver sur internet pour répondre à cette exigence.

Tous les thérapeutes certifiés par l'ISPS sont tenus d'utiliser un formulaire de « consentement éclairé », qu'il soit requis ou non dans leur pays. Notre formulaire standard se trouve à l'annexe 3 ; il couvre toutes les exigences légales pour les États-Unis et le Canada. Cela ne signifie pas que nos thérapeutes agréés doivent utiliser ce formulaire en particulier ; ils peuvent l'adapter comme bon leur semble pour répondre aux besoins particuliers de leur pays.

Les peurs des thérapeutes concernant l'utilisation d'un formulaire de consentement éclairé

L'un des problèmes que nous avons constatés en travaillant avec les formulaires de consentement éclairé dans presque tous les pays où nous sommes allés, c'est que le thérapeute craint que s'il fait lire et signer un tel formulaire à ses clients, ceux-ci partent parce qu'ils auront peur de suivre une thérapie.

Dans les pays où la loi exige le consentement éclairé, cette question est moins importante parce qu'il n'y a juridiquement pas le choix. Dans les pays qui n'exigent pas le consentement éclairé, le problème devient plus problématique pour certains thérapeutes, car ils estiment que leur bien-être financier pourrait être menacé s'ils le faisaient, parce que d'autres thérapeutes ne parlent pas de ces questions à leurs clients. Cependant, même lorsqu'ils sont légalement tenus de le faire, de nombreux « thérapeutes alternatifs » estiment qu'ils ne sont pas liés par les mêmes lois et évitent habituellement de les utiliser, ce qui entraîne le même conflit avec les thérapeutes qui sont titulaires d'un permis.

Examinons d'abord l'aspect moral (qui, à mon avis, est le seul qui soit pertinent). La règle d'or dans le christianisme est l'idée que vous devez traiter les autres comme vous voudriez qu'ils vous traitent vous-même. Vous voudriez savoir ces choses-là avant le début de la thérapie, et vos clients méritent la même honnêteté. Mais cela ne répond malheureusement pas aux craintes de survie et aux rationalisations de nombreux thérapeutes à ce sujet.

Examinons donc les aspects pratiques :

1. Votre client pourrait avoir des problèmes au cours de la thérapie. Il n'est pas expert en la matière et n'a généralement aucune idée que des problèmes peuvent même exister. Le fait de l'informer à l'avance augmente son confort et sa sécurité en cas de problème et augmente les chances qu'il réagisse de façon appropriée.
2. Si vous ne faites pas signer de clause de divulgation dans votre contrat de confidentialité, vous pourriez faire l'objet d'une poursuite, ce qui peut être particulièrement problématique pour les clients qui ont des problèmes de confiance ou qui rencontrent des problèmes pendant la thérapie. (En passant, nous vous recommandons de toujours enregistrer vos séances avec vos clients, à la fois pour votre propre protection juridique et pour être en mesure de démontrer le changement pour les clients qui ont oublié à cause de l'effet apex qu'ils avaient eu le problème).

Transformer le consentement éclairé en une force

Fait intéressant, nous avons constaté que les thérapeutes qui ont des craintes au sujet du consentement éclairé ne réalisent même pas qu'il peut être transformé en un puissant outil de marketing. Les clients veulent sentir que vous êtes le meilleur thérapeute qu'ils peuvent obtenir, que vous êtes un expert et que vous pouvez les aider si quelqu'un le peut. En expliquant que vous êtes un expert qui connaît ce genre de problèmes et que vous les prenez naturellement en compte dans votre pratique, vous augmentez leur confiance. Rappelez-vous, vous êtes l'expert - et si vous êtes calme et factuel à ce sujet, le client le sera aussi. Si vous êtes craintif ou réticent, les clients peuvent aussi le ressentir. Nous avons constaté que le consentement éclairé ne préoccupe pas du tout les clients si vous n'avez pas vous-même de problème à ce sujet.

Lorsque vous parlez de consentement éclairé, vous indiquez que d'autres thérapeutes ignorent l'existence de ces problèmes - ce qui est souvent vrai - ce qui fait de vous un expert à leurs yeux ; ou que d'autres thérapeutes ne veulent pas dire la vérité - ce qui est aussi souvent vrai. En traitant ces risques comme un problème avec toutes les thérapies, vous éliminez également l'idée qu'ils doivent aller voir un autre thérapeute pour des raisons de sécurité - puisque vous avez expliqué que ces problèmes font partie de la réalité, tout comme la chaleur sous les tropiques. Dès le départ, cela transforme votre client en un allié qui a confiance dans la qualité de votre formation, votre expertise et votre jugement.

Il se peut qu'après avoir lu et compris les problèmes possibles, le client décide que le risque est trop grand pour lui - par exemple, il a peut-être de jeunes enfants et ne veut pas prendre de risques qui pourraient nuire à la garde de ses enfants. Quelle qu'en soit la raison, le thérapeute peut soit offrir des conseils simples (avec un contrat de « paiement au résultat » minimaliste), soit recommander un autre thérapeute. Ou peut-être bénéficieraient-il d'un autre service, comme celui d'un travailleur social agréé. Dans ces cas-là, le fait d'avoir un réseau de pairs vers lesquels vous pouvez diriger ces clients est un réel avantage pour votre client et pour vos collègues.

Les problèmes éthiques

Au fil des ans, nos recherches en psychobiologie subcellulaire ont suscité un certain nombre de questions d'éthique professionnelle chez les thérapeutes certifiés par l'ISPS et dans notre personnel. Voici quelques exemples des problèmes que nous avons vus et qui sont propres à notre travail.

Pour aider à aborder les questions de sécurité et d'éthique, nous avons adapté à notre travail les lignes directrices d'éthique utilisées par l'International Breathwork Training Alliance. Nous avons ajouté deux éléments à leur liste qui sont uniques à notre travail : le principe de l'obligation de résultat et le comportement éthique concernant l'utilisation de techniques qui peuvent affecter d'autres personnes sans leur participation. Ces lignes directrices se trouvent sur nos sites internet et sont présentées à la fin du présent chapitre. Comme autre mesure de sécurité, le personnel et les thérapeutes certifiés signent également des contrats d'usage ou de licence qui précisent les limites que nous imposons à l'utilisation de ces nouvelles techniques.

Dans ce manuel, nous n'allons pas discuter des questions éthiques des thérapeutes standard. Il existe un certain nombre de bonnes ressources sur internet et dans les manuels universitaires, et nous vous y renvoyons.

Le paiement au résultat

Comme nous l'avons vu au chapitre 3, ce sujet de la facturation au temps plutôt qu'au résultat n'est curieusement pas considéré comme un problème éthique par la plupart des thérapeutes ou des guérisseurs alternatifs. Malheureusement, en raison du contexte historique et du sentiment de légitimité dont jouissent de nombreux thérapeutes et guérisseurs, ce comportement contraire à l'éthique non seulement se poursuit, mais est considéré comme une pratique acceptable par la plupart des gens dans ce domaine. Cela a entraîné de nombreux problèmes éthiques : par exemple, les thérapeutes essaient de garder leurs clients en thérapie pour qu'ils puissent continuer à obtenir un revenu, quel que soit le service fourni ; et ils résistent aux nouvelles approches et à la formation parce que cela pourrait en fait fonctionner et diminuer leur source de revenus. En essence, ces thérapeutes s'attaquent aux désespérés et aux démunis. Heureusement, au cours des dernières décennies, il est maintenant possible de guérir des clients dans de nombreux cas. Par conséquent, indépendamment des pratiques conventionnelles passées, la facturation au temps passé et non au résultat est maintenant clairement contraire à l'éthique. Par conséquent, la facturation au résultat est à la fois éthique et encourage automatiquement la compétence du thérapeute. La facturation au résultat présente d'autres avantages importants. Elle clarifie les objectifs, réduit considérablement les risques de problèmes juridiques et de poursuites judiciaires et peut être utilisée à des fins publicitaires.

Certains thérapeutes ont toujours utilisé le principe du « paiement au résultat » dans leur pratique. Vers 2006 ou 2007, ce principe a été instauré pour tous les thérapeutes certifiés par l'ISPS. Ce changement a amené de nombreuses personnes à quitter l'ISPS, tant parmi le personnel que parmi les thérapeutes certifiés. Depuis, nous avons eu quelques clients qui ont appelé l'ISPS pour des problèmes de facturation au résultat, parce que le thérapeute a passé outre ou déformé les principes éthiques pour maximiser ses revenus personnels. Jusqu'à présent, la plupart des plaintes des clients étaient fondées.

Exemple : Un thérapeute certifié a parlé des processus Peak States® avec un client, mais il n'a rien écrit. Le client a appelé l'ISPS pour se plaindre que le thérapeute n'avait pas livré ce qui avait été convenu. Comme le thérapeute n'avait ni écrit ni enregistré les séances, il n'y avait aucun moyen de savoir si le client ou le thérapeute disait la vérité. Plus tard, il s'est avéré que le thérapeute « survendait » aussi les processus Peak States® et ne répondait pas aux besoins du client, parce qu'il recevait plus d'argent pour les processus Peak States®.

Exemple : Voici encore un exemple de ne pas avoir écrit le critère de « facturation au résultat ». Le client souffrait d'un trouble de la personnalité borderline et rien de ce que la personne disait ne pouvait être considéré comme vrai. Comme il n'y avait rien d'écrit, il n'y avait aucun moyen de savoir ce qui avait été convenu. Le thérapeute a dû rendre tout l'argent, ce qui faisait une somme considérable.

La divulgation de matériel dangereux ou à accès restreint

Exemple : Récemment, une thérapeute certifiée a appelé nos bureaux parce qu'elle avait parlé à son client de l'existence de parasites subcellulaires insectiformes. Elle l'avait fait parce qu'elle ne voulait pas paraître incompétente au client. Le client, qui avait la capacité de « voir » dans la cellule primaire, a commencé à essayer de s'en débarrasser sans utiliser nos techniques approuvées. Il s'avère que nous avions déjà testé et rejeté ce que le client faisait parce que cela causait des préjudices à long terme. Cependant, une fois que la cliente avait été informée du problème, elle n'arrivait pas à croire que ce qu'elle faisait pouvait être dangereux pour elle-même.

Exemple : Une volontaire avait besoin d'une attention constante. Elle a publié sur internet un document restreint sur les commandes de Gaïa pour divers événements développementaux pour que les gens puissent lui accorder leur attention et lui donner le sentiment d'être importante. Elle savait que beaucoup de ces commandes feraient du mal aux gens, et elle s'en fichait complètement.

Les crises dans la vie du thérapeute

Exemple : Une thérapeute certifiée vivait un drame émotionnel qui la rendait inapte à travailler. Plutôt que de s'occuper de ses propres problèmes, elle a continué à traiter des clients de façon irrégulière, ce qui a mené au délaissement de plusieurs clients qui avaient besoin d'aide avec du matériel traumatique mis à jour lors de séances précédentes. Normalement, cela n'aurait pas posé de problème, mais la thérapeute n'a pas référé ces clients à quelqu'un d'autre. Cette situation a duré des mois, causant beaucoup de souffrances inutiles et des problèmes professionnels.

Le suivi inadéquat ou inexistant

Exemple : Nous avons constaté ce problème de plusieurs façons. Nous l'avons vu après les formations, lorsque l'enseignant n'a pas fait de suivi avec les élèves pour voir comment ils allaient. Dans un cas, l'élève s'était retrouvé dans une situation d'urgence spirituelle où il se sentait bien, mais ne pouvait pas quitter sa maison. Comme il ne nous avait pas contactés, il a fallu des semaines avant que la famille inquiète nous contacte pour obtenir de l'aide.

Exemple : Dans un autre cas, un client a eu une mauvaise réaction à la Silent Mind Technique, en raison des sentiments extrêmes stimulés par le processus. Comme le client n'avait pas été averti de cette réaction normale, il n'a pas rappelé le thérapeute certifié parce qu'il avait l'impression que celui-ci l'avait blessé. Cette situation a duré des mois avant que notre personnel n'entende parler de la situation plutôt désespérée dans laquelle s'était retrouvé le client.

Les thérapeutes certifiés qui font de la recherche

Nos travaux de recherche soulèvent un grand nombre de questions de sécurité. Pour y remédier, nous disposons d'un protocole de sécurité très complet. En général, il faut quelques années d'essais avant que le matériel ne soit remis aux thérapeutes certifiés. Certaines personnes sont venues à nos formations pour qu'elles puissent commencer à faire des recherches sur elles-mêmes. Bien que cela soit potentiellement très dangereux, nous comprenons bien sûr pourquoi certaines personnes voudraient le faire, et pour la plupart, nous acceptons cette activité comme un choix personnel.

Cependant, lorsqu'une personne veut utiliser notre matériel pour commencer des recherches avec un groupe de personnes, la probabilité qu'une personne qui ne comprend pas les risques soit blessée ou tuée devient presque une certitude. Pour cette raison, nous ne certifierons pas dans notre travail un thérapeute qui utilise notre formation pour faire de la recherche dans un groupe à l'extérieur de l'ISPS ; et nous retirons la certification à toute personne qui le fait. Cela ne veut pas dire que nous estimons que la personne a tort ou qu'elle a tort de vouloir le faire - mais nous voulons minimiser la possibilité de poursuites judiciaires contre l'ISPS si (ou beaucoup plus probablement, quand) une blessure ou un décès survient chez les personnes impliquées.

La guérison à distance (« spirituelle »)

L'ISPS enseigne à son personnel clinique et de recherche des techniques exclusives qui peuvent guérir les clients à distance. Développées pour les clients qui ne peuvent pas s'aider eux-mêmes, comme les catatoniques ou les autistes, elles sont également utilisées dans nos recherches pour trouver de nouveaux traitements pour des maladies. Lorsque nous enseignons ces techniques aux nouveaux membres du personnel de la clinique, ils signent un contrat par lequel ils s'engagent à ne pas les utiliser pour des raisons de sécurité s'ils quittent l'ISPS. Malheureusement, l'expérience a montré que certains thérapeutes estiment qu'ils ont le droit de mentir, de rompre des accords et d'utiliser n'importe quelle technique, quelle qu'en soit sa nature expérimentale et potentiellement dangereuse.

> *Exemple :* Récemment, un client du Royaume-Uni a appelé notre bureau central pour nous dire qu'il voulait récupérer son argent parce qu'il n'avait pas obtenu les résultats promis et, plus grave, qu'il avait subi des dommages. Il avait économisé pendant plus d'un an pour payer le traitement. Les thérapeutes avaient utilisé des techniques de guérison à distance pour leur travail. Après enquête, il s'est avéré que les thérapeutes avaient prétendu être de l'ISPS, mais qu'ils n'avaient jamais suivi nos formations. Ils avaient appris des techniques très dangereuses, non testées et peu fiables d'une femme qui avait été renvoyée de l'ISPS pour avoir détourné des fonds et fait du mal à des clients. Comme leur professeur, ces deux thérapeutes ont fait preuve d'un comportement contraire à l'éthique - rompre les accords, mentir, voler et faire du mal au client.

> *Exemple :* Un étudiant thérapeute a décidé de voir s'il pouvait guérir à distance après avoir découvert que ce genre de chose était possible. Il a choisi d'expérimenter sur des gens qu'il connaissait même s'ils lui en avaient refusé la permission ; mais il en a fait abstraction parce qu'il croyait que Dieu lui avait dit de travailler sur eux parce qu'« ils avaient besoin de la guérison ». Comme toute technique de guérison peut déclencher des problèmes, le fait d'essayer sur des gens sans leur autorisation ou qu'ils le sachent - même si c'était juste un fantasme et qu'il ne pouvait pas le faire - est une violation flagrante de nos principes d'éthique et de sécurité. Il s'est vu refuser l'autorisation de se faire certifier par l'ISPS, et les personnes sur lesquelles il faisait des expériences ont été contactées et informées.

Les comportements illégaux, contraires à l'éthique ou bizarres de la part des bénévoles et du personnel de l'ISPS

Les problèmes éthiques vont au-delà de la simple relation client-thérapeute. En tant qu'organisation, nous avons certainement eu notre part de problèmes avec le personnel bénévole. En raison de ces expériences, nous sommes devenus beaucoup plus réticents à travailler avec de nouveaux bénévoles au niveau du personnel. C'est une des raisons pour lesquelles nous faisons uniquement appel à des thérapeutes certifiés pour les postes de personnel, afin de leur donner le temps de faire preuve d'un comportement éthique et de nous assurer qu'ils ont une formation adéquate avant d'aller plus loin dans notre travail.

Exemple : Un membre du personnel de recherche a menti au sujet de ses actions en raison des importantes sommes d'argent qu'elle pouvait gagner en ignorant complètement les questions de sécurité et en utilisant ou en enseignant du matériel qui était expérimental ou carrément dangereux. Elle a fini par faire du mal à plus d'une douzaine de personnes que le personnel bénévole de l'ISPS a dû retrouver et aider (ce que nous avons fait gratuitement). Cela a pris des centaines d'heures et a éloigné notre petite équipe de la recherche pendant plus d'un an le temps que nous aidions ces gens.

Exemple : Nous avons demandé à un homme d'affaires de nous aider à rédiger les contrats de travail de notre personnel. Plutôt que de faire cela, il a essayé de perturber l'organisation afin de se débarrasser des fondateurs et de la contrôler lui-même. Lorsque nous l'avons confronté, il a répondu : « Je dois être le patron de n'importe quelle organisation dans laquelle je me trouve ».

Exemple : Après qu'un volontaire ait été formé aux techniques avancées, il est devenu très négatif à l'égard de l'ISPS et de son fondateur, et a convaincu plusieurs personnes de quitter l'ISPS pour se joindre à lui. Il a également violé son contrat de ne pas enseigner du matériel expérimental et dangereux à d'autres personnes, apparemment parce que « cela payait bien ». Des années plus tard, nous avons réalisé qu'il avait des trous-a importants qui l'avaient poussé à ce comportement.

Le code de déontologie de l'Institute for the Study of Peak States

Les formateurs, les praticiens et les stagiaires de l'Institute for the Study of Peak States s'engagent à respecter le code de déontologie suivant : « J'accepte d'accepter et d'aspirer aux principes de l'ISPS et de respecter le code de déontologie professionnel décrit ci-dessous. »

Ces lignes directrices sont le résultat d'années de travail de Jim Morningstar et de ses collègues de l'International Breathwork Training Alliance. Nous avons légèrement modifié les lignes directrices pour les adapter à notre Institute for the Study of Peak States. Le texte original peut être consulté à l'adresse http://breathworkalliance.org/form_1.htm. Merci à Jim d'avoir la gentillesse de nous permettre d'utiliser et d'adapter son travail.

Les thérapeutes certifiés par l'ISPS utilisent de nombreuses techniques de pointe et, comme toutes les techniques puissantes, elles ont leurs propres contraintes et exigences procédurales. Cette ligne directrice a été créée pour aborder les questions d'éthique et de sécurité liées à certaines de ces techniques (de l'ISPS ainsi que d'autres concepteurs de techniques).

Les praticiens tenus d'utiliser ce code de déontologie sont listés sur le site internet Peak States® sous la rubrique « Trouver des thérapeutes certifiés ».

1. Les clients avec lesquels il est possible de travailler

a) Établir la capacité d'un client d'utiliser et d'intégrer sainement la psychotraumatologie, dans la mesure du possible.

b) Ne pas faire de discrimination fondée sur la race, l'origine ethnique, le sexe, la religion, l'orientation sexuelle, l'âge ou l'apparence.

2. Le contrat avec les clients

a) Établir des contrats clairs avec les clients concernant le nombre et la durée des sessions et les conditions financières.

b) Établir des limites claires et discuter de l'emploi possible du toucher.

c) Utiliser mes compétences principalement pour le bénéfice du client, plutôt que dans le seul but d'en tirer un gain financier.

d) Maintenir la confidentialité des renseignements sur les clients et la sécurité des dossiers sur le contenu des séances des clients.

3. Compétence du praticien

a) Pratiquer dans mon domaine de compétence professionnelle, de formation et d'expertise, le faire savoir clairement à mes clients potentiels, et ne pas faire de déclarations à propos de mes services qui ne puissent être justifiées.

b) Continuer à me développer personnellement, en pratiquant la technique que j'offre aux autres, tout en nourrissant la passion et le respect de ma vocation, et en gardant un équilibre sain dans mon travail et mes soins personnels.

c) Rechercher de la supervision et de la consultation, s'il y a lieu.

« Si le client présente des problèmes psychologiques, médicaux, juridiques ou d'autres problématiques pertinentes qui ne font pas partie du champ d'exercice du thérapeute Peak States, le thérapeute orientera le client vers le prestataire pertinent ou le dirigera vers les ressources appropriées. »

4. Relation praticien-client

a) Établir et maintenir des limites saines, appropriées et professionnelles, en respectant les droits et la dignité des personnes que je sers.

b) M'abstenir d'utiliser mon influence pour exploiter ou exercer de façon inappropriée un pouvoir sur mes clients.

c) M'abstenir d'utiliser ma pratique pour promouvoir mes croyances religieuses personnelles.

d) M'abstenir de toute forme de comportement sexuel ou de harcèlement à l'égard des clients, même si le client est à l'origine de ce comportement ou m'y invite.

e) Fournir aux clients de l'information sur le réseau communautaire, les ressources éducatives et le mode de vie holistique avec leur consentement et dans les limites de mes connaissances.

f)   Orienter les clients vers les ressources appropriées lorsqu'ils présentent des problèmes qui dépassent le cadre de ma formation.

5. Interrelations entre les praticiens

a)   Maintenir et entretenir des relations saines avec les autres praticiens.

b)   Donner des retours d'information constructifs à d'autres praticiens qui, à mon avis, n'ont pas respecté un ou plusieurs des principes éthiques. Si cela ne résout pas suffisamment le problème, consulter les autorités professionnelles et/ou civiles les plus compétentes de ma région locale pour la protection des clients concernés.

6. Facturation au résultat

Les thérapeutes certifiés par l'ISPS utilisent un barème d'honoraires de « paiement au résultat » dans tous leurs travaux de psychothérapie (qu'ils utilisent ou non les techniques de l'ISPS). Cela signifie qu'au début du traitement, le client et le thérapeute s'entendent d'abord sur ce qu'ils veulent accomplir. Si l'objectif est atteint, le client se voit facturer le montant convenu au préalable - sinon, il n'y a pas de frais. Dans certains cas, l'ISPS préétablit le résultat à atteindre : la technique de dépendance doit éliminer complètement les envies de fumer, les voix que les schizophrènes entendent doivent disparaître complètement, le client doit faire preuve des caractéristiques de l'état extraordinaire ciblé, etc. Notez que dans certains cas, le système de frais de « paiement au résultat » ne s'applique pas, comme dans le cas de la formation.

7. Utiliser les techniques uniquement en étant en communication avec le client et avec son consentement.

« J'accepte d'utiliser des techniques de guérison à distance (l'EFT, la WHH, etc.) uniquement avec le consentement éclairé du client ou de son tuteur et seulement lorsque je suis réellement capable de communiquer avec le client. »

À l'heure actuelle, nous permettons l'utilisation de la technique de la Distant Personality Release (DPR) sans ces restrictions en raison de son utilité et des problèmes minimes démontrés. Toutefois, si possible, nous vous suggérons fortement de ne l'utiliser qu'en présence de l'autre personne et avec sa permission, pour des raisons d'éthique et de sécurité.

Points clés

- De nombreux thérapeutes en psychotraumatologie ont besoin d'une formation supplémentaire en prévention du suicide, en psychopathologie et en urgence spirituelle pour assurer la sécurité des clients.
- Il y a des risques lors de la guérison d'un traumatisme avec n'importe quelle technique. Bien qu'ils soient rares, ils incluent la découverte de problématiques traumatiques ou de cas subcellulaires plus graves, la décompensation, les problèmes en cascade et la submersion traumatique.

- Les formulaires de consentement éclairé couvrent les risques de la psychothérapie et sont légalement requis dans de nombreux pays. Les thérapeutes certifiés par l'ISPS sont tenus de les utiliser avec tous les clients.
- Les thérapeutes doivent faire attention aux médicaments d'ordonnance qui causent des problèmes psychologiques à leurs clients.
- La formation expérientielle en psychobiologie subcellulaire de l'ISPS ne convient pas aux étudiants ayant des problématiques de suicidalité ou de maladie mentale ; elle exige que les thérapeutes prennent des précautions de sécurité pendant un certain temps après la formation.
- La psychobiologie subcellulaire ajoute de nouveaux problèmes éthiques pour les thérapeutes. Une formation adéquate en matière de sécurité, les problèmes liés aux interactions parasitaires, les problèmes de guérison à distance et la divulgation inappropriée de travaux expérimentaux ne sont que quelques-uns de ces aspects.
- Le travail en réseau avec d'autres thérapeutes qui se spécialisent dans des problèmes sur lesquels vous n'êtes pas qualifié (ou intéressé) de travailler est à la fois utile et dans le meilleur intérêt de vos clients.

Bibliographie

- Fuller Torrey, E. (2013). *Surviving Schizophrenia, 6th edition*
- Weinered, K. éd. (2005). *Therapeutic and Legal Issues for Therapists Who Have Survived a Client Suicide*

Ressources en ligne sur le suicide :

- Centre for Suicide Prevention (Canada, en anglais). www.suicideinfo.ca
- Conduites suicidaires (France). www.conduites-suicidaires.com
- Services de crise du Canada (Canada, en français). www.crisisservicescanada.ca/fr/
- Stop Suicide (Suisse). stopsuicide.ch/besoin-daide-s/

Ressources en ligne sur la psychopathologie :

- National Alliance on Mental Illness (USA). www.nami.org
- HelpGuide (USA). www.helpguide.org

Ressources en ligne sur l'éthique professionnelle en psychothérapie :

- Continuing Ed Courses on the Internet. *What should I do ? - Ethical Risks, Making Decisions, and Taking Action* [en ligne]. www.continuingedcourses.net

Ressources en ligne sur l'urgence spirituelle :

- Lukoff, D., Spiritual Competency Resource Center. *DSM-IV Religious and Spiritual Problems* [en ligne]. www.spiritualcompetency.com
- Lukoff, D., Spiritual Competency Resource Center. *Ethical Issues in Spiritual Assessment* [en ligne]. www.spiritualcompetency.com

Section 3

Les maladies et les troubles subcellulaires

Chapitre 7

Les quatre types de traumatismes biologiquement distincts

La cause *la plus fréquente* des problèmes chez la plupart des clients est l'un des trois types de traumatismes : biographique, associatif ou générationnel (il en existe un quatrième type, que nous appelons « traumatisme fondamental », mais les clients consultent rarement un thérapeute pour ce problème). La catégorie de diagnostic du DSM « syndrome de stress post-traumatique » (SSPT) est généralement du type de traumatisme biographique. Les thérapeutes peuvent aider à résoudre la majorité des problèmes des clients en guérissant seulement les sensations directement dues au traumatisme tout en ignorant tous les cas subcellulaires. Un thérapeute compétent possède un savoir-faire dans plusieurs approches de guérison des traumatismes ; certains clients ou problèmes répondent mieux à une approche qu'à une autre. (Soit dit en passant, cette compréhension du fait que la plupart des problèmes des clients sont directement attribuables à un traumatisme est un développement relativement nouveau dans le domaine de la psychothérapie - la plupart des thérapeutes croient encore que le traumatisme est un problème rare impliquant des expériences graves de type SSPT).

Dans la pratique, chaque type de traumatisme est vécu très différemment. Par conséquent, le thérapeute peut habituellement cibler exactement le type de traumatisme, choisir une technique pour y faire face et généralement dérouler assez rapidement le processus de guérison. Nous constatons souvent que deux types de traumatismes ou plus peuvent être simultanément en cause. Dans ce cas, la règle de base est de commencer par les associations du corps - cela empêche le corps d'essayer de recréer les symptômes du client par tous les moyens possibles. Ensuite, passez aux traumatismes générationnels, car c'est le type de traumatismes qui est impliqué dans la structure de la cellule elle-même, et qui provoque le sentiment qu'il y a quelque chose de fondamentalement défectueux chez la personne (un sentiment est ressenti comme très « personnel »). Puis, enfin, guérir les traumatismes biographiques - ceux-ci provoquent des sentiments bloqués et des croyances limitantes inappropriés.

En termes de traitement, le thérapeute concentre sa technique sur le symptôme apparent une fois que le type de traumatisme est déterminé. (Le succès du traitement se mesure en termes clairs et sans ambiguïté - le symptôme disparaît, ne peut être évoqué de nouveau et est suivi d'un sentiment de paix, de calme et de légèreté corporelle). Par conséquent, nous parlons parfois des différents types de traumatismes comme étant des traumatismes « simples » parce que le sentiment dans le présent est le même que dans le passé. Cependant, bien que la guérison d'un traumatisme puisse être simple sur le plan technique, elle peut aussi être extrêmement douloureuse et il faut parfois un certain savoir-faire thérapeutique pour amener le client à faire face à la douleur afin de guérir.

Du point de vue de la biologie subcellulaire, la vulnérabilité à l'acquisition d'un traumatisme est due aux dommages biologiques préexistants que l'on trouve au stade le plus précoce et primordial du développement des cellules germinales primordiales. Le traumatisme n'est *pas* directement attribuable à des circonstances extérieures, comme une blessure, un abus, la gravité ou une sorte d'événement traumatique dans la vie du client. C'est pourquoi plusieurs personnes peuvent vivre exactement la même expérience, mais être affectées différemment - certaines avec un SSPT sévère, d'autres avec une mémoire légèrement douloureuse et d'autres sans traumatisme du tout. Le problème biologique sous-jacent réside dans l'histone qui recouvre les gènes d'une personne. Essentiellement, lorsqu'une personne doit réagir à un événement, que ce soit par une émotion ou une action, ses cellules expriment le gène approprié pour produire la protéine pertinente. En raison des dommages causés à la couche d'histones de ce gène en particulier, le processus se bloque et la protéine ne se fabrique pas. Sur le plan psychologique, nous vivons cela comme un événement traumatique qui reste gravé dans notre mémoire.

Il y a trois types de traumatismes différents parce qu'il y a des problèmes d'histones dans trois groupes différents de gènes. Ces groupes correspondent à leur utilisation par la cellule - certains des gènes sont spécifiquement utilisés par les ribosomes dans le cytoplasme (traumatismes biographiques), certains par les ribosomes dans le réticulum endoplasmique (traumatismes associatifs), et certains par des structures non ribosomiques dans le cytoplasme (traumatismes générationnels).

Bibliographie

- *The Whole-Hearted Healing™ Workbook* (2013) par Paula Courteau. Donne des informations à jour sur la technique de régression Whole-Hearted Healing pour la guérison des traumatismes.
- *Le manuel du Whole-Hearted Healing™* (2004) par Dr. Grant McFetridge et Dr. Mary Pellicer. La technique de régression de l'ISPS pour la guérison des traumatismes et la recherche.
- *Peak States of Consciousness,* Volumes 2 (2008) et 3 (à paraître) par Dr. Grant McFetridge et al. Donnent des informations détaillées sur la base subcellulaire des traumatismes.
- *Trauma-informed: The Trauma Toolkit* 2nd Edition (2013) par The Klinic Community Health Centre - Pour les prestataires de services qui travaillent avec des clients traumatisés, comprenant des sections sur la violence et les problèmes répertoriés par les Nations Unies. Gratuit en ligne.

Traumatisme biographique :
« Croyances limitantes, émotions activées »

Le traumatisme biographique est le type de traumatisme auquel pensent les profanes et la plupart des thérapeutes lorsqu'ils parlent de traumatismes ou de SSPT. Il est formé à partir d'un moment figé dans le temps, avec une image hors du corps, une émotion, une sensation et une croyance ou une décision. Biologiquement, cela se produit parce qu'au moment du traumatisme, une protéine est nécessaire, mais la séquence d'ARNm qui copie le gène reste collée à l'histone recouvrant le gène. Il en résulte une séquence d'ARNm qui s'étend à l'extérieur du noyau, avec des ribosomes attachés sur toute sa longueur. Chacun de ces ribosomes contient l'information du traumatisme. (Plus précisément, le matériau fongique cristallin incrusté dans ces ribosomes bloqués leur permet d'agir comme des « passerelles » vers des moments traumatiques dans le passé.) Les gènes qui peuvent causer un traumatisme biographique proviennent tous de la cellule procaryote qui formera le cerveau triunique du cœur » plus tard dans le développement.

Depuis 1995 environ, de puissantes thérapies qui peuvent guérir ce type de traumatisme sont devenues disponibles. Chacune exploite un mécanisme biologique différent pour guérir. Il s'avère que les problèmes de nombreuses personnes sont dus à ce type de traumatisme. Cependant, bien que les décisions prises à ces moments-là guident de façon inappropriée le comportement ultérieur, les émotions bloquées de ce type de traumatisme ne sont pas ressenties comme particulièrement personnelles.

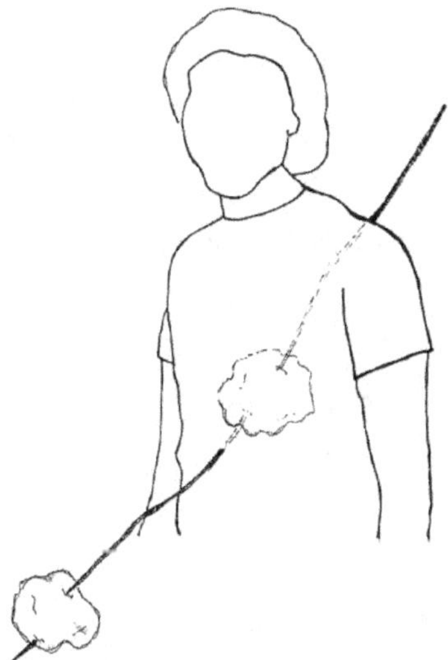

Figure 7.1 : (a) Traumatisme ressenti comme une zone du corps.
La structure ribosomique qui sert de passerelle se superpose à l'image corporelle.

Soit dit en passant, une sous-catégorie de « traumatismes positifs » est incluse en tant que cas subcellulaire dans un chapitre ultérieur. Bien qu'il ne soit pas biologiquement différent du traumatisme douloureux habituel, il est traité séparément parce que la plupart des thérapeutes ne réalisent pas que ce problème existe. De plus, ces traumatismes positifs peuvent aussi être de tout type : générationnels, associatifs ou biographiques, bien que les biographiques soient généralement les plus fréquents chez les clients, suivi des associatifs.

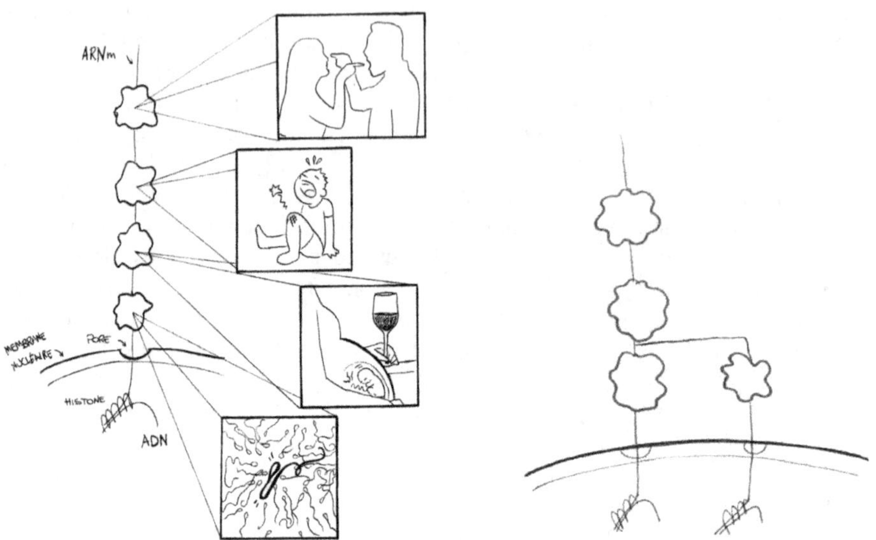

Figure 7.1 : (b) Une séquence de traumatismes biographiques vue comme un brin d'ARNm bloqué dans le cytoplasme avec des ribosomes traumatiques attachés.
(c) Une séquence de traumatismes à « racines multiples » (une séquence d'ARNm attachée à plusieurs gènes bloqués).

Mots-clés utilisés pour décrire les symptômes

- Inconfort physique et/ou émotionnel : Je (me) sens...
- Croyances fixes ou dogmatiques : Je crois que... c'est comme ça que c'est.

Questions aidant à poser le diagnostic

- Qu'est-ce que vous ressentez ?
- Où est le sentiment ?

Diagnostic différentiel

- Traumatisme générationnel : les émotions et les sensations peuvent être pratiquement n'importe lesquelles. Cependant, si le problème semble « personnel », alors le traumatisme est un traumatisme générationnel, ou alors biographique avec un traumatisme générationnel d'un sentiment similaire.
- Copie : Tester empiriquement avec l'outil thérapeutique. Si le tapotement modifie les symptômes, il s'agit d'un traumatisme biographique. La copie a également une personnalité en plus du sentiment, et est en partie à l'extérieur du corps.

- Traumatisme fondamental (colonne vertébrale) : Un traumatisme fondamental n'a pas d'émotion avec la croyance ; une croyance fondée sur un traumatisme en a un.
- Autres cas subcellulaires : soyez attentifs aux symptômes des cas subcellulaires pour les différencier d'un traumatisme biographique.

Traitement

- Toute technique de guérison des traumatismes, par exemple la WHH, l'EMDR, le TIR, les thérapies méridiennes telles que l'EFT, etc.

Erreurs typiques lors du traitement

- Lors de l'utilisation du tapotement, si le changement ne s'est pas produit après 2 ou 3 minutes, arrêtez. Cela signifie qu'il y a une inversion psychologique ou que le problème est en fait un cas subcellulaire.
- Ne pas d'abord guérir les traumatismes générationnels pertinents pour réduire la résistance aux sentiments.
- Lorsqu'on utilise la régression, ne pas aller au premier événement traumatique ; être hors du corps tout en essayant de guérir ; ne pas reconnaître les traumatismes à racines multiples.

Fréquence et gravité des symptômes

- Très courant ; c'est le cas de plus de 70 % des problèmes des clients. La gravité varie de mineure à extrême.
- Il y a des milliers de séquences de traumatismes chez la majorité des personnes.
- L'État de Paix Intérieure minimise l'accès et le déclenchement des traumatismes.

Cause sous-jacente

- Histone endommagée autour d'un gène du p-organite du cœur

Risques

- Comme d'habitude en psychotraumatologie. Des émotions et des sensations extrêmes peuvent être déclenchées.
- Dans des cas inhabituels, la guérison peut déclencher la prise de conscience d'un problème sous-jacent plus grave.
- Dans des cas inhabituels, des « submersions traumatiques » (déclenchement de problèmes les uns après les autres sur de longues périodes de temps) peuvent survenir.

Codes CIM-10

- F43, F45, F48.1, F51, F52, F62, F93, F94, R45.
- Beaucoup d'autres plus indirectement.

Association du corps :
« Motivations irrationnelles et addictions »

Ce type de traumatisme est celui qui faisait saliver les chiens de Pavlov lorsqu'une cloche sonnait. Il provoque l'association d'une ou plusieurs sensations ou émotions, sans aucune raison logique. C'est la base de nombreux types différents de problèmes émotionnels, de comportements et de maladies très étranges. Le mécanisme subcellulaire est similaire à celui du traumatisme biographique. Les gènes provenant de la cellule procaryote qui devient plus tard le réticulum endoplasmique (RE) sont à la base du problème. Lorsque le RE a besoin qu'une protéine soit fabriquée, une séquence d'ARNm est fabriquée comme copie du gène, et libérée par le RE. Malheureusement, lorsque la couche d'histones du gène est endommagée, la séquence se coince et un ribosome s'y ancre à la surface de la membrane (c'est l'origine du réticulum endoplasmique 'rugueux'). Le sentiment ou l'émotion d'association se trouve à l'intérieur du ribosome bloqué à la surface du RE. En soit, cela crée déjà des problèmes, mais il se connecte ensuite à d'autres ribosomes via des séquences d'ARNm reliées. Ces interconnexions forment la base des associations du corps qui sont souvent bizarres et illogiques Les sensations et les émotions dans les associations peuvent être positives ou négatives.

Les associations du corps poussent le cerveau du corps à agir d'une manière très étrange qui pourrait faire croire que son propre corps est complètement fou. Malheureusement, le corps ne pose pas de jugements (s'il est déconnecté du cerveau du mental) et il utilise ces associations pour guider son comportement. Ce type de traumatisme a un impact énorme dans la vie - et doit être guéri pour empêcher le corps d'essayer d'agir d'une façon nuisible pour la personne.

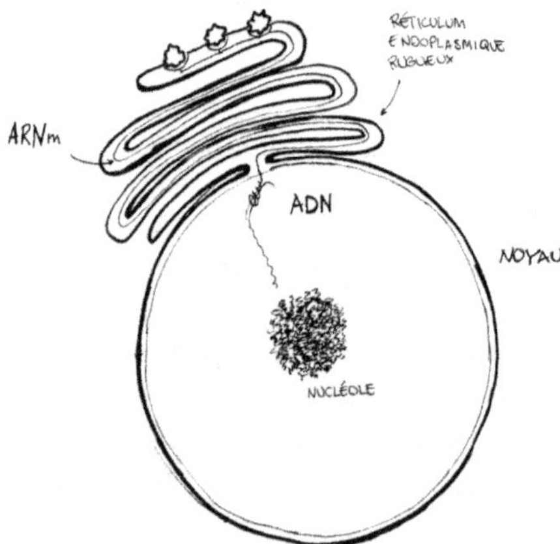

Figure 7.2 : (a) Ribosome et ARNm bloqués dans le RE (réticulum endoplasmique) rugueux.

Un concept clé impliquant les associations du corps est celui de « substituts sensoriels ». Dans les traumatismes prénataux, lors de blessures, les sensations de l'environnement fœtal (par exemple, la tonalité émotionnelle environnante de la mère) peuvent être associées aux efforts de survie du fœtus. Après la naissance, le corps va essayer de trouver un substitut qui a une sensation/émotion semblable, soit à l'intérieur de la cellule primaire, soit dans le monde extérieur, soit dans les deux. (Par exemple, l'adulte devient sexuellement attiré envers quelqu'un qui a souvent la même tonalité émotionnelle que sa mère avait). Ce principe est également à la base de la plupart des addictions. Ce concept peut également être étendu aux symptômes corporels - si le corps associe la survie à un symptôme (par exemple, la surdité), il trouvera de nouvelles façons de remplacer le symptôme, peu importe ce que vous guérissez - du moins tant que vous n'aurez pas éliminé l'association symptôme/survie qui est en place.

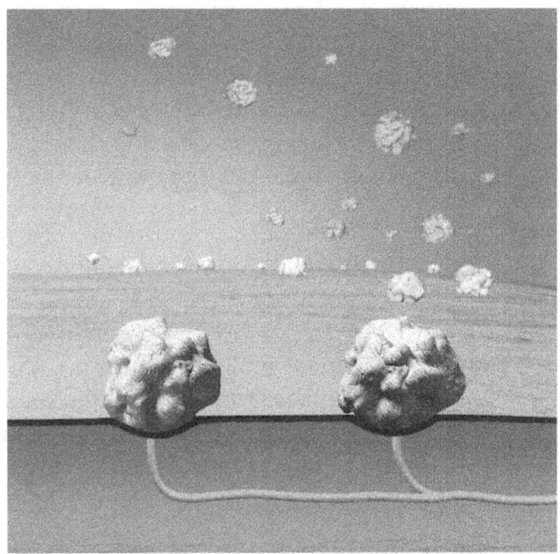

Figure 7.2 : (b) Une vue latérale plus détaillée de la membrane du RE montrant l'ARNm.

Mots-clés utilisés pour décrire les symptômes

- Toxicomanie, sevrage.
- Allergie.
- Ça n'a aucun sens. Associations illogiques.
- Associations positives.
- Attirances sexuelles..
- Je ne vais pas mieux ; essayer de guérir ne fait qu'empirer les choses.

Questions aidant à poser le diagnostic

- Est-ce que c'est un schéma qui se répète dans votre vie ?

Diagnostic différentiel

- Blocage tribal : résistance versus motivation (je veux faire quelque chose, mais je ne peux pas, versus je ne veux pas faire quelque chose, mais je dois le faire).

- Traumatisme positif : test empirique par guérison du traumatisme biographique.
- Boucles temporelles : le problème revient-il toujours après la guérison de la cause ? Vérifiez qu'il y a des boucles temporelles qui font revenir exactement la même cause, plutôt qu'une nouvelle cause avec les mêmes symptômes.

Traitement

- Body Association Technique™ : Variante à une ou deux mains. S'il n'y a pas de sensation dans la main, alors ce n'est pas une association du corps. Une approche moins fiable consiste à envoyer de l'amour et de la joie à l'intérieur du tube depuis la main jusque dans le corps pour dissoudre les dommages de l'histone du gène.
- Les techniques méridiennes comme l'EFT peuvent parfois guérir les associations corporelles, mais cela peut fonctionner ou pas pour un client ou pour un problème donné. Une technique qui cible explicitement ce problème (telle que la Body Association Technique™) est généralement plus utile.

Erreurs typiques lors du traitement

- Dans la version « envoyer de l'amour » de la technique, une erreur courante est d'envoyer l'amour dans le ribosome (sac froissé) plutôt que dans le tube dans la paume sous le ribosome.
- Dans la version tapotement de la technique, une erreur courante est de ne pas vérifier séparément la main gauche et la main droite ; ou d'oublier qu'il peut y avoir de nombreux traumatismes associatifs avec le sentiment visé ; ou de faire des visualisations plutôt que de ressentir l'expérience.

Fréquence et gravité des symptômes

- Très courant.
- Potentiellement très perturbant.

Cause sous-jacente

- Histone endommagée autour d'un gène du p-organite du corps.

Risques

- Comme d'habitude en psychotraumatologie.
- Peut perdre de l'intérêt envers une personne, un emploi ou une activité qui comportait une association.
- Dans le cas d'une dépendance sexuelle, le client pourrait être contrarié parce que ses pulsions sexuelles ont changé.

Codes CIM-10

- F48.1, F63, F93.

Traumatisme générationnel :
« Je suis fondamentalement, douloureusement imparfait »

Les traumatismes générationnels sont maintenant appelés « dommages épigénétiques » dans les textes de biologie. Ce qu'ils ne réalisent pas, c'est comment on peut accéder à ces problèmes et les guérir en utilisant des techniques de type psychologiques - bien qu'il s'agisse en réalité d'interventions dans la cellule primaire elle-même. Ce type de traumatisme est causé par le même mécanisme que les autres types de traumatisme : un gène (de la cellule procaryote qui devient plus tard le cerveau triunique du périnée) a une couche d'histone endommagée. Lorsque le périnée ou l'organite du troisième œil (ce sont des organites complémentaires de l'ovocyte et du spermatozoïde respectivement) a besoin d'une protéine, une copie de l'ARNm est faite. En cas de traumatisme, l'ARNm reste collé à l'histone. La séquence d'ARNm s'étend à l'extérieur de la membrane nucléaire, dans le cytoplasme, et des structures qui ressemblent à des perles se fixent sur toute sa longueur. Ces « perles » contiennent également des informations traumatiques ; dans ce cas, l'image et les sensations traumatiques impliquant les ancêtres du client qui avait aussi le même problème générationnel. Notez que les traumatismes générationnels ne sont pas des traumatismes « collectifs », où de grands groupes d'humains partagent à travers l'histoire une sensation commune - ils sont plutôt le sentiment commun d'une série d'ancêtres.

Figure 7.3 : (a) Les structures sphériques de l'ARNm contiennent des passerelles vers les traumatismes générationnels du passé.

Il est souvent facile de remonter la piste des symptômes du client jusqu'à une séquence générationnelle parce que le symptôme apparent est le même dans le traumatisme ancestral. Psychologiquement, les traumatismes générationnels provoquent des sentiments douloureux qui sont très personnels, comme si la personne était intrinsèquement défectueuse. Le fait de mettre l'accent sur la présence des grands-parents à l'intérieur ou à proximité du corps permet d'accéder facilement à ce type de traumatisme. De là, la séquence de traumatismes générationnels est facilement accessible pour la guérison. Il est intéressant de noter que ces « grands-parents » sont en fait un parasite amibien de classe 3, c'est pourquoi on peut toujours avoir accès à ses grands-parents même quand on ne les a jamais rencontrés.

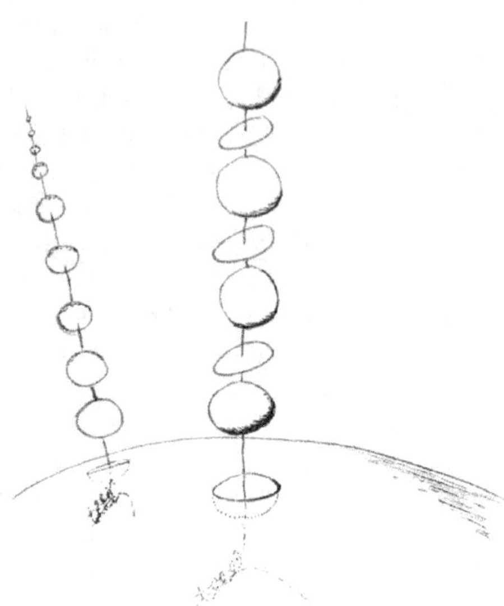

Figure 7.3 : (b) Séquences d'ARNm bloquées sortant du noyau. Les séquences avec des disques s'attachent aux gènes du cerveau du troisième œil, les séquences sans disques s'attachent aux gènes du cerveau du périnée.

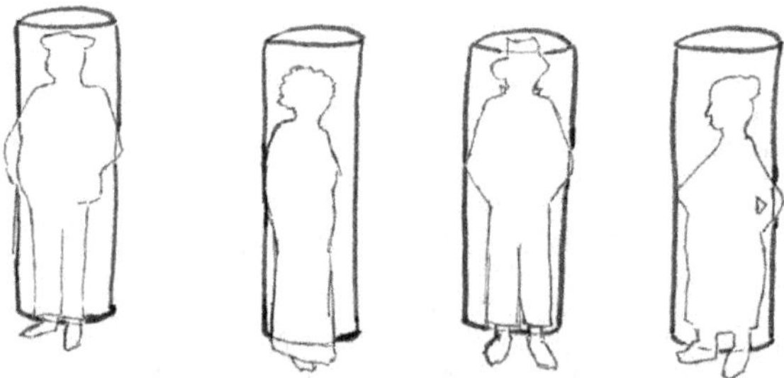

Figure 7.3 : (c) Les présences des quatre grands-parents peuvent être ressenties à l'extérieur du corps. Il s'agit en fait de structures cylindriques qui sont attachées à une bactérie par de petits tubes.

Cependant, de nombreux traumatismes générationnels ont un effet indirect et il n'y aura pas d'ancêtre qui en présente le symptôme. Le traumatisme générationnel cause des défauts dans la façon dont la cellule primaire est construite. Ils créent des « problèmes structurels » dans la cellule primaire - les dommages qu'ils causent donnent au client des émotions et des sensations qui sont différentes du ressenti du traumatisme lui-même. Par analogie, si le toit de votre maison est troué à cause d'une erreur dans les plans de la maison (le traumatisme générationnel), votre colère à propos des dégâts lorsque vos meubles sont imbibés d'eau et deviennent moisis après une averse (le symptôme) n'est pas la même que votre sentiment original concernant l'erreur dans les plans.

Mots-clés utilisés pour décrire les symptômes

- Quelque chose ne va pas chez moi ; il y a un défaut dans qui je suis ; je suis profondément défectueux.
- La problématique me semble très personnelle ; c'est au sujet de qui je suis ; j'ai toujours eu cela.
- D'autres membres de la famille ou ancêtres ont le même problème.

Questions aidant à poser le diagnostic

- Est-ce que c'est ressenti comme personnel ?
- Est-ce présent dans votre famille élargie génétiquement apparentée (frères et sœurs, grands-parents, cousins et cousines) ?

Diagnostic différentiel

- Traumatisme biographique : il n'est pas personnel.
- Traumatisme collectif : le client ressent la souffrance du groupe de personnes dans le passé, par exemple les survivants des camps de concentration, les survivants d'inceste, etc. En revanche, les traumatismes générationnels sont des ancêtres individuels qui ont eu les mêmes sentiments traumatisants.
- Copie : le sentiment a-t-il la personnalité de quelqu'un d'autre ? Est-il partiellement en dehors de votre corps ?
- Colonne du Soi : Un vide dans la colonne provoque des sentiments d'effroi ou d'anéantissement, avec des rôles ou des identités de soi fermement maintenus afin de bloquer ces sentiments. Seule la perte du ou des rôles déclenche ces sentiments.
- Vie antérieure : vous pouvez vous reconnaître dans une vie antérieure, mais dans un traumatisme générationnel vous ne vous reconnaissez pas dans vos ancêtres.

Traitement

- Technique de traumatisme générationnel.

Erreurs typiques lors du traitement

- Oublier de ressentir les ancêtres des grands-parents pendant le processus de guérison.
- S'accrocher à l'image de l'ancêtre quand il veut se dissoudre.
- Oublier de vérifier les quatre grands-parents pour des problèmes similaires.

Fréquence et gravité des symptômes

- Très courant.

Cause sous-jacente

- Histone endommagée autour d'un gène du p-organite du périnée ou du troisième œil.

Risques

- Comme d'habitude en psychotraumatologie.
- Il peut y avoir des gènes sous la surface et ils peuvent être activés plus tard (voir la « règle de trois »).

Codes CIM-10

- F43, F44, F48.1, R45.

Traumatisme fondamental (de la colonne vertébrale) :
« Le monde est ainsi fait »

Nous avons remarqué il y a quelques années qu'il y avait des sensations et des sentiments traumatiques situés dans les vertèbres de la colonne vertébrale. Il s'avère que ces « traumatismes fondamentaux » de la colonne vertébrale, comme nous les appelons, créent chez une personne des croyances qui définissent les limites de son monde. Ces traumatismes fondamentaux, bien qu'ils causent d'immenses problèmes aux gens, sont rarement traités chez les clients parce qu'ils ne peuvent tout simplement pas sentir, voir ou remarquer la croyance fondamentale sans des efforts exceptionnellement difficiles. Il arrive qu'un thérapeute doive en guérir un pour résoudre le problème d'un client ; les résultats, souvent douloureux sur le plan émotionnel, d'un traumatisme fondamental dans la vie d'une personne sont beaucoup plus faciles à remarquer que la croyance elle-même. Il n'est pas facile de trouver une croyance traumatique fondamentale avec les techniques actuelles, mais on peut être proactif et simplement travailler le long de la colonne vertébrale, en stimulant les traumatismes fondamentaux par la pression et la conscience, en les guérissant au fur et à mesure.

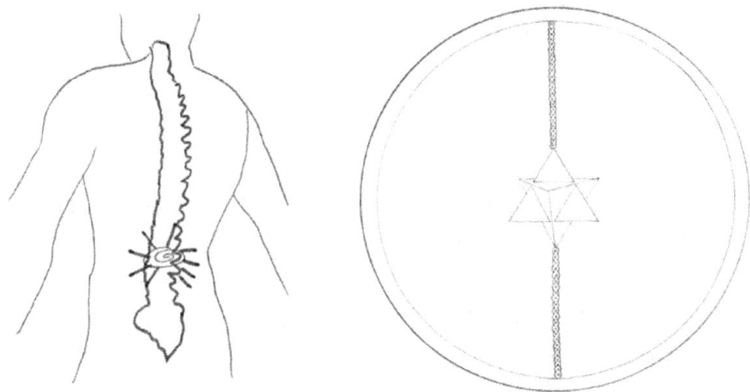

Figure 7.4 : (a) Un traumatisme fondamental est vécu comme une zone douloureuse dans la vertèbre.

b) La chaîne correspondante reliant l'anneau à la merkaba (également une structure fongique) à l'intérieur du noyau nucléaire.

Les traumatismes fondamentaux n'affectent pas l'alignement de la colonne vertébrale. Les traumatismes fondamentaux ne causent pas non plus de maux de dos. Pour ressentir la douleur d'un traumatisme fondamental, vous devez placer votre CdC à l'intérieur de la vertèbre.

D'un point de vue biologique, les traumatismes fondamentaux peuvent être considérés comme des traumatismes bloqués interconnectés à l'intérieur du noyau. Les sensations vertébrales correspondent à des lésions au niveau des maillons de la « chaîne » fongique qui relie l'anneau à la merkaba dans le noyau nucléaire.

Les traumatismes fondamentaux correspondent à l'expérience de ressentir ou de voir des objets en pierre monolithiques devant ou partiellement dans son corps lorsque l'on essaie d'avancer dans la vie. Ces objets, formés lors d'un événement traumatique où la personne à l'impression de mourir (par exemple, un accident de voiture) conservent ce sentiment de mort de l'événement en question.

Ces objets se trouvent dans le cytoplasme et sont reliés à un parasite bactérien qui est sur la membrane nucléaire. Les traumatismes fondamentaux ont toujours une structure monolithique en pierre correspondante dans l'espace autour de soi, et il est beaucoup plus simple de trouver et de dissoudre les monolithes en pierre que de trouver et d'éliminer les traumatismes fondamentaux.

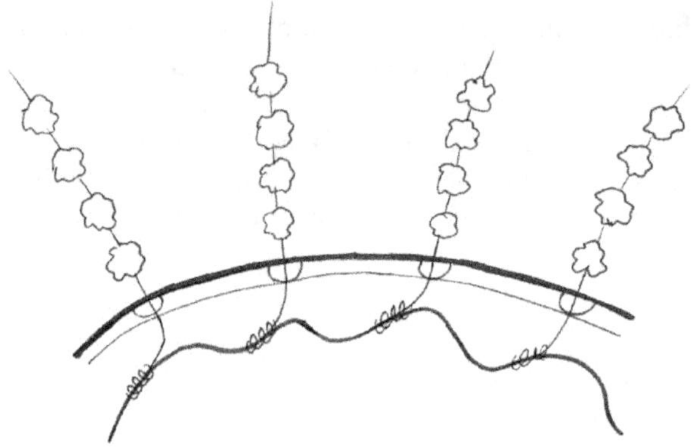

Figure 7.4 : (c) Un traumatisme fondamental tel qu'on le perçoit dans la cellule primaire, comme une chaîne de gènes connectés avec les séquences d'ARNm traumatiques associées.

Mots-clés utilisés pour décrire les symptômes

- C'est comme ça ; c'est ainsi ; je ne peux rien y faire.
- C'est tout simplement vrai ; c'est tout simplement évident.
- Je n'arrive pas à guérir ce problème.

Questions aidant à poser le diagnostic

- « Que se passerait-il si ce n'était pas vrai ? »
- « Avez-vous ce problème dans de nombreux aspects de votre vie (des choses comme je ne suis pas assez bien, ou je suis mauvais) ? »

Diagnostic différentiel

- Croyances dues à des traumatismes biographiques : contrairement au traumatisme biographique, il n'y a pas de sentiment émotionnel sous-jacent dans la croyance d'un traumatisme fondamental. Ainsi, la croyance traumatique fondamentale est beaucoup plus difficile à remarquer que les croyances des traumatismes biographiques.

Traitement

- Technique de traumatisme fondamental (colonne vertébrale).

Erreurs typiques lors du traitement

- Perdre du temps avec les rationalisations des clients. Allez au niveau de la colonne vertébrale dès que possible.
- Si un monolithe (ou traumatisme fondamental) revient après l'avoir guéri, vérifier s'il y a des boucles temporelles.

Fréquence et gravité des symptômes

- Les traumatismes fondamentaux sont présents chez presque tout le monde, mais ils sont très difficiles à remarquer. Certaines personnes ont de nombreux traumatismes fondamentaux.
- Les clients suivent rarement une thérapie pour ce problème, car ces traumatismes sont très difficiles à reconnaître.

Cause sous-jacente

- Dommages à la structure fongique de la chaîne dans le noyau nucléaire.

Risques

- Comme d'habitude en psychotraumatologie.

Codes CIM-10

- Pas encore déterminé.

Chapitre 8

Les cas subcellulaires les plus fréquents

Habituellement, la plupart des problèmes des clients sont directement dus à un traumatisme, et le traitement est donc simple, même s'il est parfois douloureux ou difficile. Cependant, environ 20 à 30 % du temps, les symptômes physiques ou émotionnels surviennent car nous avons une expérience directe de défauts de la cellule primaire, de blessures ou d'interactions parasitaires dans le présent - et non par le fait de revivre l'émotion d'un traumatisme passé. Nous appelons ces problèmes de la cellule primaire des « cas subcellulaires ». Sur le plan diagnostique, si vous guérissez un traumatisme et que le symptôme demeure, cela signifie que vous êtes en présence d'un cas subcellulaire.

Toutefois, bon nombre des cas subcellulaires (traités dans le présent chapitre et les chapitres suivants) sont *indirectement* attribuables à un traumatisme. Ainsi, la maîtrise de diverses techniques de guérison des traumatismes est encore nécessaire pour guérir bon nombre des problèmes des cas subcellulaires. De plus, les thérapeutes constatent parfois que la guérison d'un traumatisme apparent peut aboutir à la découverte d'un problème de cas subcellulaire - un problème que le client peut juger bien pire que le symptôme initial.

Dans nos formations, le thérapeute doit mémoriser chacun des cas subcellulaires (et leur technique de traitement) afin qu'il puisse poser un diagnostic efficace et à la volée sur les clients. Ce manuel se veut à la fois un outil d'aide à l'apprentissage et un ouvrage de référence sur les différents cas subcellulaires et leurs subtilités lors d'un travail avec les clients. Il contient également des illustrations des problèmes subcellulaires pour aider à les mémoriser et faciliter le diagnostic différentiel. Ainsi, une fois le type de dommages cellulaires compris, le thérapeute peut habituellement repérer les sentiments et les sensations qui découlent d'une lésion ou d'un dysfonctionnement lié à un cas subcellulaire donné. Il s'agit d'une formation semblable à la formation médicale où l'on s'attend à ce que le médecin établisse un diagnostic en fonction de sa connaissance de diverses maladies et affections.

Malheureusement pour le lecteur occasionnel, il est souvent difficile, voire impossible, de partir d'un symptôme et de poser un diagnostic en utilisant les noms des cas subcellulaires. En fait, plusieurs de nos noms de cas subcellulaires identifient le problème subcellulaire et non le symptôme psychologique. De plus, comme les symptômes se chevauchent beaucoup, il est souvent nécessaire de prendre le temps d'effectuer un diagnostic différentiel. Nous avons constaté empiriquement qu'il vaut beaucoup mieux poser un diagnostic à partir d'une compréhension de la nature des problèmes subcellulaires et de leur manifestation psychologique résultante. Le chapitre 12 traite également de diverses problématiques communes chez les clients et de leurs causes possibles ; certaines d'entre elles peuvent être assez épineuses.

Bibliographie

- Courteau, P. (2013). *The Whole-Hearted Healing™ Workbook*
  Pour des instructions détaillées sur la guérison des cas subcellulaires.
- McFetridge, G., Pellicer, M. (2004). *Le manuel du Whole-Hearted Healing™.*
  Pour des instructions détaillées sur la guérison des cas subcellulaires.
- McFetridge, G. et al. (à paraître). *Peak States of Consciousness, Volume 3*
  Pour un exposé détaillé des problèmes subcellulaires et de leurs causes.

Copie : « Mon sentiment provient de quelqu'un d'autre »

Les copies ne sont que cela - une copie des symptômes de quelqu'un d'autre, mais que l'on conserve dans son propre corps. Ce problème est ressenti en régression comme si notre cœur quittait notre corps et entrait dans la région du cœur d'une autre personne au moment du traumatisme. Au niveau subcellulaire, une copie ressemble à un ballon attaché à un ribosome dans une séquence de traumatismes. Ce ballon contient la sensation et le sentiment de la personnalité de la personne qui a été copiée. En réalité, les structures physiques de la copie font partie d'un organisme bactérien plus grand en forme de hot dog dans le cytoplasme de la cellule primaire.

Il s'agit d'un cas subcellulaire très important parce que c'est *la raison la plus fréquente* pour laquelle une thérapie méridienne ou toute autre thérapie de psychotraumatologie bien menée n'a aucun effet - le sentiment n'est pas dû à un traumatisme. Les copies peuvent véhiculer n'importe quel sentiment possible et peuvent se manifester dans n'importe quel problème du client, comme la dépendance, les problèmes physiques, etc. Cependant, contrairement au traumatisme, une copie n'a pas de croyance ou de décision limitante qui lui est associée - il s'agit simplement d'une émotion, d'une sensation ou d'une combinaison des deux.

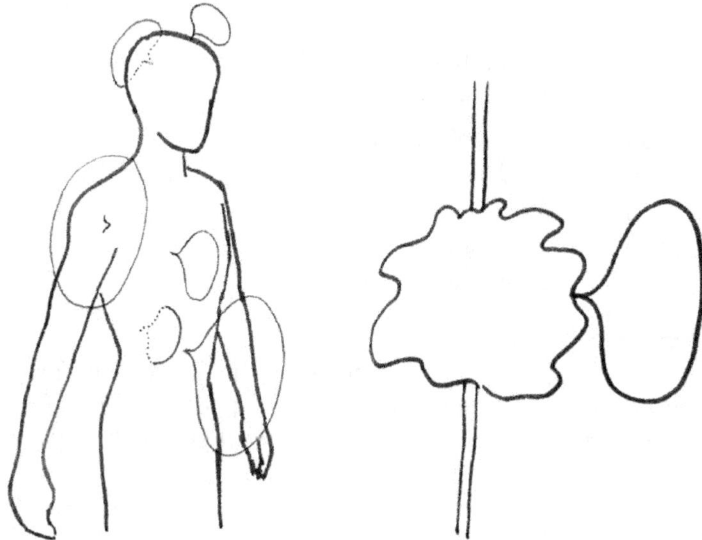

Figure 8.1 : (a) Comment une personne fait l'expérience des copies, en partie à l'intérieur et en partie à l'extérieur de son corps.
(b) Une copie ressemble à un ballon attaché à un ribosome d'un traumatisme biographique.

Figure 8.1 : c) Copies (un organisme bactérien) attachées aux ribosomes d'une séquence de traumatismes d'ARNm dans le cytoplasme de la cellule primaire. Notez les tubes qui se dirigent vers le corps du parasite (non représenté).

Mots-clés utilisés pour décrire les symptômes

- Je n'arrive pas à le laisser partir. Le tapotement ne fonctionne pas.
- « Je me sens comme mon/ma _____ [maman, papa, ami] ».
- Cette émotion a la personnalité de quelqu'un d'autre, et est à moitié hors de votre corps.
- Il peut s'agir de n'importe quel sentiment, depuis un sentiment émotionnel positif jusqu'à une douleur physique.

Questions aidant à poser le diagnostic

- La sensation semble-t-elle être à la fois à l'intérieur et à l'extérieur du corps, comme dans un ballon ?
- Le sentiment a-t-il la personnalité de quelqu'un d'autre (surtout si vous mettez votre conscience à l'intérieur de la structure de la copie) ?

Diagnostic différentiel

- Traumatisme biographique : les copies n'ont ni croyance ni décision ; le tapotement ne fonctionne pas sur les copies ; une copie a la sensation de la personnalité de quelqu'un d'autre ; la sensation de la copie s'étend en dehors du corps.
- Traumatisme générationnel : les copies ne sont pas ressenties comme personnelles. Elles ont juste un sentiment en elles.
- Structure du cerveau de la couronne : Une structure a une forme géométrique, rigide du point de vue kinesthésique et souvent douloureuse ; elle est presque toujours entièrement à l'intérieur du corps ; elle ne comporte pas la sensation qu'une autre personne est présente à l'intérieur (a une personnalité).
- Malédiction : elle crée une sensation spécifique telle que celle d'un clou ou d'une pointe de flèche dans le corps, ainsi que le sentiment de la personnalité d'une autre personne. Une malédiction a aussi une phrase qui en émane - ce qui n'est pas le cas d'une copie.

- Corde : le sentiment est dans quelqu'un d'autre à l'extérieur du corps du client.

Traitement

- Le plus simple : envoyer de l'amour à la jonction entre le ribosome et la copie, comme si on envoyait du solvant à l'embouchure d'un ballon.
- Plus difficile : régresser au moment du traumatisme et ressentir ses propres émotions au lieu de celles de l'autre personne. (Il n'est pas nécessaire d'éliminer la séquence de traumatismes.)
- Le plus difficile, mais avec l'effet le plus global : éliminer les organismes bactériens générateurs de copies (il peut y en avoir plusieurs). Il s'agit d'un processus certifié Peak States.

Erreurs typiques lors du traitement

- Le client essaie d'aimer et de ressentir de la compassion pour la copie [maman, papa, ami] au lieu d'utiliser l'amour comme un solvant à la jonction entre la copie et le ribosome.
- Les copies des parents sont habituellement difficiles à remarquer parce que les reliques de la conscience du spermatozoïde et de l'ovocyte (qui ressemblent à de jeunes versions des parents) sont encore présentes dans la plupart des gens. Les clients doivent être spécifiquement invités à vérifier cette possibilité.

Fréquence et gravité des symptômes

- Très fréquentes, surtout chez les thérapeutes et les autres types de guérisseurs (qui ont tendance à être empathiques).
- Les copies demeurent à moins qu'elles n'aient été guéries délibérément.
- Elles peuvent avoir n'importe quelle gamme d'intensité ou de contenu.

Cause sous-jacente

- Les copies font partie d'un parasite bactérien plus important.
- Elles se produisent lorsque la personne envoie son « cœur » dans le cœur de l'autre personne. (Cela peut être pour diverses raisons, comme vouloir aider, se sentir seul, etc.)
- Les copies recouvrent parfois une personne (comme si elle était entourée d'airbags) parce qu'elles donnent au client un sentiment de sécurité ou de protection.

Risques

- Comme d'habitude en psychotraumatologie.
- Certaines personnes utilisent des copies comme bouclier, de sorte que des sentiments d'être exposé et vulnérable peuvent être déclenchés.

Codes CIM-10

- F45, F93.
- Les copies peuvent imiter de nombreux autres codes.

Corde : « Je peux ressentir la personnalité ou l'émotion d'une autre personne »

Le mot « corde » vient de la tradition psychique popularisée par le Berkeley Psychic Institute, en partie parce qu'elles peuvent être « perçues » comme des tubes qui relient deux personnes. D'un point de vue expérientiel, on ressent l'émotion d'une autre personne à distance, un sentiment habituellement décrit comme sa « personnalité ». Ces sentiments peuvent être positifs ou négatifs. Les cordes « relient » les traumatismes complémentaires de deux personnes. Il y a aussi une « phrase traumatique » qui est envoyée à l'autre personne à partir de chaque traumatisme, comme si la corde était un téléphone fait de tubes. Un champignon « borg » cause ce problème.

Ce problème apparaît souvent dans les thérapies de couple, lorsqu'un partenaire n'aime pas la tonalité émotionnelle qu'il perçoit chez l'autre partenaire. Les cordes peuvent également stimuler les comportements et les expériences de l'autre personne en stimulant un traumatisme ; par exemple, inhiber les sentiments sexuels, amener une personne à agir stupidement ou maladroitement, etc. Le traitement peut se faire corde par corde, ou être enlevé globalement en conférant l'immunité contre le champignon.

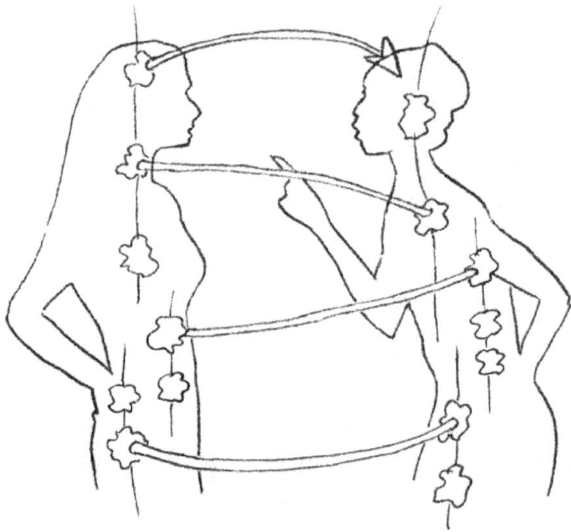

Figure 8.2 : (a) Cordes reliant les ribosomes de deux personnes (expérientiel).

Figure 8.2 : (b) Champignon borg se connectant aux ribosomes dans la cellule primaire d'une personne
(c) Champignon borg chez deux personnes différentes se connectant comme des téléphones portables.

Mots-clés utilisés pour décrire les symptômes

- Je ressens cette personne comme étant _____ [tonalité émotionnelle ou de la personnalité].
- J'agis différemment quand la personne est là.
- Problèmes avec mon conjoint.
- D'habitude, je ressens différemment les différentes personnes.
- Après avoir eu une interaction avec une personne je n'arrête pas de penser à elle.

Questions aidant à poser le diagnostic

- Comment ressentez-vous l'émotion ou la personnalité de l'autre personne ?
- Les cordes sont directionnelles. Certaines personnes peuvent ressentir une sensation de tiraillement en se tournant.

Diagnostic différentiel

- Projection : une personne qui projette peut inverser les rôles (c.-à-d. l'agresseur et la victime) ; on projette habituellement le même sentiment sur plusieurs personnes ; et il est possible de faire des projections sur des objets. Les cordes ne peuvent pas avoir ces qualités. On ne peut pas avoir de cordes avec des objets, seulement avec des gens.
- Malédictions : ce sont des structures attachées à l'extrémité d'une corde flottant librement. Les malédictions sont physiquement douloureuses. Les cordes ne causent pas de douleur physique.
- Trou-a : une autre personne avec un trou-a peut avoir l'impression d'aspirer l'énergie du client ; ou elle peut utiliser le sentiment d'« amour » comme appât pour permettre le drainage. Les cordes permettent de ressentir le sentiment émotionnel traumatique de l'autre, ce qui peut être n'importe quoi.
- Corde-m / trou-m : l'émotion de la corde-m chez l'autre personne comporte un sentiment maléfique sous-jacent (mais ce n'est pas totalement concluant,

car cela peut aussi se produire, rarement, avec des cordes) ; un critère de diagnostic concluant est que l'emplacement et l'émotion chez l'autre personne sont les mêmes que chez le client.

Traitement

- Distant Personality Release (DPR). Note : la DPR fonctionne également sur les cordes-m. C'est le plus simple, mais cela ne fonctionne que sur une seule corde à la fois.
- Silent Mind Technique™ (SMT). C'est un processus beaucoup plus difficile, mais qui élimine définitivement ce problème.
- Guérissez le traumatisme activé à votre extrémité. Il peut être difficile d'identifier le traumatisme.

Erreurs typiques lors du traitement

- DPR : à l'étape 2, le sentiment amoureux n'est pas inconditionnel.

Fréquence et gravité des symptômes

- Très courant. Beaucoup plus courant que la projection.
- Les cordes stimulent directement le traumatisme, avec une large gamme de gravité/force.

Cause sous-jacente

- Une corde est un tentacule d'un champignon borg qui se connecte aux ribosomes traumatiques dans la cellule primaire. Si deux personnes interagissent et ont des traumatismes complémentaires, leurs champignons communiquent alors les émotions et les phrases traumatiques comme si le tentacule était une sorte de tuyau acoustique antique. Les personnes impliquées peuvent vouloir avoir ou non un lien dans le présent ; la motivation inconsciente est de recréer l'interaction entre plusieurs personnes du moment traumatique originel.

Risques

- Comme d'habitude en psychotraumatologie.

Codes CIM-10

- F52.

Voix ribosomique (pensée obsessionnelle, schizophrénie) : « Je n'arrive pas à faire le silence dans ma tête »

Ce problème dans la cellule primaire est la principale cause du bavardage mental que les gens expérimentent quotidiennement. Il s'agit en fait d'un trouble à large spectre ; certaines personnes présentent des symptômes légers (« pensées », « bavardage mental », « esprit occupé »), d'autres plus graves (« pensées obsessionnelles ») et d'autres plus extrêmes (« entendre des voix », canalisation (channeling), schizophrénie). Ce problème est le résultat d'un effet indirect du champignon « borg ». Le champignon peut injecter un matériau cristallin dans des ribosomes particuliers qui sont incorporés dans le réticulum endoplasmique ; ces ribosomes contiennent alors des personnalités entières, comme s'il s'agissait de personnes réelles piégées en des endroits fixes à l'intérieur ou à l'extérieur du corps du client. Le client « entend » ces « gens », ce qui est alors vécu comme des pensées qui viennent à l'esprit. La tonalité émotionnelle de chaque voix ribosomique est fixe, mais varie d'un ribosome à l'autre ; elle peut être négative ou positive. Une personne typique a environ 15 de ces voix ribosomiques. Malheureusement, pratiquement tout le monde est infecté par ce parasite - par conséquent, la société considère qu'il est normal d'avoir des « pensées ». La plupart des gens supposent que ces pensées sont les leurs ; pourtant, lorsque ces ribosomes ou le champignon sont éliminés, l'esprit du client devient silencieux, sans pensées de fond. C'est ce que nous appelons l'état de « Silence Mental ».

Figure 8.3 : (a) Pensées (ou « voix ») vécues dans des endroits fixes dans l'espace autour du corps.

Les ribosomes particuliers d'association du corps qui peuvent avoir des « voix » se forment pendant un traumatisme *in utero* lorsque notre survie est en jeu. L'association établit un lien entre la survie et la tonalité émotionnelle de la mère pendant l'événement. Ces associations causent aussi d'autres problèmes étranges chez presque tout le monde : elles sont la cause dominante des attirances sexuelles et créent une pulsion inconsciente de manipuler les autres pour qu'ils aient toujours un état émotionnel particulier. Par exemple, ce mécanisme peut déclencher les crises de colère d'un enfant qui tente désespérément de rétablir le sentiment cible (positif ou négatif) chez le parent.

Une formation spécialisée est requise si le thérapeute travaille avec des clients sous médication psychoactive ou avec des clients qui sont instables sur le plan émotionnel ou mental. Pour de plus amples informations, consultez notre livre *Silence the Voices*. Des problèmes similaires peuvent être causés par d'autres mécanismes de maladie, mais ils sont beaucoup moins fréquents.

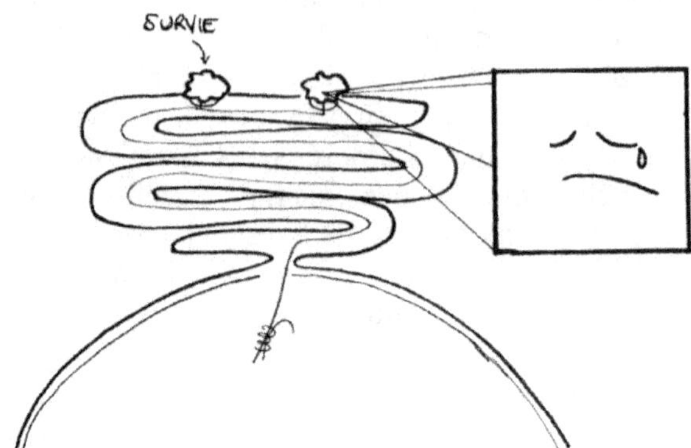

Figure 8.3 : (b) Une voix ribosomique implantée dans le réticulum endoplasmique.

Mots-clés utilisés pour décrire les symptômes

- « J'ai des pensées ______ [anxieuses] » ; pensées obsessionnelles ; bavardage mental ; mon esprit s'emballe ; j'ai des pensées terribles.
- Entendre des voix ; schizophrénie.
- Canalisation ; possession démoniaque.
- Obsession, dépendance sexuelle, attirance sexuelle envers les gens.

Questions aidant à poser le diagnostic

- Est-ce que votre sentiment vient d'une pensée ?
- Êtes-vous attiré sexuellement par quelqu'un que vous n'aimez pas vraiment ?
- Avez-vous une pensée obsessionnelle ?
- Est-ce que cette pensée a la tonalité de la voix de quelqu'un d'autre ?
- La pensée est-elle située à un endroit fixe à l'extérieur de votre corps ?
- La voix ressemble-t-elle à un nuage gris ou sombre à l'extérieur du corps ?

Diagnostic différentiel

- Boucles sonores : ce sont juste des enregistrements audios sans aucune émotion.
- Trou-a : l'obsession est centrée sur l'amour et l'attention.
- Parasite amibien de classe 3 : Pensée ou phrase obsessionnelle simple et répétitive, mais reproduite à différents endroits, et habituellement à l'intérieur du corps.
- Traumatisme : ce sont les pensées qui causent le sentiment, et non le sentiment qui cause les pensées.

- Parasite de classe 1 : les voix ne sont pas dans des endroits fixes, et elles ressemblent plutôt à de la télépathie.

Traitement

- Pour une voix individuelle : utilisez la Body Association Technique™ ciblée sur la tonalité émotionnelle de la voix.
- Pour une guérison globale : utilisez la Silent Mind Technique™ (SMT) pour devenir immunisé et ainsi éliminer le champignon borg.

Erreurs typiques lors du traitement

- Ignorer que le problème du client est causé par une pensée et non par un sentiment.
- Dans les cas graves de schizophrénie, la motivation sous-jacente pour avoir des voix est la solitude. Si vous guérissez une voix, le client trouvera davantage de voix pour compenser. Ces personnes ont besoin du processus complet Silent Mind Technique™.

Fréquence et gravité des symptômes

- Presque tout le monde a ce problème, c'est seulement une question de répression.
- Une personne dans l'état de Beauté Fondamentale n'a pas de voix (c'est-à-dire pas de pensées en arrière-plan).

Cause sous-jacente

- Causée par une combinaison du champignon « borg » et d'un type particulier de traumatisme prénatal mettant la vie en danger qui crée la compulsion d'être entouré de tonalités émotionnelles particulières (substituts sensoriels).

Risques

- Plus que d'habitude en psychotraumatologie. La guérison globale (SMT) peut causer des problèmes d'adaptation chez les partenaires et les enfants, car la personne peut maintenant être ressentie comme plus « distante » et « peu aimante » envers ses proches. Ceux-ci peuvent avoir besoin d'un traitement pour leurs sentiments ; dans certains cas, ils auront eux aussi besoin du SMT.
- La guérison peut déclencher une solitude extrême et des tentatives de compenser les voix manquantes.
- Les thérapeutes ont besoin d'une formation spécialisée pour traiter les clients instables ou médicamentés ; ces clients ont besoin d'une surveillance pendant et après le traitement et d'une supervision médicale pour les effets et les changements de médication.

Codes CIM-10

- F20, F44.3, R44

Perte d'âme : « Quelqu'un (ou quelque part) me manque »

Notre utilisation du mot « perte d'âme » vient de la tradition chamanique popularisée par Sandra Ingerman (*Soul Retrieval*) et Michael Harner (*The Way of the Shaman*). Elle décrit la sensation d'avoir un morceau de conscience manquant. En régression, une image de soi s'éloigne de notre corps au moment où cela se produit. Dans la cellule primaire, ce problème peut être perçu comme une absence de cytoplasme autour de la séquence de traumatismes contenant le moment où la perte de l'âme s'est produite ; ou à un niveau plus fondamental, comme un matériau manquant dans la structure qui cause l'image corporelle. En fait, ce problème peut être « vu » dans l'état « Spacieux » : il manque tout simplement une partie du corps, comme si une cuillerée de chair avait été retirée.

Une prise de conscience du problème est souvent déclenchée lorsque des relations prennent fin. La tristesse, la solitude ou la perte n'est *pas* due à l'activation de traumatismes ou à l'absence du partenaire ; au contraire, ces sentiments sont dus au fait de porter l'attention sur la partie manquante dans la cellule primaire. Ces sentiments sont parfois appelés « dépression » par les clients.

Dans certains cas extrêmes où il y a tellement de perte d'âme que la plus grande partie de l'image corporelle a disparu, le client peut dire qu'il se sent « émotionnellement engourdi » ou « ne peut pas ressentir ». L'absence des sentiments habituels de « perte » peut rendre ce cas difficile à reconnaître.

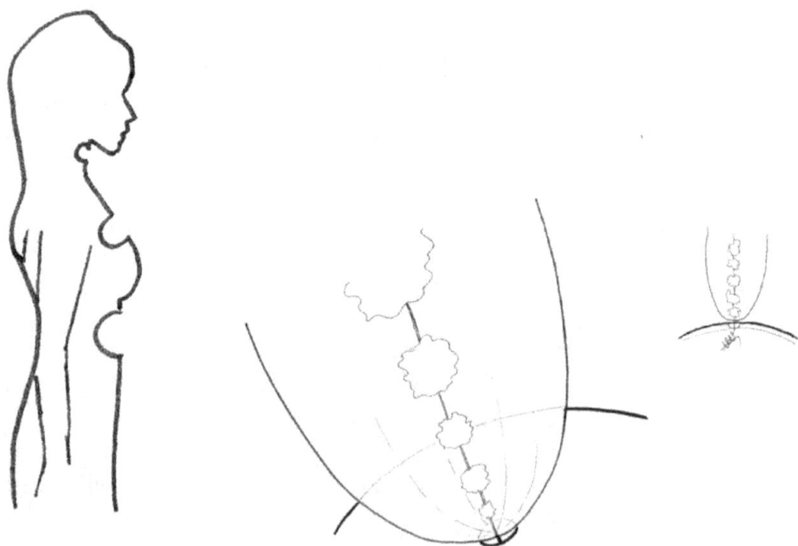

Figure 8.4 : (a) La perte d'âme est perçue visuellement et de manière kinesthésique comme des parties du corps manquantes.

(b) La perte d'âme vue comme une zone vide le long de la séquence de traumatismes biographiques correspondante. À gauche se trouve la vue du cytoplasme - à droite se trouve une vue en coupe à travers le noyau.

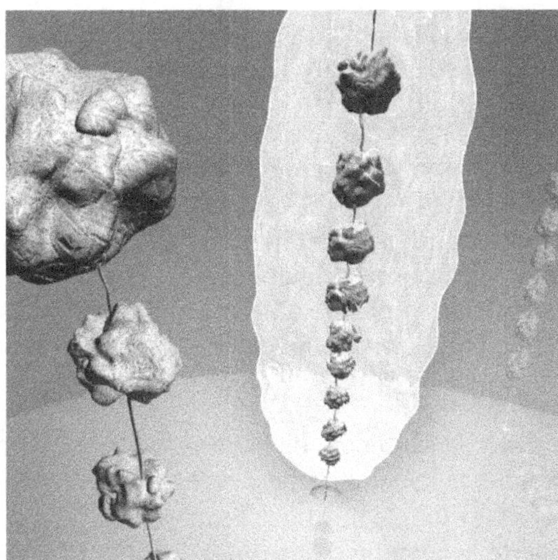

Figure 8.4 : (c) Dessin en 3D de la séquence de traumatismes à laquelle est associée une perte d'âme dans la cellule primaire.

Mots-clés utilisés pour décrire les symptômes

- Le désir, la nostalgie, la perte, la solitude, le manque de quelqu'un ou d'un endroit, la tristesse.
- Obsession.

Questions aidant à poser le diagnostic

- Est-ce que quelqu'un en particulier ou un endroit vous manque ou vous le désirez ?
- Avez-vous l'impression qu'une région de votre chair est manquante ?
- Vous voulez quelque chose et vous ne l'obtenez jamais ?

Diagnostic différentiel

- Abîme : le client ressent qu'avancer dans la vie, c'est être annihilé. Dans la perte d'âme, le client veut bouger, agir ou changer le passé (« si seulement... ») pour se sentir mieux.
- Copies : une copie a la personnalité de quelqu'un d'autre ; elles sont perçues en partie à l'extérieur du corps (contrairement à la perte de l'âme qui est l'absence d'un « morceau » du corps). Le tapotement et les techniques de psychotraumatologie ne fonctionnent pas sur les symptômes de perte d'âme ni sur les copies.
- Trous-a : ils ont des emplacements sur le corps le long de la ligne médiane avant et arrière. Le client « aspirera » tout ce qu'il peut, alors que la question de la perte d'âme est spécifique à une personne ou à un lieu.
- Trou : le trou se ressent nettement déficient et sans fond, généralement avec de l'anxiété et des tentatives de le remplir de sensations, alors que la perte d'âme ne concerne que la perte, la tristesse et le fait de récupérer quelque chose.

- Cordes : avec une corde, le client peut ressentir la personnalité de quelqu'un d'autre ; avec la perte d'âme, il n'y a que le sentiment de perte.

Traitement

- Traumatisme générationnel (le plus facile) : guérir directement le sentiment de la perte d'âme.
- Technique de régression (le plus difficile) : guérir le moment traumatique de la perte de l'âme - l'émotion traumatique peut être tout sauf la perte. Après la guérison, chanter la première mélodie qui vous vient à l'esprit, jusqu'à ce que les symptômes de perte aient complètement disparu.

Erreurs typiques lors du traitement

- Supposer à tort que le sentiment de la perte d'âme est le même que celui que l'on ressentait lorsque la perte d'âme s'est produite.
- Ne pas chanter assez longtemps ou assez fort pour éliminer complètement le sentiment de perte pendant la séance.

Fréquence et gravité des symptômes

- Très courant, bien qu'habituellement réprimé.
- N'est pas un problème constant pour la plupart des gens, parce qu'ils trouvent des stratégies pour éviter le sentiment.

Cause sous-jacente

- Dommages à la structure de l'image corporelle causés par un parasite de classe 1 insectiforme. Généralement déclenchée par le refus de ressentir/expérimenter une situation au point de rejeter la douleur/émotion.

Risques

- Comme d'habitude en psychotraumatologie.

Codes CIM-10

- F32, F33, F34.

Trou-aspirant (Trou-a) : « Je dois être le centre d'attention »

Ce problème est dû à des traumatismes générationnels qui causent des dommages lors d'événements développementaux très précoces. Lors d'un moment de détachement fondamental, les tubes d'alimentation de la « colonne du soi » fongique ne se détachent pas correctement. Cela laisse des trous le long de l'axe frontal et arrière du corps qui ne guérissent jamais ; le client le ressent comme un trou dans le corps qui aspire constamment et qu'il se sent obligé de continuer d'essayer de combler. Cet événement endommage également le réseau de tubes qui composent le réseau du maillage de l'âme des vies antérieures. En général, les clients essaient soit de vivre avec le terrible sentiment d'un besoin sans fin dans leur corps ; soit de trouver d'autres personnes qui sont ressenties comme « aimantes » afin de pouvoir se « nourrir » de leur énergie via un parasite bactérien de classe 3 dans le trou-a (la personne aimante a aussi le problème du trou-a) ; soit de couvrir ce dernier avec un parasite insectiforme de classe 1 qui se connecte à une autre personne dont ils peuvent se « nourrir ». Ce problème est la cause profonde du besoin d'attention constant de la plupart des gens et d'un besoin sans fin d'entendre qu'ils sont spéciaux et uniques.

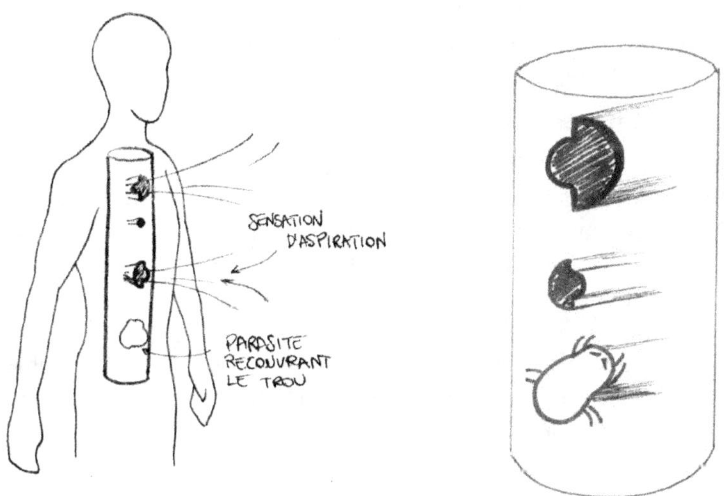

Figure 8.5(a) : Trous « aspirants » le long de l'axe vertical central frontal du corps (dans la « colonne du soi »).
(b) Un gros plan de la colonne. Notez que les côtés gauche et droit du trou sont différents. Le trou du bas est recouvert par un parasite qui « nourrit » le trou-a.

Ce problème est *très* courant dans la population des clients de psychothérapie. Ces personnes ont tendance à avoir « tout essayé » et rien n'a fonctionné ; elles blâment généralement le thérapeute d'avoir échoué. Certaines sont conscientes du problème ; d'autres viennent si leurs stratégies d'adaptation échouent. Les personnes atteintes de ce problème causent souvent des drames dans les organisations et les formations : elles vont essayer de perturber l'organisation afin de devenir le chef ou le centre d'attention.

Mots-clés utilisés pour décrire les symptômes

- Besoin fort d'attention/amour, « accro à l'amour », envie d'amour, prendre les choses personnellement, dans le besoin, insatiable, désespéré, anxieux quand seul, se sentir profondément imparfait, c'est leur faute si mes besoins ne sont pas satisfaits, vampire d'énergie, aspire mon énergie.
- La guérison ne fonctionne pas, rien ne fonctionne sur moi, je ne me sens jamais mieux, je ne peux pas guérir.
- Besoin de reconnaissance ; je trahis les gens qui me font confiance ; je perturbe l'organisation dans laquelle je suis.
- Étrange comportement irrationnel (incontrôlable) : je fais des folies pour obtenir ce dont j'ai besoin (amour, attention) dans le moment présent ; je rejette les gens qui ne m'aiment pas tout le temps.
- Trouble de la personnalité limite : excès d'inquiétude, importance personnelle, égocentrisme.

Questions aidant à poser le diagnostic

- Avez-vous une sensation d'aspiration à certains endroits le long de l'axe central de votre corps en supposant que les symptômes sont présents ?
  Y a-t-il un trou béant qui aspire ?

Diagnostic différentiel

- Trou : un trou n'a pas de sensation d'aspiration.
- Traumatisme générationnel : vous ne pouvez pas vous débarrasser des trous-a ; les traumatismes générationnels font qu'on évite les interactions humaines, alors que les clients avec des trous-a ont besoin d'interaction.
- Perte d'âme : le sentiment de perte ou de besoin est spécifique à une seule personne.
- Traumatismes fondamentaux : ils causent tous deux des problèmes dans de nombreuses situations, mais les traumatismes fondamentaux n'ont pas de contenu émotionnel ni de sensations corporelles.

Traitement

- Il s'agit actuellement d'une technique réservée aux thérapeutes certifiés Peak States.

Erreurs typiques lors du traitement

- Un trou-a couvert par un parasite n'est pas ressenti par le client, donc n'est pas trouvé et guéri. L'astuce consiste à ressentir « dessous » le parasite à la surface de la peau pour trouver le trou-a vide.

Fréquence et gravité des symptômes

- Très fréquent chez les clients (~70%).
- Ces personnes se retrouvent souvent dans des organisations dysfonctionnelles ; elles trouvent aussi généralement du travail là où elles

peuvent se retrouver au centre de l'attention (par exemple acteurs, enseignants, politiciens, gestionnaires, enseignants spirituels ou gourous, etc.)

Cause sous-jacente

- Dommages aux zones de la ligne médiane verticale du corps, où des tubes se sont arrachés de la « colonne du soi » à son origine, laissant des trous.

Risques

- Comme d'habitude en psychotraumatologie.

Codes CIM-10

- F24, F60.3, F60.4, F60.81, F94.2.

Blocage tribal :
« Je fais ce que ma famille et ma culture attendent de moi »

Le blocage tribal est l'un des problèmes les plus graves de l'humanité. Il est causé par un organisme fongique (nous l'appelons le champignon borg) qui peut influencer et, chez certaines personnes, contrôler complètement les actions des gens. Notre espèce s'est adaptée à ce problème - c'est ce qui cause les différentes cultures dans le monde. C'est ce qui donne à une personne les « règles » d'une culture.

Le champignon pousse les gens à obéir aux restrictions, qu'elles soient d'ordre culturel ou familial. Les clients au niveau de fonctionnent élevé, remarquent particulièrement cette influence lorsqu'ils veulent aller de l'avant d'une nouvelle façon dans leur vie et qu'ils ont l'impression d'être bloqués d'une façon ou d'une autre. Il se manifeste également chez les personnes qui essaient d'être ou de devenir biculturelles.

Figure 8.6 : (a) Le champignon borg agit comme un groupe de personnes qui disent au client ce qu'il doit faire

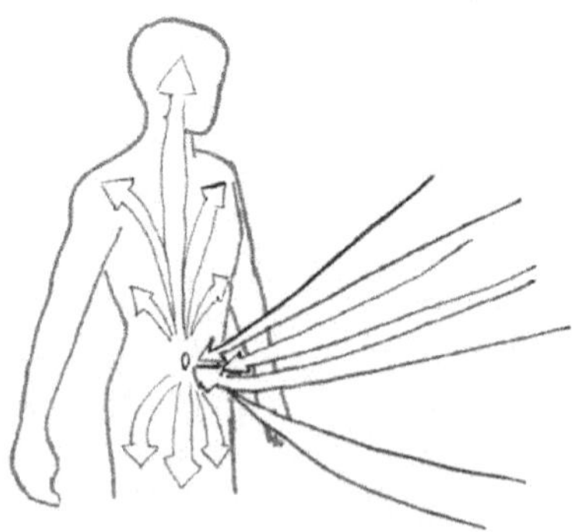

Figure 8.6 : (b) Le champignon borg contrôlant le client en envoyant des émotions dans son nombril.

Figure 8.6 : (c) Les champignons borg, qui ressemblent à des pieuvres, pénètrent la membrane de la cellule primaire. Ils sont de tailles diverses et vivent à l'intérieur et à l'extérieur de la cellule.

Mots-clés utilisés pour décrire les symptômes

- Ressent une forte résistance ou se sent lourd (comme en portant un sac à dos) lorsque vous voulez changer pour le mieux (par exemple : Je veux changer/grandir/évoluer/me sentir mieux/être plus heureux/être plus positif, mais je ne peux pas.)
- Le fait de céder au blocage tribal rend la personne peu enthousiaste ou émotionnellement indifférente au sujet de son désir passé.
- Provoque des problèmes multiculturels (lieu, culture, conflits).
- Toute phrase qui contient le mot « fardeau », par exemple « Je porte un fardeau sur mes épaules ».

Questions aidant à poser le diagnostic

- Les problèmes de blocage tribal sont la cause la plus probable des problèmes des clients qui ont un niveau de fonctionnement élevé.
- Avez-vous l'impression que vous ne pouvez pas aller de l'avant dans votre vie ? Est-ce que cela vous fait vous sentir lourd ?
- Essayez-vous d'apporter un changement positif dans votre vie ?
- Vous avez commencé un nouveau projet, mais vous avez eu beaucoup de mal à le faire avancer ?
- Le problème est-il lié à votre ancienne ou à votre nouvelle culture ? Avez-vous récemment déménagé dans un nouveau pays ou une nouvelle culture ?
- Quand vous pensez au problème, pouvez-vous ressentir des émotions provenant de l'extérieur et qui entrent au niveau du nombril ?

Diagnostic différentiel

- Abîme : « avancer dans la vie » évoque des sentiments d'anéantissement ; le blocage tribal fait qu'une personne se sent lourde ou a l'impression que les gens bloquent ou résistent à leurs désirs. L'expérience de l'abîme est beaucoup moins fréquente.

- Traumatisme biographique : contrairement au traumatisme, les sentiments du blocage tribal sont imposés de l'extérieur dans le présent ; les personnes qui résistent à l'influence du blocage tribal se sentent lourdes, tandis que la résistance aux traumatismes renforce leurs symptômes émotionnels ; vous pouvez avoir plusieurs traumatismes autour d'un problème ; la pression du bloc tribal disparaît complètement si vous arrêtez de vouloir changer.
- Traumatisme générationnel : un traumatisme générationnel vous donne l'impression d'être personnellement déficient alors que le blocage tribal non.
- Association du corps : si la sensation/émotion peut se trouver dans la main, c'est une association du corps.
- Émotions aplaties : la gamme de toutes les émotions est réduite. Le blocage tribal peut rendre la personne lourde si elle résiste ; et émotionnellement plate et calme si elle ne le fait pas, mais seulement autour du problème spécifique.

Traitement

- Pour un problème spécifique, utilisez la Tribal Block Technique™.
- Pour une solution globale, utilisez la Silent Mind Technique™ (SMT) pour éliminer le champignon borg.
- Une fois guérie, la lourdeur disparaît, laissant un sentiment de légèreté ; et le sentiment d'obstruction à avancer disparaît.

Erreurs typiques lors du traitement

- Ne pas se concentrer sur l'émotion qui entre par le nombril, mais plutôt sur votre réponse à celle-ci.
- Occulter l'émotion qui vient à vous (les images visuelles ne sont pas importantes, mais peuvent être utiles comme indicateur de la présence d'émotions).
- Le client passe d'un problème à l'autre sans s'en rendre compte, de sorte que la séance ne se termine jamais.
- Sortir le CdC par le nombril peut causer de graves problèmes (déshumanisation, etc.) chez certaines personnes.

Fréquence et gravité des symptômes

- Presque tout le monde a ce problème ; seules quelques personnes essaient de résister et remarquent les symptômes.
- Provoque des conflits entre les groupes culturels.

Cause sous-jacente

- Une espèce d'infection fongique affectant la cellule primaire.
- Une forme plus grave de l'infection se produit lorsque la conscience du client s'abandonne dans le champignon borg et abandonne sa personnalité pour se sentir puissant.

Risques

- Comme d'habitude en psychotraumatologie.
- Réactions émotionnelles extrêmes aux sentiments qui entrent par le nombril pendant le traitement.
- Nausées et autres sensations physiques désagréables pendant le traitement.

Codes CIM-10

- F43.2.

Chapitre 9

Les cas subcellulaires moins fréquents

Bien que ces cas subcellulaires existent chez la plupart des gens, les clients ne viennent habituellement pas pour ces problèmes parce que la plupart des gens ont des stratégies de compensation inconscientes qui les empêchent d'en prendre conscience et de les guérir. Ainsi, le thérapeute devrait garder ces problèmes à l'esprit, mais ne pas essayer de les voir chez chaque client qui passe la porte. Certains de ces cas sont assez inhabituels - les personnes qui en sont atteintes cherchent souvent depuis longtemps à guérir leur problème particulier. Elles expliquent souvent par erreur leur symptôme avec des idées conventionnelles (pour leur groupe social) : « C'est un problème médical », « les extraterrestres me l'ont fait », « c'est un déséquilibre dans mon chi », et ainsi de suite.

Problèmes de parasites bactériens (classe 3) :
« Je me sens toxique, fatigué et engourdi »

Dans cette description de cas subcellulaire, nous couvrirons les symptômes bactériens plus généraux. (D'autres cas bactériens dans ce manuel proviennent d'espèces spécifiques : ils provoquent des phénomènes de copies, de boucles sonores, de trous-m, de contournements de traumatismes et la présence de grands-parents près du corps). Nous invitons les thérapeutes à apprendre le cas subcellulaire bactérien général en visualisant une cellule bactérienne à l'intérieur de la cellule primaire, puis en réfléchissant aux problèmes qu'elle peut causer plutôt que d'essayer simplement de mémoriser une liste de symptômes.

Pratiquement tout le monde a un certain degré de problèmes de parasites bactériens dans la cellule primaire. Pour la plupart des gens, il n'y a pas de symptômes évidents, car ils ont appris à éviter toute activité qui stimule les réponses bactériennes. Cependant, dans certains cas, le client a eu quelque chose qui a activé ce problème, ou il s'agissait déjà d'un problème chronique.

Bien que la plupart des bactéries soient généralement molles, semblables à des ballons et transparentes, certaines ont une surface plus solide, comme celle d'une limace ou d'un ver, et certaines ont des filaments qu'elles peuvent insérer dans les structures de la cellule primaire du client. Si le client détecte une bactérie ou une région contenant des bactéries (elles peuvent se manifester à l'intérieur ou à l'extérieur du corps), le principal symptôme est habituellement la toxicité. (Notez que la sensation des bactéries est la toxicité ou l'empoisonnement, contrairement à la sensation de nausée venant des champignons). D'autres symptômes peuvent inclure la peur, des sensations maléfiques, ou des sensations de limites ou de blocages. Il peut également y avoir des sensations de pression qui peuvent varier de légères à extrêmement douloureuses, dues à une bactérie qui pousse contre une membrane cellulaire. Les clients qui ont placé leur CdC à l'intérieur ou en partie à l'intérieur d'une cellule bactérienne ont généralement des problèmes de fatigue et d'engourdissement physique et émotionnel, bien que, du point de vue du clinicien, ils font généralement aussi preuve de paranoïa et/ou de niveaux inhabituels de négativité.

Il existe un autre ensemble de problèmes parasitaires bactériens inquiétants qui impliquent des problèmes interpersonnels. Certaines personnes, habituellement comme réaction défensive inconsciente, projettent leur conscience dans l'une des cellules bactériennes du client afin de s'« attacher » au client. Cela donne au client l'impression que l'autre personne est inconfortablement « dans son espace », la sensation d'être attaqué ou menacé (en raison de filaments insérés dans le « corps » du client). Cela provoque des réactions qui vont de l'anxiété/peur à la gêne/danger. Un autre problème étrange de parasite bactérien interpersonnel : chez la plupart des gens, il y a de grands amas de bactéries transparentes au niveau de la membrane cellulaire interne. Certaines personnes ont une empreinte émotionnelle négative dans ces organismes (ce qui leur donne une couleur plus foncée), et cela peut être ressenti par d'autres personnes comme s'il y avait une « aura » négative s'étendant assez loin autour de la personne. Pire encore, si quelqu'un étend son CdC vers cette personne, il peut accidentellement reproduire la sensation dans sa propre bactérie dans son cytoplasme. Ce mécanisme est similaire au cas des copies, mais plus généralisé et pas seulement pendant les moments de traumatisme.

Un autre problème bactérien, heureusement moins courant, peut exister. Certaines personnes ont des cellules bactériennes qui contiennent la conscience d'ancêtres aux sentiments extrêmement maléfiques. Ce ne sont pas les ancêtres provenant d'une séquence de traumatismes générationnels, mais plutôt vivants et actifs dans le présent à l'intérieur de la cellule primaire dans le présent. Pire encore, chez certaines personnes, ces cellules bactériennes peuvent temporairement « prendre le contrôle » du client. Comme ce problème a commencé avant la naissance, le client a l'impression que le passage à un état négatif est normal. Dans une version plus douce, une bactérie émotionnellement négative peut exercer une « poussée » dans le corps du client, stimulant une série de sentiments et de pensées très négatifs (même chez les clients qui n'ont plus de voix ribosomiques fongiques). Incidemment, il existe une corrélation directe entre la négativité (ou le mal intérieur) d'une personne, l'ampleur de l'infection bactérienne dans sa cellule primaire et son besoin de survivre à tout prix.

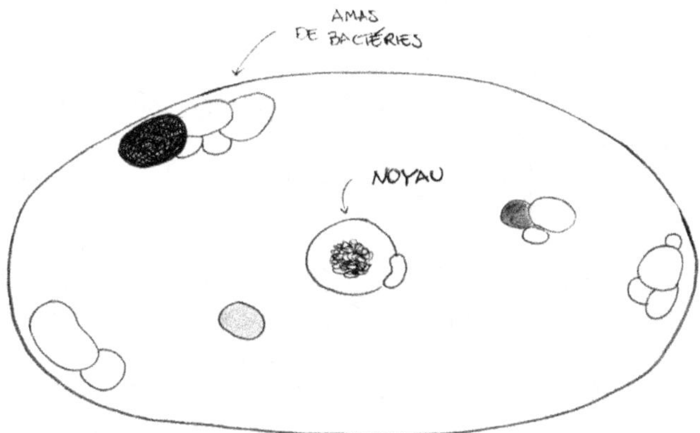

Figure 9.1 : Parasites bactériens dans le cytoplasme de la cellule primaire. Il y a des amas bactériens communément trouvés sur la surface interne de la membrane cellulaire.

Mots-clés utilisés pour décrire les symptômes

- Je ne ressens plus rien.
- « Blob », ancien, visqueux, gluant, gélatineux.
- Poison, toxique, fatigué, épuisé, engourdi, grippe.
- Maléfique, négatif, mange les bons sentiments.

Questions aidant à poser le diagnostic

- Avez-vous l'impression qu'on vous fait mal dans le présent à cet endroit ?
- Est-ce que la sensation vient d'un « blob » qui vous pousse ?

- Avez-vous l'impression de vouloir rejeter ou repousser quelqu'un, comme s'il avait planté des filaments dans votre corps ?
- Percevez-vous une masse gélatineuse ou quelque chose de toxique ?
- Pouvez-vous brièvement sortir votre conscience de ce sentiment d'engourdissement ?
- Le problème donne-t-il l'impression d'avoir une vie qui lui est propre, ou d'être ressenti comme quelqu'un d'autre ?

Diagnostic différentiel

- Souvenir traumatique : avec les deux, les symptômes peuvent aller et venir ; mais la sensation bactérienne est dans le présent, pas dans le passé ; se concentrer sur le symptôme dans le présent peut l'aggraver.
- Malédiction enveloppante : la DPR fonctionne dessus ; la malédiction enveloppante a la sensation de la personnalité de quelqu'un d'autre ; la malédiction enveloppante fait en sorte que l'on se sent fatigué. La bactérie est généralement dépourvue de personnalité et la DPR ne l'affecte pas. Utilisez les différents traitements comme test.
- Structure du cerveau de la couronne : une structure ne bouge pas ; la structure est mécanique, pas douce et organique.
- « Vaporisation » toxique du borg : activé par une autre personne qui vous déteste ou qui ne veut pas que vous voyiez la vérité ; la vaporisation est acide et vous rend fatigué si elle dure assez longtemps. Tous les champignons et les vaporisations fongiques donnent la nausée à une personne ; par contre, la bactérie émet des toxines qui donnent l'impression d'être empoisonné.
- Parasite insectiforme de classe 1 : le parasite insectiforme est dur et peut déchirer, arracher ou brûler le client. Les bactéries restent généralement près du même endroit, ne déchirent pas, n'arrachent pas et ont un extérieur plus mou. Les deux peuvent envoyer des extensions dans la personne, mais celles du parasite insectiforme sont solides, comme un tube dur, tandis que celles de la bactérie ressemblent plus à des filaments plus mous.
- Chakra : l'organisme fongique des chakras peut réagir à l'attention en stimulant la sensation de pression (souvent douloureuse) dans l'un ou l'ensemble des endroits classiques des chakras (front, cœur, etc.). Les points de pression bactérienne sont situés à n'importe quel endroit du corps, bien que la partie supérieure du front soit très fréquente.
- Copie : une copie peut donner presque n'importe quel sentiment ou sensation, mais elle a la personnalité de la personne copiée et est en partie à l'extérieur du corps.

Traitement

- Commencez par éliminer toutes associations corporelles sur les sensations du corps de la bactérie, et tout contenu émotionnel.
- Éliminer les traumatismes générationnels sur ces sensations physiques bactériennes (pas sur le contenu émotionnel).
- Régresser au moment où la bactérie a été acquise, et guérir le traumatisme de l'événement (surtout générationnel) jusqu'à ce qu'elle n'entre pas dans

l'organisme. (Attention - cela peut aussi impliquer des dégâts crées par des parasites insectiformes).

- Pour une bactérie provoquant un engourdissement émotionnel, utilisez une version modifiée de la Courteau Projection Technique™ sur le sentiment de « confort ». Cela active les traumatismes qui ont poussé le client à attirer la bactérie vers lui. Concentrez-vous sur les réactions négatives à la projection et guérissez-les. Ceci provoque la dissolution de la bactérie et restaure la capacité à ressentir.

Erreurs typiques lors du traitement

- Essayer de guérir les symptômes causés par la bactérie, plutôt que la sensation du corps de la bactérie elle-même.

Cause sous-jacente

- Les symptômes sont causés par des bactéries parasites dans la cellule primaire. Elles peuvent causer des sensations de pression, des sensations d'être à l'intérieur d'un cylindre de verre ou d'émettre des toxines qui causent des nausées.

Fréquence et gravité des symptômes

- Environ 1 % à 10 % des clients présentent des symptômes (déclenchés par la psychothérapie, les pratiques spirituelles ou les circonstances de la vie) qui vont de légers à atrocement douloureux et complètement débilitants.
- La durée des symptômes peut être courte, intermittente ou à long terme.

Risques

- Peuvent aller de aucun à la mise en danger de la vie du patient. Ne doivent être traités que par des professionnels formés à cet effet.

DANGER

Ce cas subcellulaire est potentiellement dangereux et peut même mettre la vie du client en danger si le problème est grave. Les problèmes peuvent inclure un engourdissement sévère, une toxicité, un choc électrique et une insuffisance cardiaque. Seuls les thérapeutes bénéficiant d'une formation et d'un soutien devraient tenter de travailler avec ce cas.

DANGER

- *N'essayez pas de tuer les parasites de la cellule primaire, et ne permettez pas à votre client d'essayer de le faire. En cas de succès, le corps compensera en augmentant le nombre de parasites, ce qui aggravera les symptômes ou les rendra plus dangereux.*

Codes CIM-10

Pas encore déterminé.

Problèmes de parasites insectiformes (classe 1) :
« J'ai une sensation de brûlure, de déchirure ou de coup de couteau »

Nous avions constaté ces problèmes de douleur chez nos étudiants, nos clients et chez des clients qui avaient eu recours à d'autres thérapies. Les symptômes peuvent être brefs, parfois intermittents et parfois continus pendant des années. Ce problème est causé par des parasites de classe 1 (qui ressemblent à des insectes) dans la cellule primaire. Nous disons à nos thérapeutes de ne pas expliquer ce problème aux clients parce que cela peut stimuler le problème si le client y porte son attention. Dans les cas extrêmes, cela peut mettre la vie en danger. Ce problème est extrêmement dangereux pour la recherche - employez uniquement les techniques que nous avons indiquées comme étant sûres à utiliser. Nous avons eu des clients qui ont essayé de tuer ces parasites insectiformes (prions) par la volonté et, parce qu'ils n'ont pas compris pas que leur cellule primaire a trouvé un équilibre avec ces parasites, ils peuvent aggraver les choses alors que les organismes augmentent en nombre pour compenser et réagissent de façon agressive.

Figure 9.2 : (a) Parasite insectiforme sécrétant une substance caustique et brûlante sur la membrane.

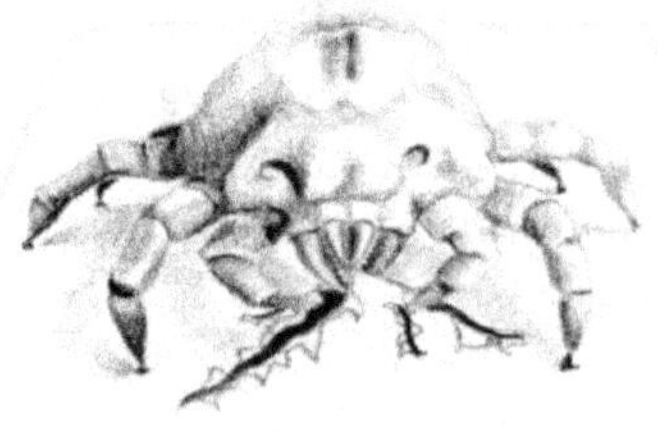

Figure 9.2 : (b) Parasite insectiforme déchirant la membrane.

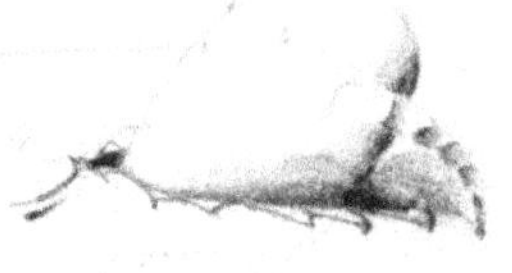 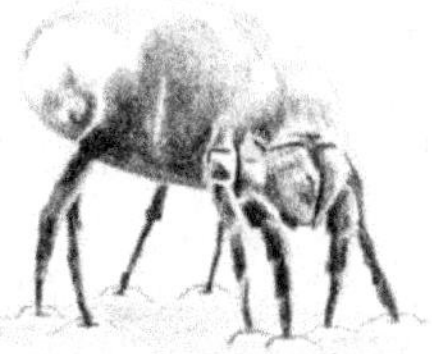

Figure 9.2 : (c) Parasite insectiforme creusant dans la membrane. (d) Parasite insectiforme marchant sur et pénétrant la membrane.

Mots-clés utilisés pour décrire les symptômes

- Brûler, déchirer, poignarder, ramper, quelque chose bouge sur mon corps.

Questions aidant à poser le diagnostic

- Avez-vous l'impression d'être blessé dans le présent à cet endroit ?
- Est-ce que la localisation de la douleur se déplace ?
- Est-ce que cela donne l'impression d'avoir une vie qui lui est propre ?

Diagnostic différentiel

- Tous les autres cas subcellulaires : la ou les douleurs ne bougent pas, tandis que les douleurs causées par un parasite insectiforme peuvent se déplacer.
- Mémoire traumatique : avec les deux, les symptômes peuvent aller et venir ; mais la sensation d'un parasite insectiforme est dans le présent (bien que parfois activée en essayant de régresser ou de guérir d'autres façons) ; la douleur venant d'un parasite insectiforme est plus sévère qu'une mémoire et a une qualité différente ; se concentrer sur le symptôme dans le présent peut le rendre pire.
- Malédiction : La DPR ne fonctionne pas sur les parasites insectiformes ; la guérison générationnelle ne fonctionne pas sur les malédictions, donc utilisez les différents traitements comme test. La sensation de malédiction est continue, contrairement aux parasites insectiformes qui peuvent bouger ou arrêter de blesser le client.
- Structure du cerveau de la couronne : une structure ne bouge pas ; il n'y a pas de sentiment dans une structure ; il n'y a pas d'émotion dans une structure ; le fait de se concentrer sur le symptôme ne le change pas.
- Copie : la sensation de copie est stable ; une copie a la sensation d'une personnalité ; une copie est à moitié à l'intérieur et à moitié à l'extérieur du corps, comme un ballon. Le parasite insectiforme se trouve soit sur, au-dessus ou à la surface du corps et y cause de la douleur.
- « Vaporisation » toxique du champignon borg de classe 2 : elle est causée par une autre personne (qui vous déteste, qui ne veut pas que vous voyiez la vérité) ; la vaporisation est caustique et vous rend fatigué et irritable si elle dure assez longtemps.

Traitement

- Identifiez l'émotion fixe que le parasite insectiforme utilise comme « déguisement » ; éliminez l'association du corps correspondante ; puis éliminez la séquence générationnelle qui a exactement la même émotion. La plupart des parasites insectiformes n'utilisent qu'une seule émotion ; les très gros parasites insectiformes comportent jusqu'à trois émotions.

Erreurs typiques lors du traitement

- N'expliquez pas la source du problème aux clients - cela peut évoquer des symptômes plus graves ou inciter le client à commencer à faire des expérimentations quant à son problème.
- Ne pas faire les associations corporelles d'abord.
- Perdre la sensation du problème, et donc s'arrêter avant que la guérison ne soit terminée.
- Ne pas disposer d'un renfort plus compétent en cas de problèmes.

Cause sous-jacente

- Des organismes parasites dans la cellule primaire qui endommagent les membranes ou excrètent des toxines acides causent les symptômes.

Fréquence et gravité des symptômes

- Environ 1 % à 10 % des clients présentent des symptômes (déclenchés par la psychothérapie, les pratiques spirituelles ou les circonstances de la vie) qui vont de légers à atrocement douloureux et complètement débilitants.
- La durée des symptômes peut être courte, intermittente ou à long terme.

Risques

- Peuvent aller de aucun à la mise en danger de la vie du patient. Ne doivent être traités que par des professionnels formés à cet effet.

DANGER

Ce cas subcellulaire est potentiellement dangereux et peut même mettre la vie du client en danger si le problème est grave. Seuls les thérapeutes ayant reçu une formation et un soutien devraient tenter de travailler avec ce cas.

DANGER

- *N'essayez pas de tuer les parasites des cellules primaires, et ne permettez pas à votre client d'expérimenter en le faisant. En cas de succès, l'organisme compensera en augmentant le nombre de parasites, ce qui aggravera les symptômes ou les rendra plus dangereux.*

Codes CIM-10

- F45, R20.2, R52.

Colonne du Soi - Vide :
« Je me sens très mal depuis que j'ai perdu mon rôle de ____ »

Chez presque tout le monde, les cerveaux triuniques ont des *identités de soi*, des *images d'eux-mêmes*. Ils prétendent être quelqu'un ou quelque chose et agissent comme des enfants de cinq ans qui font semblant d'être pompiers. Ce n'est normalement pas un problème grave, même si c'est un peu comme avoir un enfant qui n'enlève pas son casque de pompier. Mais, cela devient un problème majeur si la personne a aussi une région manquante (un « vide ») dans l'axe central de ce que nous appelons la « colonne du soi ». La prise de conscience de la région manquante provoque les symptômes - les personnes souffrant de ce vide ont l'impression qu'elles seront annihilées si leur CdC pénètre complètement dans leur corps le long de l'axe central. Ces personnes gardent normalement leur « centre de conscience » (CdC) à l'écart de leur centre en restant dans une conscience d'un cerveau triunique ; le client s'identifie ainsi à son identité « prétendue ». Lorsque les circonstances extérieures leur enlèvent leur rôle dans la vie, leur CdC se déplace involontairement vers leur centre, et des sentiments d'angoisse et d'anéantissement surgissent.

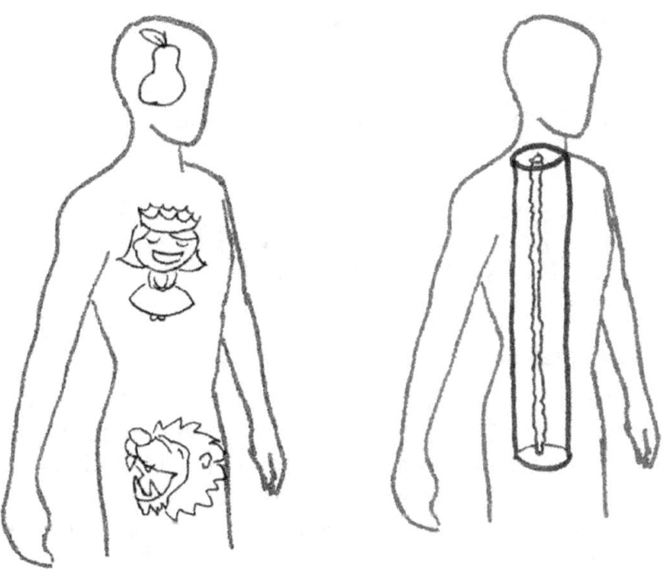

Figure 9.3 : (a) Le cerveau triunique se fait passer pour quelqu'un ou quelque chose.
(b) La structure de la « colonne du soi » (fongique) superposée à l'image corporelle. L'illustration montre une colonne du soi endommagée avec un vide dans l'axe central qui peut causer des symptômes d'effroi quand un client essaie de ressentir son centre.

Généralement, les clients ne ressentent pas de symptômes tant qu'ils s'accrochent à leur rôle (bien que cela puisse également poser des problèmes en raison des efforts désespérés nécessaires pour le garder ou à cause du fait d'avoir besoin d'un rôle dysfonctionnel). Au lieu de cela, ils se présentent en thérapie après la perte du rôle parce qu'ils ne sont tout simplement pas capables d'y faire face. Ce problème peut aussi être déclenché par la méditation ou d'autres pratiques spirituelles qui poussent le client à déplacer son CdC dans la région centrale de son corps. C'est un bon exemple de problème émotionnel grave qui est directement dû à un dommage structurel dans la cellule primaire. Ainsi, les techniques de guérison des traumatismes ne fonctionneront pas sur les symptômes apparents.

La colonne du soi est une structure fongique de classe 2 très commune - les gens s'y identifient comme si elle faisait partie de leur propre corps. Elle est généralement ressentie du périnée à la gorge.

Mots-clés utilisés pour décrire les symptômes

- « Je n'arrive pas à rentrer dans mon corps. »
- « Si je ne peux pas être un [rôle : médecin, mère, etc.], je suis une épave. » « Je ne peux pas faire face à la perte de mon travail/de mon rôle. » « Maintenant que les enfants sont partis, je me sens mal tout le temps. » « Depuis que j'ai été viré, je suis tellement déprimé que je ne peux plus fonctionner. »
- « Je ferais n'importe quoi pour être un [rôle : médecin, mère, etc.], sinon je me sens terriblement effrayé, annihilé, tué, apeuré. »

Questions aidant à poser le diagnostic

- Avez-vous récemment perdu votre emploi (ou votre rôle dans la vie) ? (Note : la personne a parfois une autre identité de repli.)
- Si vous déplacez doucement votre conscience dans l'axe central de votre corps, comment vous sentez-vous ? Vous vous sentez effrayé ?

Diagnostic différentiel

- Traumatisme biographique : traumatisme qui crée une image de soi (« je suis un homme sympathique », « je suis un homme dominant »). Le sentiment émotionnel qui anime ce processus répond bien aux techniques de guérison des traumatismes. Placer son CdC dans son corps au centre de la colonne du soi n'entraînera pas l'apparition soudaine d'un sentiment d'angoisse ou d'anéantissement.
- Traumatisme générationnel : la perte du rôle peut être très douloureuse sur le plan personnel, avec le sentiment d'être imparfait ou défectueux, mais ne va pas provoquer de sentiments d'effroi ou d'annihilation. En revanche, les identités de soi sont ressenties comme agréables.
- Trou-a : ils peuvent facilement changer de stratégie pour être « nourris » (« je suis prêt à faire n'importe quoi pour avoir ton amour »).
- Blocage tribal : essayer d'obtenir un nouveau rôle peut déclencher le blocage tribal, faisant qu'une personne se sente lourde ou ressente une résistance de la part des circonstances et des gens ; mais ne cause pas de symptômes extrêmes de par la perte de leur rôle.

- Problématique dominante : bien que les deux maintiennent une personne partiellement hors de son corps, la problématique dominante donne l'impression que l'enfance de la personne est très négative ou empêche en grande partie la personne de s'en souvenir. Le vide n'affecte pas les souvenirs.

Traitement

- Il s'agit actuellement d'un processus réservé aux thérapeutes certifiés Peak States.

Erreurs typiques lors du traitement

- Erreur de diagnostic parce que le client évite de faire entrer sa conscience dans son centre.
- Mettre trop l'accent sur les bienfaits de la guérison lorsque les symptômes ne sont pas présents.

Cause sous-jacente

- Le besoin d'une identité de soi est un moyen d'éviter de ressentir les symptômes d'un vide dans la « colonne du soi ».

Fréquence et gravité des symptômes

- Presque tout le monde a des cerveaux triuniques avec une identité propre. Ce n'est généralement pas un problème.
- Environ un tiers de la population a ce problème à un niveau significatif, mais le réprime raisonnablement bien (il est plus fréquent dans la population des clients de thérapie). Le degré de dommage à la structure varie aussi considérablement. Les clients viennent rarement à moins que leur rôle dans la vie ne soit bloqué ou perdu.

Risques

- Comme d'habitude en psychotraumatologie.

Codes CIM-10

- F43.2.

Structure du cerveau de la couronne :
« J'ai une douleur chronique à cet endroit »

Cet intéressant cas subcellulaire démontre clairement les conséquences physiques et émotionnelles d'une « aide » inappropriée apportée par le cerveau triunique de la couronne. Sa tâche est de maintenir l'intégrité et la forme de la membrane de la cellule primaire, mais il peut créer de façon inappropriée des structures à l'intérieur de la cellule. Ces structures donnent l'impression d'être à l'intérieur du corps, ou d'ancrer différentes parties du corps ensemble. Elles causent généralement de la douleur ou d'autres sensations. Ces structures sont souvent créées lors de moments de blessures corporelles. Ces structures sont « vues » et ressenties comme étant mécaniques et non organiques. D'après notre expérience, les personnes qui croient avoir des « implants extraterrestres » dans leur corps décrivent en réalité ces structures.

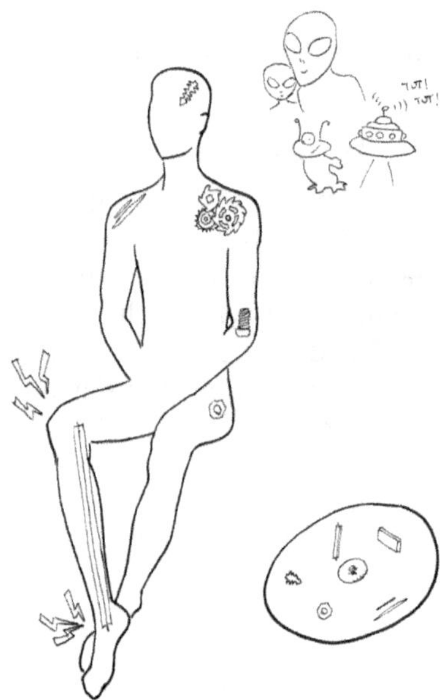

Figure 9.4 : Structure du cerveau de la couronne donnant la sensation d'une structure fabriquée et géométrique dans le corps. En haut à droite : parfois appelés « implants extraterrestres » par les clients. En bas à droite : les structures sont en réalité à l'intérieur de la cellule.

Mots-clés utilisés pour décrire les symptômes

- Douleur ; douleur quand je bouge ; la douleur va et vient ; la sensation est chronique et au même endroit.
- Je « vois » (ou ressens) une structure mécanique, angulaire ou géométrique dans mon corps.
- Implant extraterrestre.

- Blessure traumatique qui est encore douloureuse ou raide.

Questions aidant à poser le diagnostic

- Voyez-vous (ou ressentez-vous) une sorte de structure rigide de forme géométrique dans votre corps ?
- Y a-t-il quelque chose qui englobe (ou connecte) deux parties de votre corps ensemble ?
- Avez-vous une douleur chronique à un endroit fixe dans votre corps ?
- Avez-vous eu une blessure traumatique qui ne guérit pas et qui est toujours douloureuse ou raide ?

Diagnostic différentiel

- Malédiction : la structure de la malédiction a une personnalité, et la douleur ressemble à celle d'un clou ou d'un fer de lance.
- Copies : une copie contient une personnalité ; située en partie à l'intérieur et en partie à l'extérieur du corps, et est en forme de ballon.
- Traumatisme biographique : la forme du traumatisme est irrégulière ou dans tout le corps. Le tapotement ne fonctionne pas sur une structure du cerveau de la couronne. La structure du cerveau de la couronne fait mal ; il n'y a pas de croyance correspondante comme dans le cas d'un traumatisme.
- Boucle temporelle : une boucle temporelle a la forme et est ressentie comme une coquille d'œuf et enferme un certain nombre de traumatismes ; en régression, on se retrouve pris dans une « boucle » de temps qui se répète.

Traitement

- Temporaire : gratitude envers le cerveau de la couronne pour avoir créé la structure (peut également être utilisé pour le diagnostic).
- Permanent : régresser au traumatisme créateur, et guérir le besoin d'avoir la structure.

Erreurs typiques lors du traitement

- Ne pas vérifier que la structure a définitivement disparu.

Cause sous-jacente

- Le cerveau de la couronne crée et maintient le support structural qui forme la membrane externe de la cellule primaire. Il essaie par erreur de réparer ou de soutenir une partie brisée du corps physique en construisant une structure à l'intérieur de la cellule.

Fréquence et gravité des symptômes

- La plupart des gens ont ces structures, mais dans des endroits qui causent rarement des difficultés ou de la douleur.
- La plupart des clients en psychothérapie ne viennent pas pour ce problème.

Risques

- Comme d'habitude en psychotraumatologie.

Codes CIM-10

- R52.

Malédiction : « Cette personne me déteste vraiment »

Étonnamment, l'idée de conte de fées selon laquelle quelqu'un peut « maudire » quelqu'un d'autre a en fait une base en biologie subcellulaire - cela se produit lorsque quelqu'un veut blesser ou inhiber quelqu'un d'autre et, sans le savoir, active pour ce faire le champignon borg. Le champignon dans la victime extrude un objet à arêtes vives, noir, de couleur obsidienne (le contenant physique de la « malédiction ») qui est à l'extrémité d'un tentacule dans le cytoplasme. Ceci cause souvent une douleur physique (mais pas toujours, car la sensation peut être réprimée), comme si un clou, un couteau ou une pointe de flèche était enfoncé dans le corps dans la zone qui correspond à l'emplacement de la malédiction dans le cytoplasme. Si le CdC est déplacé dans l'objet de la malédiction, on peut y ressentir la personnalité de la personne « attaquante », accompagné d'une phrase qui se répète à l'infini. Beaucoup de gens essaient inconsciemment d'obéir à la phrase de la malédiction, et se créent ainsi divers problèmes. Comme une corde, elle se « connecte » à un traumatisme chez l'agresseur. Contrairement à une corde, le client peut être blessé sans aucune participation consciente ou inconsciente.

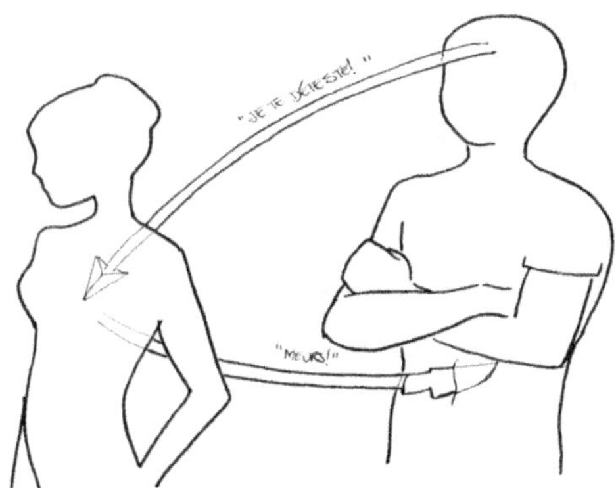

Figure 9.5 : (a) Une malédiction en forme de flèche d'obsidienne entre deux personnes.

Bien que ce problème soit courant, les symptômes d'une « malédiction » sont suffisamment légers ou temporaires pour qu'un traitement ne soit pas nécessaire ; cependant, dans certains cas, une malédiction cause des symptômes physiques et émotionnels très graves et à long terme. Ces symptômes peuvent amener le client à consulter un médecin pour les problèmes physiques ou mentaux qu'elle a provoqués. Une malédiction unique peut être enlevée relativement rapidement. Cependant, la meilleure stratégie à long terme est d'avoir une immunité contre le champignon borg, car cela élimine définitivement ce problème.

Nous identifions également un deuxième type de malédiction : elle ressemble à une couverture qui enveloppe une partie (ou la totalité) du corps et provoque une fatigue extrême dans cette zone. Le symptôme est dû à une couche recouvrant une partie de la membrane nucléaire. Elle contient aussi la personnalité de la personne « attaquante », et elle est reliée au borg par un tentacule.

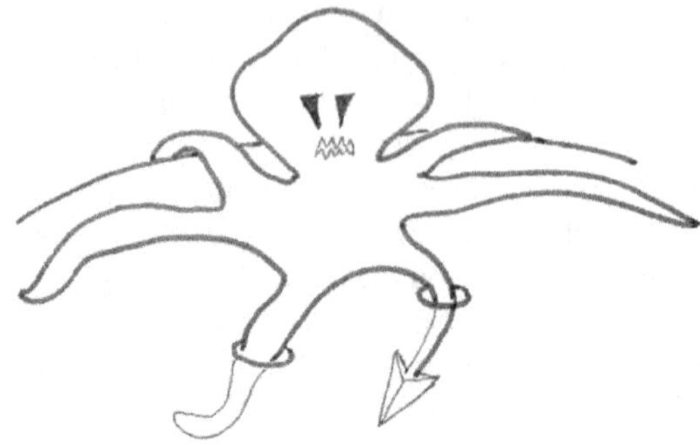

Figure 9.5 : (b) Un borg insérant une structure obsidienne en forme de flèche dans le cytoplasme.

Mots-clés utilisés pour décrire les symptômes

- Du type flèche : douleur lancinante ; ne peut pas trouver la cause d'un problème mental ou physique ; se sentir handicapé ; je ressens leur colère, leur haine ou leur répression envers moi.
- Du type enveloppante : tout ou partie du corps est fatigué, lourd, enveloppé dans une couverture, recouvert, épuisé.

Questions aidant à poser le diagnostic

- Quelqu'un était-il très en colère contre vous lorsque le problème a commencé ?
- Avez-vous l'impression qu'un clou ou une pointe de flèche se trouve dans votre corps ?
- Êtes-vous fatigué seulement dans certaines zones de votre corps ?

Diagnostic différentiel

- Blocage tribal : il fait se sentir lourd ; la malédiction enveloppante fait se sentir fatigué dans les zones qu'elle recouvre.
- Copies : bien que les copies puissent causer de la douleur, elles ne causent pas la sensation d'un clou dans le corps.
- Structure du cerveau de la couronne : on peut souffrir d'une structure, mais elle n'a pas de personnalité.
- Pores nucléaires obstrués : le niveau de fatigue varie, et c'est une expérience de l'ensemble du corps ; tandis qu'une malédiction enveloppante vous rend fatigué tout le temps dans des zones du corps.

Traitement

- Une seule malédiction : utilisez la DPR.

- Toutes les malédictions, et pour s'immuniser contre le problème : utilisez le Silent Mind Technique™ (SMT).

Erreurs typiques lors du traitement

- DPR : ne pas être capable de ressentir pleinement l'amour inconditionnel envers le sentiment négatif dans la personne « attaquante ».

Cause sous-jacente

- Causée par une personne qui veut vous blesser, vous bloquer ou vous inhiber et le fait via le champignon borg.

Fréquence et gravité des symptômes

- Fréquent chez les gens. Rarement grave ou à long terme ; mais si c'est le cas, cela nécessite un traitement.

Risques

- Comme d'habitude en psychotraumatologie.
- Certains « attaquants » envoient de nombreuses malédictions - le SMT serait un meilleur choix dans ce cas.

Codes CIM-10

- F45.4, F45.9.

Dilemme : « Quel est le bon choix ? »

Ce problème survient chez la plupart des gens à un moment ou à un autre. Rarement, c'est suffisamment grave pour que les clients veuillent payer pour un traitement. La sensation est tout à fait distincte : la personne se sent tirée dans une direction, puis dans une autre, dans un mouvement de va-et-vient. Aucune décision ne peut être prise sans être attirée vers les autres choix. Ce problème est dû à une configuration inhabituelle de plusieurs séquences de traumatismes biographiques bloquées dans la cellule primaire. Dans ce cas subcellulaire, deux séquences (ou plus) se rejoignent toutes à l'intérieur d'un ribosome donné.

Figure 9.6 : (a) Un dilemme donne la sensation d'être tiraillé dans deux directions à la fois.

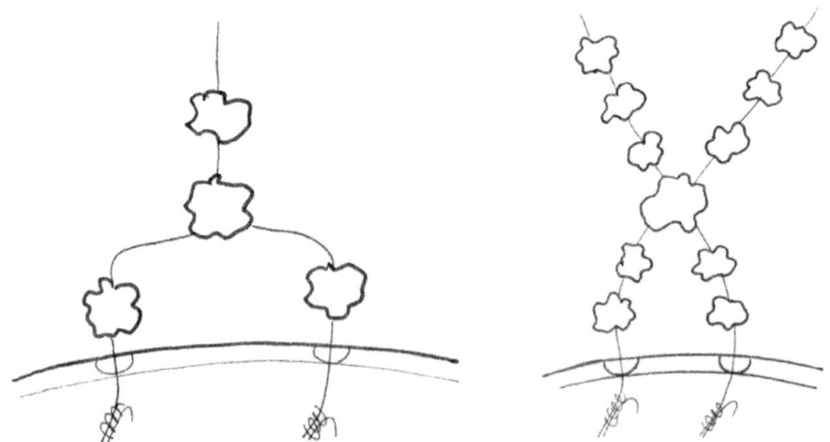

Figure 9.6 : (b,c) Ceci est dû au fait que les ribosomes tentent de lire en même temps deux séquences d'ARNm qui vont dans des directions différentes.

Mots-clés utilisés pour décrire les symptômes

- Dilemmes ; je n'arrive pas à décider ou à me décider ; deux pensées ou points de vue opposés sont vrais.
- Être tiraillé dans des directions différentes (par un problème ou une décision).

Questions aidant à poser le diagnostic

- Est-ce que vous avez l'impression d'être tiraillé dans des directions différentes ?

Diagnostic différentiel

- Blocage tribal : le blocage tribal a également une polarité, mais c'est entre l'objectif désiré (avec une sensation de lourdeur dans le corps) et ne pas le faire (ce qui semble beaucoup plus facile).
- Traumatisme gardien : il n'y a pas de tiraillement entre les polarités.
- Projection : bien que les rôles puissent basculer dans une projection, la personne n'est pas continuellement tiraillée d'un côté et de l'autre.
- Arrêt du cerveau du mental : le dilemme ne concerne qu'une question spécifique ; l'arrêt inhibe tous les jugements.

Traitement

- Guérir chaque partie du dilemme séparément en utilisant n'importe quelle technique de guérison des traumatismes.

Erreurs typiques lors du traitement

- Ne pas terminer la guérison sur une séquence du dilemme en se laissant distraire par l'autre choix.

Cause sous-jacente

- Une configuration inhabituelle de séquences de traumatismes biographiques.

Fréquence et gravité des symptômes

- Il s'agit d'un problème courant, mais les clients consultent rarement un thérapeute pour cela.

Risques

- Comme d'habitude en psychotraumatologie.

Codes CIM-10

- Pas encore déterminé.

Trou (Vide) : « Je suis anxieux à cet endroit »

Les trous sont vécus comme des trous sans fond dans le corps qui sont ressentis comme étant horriblement vides et déficients. Ils sont typiquement noirs à l'intérieur, avec des bords relevés et durs autour d'une ouverture dans la peau (bien qu'ils puissent aussi être complètement enfermés à l'intérieur du corps). Les trous partiellement cicatrisés sont gris à l'intérieur et ne semblent pas sans fond. Les trous sont presque toujours bloqués en dehors de la conscience par diverses stratégies motivées par des traumatismes qui masquent la sensation du trou (telle que par une contraction musculaire ou des émotions au niveau de la zone du trou). Ainsi, les trous peuvent être accidentellement mis à nu par des processus de guérison de traumatisme, ou par la méditation qui augmente la conscience chez une personne. Les trous sont causés par des blessures corporelles ; les grands trous sont presque toujours formés pendant les lésions prénatales ou périnatales. Dans la cellule primaire, les séquences de traumatismes qui incluent des moments où un trou s'est formé ont des gènes bloqués qui semblent morts.

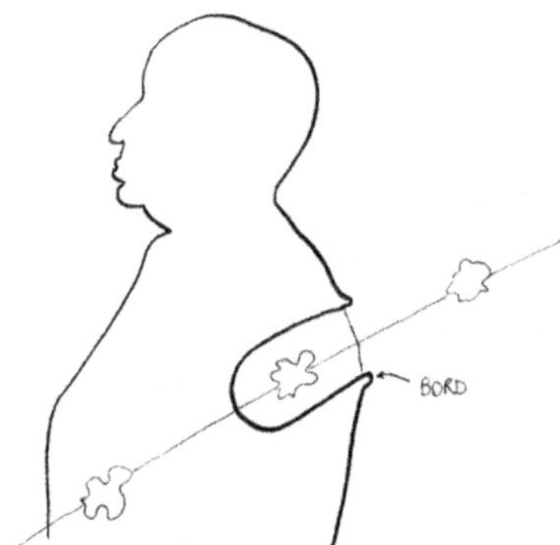

Figure 9.7 : De manière expérientielle, c'est un trou sans fond dans le corps. Un traumatisme biographique se superpose à mi-hauteur dans le trou.

Mots-clés utilisés pour décrire les symptômes

- Anxiété (ou peur) ; vide déficient ; trou sans fond ou tache vide sombre dans le corps.
- Tensions musculaires.
- Sentiment de ne pas être présent (ici) dans le monde.
- Urgence spirituelle (le client faisait de la méditation ou une pratique connexe comme le yoga ou le tantra qui lui ont fait prendre conscience du trou).
- Obsession (rare).

Questions aidant à poser le diagnostic

- Où est votre anxiété dans votre corps ?
- Y a-t-il une distorsion physique dans votre corps (une zone creuse/dépression ou une bosse/zone accrue) ?

Diagnostic différentiel

- Structure du cerveau de la couronne : elles ne contiennent pas d'émotions, de sensations ou d'images de traumatismes.
- Trous-a : ils sont toujours le long de la ligne médiane de l'avant du corps ; ils comportent une sensation d'aspiration ; ils provoquent des comportements de « désir d'attention ».
- Traumatisme biographique : la sensation de vide déficient ne se retrouve pas dans les traumatismes ; le tapotement ou d'autres techniques de psychotraumatologie y remédieront.
- Copies : vérifiez s'il y a une personnalité dans la copie ; et si elle est à l'intérieur et à l'extérieur du corps, comme dans un ballon.
- Voix ribosomiques : la voix peut être anxieuse. Les trous n'ont pas de voix.
- Colonne du soi : l'annihilation se trouve dans le noyau vertical du corps. C'est différent du sentiment de déficience d'un trou.

Traitement

- Optionnel, éliminer le sentiment de vide déficient grâce à la guérison générationnelle. Cela rend les sensations restantes du trou beaucoup plus faciles à affronter.
- Choix 1 : Aller à l'intérieur du trou jusqu'au milieu, puis y guérir l'image/moment traumatique.
- Choix 2 : Aller à l'intérieur du trou au fond, puis accepter la douleur de la blessure au niveau de la couche du fond. (Le trou semble sans fond, mais a en fait un fond qui peut être atteint avec une certaine détermination.)

Erreurs typiques lors du traitement

- Le client dit qu'il ne se passe rien, mais il doit aller plus profondément dans le trou ou y rester plus longtemps.
- Il peut y avoir plusieurs trous qui se chevauchent et qui doivent être traités individuellement.
- Le client ne guérit que partiellement le trou (en le laissant gris ou en laissant une bordure à la surface).

Cause sous-jacente

- Causée par des blessures physiques graves à un endroit précis du corps.

Fréquence et gravité des symptômes

- Commun, mais réprimé, compensé par d'autres moyens (tension musculaire).

Risques

- Comme d'habitude en psychotraumatologie.

Codes CIM-10

- Ce cas peut apparaître dans différents codes F40-F48 et d'autres.

Vie antérieure : « Il y a eu une reconnaissance instantanée »

À notre grande surprise, les traumatismes des vies antérieures existent vraiment. Ils sont dus à un réseau du « maillage de l'âme » endommagé sur la surface interne de la membrane de la cellule primaire. Le réseau des vies antérieures sur la membrane cellulaire est un organisme fongique. Si un nœud de ce réseau a une fuite, cela crée une structure dans le cytoplasme qui s'attache à une séquence de traumatismes d'ARNm bloquée, donnant l'expérience d'un traumatisme d'une vie antérieure. Par conséquent, il y a trois façons évidentes de guérir ce problème : traiter le traumatisme individuel ; réparer le réseau du maillage de l'âme qui fuit ; ou éliminer l'organisme fongique des vies antérieures.

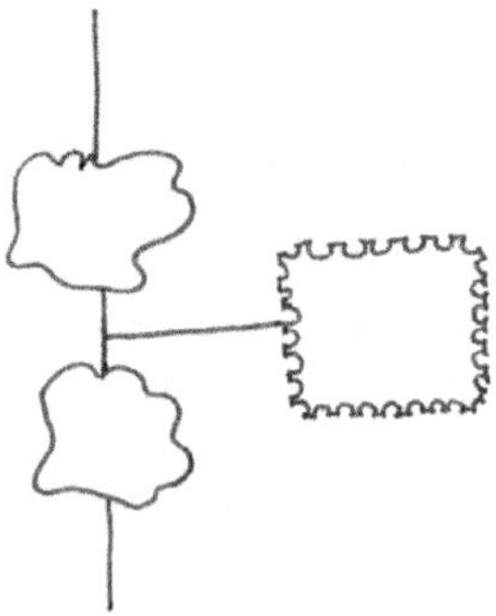

Figure 9.8 : (a) Une structure passerelle vers une vie antérieure attachée à une séquence de traumatismes d'ARNm.

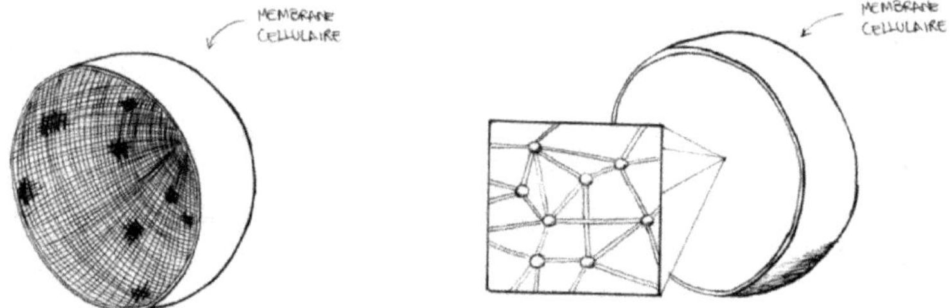

Figure 9.8 : (b) Le réseau du maillage de l'âme sur la surface interne de la membrane cellulaire.
(c) Un gros plan sur les nœuds qui correspondent à des vies antérieures individuelles.

Mots-clés utilisés pour décrire les symptômes

- Vie antérieure ; réincarnation ; karma ; urgence spirituelle ; conflit avec les croyances religieuses ; comme si j'avais toujours connu cette personne.

Questions aidant à poser le diagnostic

- Ce problème ou ce sentiment déclenche-t-il une image ou une sensation de personnes ou de lieux que vous ne reconnaissez pas dans votre vie ?

- Ce problème concerne-t-il des personnes que vous semblez connaître ou reconnaître d'une manière ou d'une autre, dès le premier instant de votre rencontre ?

Diagnostic différentiel

- Traumatisme générationnel : vos ancêtres ne sont pas vous ; vous vous reconnaissez et reconnaissez les autres dans vos souvenirs de vie antérieure, même s'ils ont des corps différents.
- Traumatisme biographique : une fausse vie antérieure a pour moteur la grandiosité ou des types similaires de sentiments délirants.
- Copie : le client ressent la personnalité incrustée dans une copie et la confond avec une vie antérieure. Les copies sont en partie à l'intérieur et à l'extérieur du corps, les vies antérieures sont expérimentées à travers une passerelle vers le passé.

Traitement

- Utiliser la WHH sur la vie antérieure.
- Guérir le réseau du maillage de l'âme endommagé en guérissant les traumatismes générationnels - il s'agit actuellement d'un processus réservé aux thérapeutes certifiés Peak States.
- Éliminer le réseau fongique des vies antérieures.

Erreurs typiques lors du traitement

- Juger l'événement de la vie antérieure, plutôt que d'accepter ce qui se passait (y compris la mort et les blessures).
- Passer à d'autres événements dans la vie antérieure, plutôt que de se contenter de guérir le moment traumatique originel de la vie antérieure.

Cause sous-jacente

- Réseau du maillage de l'âme endommagé sur la surface interne de la membrane de la cellule primaire.

Fréquence et gravité des symptômes

- Peu fréquent ; cependant, les personnes atteintes de ce problème ont souvent de nombreux traumatismes de vie antérieure.

Risques

- Comme d'habitude en psychotraumatologie.

Codes CIM-10

- Pas encore déterminé.

Prions liés aux états extraordinaires : « J'ai brusquement perdu mon état extraordinaire et il n'est jamais revenu »

Ce problème tragique touche les personnes dont l'état de conscience extraordinaire est stable, qu'il s'agisse d'un nouvel état ou d'un état permanent. Lors d'une rencontre émotionnellement chargée avec quelqu'un, elles perdent soudainement leur état, et pire encore, celui-ci ne revient jamais. Nous avions initialement appelé ce problème les « états extraordinaires voilés » dans le volume 2 de *Peak States of Consciousness*.

Ce problème peut survenir lorsque quelqu'un remarque que le client a un état extraordinaire positif (comme l'amour, le bonheur, la joie, etc.) ; cela déclenche inconsciemment ses sentiments de manque et de désespoir de ne pas avoir cet état. Du point de vue d'observateurs extérieurs et du client, cette personne devient émotionnellement bouleversée sans raison apparente, d'autant plus que le client est d'humeur très positive. Au fur et à mesure que le scénario se déroule, l'état positif du client est soudainement perdu et, à ce moment, l'autre personne devient soudainement calme. Le client ne retrouve jamais ce sentiment positif particulier. Tragiquement, la perte survient parce que le client a tenté d'aider l'autre personne en essayant de partager son état positif.

Il s'avère que la clé de ce problème est une espèce de parasite insectiforme (prion) qui vit à la fois dans le noyau nucléaire du client et dans celui de l'autre personne. La personne émotionnellement désemparée étend sa conscience à travers son parasite jusqu'au parasite du client (comme l'utilisation d'un robot télécommandé dans une centrale nucléaire) afin d'essayer d'arrêter ou d'acquérir l'état de l'autre personne. Le parasite chez le client endommage alors une partie d'une structure torique dans le noyau nucléaire du client, causant la perte totale ou partielle de l'état. Ces dommages entraînent à leur tour l'inhibition de l'expression des gènes pertinents, ce qui interfère avec les voies métaboliques qui sont vécues comme étant l'état extraordinaire. Pour le client, le parasite télécommandé à l'intérieur de son noyau nucléaire est « ressenti » comme l'autre personne - ses efforts pour se connecter et partager son état permettent l'entrée du parasite dans son tore. Dans de nombreux cas, plusieurs classes de parasites sont utilisées lors de cette tentative d'endommager le client.

Ce problème est assez courant, bien qu'il puisse passer inaperçu à cause du drame émotionnel qui s'est produit pendant l'événement. Il s'agit d'un problème à l'échelle de l'espèce qui commence dès l'enfance, ce qui explique en partie pourquoi les états de conscience extraordinaires sont si rares dans la population adulte générale. Il est intéressant de noter que certaines personnes ont inconsciemment élaboré une stratégie pour éviter ce problème - elles se sentent « distantes » lorsque les gens sont bouleversés émotionnellement, ce qui bloque ce mécanisme parasitaire. Dans la culture traditionnelle des Premières Nations, l'accent est mis sur les chamans qui dissimulent délibérément leurs états de conscience extraordinaires - entre autres raisons, cela peut être un tabou culturel pour essayer et faire face à ce processus pathologique. Ce problème se produit aussi souvent chez les enseignants et les guérisseurs spirituels - leur capacité de fusionner leurs consciences avec l'élève/client contourne les stratégies de dissimulation normales et peut amener l'un des deux à faire du mal à l'autre par ce mécanisme parasitaire.

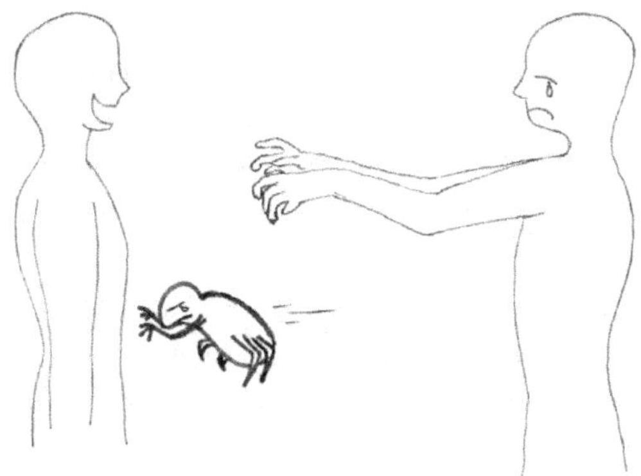

Figure 9.9 : Une image expérientielle du prion lié aux états extraordinaires en action. Bien que le parasite soit en fait à l'intérieur de la cellule primaire de la victime, cela est ressenti comme s'il était l'autre personne devant eux.

Mots-clés utilisés pour décrire les symptômes

- J'ai perdu mon sentiment (positif, agréable) ; je ne peux plus aimer ; je ne me sens plus comme avant ; ma vie a changé pour le pire à ce moment-là ; dépression.

Questions aidant à poser le diagnostic

- Avez-vous perdu définitivement votre sentiment positif lorsque vous étiez avec quelqu'un qui vous en voulait ?

Diagnostic différentiel

- Traumatisme : les états instables peuvent être perdus lorsque le traumatisme pertinent est activé. Cependant, l'état finit par revenir. Ceci est en contraste avec la perte permanente de l'état via le mécanisme du prion lié aux états extraordinaires.

Traitement

- Utiliser le processus réservé aux thérapeutes certifiés Peak States.

Erreurs typiques lors du traitement

- Ce problème s'applique à la plupart des états de conscience extraordinaires. Les états de la classe de la Beauté Fondamentale ne sont pas perdus par ce mécanisme.

Cause sous-jacente

- Le prion lié aux états extraordinaires endommage sélectivement le tore dans le noyau nucléaire. Ceci entraîne la perte de l'état extraordinaire.

Fréquence et gravité des symptômes

- Presque tout le monde a ce problème. Il s'agit d'un trouble à large spectre - certaines personnes sont plus touchées que d'autres. Il est également de nature statistique ; le problème dépend des bonnes circonstances pour déclencher l'attaque et la vulnérabilité.

Risques

- Plus que d'habitude avec la psychothérapie normale, car le client est souvent exposé de façon répétée à la personne qui veut lui faire du mal. Ce mécanisme peut causer des dommages importants et potentiellement mortels à la cellule primaire.
- Le thérapeute qui essaie d'aider peut également avoir ce problème et vouloir inconsciemment faire du mal au client parce que ce dernier a des états de conscience extraordinaires.

Codes CIM-10

- Pas de code spécifique pour ce cas.

Traumatisme positif :
« Je ne veux pas renoncer à un sentiment positif ! »

Dans ce cas, le client a un comportement qui est motivé par un traumatisme positif, et non par un traumatisme douloureux ou négatif. En général, les clients ne reconnaissent pas ce type de traumatisme comme un problème et ne viennent donc pas se faire soigner ; et les thérapeutes ignorent ou négligent généralement ce type de traumatisme, car ils sont généralement axés sur la douleur et la souffrance de leur client. Pire encore, les traumatismes positifs sont parfois considérés à tort comme un bon résultat de la thérapie. Malheureusement, comme les traumatismes positifs ont aussi des croyances ou des décisions qui leur sont associées, ils poussent encore les gens à agir de façon dysfonctionnelle ou figée. Comme le résultat adéquat d'un traumatisme guéri est un sentiment de « Calme, Paix, Légèreté » (CPL), tous les résultats de sentiments positifs sans CPL doivent être traités comme un traumatisme. Un véritable sentiment d'état extraordinaire ne sera pas supprimé par une guérison de traumatismes. Les traumatismes positifs, qu'ils soient générationnels, associatifs ou biographiques, ont exactement la même structure biologique sous-jacente que les traumatismes négatifs et sont guéris par les mêmes techniques.

Figure 9.10 : Un traumatisme positif est maintenu en place par un traumatisme négatif caché en dessous. Par exemple, dans l'illustration, l'homme heureux est sur le point d'être traumatisé lorsque le piano lui tombe dessus, associant un sentiment de bonheur à un sentiment de douleur.

Il y a deux types de contenu « positif » : un sentiment négatif perçu comme positif au moment du traumatisme, comme dans « j'aime frapper les gens », ou un sentiment intrinsèquement positif qui a un sentiment négatif caché « en dessous », comme dans « je sifflais de bonheur quand le piano m'est tombé dessus ». Une autre variante de ce problème est lorsqu'un état extraordinaire positif est associé à un traumatisme, comme dans « je me sens submergé lorsque je ressens du bonheur ».

Mots-clés utilisés pour décrire les symptômes

- Ça fait du bien ! Habitudes émotionnelles positives (addictives).

Questions aidant à poser le diagnostic

- Avez-vous des problèmes dans votre vie lorsque vous avez le sentiment agréable ?
- Avez-vous l'impression que, sous ce sentiment agréable, il y a quelque chose d'autre qui l'anime ?

Diagnostic différentiel

- Association du corps : une association n'a pas de lien logique (ex. : suralimentation) ; vous pouvez tester en vérifiant s'il y a des ribosomes associatifs ; il n'y a pas de décision ou de croyance limitante à propos de la vie.
- Expérience extraordinaire : le sentiment positif est continu sans sensation de traumatisme sous-jacent ; il ne cause pas de comportement bloqué lors de l'expérience (mais peut provoquer un comportement pour essayer de retrouver l'expérience).
- Copie : elle a la personnalité de quelqu'un, elle est à moitié à l'intérieur et à moitié à l'extérieur du corps, et elle a la forme d'un ballon.

Traitement

- Toute technique de guérison des traumatismes (EFT, WHH, TIR, etc.).

Erreurs typiques lors du traitement

- Supposer que le sentiment positif pendant le traitement est un bon résultat.
- Ne pas reconnaître que le sentiment positif est dû à un traumatisme.

Cause sous-jacente

- Un sentiment positif s'est accompagné d'une expérience traumatisante négative.
- Confondre un sentiment négatif avec un sentiment positif.

Fréquence et gravité des symptômes

- Commun, mais généralement ignoré ou considéré comme souhaitable.

Risques

- Comme d'habitude en psychotraumatologie.
- Certains clients peuvent ne pas être heureux d'abandonner ce sentiment positif à moins qu'il ne soit clair pour eux qu'il est à l'origine de leur comportement d'une façon qui leur crée des problèmes.

Codes CIM-10

- Pas encore déterminé.

Projection : « Ils émanent un sentiment négatif »

Les projections ne sont que cela - nous ressentons chez les autres (ou dans les objets) des sentiments que nous avons séparés de nous-mêmes. Il est intéressant de noter que même si nous n'aimons pas les sentiments de l'autre, nous ressentons et nous nous comportons de la même façon à l'occasion. Ainsi, nous changeons de rôle (polarité) dans des circonstances différentes, mais nous ne réalisons pas que nous faisons nous-mêmes à l'occasion ce qui était si désagréable chez les autres et sans que cela nous pose problème. On peut également projeter sur des objets. Le mécanisme sous-jacent est dû au fait que le CdC de la personne passe de la conscience d'un cerveau triunique à celle d'un autre, alors que ces deux cerveaux sont en conflit et se rejettent l'un l'autre suite à une tentative traumatisante de fusion de cerveaux bloquée. Fait intéressant, le cas subcellulaire de l'arrêt du cerveau est un exemple extrême de ce problème de projection.

Exemples de projection : dans une relation, vous vous sentez blessé lorsque quelqu'un vous quitte, mais vous vous sentez bien lorsque vous quittez quelqu'un d'autre. Un autre exemple : Je suis gentil avec quelqu'un, et méchant avec quelqu'un d'autre. Une série de relations intimes présentant le même problème peut également être de la projection (bien qu'elle puisse aussi être due à des associations du corps).

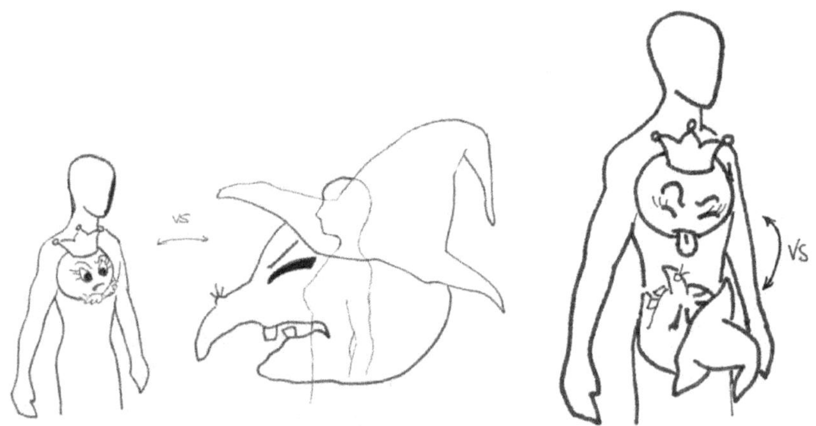

Figure 9.11 : (a) La personne qui projette joue un rôle et perçoit l'autre rôle à l'extérieur.

(b) À l'intérieur de la personne, deux cerveaux triuniques jouent ces rôles.

Mots-clés utilisés pour décrire les symptômes

- Avoir des problèmes avec le comportement des autres. Ils l'émanent ! Ils sont __________.
- Beaucoup de gens sont comme ______.
- Un objet émane un sentiment de ______.
- Je ressens _____ en eux.

Questions aidant à poser le diagnostic

- Ressentez-vous [ce problème] chez plusieurs personnes ? Ou dans un objet ?
- Avez-vous aussi agi ainsi ou vous êtes senti de la même façon à certains moments de votre vie ?

Diagnostic différentiel

- Cordes : les rôles ne s'inversent pas ; vous avez rarement la même corde avec plusieurs personnes ; vous ne pouvez avoir des cordes qu'avec des personnes, pas des objets ; la DPR ne fonctionne pas pour les projections.
- Traumatisme biographique : le tapotement ne fonctionne pas sur les projections ; les traumatismes ont des croyances limitantes ; les traumatismes ne font pas émaner de sentiments désagréables par d'autres personnes ou objets.
- Blocage tribal : cela implique généralement le groupe familial ou des personnes ayant un lien personnel ; la projection se fait sur des personnes choisies au hasard.
- Association du corps : l'addiction au sentiment chez l'autre personne provoque aussi généralement une attirance sexuelle.
- Dilemme : le dilemme tire une personne entre deux lignes de conduite ; la projection l'amène à alterner les comportements et les sentiments.

Traitement

- Courteau Projection Technique™.

Erreurs typiques lors du traitement

- Oublier de sélectionner plusieurs personnes pour trouver leurs traits communs.
- Si le client ne peut pas ressentir la caractéristique projetée dans le « blob » externe, alors ce n'est pas une projection.
- La guérison incomplète de la projection est facile à manquer. Le corps tout entier doit avoir des sensations et être impliqué dans le processus. Lorsque vous pensez avoir terminé n'oubliez pas de vérifier de nouveau le problème apparent.

Cause sous-jacente

- Un conflit émotionnel entre deux cerveaux triuniques (sur la résistance à la fusion, bien que cela ne soit pas évident pour la personne qui projette). Ainsi, il peut être vécu comme un conflit entre les parties mâle et femelle, les parties supérieures et inférieures du corps, etc.

Fréquence et gravité des symptômes

- Commun, mais pas aussi commun que les cordes. Dans la plupart des cas, ces personnes ne viennent pas en thérapie parce que la projection leur semble réelle.
- Les projections peuvent être fortes ou légères.

Risques

- Comme d'habitude en psychotraumatologie.

Codes CIM-10

- Pas encore déterminé.

Boucles sonores :
« Je n'arrive pas à me sortir cette chanson de la tête »

Nous les remarquons habituellement lorsque nous ne pouvons pas nous débarrasser d'un jingle publicitaire ou d'une chanson qui nous trotte dans la tête. Ces petites structures en forme de beignet à la surface du noyau contiennent chacune un court enregistrement de quelque chose entendu par la personne et qui se joue encore et encore. Ces structures font partie d'un grand parasite bactérien à l'intérieur du noyau - les boucles sonores sont attachées à la bactérie à l'endroit où elle s'est étendue à travers les pores nucléaires. (Note : nous croyons actuellement qu'il s'agit d'une espèce bactérienne, mais il se peut qu'il s'agisse en fait d'une amibe.) Il est intéressant de noter que le cerveau du mental peut sélectionner et « rejouer » n'importe laquelle de ces boucles sonores dans la conscience de la personne. Le cerveau du mental peut utiliser cette capacité pour manipuler la personne ou les autres cerveaux triuniques ; il le fait habituellement pour essayer d'être utile.

Ce problème existe chez presque tout le monde, mais certaines personnes en souffrent tellement que c'est un problème qui nécessite de l'aide.

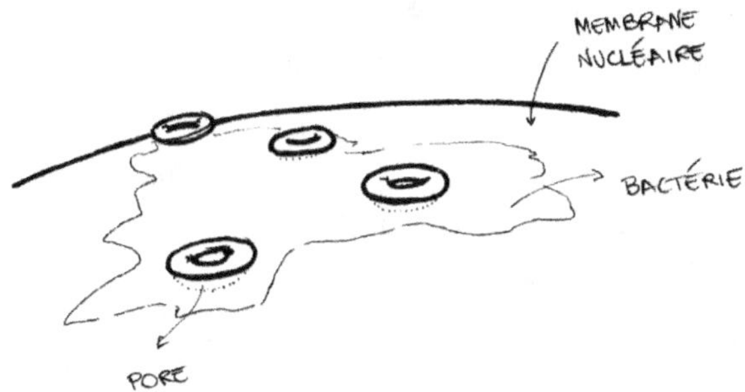

Figure 9.12 : (a) Les boucles sonores ressemblent à des bouées de sauvetage à la surface de la membrane nucléaire.

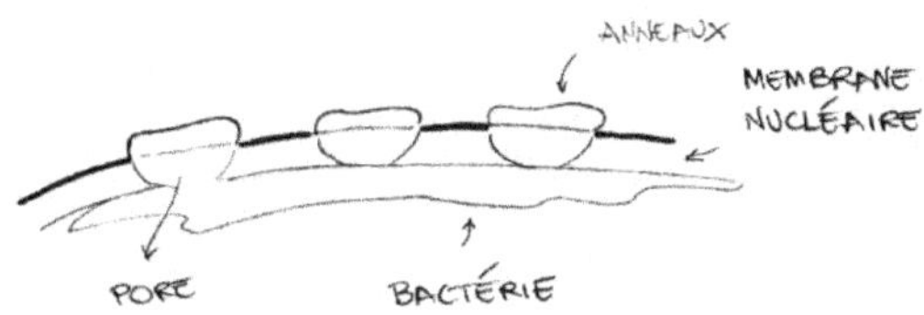

Figure 9.12 : (b) Elles font partie d'un organisme bactérien beaucoup plus grand qui existe en partie à l'intérieur et en partie à l'extérieur du noyau.

Mots-clés utilisés pour décrire les symptômes

- Je ne peux pas me débarrasser de cette musique dans ma tête. Je n'arrive pas à me concentrer. Trop de pensées dans mon esprit.

Questions aidant à poser le diagnostic

- La musique (ou les pensées) dans votre tête ressemble-t-elle à un enregistrement sonore qui passe en boucle ou qui se répète ?
- Est-ce que différentes chansons ou pensées sont déclenchées par différentes situations dans votre vie ?

Diagnostic différentiel

- Voix ribosomiques : le bavardage mental sonne comme s'il provenait d'une personne. La boucle sonore est un enregistrement de quelque chose qui a déjà été entendu.

Traitement

- Utilisez le processus Peak States® réservé aux thérapeutes certifiés pour éliminer ces organismes bactériens.

Erreurs typiques lors du traitement

- Il peut y avoir plus d'une bactérie responsable des boucles sonores.

Cause sous-jacente

- Elles font partie d'un parasite bactérien qui vit dans le noyau et s'étend dans le cytoplasme à travers les pores nucléaires.

Fréquence et gravité des symptômes

- Presque tout le monde a ce problème. Il s'agit d'un trouble à large spectre - certaines personnes sont plus touchées que d'autres.

Risques

- Comme d'habitude en psychotraumatologie.

Codes CIM-10

- Pas de code spécifique pour ce cas.

Vortex : « J'ai le tournis et la nausée »

Ceci est la cause de la sensation de tournis qui est courante chez la plupart des gens lorsqu'ils boivent de l'alcool à l'excès ou ont le mal des transports. La cause en est une mitochondrie dans le cytoplasme qui est endommagée à l'intérieur. Elle aspire le cytoplasme en continu, créant un vortex de liquide qui tourne, pour tenter de chasser quelque chose qui lui cause de la douleur. Le client prend conscience de ce liquide qui tourne et ressent le vertige d'être dans le vortex.

La prise de conscience d'un vortex est parfois déclenchée en psychotraumatologie. Il peut également y avoir des associations dysfonctionnelles, certaines personnes accèdent par exemple inconsciemment à cette nausée comme stratégie pour attirer l'attention (pour bloquer des sentiments inconfortables tels que la solitude).

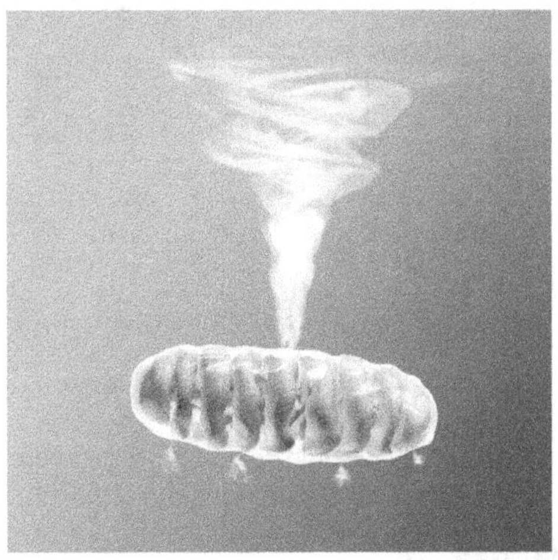

Figure 9.13 : (a) Une mitochondrie qui aspire sans arrêt du cytoplasme provoque un vortex. Ce fluide est rejeté par de nombreuses petites ouvertures dans sa partie inférieure.
(b) Une vue 3D.

Mots-clés utilisés pour décrire les symptômes

- Ça tourne. Vertige. Mal des transports. Nausées.
- Étourdissements (cela doit tourner, et non une sensation de va-et-vient.)

Questions aidant à poser le diagnostic

- Avez-vous l'impression de tourner dans un vortex, comme dans une tornade ?

Diagnostic différentiel

- Champignon de classe 2 : Un mouvement de va-et-vient ou un mouvement aléatoire (sans sensation de rotation) est causé par un parasite fongique qui déplace les structures des cellules primaires dans le noyau nucléaire.

- Les étourdissements peuvent également être causés par des lésions de l'oreille interne (cristaux de calcium, etc.), bien que, d'après notre expérience, le dysfonctionnement mécanique de l'oreille interne soit rarement la cause de symptômes de rotation. Ce problème biologique de l'oreille interne dépend généralement de la position de la tête.

Traitement

- Crosby Vortex Technique™.

Erreurs typiques lors du traitement

- Le « meneur » ou l'objet clé n'a pas été choisi pour la guérison ; par la suite, il y a encore des « objets » endommagés à l'intérieur de la mitochondrie et le vortex est toujours présent.
- Oublier de « ressentir » l'inconfort des mitochondries avoisinantes qui ont été affectées par la mitochondrie endommagée. Cette étape est rarement nécessaire.

Cause sous-jacente

- Causée par la prise de conscience d'une mitochondrie qui aspire continuellement le cytoplasme dans son corps, formant un vortex dans le liquide.

Fréquence et gravité des symptômes

- Presque tout le monde a beaucoup de vortex, mais il est rare qu'on en prenne conscience.
- Les sensations de rotation peuvent avoir des tailles, des intensités et des emplacements différents à l'intérieur et à l'extérieur du corps.

Risques

- Comme d'habitude en psychotraumatologie.

Codes CIM-10

- H81, R42.

Chapitre 10

Les cas subcellulaires peu fréquents

Le groupe suivant de cas subcellulaires est moins susceptible d'être la cause du problème d'un client. Jusqu'à maintenant, nous avons supposé que le thérapeute était un « généraliste » qui voyait des clients pouvant présenter toute la gamme des problèmes possibles. Par conséquent, de ce point de vue, les cas dont il est question dans le présent chapitre sont peu fréquents et surviennent, peut-être une fois tous les 10 ou 20 clients.

La majorité des gens ont toutefois beaucoup de ces problèmes, mais utilisent diverses stratégies pour en bloquer la prise de conscience. Ils peuvent utiliser un substitut sensoriel pour compenser à l'intérieur de la cellule primaire ; limiter de façon rigide leur vie, leurs choix, leur travail ou leurs relations pour éviter d'activer le problème ; ou choisir des circonstances externes qui les aident à noyer les sensations. Ainsi, nous voyons ces personnes en tant que clients soit parce que leur stratégie de compensation a échoué, soit parce que le problème était latent, mais pas actif jusqu'à ce que quelque chose le déclenche. Les déclencheurs communs sont les processus thérapeutiques, les pratiques spirituelles ou les relations difficiles. Dans ce cas, il faut identifier le problème subcellulaire et ce qui en a activé la prise de conscience. Les deux aspects nécessiteront probablement d'être guérie.

Certains de ces cas causent des problèmes spécifiques et uniques dans lesquels les thérapeutes peuvent se spécialiser (par exemple, les lésions cérébrales). Comme nous l'avons dit ailleurs dans ce livre, nous recommandons fortement aux thérapeutes de découvrir le domaine qu'ils trouvent attirant ou fascinant et, au moins une partie du temps, de se concentrer sur cette problématique afin d'attirer des clients qui en souffrent et de travailler avec eux.

Abîme : « Je ne peux pas aller de l'avant sinon je serai annihilé »

L'abîme est une expérience tout à fait singulière - vous êtes debout sur un rebord de pierre, regardant vers le bas dans un abîme sans fond. Si vous levez les yeux, il y a une autre falaise de l'autre côté de l'abîme, et il y a (ou devrait y avoir) une lumière vive que vous essayez d'atteindre, mais que vous ne pouvez pas atteindre. La plupart des gens ont ce problème d'abîme, mais n'en sont pas conscients. Chez certaines personnes, le fait de regarder par-dessus le bord d'une falaise ou d'un grand bâtiment peut déclencher la sensation de l'abîme ; vous avez peur de tomber, mais en même temps vous le voulez. D'autres ont simplement l'impression qu'ils ne peuvent pas avancer dans la vie. D'autres encore peuvent voir l'abîme, et leurs descriptions reflètent des sensations de futilité et de solitude.

L'expérience de l'abîme se produit lorsque l'ovocyte quitte l'ovaire. L'écart entre l'ovocyte et la trompe de Fallope est l'abîme. Le spermatozoïde a une sensation équivalente au même stade de maturation dans les testicules. Après la guérison, la trompe de Fallope couvre l'ouverture de l'ovocyte, éliminant ainsi l'expérience de l'abîme. Des expériences comportant des sensations semblables se produisent à divers stades ultérieurs du développement. Cette expérience a une composante paternelle et maternelle ; la guérison générationnelle est nécessaire.

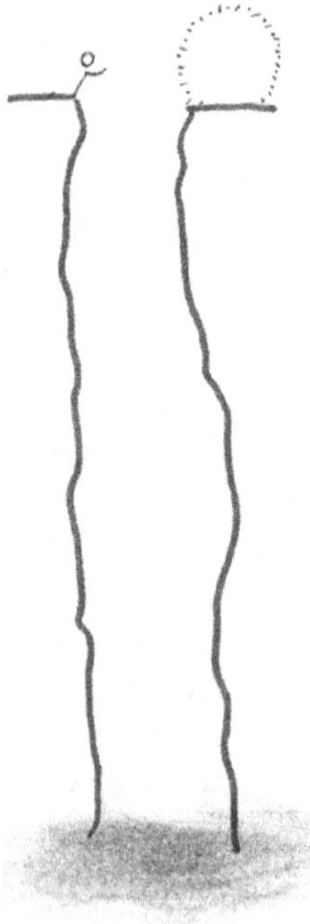

Figure 10.1 : La personne doit se rendre de l'autre côté où se trouve la lumière, mais elle ne peut pas. C'est généralement vécu par la personne comme si elle était debout sur le bord rocheux d'un canyon sans fond.

Mots-clés utilisés pour décrire les symptômes

- La solitude ; l'abîme ; se tenir sur une grande falaise près de l'océan ; je me sens désespéré ; je ne peux pas avancer dans la vie.
- Si je lève les yeux et que je vois la lumière, j'en ai envie. Je veux vraiment y aller, mais c'est trop loin et impossible à atteindre.
- Je suis sur le bord, si j'avance un peu, j'ai peur si je regarde en bas.
- Je suis au fond du désespoir et je ne peux pas en sortir.
- Je procrastine beaucoup, si j'avance dans la réalisation de quelque chose je sens que je vais être annihilé.

Questions aidant à poser le diagnostic

- Avez-vous l'impression que si vous avancez, vous tomberez dans le néant/vide tout noir ?
- Le problème est-il la solitude, le désespoir, l'isolement total ?
- Ressentez-vous qu'il n'y a aucun moyen de sortir de ce désespoir ou d'aller de l'avant ?

Diagnostic différentiel

- Perte d'âme : quand ils ressentent la sensation manquante, ils veulent vraiment que quelque chose revienne. Avec l'abîme, il y a un sentiment d'abandonner.
- Blocage tribal : vous vous sentez lourd et ressentez un sentiment de résistance si vous essayez d'aller de l'avant, tandis que l'abîme donne l'impression que vous tomberez dans le néant et serez détruit si vous avancez.

Traitement

- Guérison générationnelle sur l'expérience de l'abîme des deux côtés de la famille jusqu'à ce qu'elle se remplisse ; continuer la guérison de sorte que la personne fusionne avec la lumière qui se trouve de l'autre côté.

Erreurs typiques lors du traitement

- Il y a deux abîmes dans le développement, une dans chaque parent. Les deux ont besoin d'une guérison générationnelle.

Cause sous-jacente

- Un événement développemental très précoce qui a mal tourné.

Fréquence et gravité des symptômes

- La plupart des gens ont ce problème de cas subcellulaire, mais le répriment.

Codes CIM-10

- F33, F34.1.

Images archétypales (internes) :
« Il y a un être divin numineux à l'intérieur de moi »

Pour la plupart des gens, les cerveaux triuniques ont des identités distinctes les unes des autres, comme s'ils étaient chacun un jeune enfant. Ils sont souvent confrontés à des conflits et à des problématiques de contrôle, parce que chacun d'entre eux a une motivation particulière qu'il veut remplir. Quand l'un d'eux « voit » l'autre, il peut faire une projection - le cas le plus dramatique étant celui où l'un des cerveaux regarde « vers le bas » en direction du cerveau du corps et le perçoit comme un être divin impressionnant. Lorsque cette projection est négative, votre client pourrait dire qu'il y a un « monstre au sous-sol ». Ces perceptions internes se font en continu - le client en prend simplement conscience lorsque son CdC fusionne avec le cerveau triunique qui perçoit un autre cerveau triunique.

Ce cas est une version intériorisée du phénomène de projection. Ce cas subcellulaire est classé comme une urgence spirituelle en raison de ses sensations numineuses, qui semblent présenter un caractère sacré, divin.

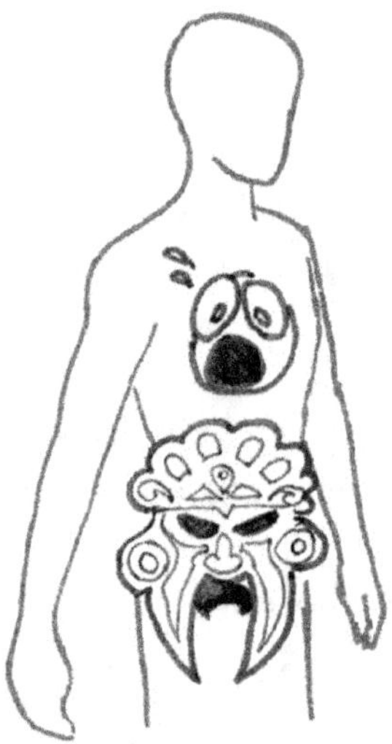

Figure 10.2 : Parfois, les clients font l'expérience d'un être divin (allant de monstrueux à merveilleux) dans leur ventre. C'est ainsi que les autres cerveaux triuniques perçoivent parfois le cerveau du corps.

Mots-clés utilisés pour décrire les symptômes

- Des divinités, des démons, un dieu ancien, des monstres au sous-sol, une présence numineuse, un être divin écrasant.

Questions aidant à poser le diagnostic

- Est-ce que cette présence numineuse ou cet être se trouve à l'intérieur de votre corps ?

Diagnostic différentiel

- Perception d'un grand parasite : les parasites ne sont pas numineux.

Traitement

- La Courteau Projection Technique™ est l'approche la plus simple ; utilisez le sentiment projeté à l'extérieur pour le processus.
- La guérison des traumatismes liés à la résistance à la fusion des cerveaux triuniques pertinents peut être utilisée à la place, mais il est plus difficile de trouver les traumatismes pertinents.
- Ceci fonctionne parfois : guérir à la naissance avant l'ouverture du col de l'utérus ; demander au client de se mettre dans la même position qu'à la naissance. Il y a un certain risque de déclencher des pulsions suicidaires.

Erreurs typiques lors du traitement

- Il est facile de ne pas remarquer que la guérison de la projection est incomplète. Le corps tout entier doit avoir des sensations et être impliqué dans le processus. N'oubliez pas de vérifier de nouveau le problème présenté lorsque vous pensez avoir terminé.
- La projection peut être positive ou négative. Les deux devraient être guéris.

Cause sous-jacente

- Un cerveau triunique perçoit un autre cerveau triunique, et la problématique de la séparation se traduit par la perception d'un être numineux.

Fréquence et gravité des symptômes

- Il est très rare que les gens soient confrontés à ce problème.
- Cela peut sembler très accablant et pousser une personne saine d'esprit à s'interroger sur sa propre santé mentale.

Risques

- Comme d'habitude en psychotraumatologie.

Codes CIM-10

- F22.0.

Syndrome d'Asperger (autisme léger) :
« Je suis entouré d'un mur de verre »

Ces clients sont incapables de ressentir des émotions ou d'établir des liens empathiques avec d'autres personnes. Dans des cas plus évidents, il s'agit du syndrome d'Asperger, une forme légère d'autisme. Il s'agit en fait d'un trouble à large spectre, certaines personnes au niveau de fonctionnent élevé ne se rendant même pas compte qu'elles ont le problème, puisque le problème a toujours été là et qu'elles y sont habituées. La sensation du client est celle d'un mur de verre qui entoure son corps, en forme de cylindre, à une distance allant du niveau de la peau à plus d'un mètre du corps.

Ce problème est causé par une cellule bactérienne qui recouvre la « colonne du soi » fongique, créant la sensation d'être entouré d'un mur de verre. Elle est traitée en éliminant le ou les organismes bactériens qui recouvrent la colonne du soi.

Figure 10.3 : La colonne du soi du client est entourée d'une épaisse cellule bactérienne. Pour le client, c'est comme s'il était bloqué dans un cylindre de verre qui est également scellé en haut et en bas.

Mots-clés utilisés pour décrire les symptômes

- Ne peut pas ressentir d'émotions ; ne peut pas se connecter émotionnellement aux autres.
- Je me sens enfermé ; je ne peux pas ressentir l'espace vide dans le ciel ; je ne peux pas « tendre la main » et toucher le monde.

Questions aidant à poser le diagnostic

- Vous vous sentez entouré d'un mur de verre ?
- Vous sentez-vous bloqué par rapport à vos émotions et à celles des autres ?

Diagnostic différentiel

- Arrêt d'un cerveau : il n'y a aucune sensation d'être bloqué ou d'être entouré à l'intérieur ou à l'extérieur par un mur de verre.
- Bulles : La personne devient alors plus ou moins handicapée mentalement et physiquement. Le syndrome d'Asperger limite la capacité à ressentir le monde ou à se connecter émotionnellement, mais ne handicape pas.

Traitement

- Il s'agit actuellement d'un processus réservé aux thérapeutes certifiés Peak States.

Erreurs typiques lors du traitement

- Passer à côté de certaines zones du « mur de verre ».

Cause sous-jacente

- Une infection bactérienne.

Fréquence et gravité des symptômes

- Nous estimons qu'environ 10 % de la population générale des clients ont ce problème dans une certaine mesure. Les clients adultes viennent rarement se faire soigner, car ils considèrent généralement que c'est « normal ».
- Il s'agit d'un trouble à large spectre, de léger à extrême : dans la forme légère, de nombreuses personnes qui fonctionnent bien ont ce problème et ne s'en rendent pas compte tant qu'il n'est pas traité et ne disparaisse.

Risques

- Comme d'habitude en psychotraumatologie.

Codes CIM-10

- F80, F84.5, F94.

Lésions cérébrales (lésions prénatales ou traumatiques) : « Je ne peux tout simplement pas le faire »

Nous avons initialement travaillé sur les lésions cérébrales prénatales parce que nous pensions qu'elles pouvaient causer des symptômes d'autisme. (Il s'avère que ce n'était pas le cas ; bien que d'après notre expérience, certains enfants sont diagnostiqués autistes et n'ont que des lésions cérébrales.) Nous avons constaté que la résilience aux lésions cérébrales variait d'une personne à l'autre ; nous avons mis au point un processus qui maximise cette qualité, de sorte que les lésions antérieures ont rapidement peu ou pas d'effet. (Nous n'avons pas encore testé ce processus sur de nombreux clients ayant subi un traumatisme crânien, donc nous ne savons pas encore s'il sera efficace dans les cas de cicatrices ou de dommages causés par une maladie.)

Les symptômes de lésions cérébrales peuvent varier d'extrêmes à subtils et peuvent sembler, à tort, être dus à un simple traumatisme : par exemple, un client ayant une petite zone de lésions cérébrales prénatales avait de la difficulté à se souvenir des noms. Étonnamment, nous avons constaté que la plupart des gens ordinaires avaient un certain degré de lésions cérébrales dans diverses régions de leur cerveau. Un client peut le remarquer s'il se compare aux autres. Les cas de traumatisme crânien à la suite d'un accident montrent une condition clairement différente avant et après l'accident, ce qui facilite grandement les tests du traitement.

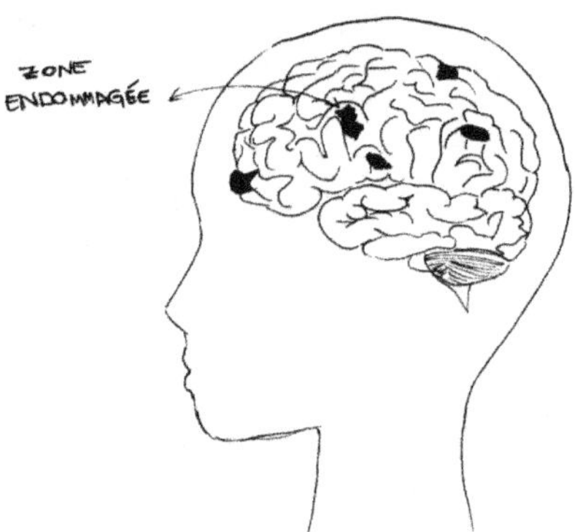

Figure 10.4 : Les zones de lésions cérébrales ont l'air d'être noires. Le matériel cérébral devrait avoir l'air transparent.

Mots-clés utilisés pour décrire les symptômes

- « Je ne peux pas faire quelque chose » ; « Je ne peux vraiment pas le faire » ; « Ça ne marche pas pour moi ».
- Frustration à l'idée de faire quelque chose ; compensation ; blessure, perte d'une capacité ; n'a jamais pu le faire.
- Le client a des stratégies pour contourner le handicap dans sa vie.

Questions aidant à poser le diagnostic

- Cette incapacité est-elle toujours présente ?
- Est-ce que cette incapacité donne simplement l'impression qu'il vous manque quelque chose ?

Diagnostic différentiel

- Arrêt d'un cerveau : l'arrêt du cerveau du mental entraîne la perte de la capacité de porter tous jugements, positifs ou négatifs ; les lésions cérébrales entraînent la perte partielle ou totale de certaines capacités spécifiques, ou un trouble d'apprentissage plus général.
- Décisions traumatiques : la douleur émotionnelle d'un traumatisme entraîne la suppression d'une capacité, par opposition à l'absence de capacité due à une lésion cérébrale. Dans le cas d'une lésion cérébrale, il n'y a pas de contenu émotionnel en rapport au symptôme, si ce n'est le sentiment d'être atteint d'une incapacité (aucune charge émotionnelle directe). Le tapotement ne fonctionne pas sur les symptômes de lésions cérébrales.
- Bulle : le problème de la bulle cause une incapacité globale et une perte de capacité de fonctionner par opposition à des incapacités spécifiques pour les lésions cérébrales ; vous vous sentez comme si vous étiez dans une bulle par rapport à vous-même ; être dans une bulle est indolore par rapport à une blessure traumatique au cerveau, il y aura d'autres symptômes (douleur, habiletés motrices diminuées, etc.).
- Copie : une copie est comme un traumatisme qui donne des symptômes ; une lésion cérébrale cause l'absence totale ou partielle d'une capacité.

Traitement

- Il s'agit d'un processus réservé aux thérapeutes certifiés Peak States.

Erreurs typiques lors du traitement

- Ne pas guérir complètement le problème, parce que le client ne sait pas à quoi ressemble l'état final de bonne santé.
- Ne pas avoir quelqu'un qui peut « voir » les lésions cérébrales pour vérifier la guérison.

Cause sous-jacente

- Lésion au cerveau causant la perte d'une fonction spécifique.

Fréquence et gravité des symptômes

- En cas de traumatisme accidentel, il existe toute une gamme de symptômes et d'intensité.
- Les dommages prénataux sont fréquents, mais habituellement peu graves.

Risques

- Comme d'habitude en psychotraumatologie.

Codes CIM-10

- F07.8, F70-F79, F80, S06, I64.

Bulle : « Je me sens soudain handicapé »

Ce cas subcellulaire se produit lorsqu'une personne devient, soudainement, mais temporairement, dans une certaine mesure mentalement et physiquement handicapée. Ce problème est évident pour les observateurs, car le client devient soudainement stupide et incompétent. Cela se produit parce qu'une personne déplace temporairement sa conscience dans une petite « bulle » flottant dans le noyau nucléaire. Ils le font parce que cela procure un sentiment de sécurité, un peu comme un enfant qui se cache sous la couverture. Les clients ont généralement un certain nombre de bulles ; le client peut parfois les percevoir comme flottant à l'extérieur de son corps.

Ces bulles ont été éjectées de la structure de la pomme de pin qui est leur emplacement normal ; elles sont endommagées et contiennent un parasite de classe 1. La guérison se fait en trois parties : le sortir de la bulle ; éliminer le besoin du client d'aller dans les bulles, et ensuite guérir la bulle en question.

Figure 10.5 : (a) La personne a l'impression d'être partiellement ou totalement dans une bulle. Elle se sent en sécurité, même s'il y a un parasite insectiforme à l'intérieur avec eux.

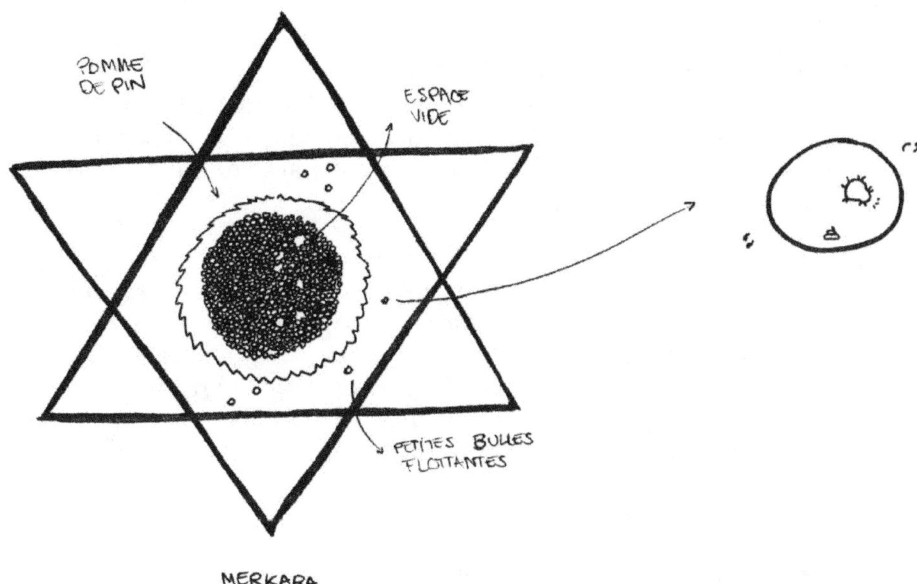

Figure 10.5 : (b) La bulle flotte à l'extérieur de la pomme de pin ; elle devrait être à l'intérieur de la pomme de pin.

Mots-clés utilisés pour décrire les symptômes

- Incapacité ; handicapé ; stupide ; incapable ; flou ; confus ; incapable de faire des activités normales (conduire une automobile, mathématiques, etc.).
- Entouré ; bulle ; se sentir comme dans une couverture.

Questions aidant à poser le diagnostic

- Avez-vous l'impression d'être à l'intérieur d'une bulle ronde ? Vous sentez-vous parfois encapsulé ?
- Si vous prenez de l'expansion, avez-vous l'impression de redevenir normal ?

Diagnostic différentiel

- Autisme : mur de verre cylindrique, pas nécessairement stupide, pas handicapé.
- Traumatisme biographique : ne pas se sentir dans une bulle.
- Arrêt du cerveau du mental : pas d'autoattaque, pas de sensation de bulle.
- Vol d'âme : elle « ressemble » à un nuage, pas à une bulle ; les sentiments sont dispersés dans l'espace.

Traitement

- Demandez au client d'étendre leur conscience/attention. Puis guérissez les associations du corps concernant la sécurité. Ensuite, utilisez un processus de guérison générationnelle sur le parasite insectiforme qui se trouve à l'intérieur de la bulle.

Erreurs typiques lors du traitement

- Parler des parasites insectiformes provoque des inquiétudes inutiles et peut faire dérailler le processus de guérison. Il est de loin préférable d'utiliser des euphémismes non menaçants lorsque vous travaillez sur la guérison d'un parasite insectiforme.

DANGER

Certaines personnes chercheront des parasites à l'intérieur d'elles-mêmes une fois qu'elles se rendront compte de leur existence et tenteront d'intervenir au niveau de leur cellule primaire. Ceci est potentiellement très dangereux : les parasites peuvent réagir et nuire à l'hôte, le corps peut provoquer une prolifération parasitaire en compensation, et cela peut causer une peur inutile et de la paranoïa chez le client.

Cause sous-jacente

- Le CdC du client s'est partiellement ou totalement retrouvé dans une bulle qui a été endommagée et qui n'est pas à son emplacement normal dans la structure de la pomme de pin dans le noyau nucléaire.

Fréquence et gravité des symptômes

- Beaucoup de gens font cela, mais c'est généralement de courte durée.
- La personne peut se trouver entièrement ou partiellement dans la bulle ; par exemple, le haut de son corps est dans la bulle, mais pas ses jambes.

Risques

- Comme d'habitude en psychotraumatologie.

Codes CIM-10

- F43.2, F44.9, F70-79, F80.

Fuite de la membrane cellulaire : « Je me sens faible »

Ce problème rare cause un sentiment de faiblesse chez le client ; dans des cas extrêmes, il peut amener une personne à se rendre à l'hôpital. Elle se produit lorsque les membranes de la cellule primaire deviennent poreuses et laissent passer du fluide. La membrane peut « paraître » soit trop mince et avoir des trous, soit fragile et fissurée. Ce problème est global : il touche toutes les membranes de la cellule, pas seulement les membranes cellulaires et nucléaires. L'origine est une membrane parentale défectueuse au stade de la cellule de genèse parentale lorsque les p-organites sont formés pour la première fois.

Dans notre expérience limitée, les personnes atteintes de ce problème l'ont comme condition préexistante. Cependant, nous avons vu les symptômes s'aggraver considérablement chez certains clients au cours de thérapie en psychotraumatologie ou d'événements de la vie.

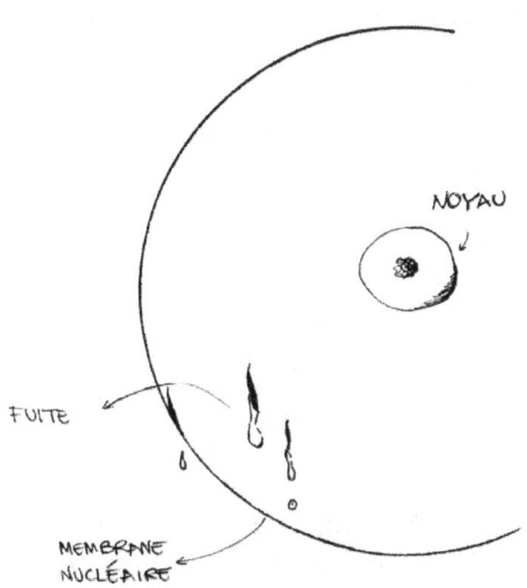

Figure 10.6 : Toute membrane dans la cellule peut présenter un problème de fuite. Une fois déclenchée, dans les cas graves, elle peut entraîner une hospitalisation ou la mort.

Mots-clés utilisés pour décrire les symptômes

- Nausée, faiblesse, épuisement, pas assez d'énergie pour respirer, j'ai l'impression de saigner ; le problème est pire quand j'essaie de ____ .

Questions aidant à poser le diagnostic

- Quelles circonstances déclenchent votre faiblesse physique ?

Diagnostic différentiel

- Malédiction enveloppante : elle se trouve habituellement dans une zone, mais peut être autour de toute la personne. Elle fait qu'une personne se sent fatiguée, pas faible.
- Blessures causées par un parasite insectiforme de classe 1 : un parasite insectiforme peut déchirer une membrane, et si la déchirure est assez grande, le client a la sensation de saigner à mort lorsque le cytoplasme sort de la cellule primaire, et la douleur est intense, mais seulement à un endroit. Les fuites de membrane cellulaire sont partout et ne sont généralement pas douloureuses.
- Fatigue chronique : les clients allaient bien puis ont acquis le problème ; les symptômes de fuite sont déclenchés par les événements, mais sont également un problème qui dure toute la vie.

Traitement

- Il s'agit actuellement d'un processus réservé aux thérapeutes certifiés Peak States en raison des risques possibles pour la sécurité.

Erreurs typiques lors du traitement

- Ne pas guérir certaines zones de la membrane de la cellule de genèse.

Cause sous-jacente

- Dommage dans les membranes cellulaires originelles à partir desquelles la cellule germinale primordiale est formée.

Fréquence et gravité des symptômes

- Elle est habituellement légère, mais dans certaines circonstances peut mettre la vie de certaines personnes en danger.

Risques

- Beaucoup de gens ont des problèmes avec l'intégrité de leur membrane cellulaire, mais il est très rare d'avoir des fuites importantes.
- L'utilisation de thérapies pour d'autres problèmes peut déclencher des symptômes plus graves.

Codes CIM-10

- Aucun code spécifique n'a encore été identifié.

Problème de chakra :
« Je ressens une pression douloureuse au niveau de mon chakra »

Il peut y avoir de nombreux problèmes physiques et émotionnels graves associés aux chakras. Les chakras ont une base physique dans la cellule primaire ; ils font partie d'un seul organisme fongique de classe 2 que l'on trouve incorporé dans la membrane nucléaire. Parce qu'ils sont vivants, ils réagiront aux efforts pour les pousser ou les manipuler - cela peut arriver par accident lorsque le client pratique une activité dans sa vie qui provoque une activité correspondante dans la cellule primaire. Exemples : l'haltérophilie qui met un stress sur les chakras ; la méditation avec une focalisation intense sur le troisième œil, etc. Les symptômes sont habituellement la douleur ou la pression dans les endroits du corps qui correspondent aux endroits des chakras, individuellement ou simultanément à tous les endroits.

Il est intéressant de noter que le déclencheur de l'activation d'un chakra sont les mouvements et les sentiments de la mère lorsqu'elle utilisait ses chakras ; le fœtus *in utero* apprend comment les utiliser en copiant ce qu'elle faisait à ces moments-là.

L'élimination de cet organisme fongique change radicalement les pouls qui sont utilisés dans le diagnostic en médecine Chinoise et élimine la capacité d'utiliser des techniques de tapotement (mais élimine aussi le besoin de les utiliser - le simple fait de ressentir un traumatisme guérit maintenant la séquence complète de traumatismes).

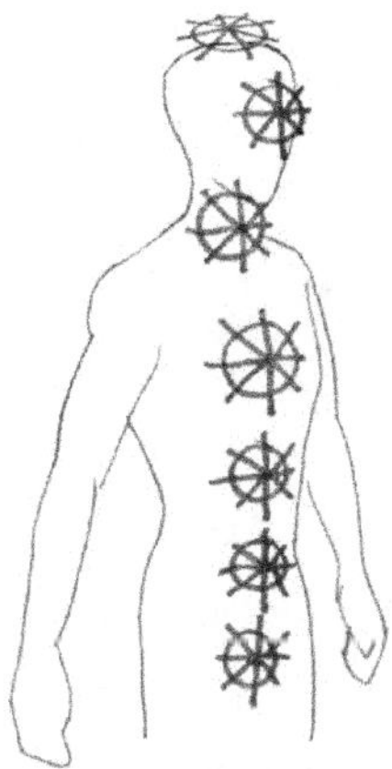

Figure 10.7 : (a) Représentations symboliques des chakras dans leur position approximative dans le corps. Ils sont représentés sous forme de roues de gouvernail de bateaux en raison de leur nature expérientielle.

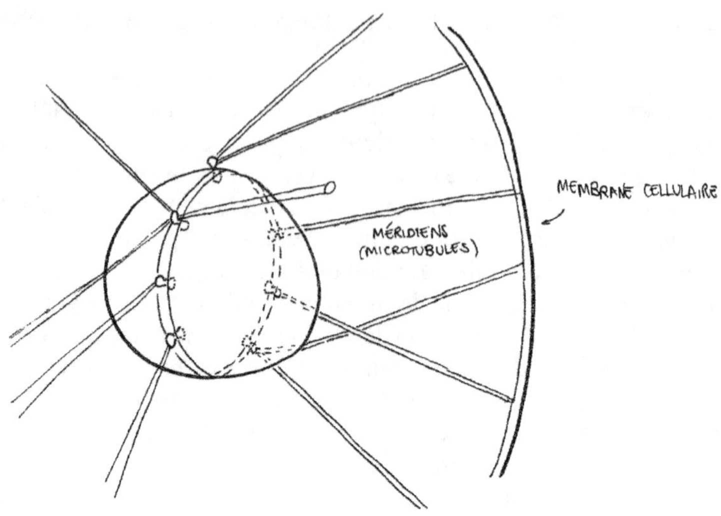

Figure 10.7 : (b) L'organisme chakra (fongique) sur la membrane nucléaire le long de la ligne médiane gauche/droite avec les tubes méridiens attachés.

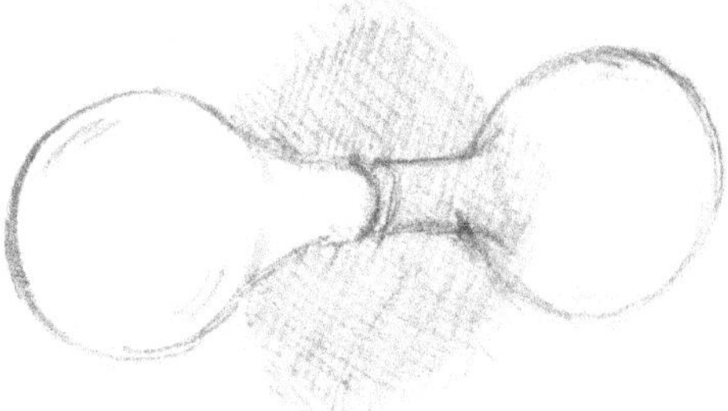

Figure 10.7 : (c) Un gros plan d'un chakra, une structure en forme d'haltère pénétrant la membrane nucléaire.

Mots-clés utilisés pour décrire les symptômes

- Il y a une sensation de « pression » dans le corps aux endroits classiques des chakras.

Questions aidant à poser le diagnostic

- Ressentez-vous ces symptômes lorsque vous exercez une action physique particulière ?

Diagnostic différentiel

- Bactéries : elles peuvent causer une pression douloureuse, mais généralement dans la tête.

- Traumatisme : des traumatismes de douleur ou de blessure peuvent être activés par coïncidence aux emplacements des chakras. Un test avec une thérapie de psychotraumatologie est le test le plus simple.
- Structure du cerveau de la couronne : rarement à l'emplacement d'un chakra. Les deux peuvent causer de la douleur par le mouvement ; parfois, la structure du cerveau de la couronne entoure une zone qui crée de la douleur. Un test partiel de dissolution temporaire de la structure du cerveau de la couronne est le meilleur test.

Traitement

- Pour les symptômes de pression, guérissez la résistance traumatique à la « poussée », à la frontière. Continuez à chaque endroit bloqué jusqu'à ce qu'il n'y ait plus de résistance et donc plus de sensation de pression.
- Utilisez une technique sous licence Peak States pour éliminer l'organisme chakra.

Erreurs typiques lors du traitement

- Ne pas éliminer la totalité de l'organisme fongique du chakra.

Cause sous-jacente

- Organisme fongique de classe 2 incrusté dans la membrane nucléaire le long de l'axe externe central.

Fréquence et gravité des symptômes

- Très courant, mais généralement pas grave.
- La plupart des gens évitent automatiquement les actions qui déclenchent la douleur.

Risques

- Inconnus pour l'instant. Supposez qu'il y a les risques habituels en psychotraumatologie.

Codes CIM-10

- F45, R52.

Colonne du Soi - Bulles : « Je me sens confus »

La structure dans le noyau nucléaire de la cellule primaire que nous appelons la « colonne du soi » peut présenter divers problèmes. Un qui est assez étrange est la présence de ce qui ressemble à des bulles d'air à l'intérieur de la colonne. Ces bulles ont un effet psychologique distinct : la personne ressent de la confusion et un sentiment de fragmentation. Ce problème varie en fonction de la taille et du nombre de bulles à l'intérieur de la colonne du soi.

La « colonne du soi » est une structure fongique de classe 2 très commune que la plupart des gens vivent comme faisant partie d'eux-mêmes.

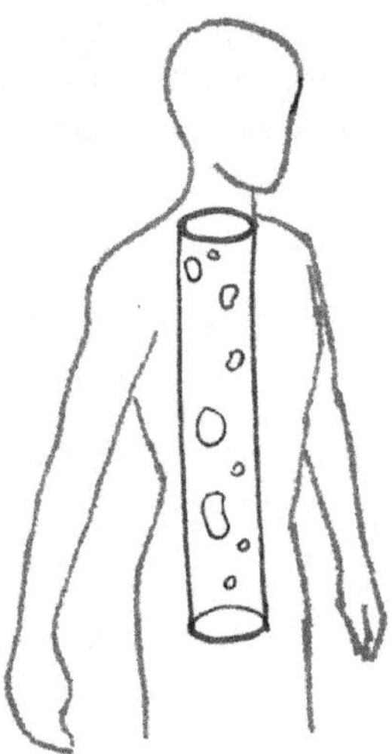

Figure 10.8 : La colonne du soi (une structure fongique) peut contenir des bulles. Cela cause chez une personne de la confusion qui serait présente depuis sa naissance.

Mots-clés utilisés pour décrire les symptômes

- Confusion dans des endroits du corps ; fragmentation ; l'attention se brise par endroits ; confusion interne ; le problème est toujours là ; attention dispersée ; je suis confus tout le temps.

Questions aidant à poser le diagnostic

- Est-ce que le sentiment de confusion se trouve à différents endroits de votre corps ?

Diagnostic différentiel

- Cristaux brisés : les cristaux causent une incapacité à se focaliser - si vous ne vous focalisez pas, il n'y a pas de problème. Cela se produit lorsque vous concentrez votre attention vers l'extérieur. Les bulles de la colonne se manifestent sous forme d'une confusion qui est toujours présente dans des endroits précis du corps, et qui existe même si vous ne pensez pas à un concept.

Traitement

- Il s'agit actuellement d'un processus réservé aux thérapeutes certifiés Peak States.

Erreurs typiques lors du traitement

- Le problème n'est pas complètement guéri parce que des parties de la colonne sont fissurées ou détachées, ce qui empêche le client de déplacer sa conscience dans ces endroits.

Cause sous-jacente

- Zones de la colonne du soi qui ne se sont pas remplies complètement lorsque celle-ci s'est formée initialement.

Fréquence et gravité des symptômes

- Trouvé occasionnellement chez les clients, mais il est rare que ce soit assez grave pour nécessiter un traitement ; habituellement, les gens ont des stratégies d'adaptation adéquates.

Risques

- Comme d'habitude en psychotraumatologie.

Codes CIM-10

- R41.0.

Trous-m / Cordes-m :
« Je suis révolté par un sentiment vraiment maléfique en toi »

Ce problème du trou-m (pour « trou maléfique ») est dû à un trou dans la structure de la pomme de pin. Le trou contient le sentiment d'une émotion négative associé à un aspect maléfique sous-jacent. Par exemple « je suis triste, donc je vais te rendre malheureux aussi ». Chaque trou aura une tonalité émotionnelle négative différente. La plupart des gens comblent le trou pour essayer de bloquer la sensation, généralement avec un parasite bactérien. Cependant, lorsque la personne rencontre une autre personne ayant exactement la même zone endommagée dans sa pomme de pin, elle ressentira le sentiment négatif *chez l'autre personne*. Cette perception se fait par l'intermédiaire d'un parasite bactérien à l'intérieur du trou dans la pomme de pin qui résonne avec une bactérie dans le trou de l'autre personne. Il n'y a en fait pas de connexion par une « corde » comme avec le champignon borg de classe 2, mais par commodité nous l'appelons « corde-m » (pour « corde maléfique »), car les deux types de connexion émotionnelle se ressemblent, et les deux peuvent être éliminées avec la DPR.

Le problème du trou-m est commun, mais il est très rare de le remarquer en soi. Il n'est pas aussi rare de le remarquer chez un autre, mais il requiert la coïncidence que les deux personnes ont exactement la même zone endommagée dans leur structure de la pomme de pin. Nous observons ce problème de temps en temps dans les couples, bien qu'ils ne sachent souvent pas exactement pourquoi ils se sentent mal à l'aise l'un avec l'autre.

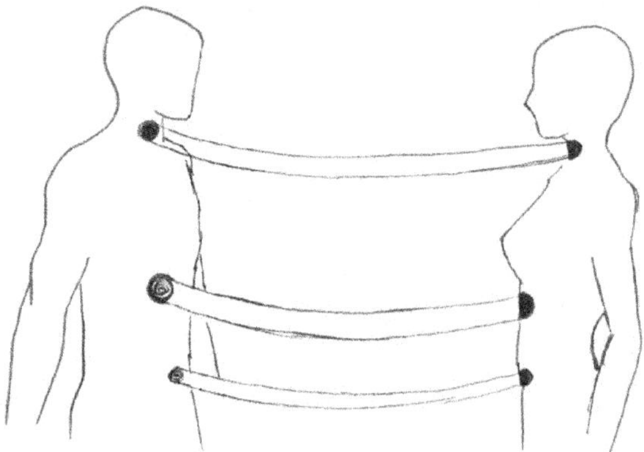

Figure 10.9 : La personne remarque un sentiment chez les autres à un endroit qui correspond au même sentiment maléfique dans leur propre corps. Ces trous sont en fait dans la structure de la pomme de pin.

Mots-clés utilisés pour décrire les symptômes

- Quelqu'un d'autre donne l'impression d'être maléfique ou émet un sentiment maléfique ; cette personne donne l'impression d'être maléfique à un endroit précis de son corps.
- Je suis mal à l'aise avec une personne en particulier.

- J'ai un sentiment maléfique à un endroit particulier de mon corps.

Questions aidant à poser le diagnostic

- Où dans le corps de l'autre personne ressentez-vous ce sentiment négatif ? Avez-vous le même sentiment au même endroit dans votre propre corps ?

Diagnostic différentiel

- Traumatisme : les techniques de psychotraumatologie comme l'EFT ou la WHH n'ont aucun effet sur le sentiment négatif dans le trou-m.
- Projection : il n'y a pas de mal sous-jacent dans l'émotion projetée ; il n'y a pas non plus d'emplacement corporel spécifique pour le sentiment dans l'autre ou en soi.
- Cordes : elles n'ont pas d'emplacement spécifique dans le corps de l'autre personne, et la sensation ressentie a rarement une tonalité maléfique.

Traitement

- Le trou-m est un problème de traumatisme générationnel.
- La DPR peut être utilisée pour éliminer le lien avec une autre personne, mais elle ne guérit pas le trou-m dans le client.

Erreurs typiques lors du traitement

- Il y a parfois des trous-m qui se chevauchent, avec des sentiments différents.

Cause sous-jacente

- Les trous à l'intérieur de la structure de la pomme de pin dans le noyau nucléaire peuvent se remplir avec une tonalité émotionnelle maléfique. C'est un problème générationnel.

Fréquence et gravité des symptômes

- Les trous-m sont fréquents dans la population générale, mais il est rare de trouver quelqu'un d'autre avec qui entrer en résonance pour pouvoir les ressentir.
- Le sentiment chez l'autre personne (et en soi-même) peut être très troublant, à cause de la tonalité maléfique qu'il contient.

Risques

- Comme d'habitude en psychotraumatologie. De plus, comme il s'agit de sensations maléfiques, il est difficile pour certaines personnes de les reconnaître ou d'y faire face en elles-mêmes.

Codes CIM-10

- Aucun code spécifique n'a encore été identifié.

Émotions aplaties :
« Mes émotions, bonnes ou mauvaises, sont atténuées »

Nous avons rencontré ce problème pour la première fois lorsque nous avons rapidement déplacé notre attention entre le moment présent et un moment passé (« saut dans le temps »). En environ quatre cycles, le contenu émotionnel du moment passé a disparu, ou est très atténué. Malheureusement, cela ne guérit pas les traumatismes. Au lieu de cela, tout le contenu émotionnel (qu'il soit agréable ou douloureux) est également atténué. Cette condition ne disparaît pas sans traitement, et les personnes qui en souffrent pendant un certain temps la décrivent souvent comme être « déprimée ». Ce problème peut être observé au niveau des cerveaux triuniques - le cerveau du cœur a l'air d'être recouvert d'une coquille dure, au lieu de son apparence normale duveteuse et étendue.

Ce « saut dans le temps » active un événement développemental très précoce qui, chez la plupart des gens, implique un traumatisme qui les rend vulnérables à ce problème. La guérison de cet événement ramène rapidement les clients à un niveau émotionnel normal.

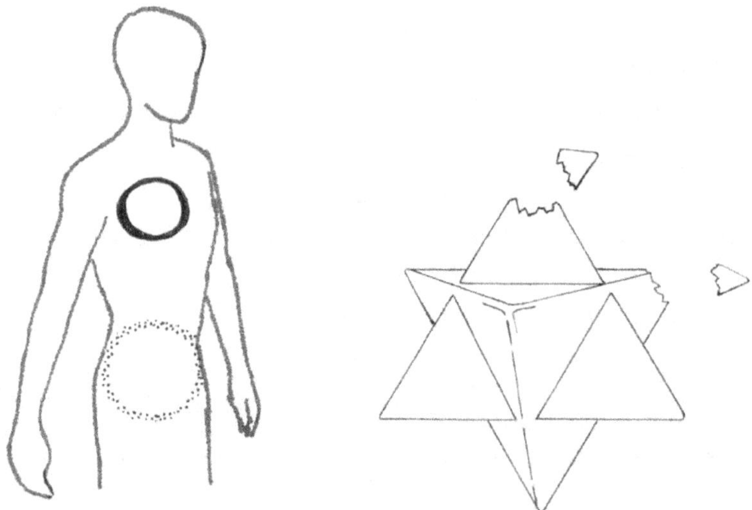

Figure 10.10 (a) : Le problème des « émotions aplaties » fait qu'un cerveau triunique forme une surface dure.
(b) Des dégâts aux points d'interconnexion de la structure fongique de merkaba bloquent le fonctionnement des cerveaux triuniques, allant de l'engourdissement émotionnel au TDA ou TDAH.

Nous n'avons pas encore identifié la biologie sous-jacente, parce que notre traitement a si bien fonctionné que nous n'avons pas eu besoin de faire d'autres recherches. Cependant, il y a un problème avec des symptômes similaires qui peuvent être dus au même problème sous-jacent. Dans celui-ci, l'interconnexion entre le cerveau du cœur émotionnel et les autres cerveaux est endommagée dans la merkaba (une structure fongique). Les personnes atteintes de cette condition peuvent parfois ressentir à nouveau des sentiments positifs, mais seulement en présence de personnes qui stimulent en eux cette expérience. Ces dommages de la merkaba sont également la cause du TDA ou du TDAH chez la plupart des gens. La réparation de la structure parasitaire élimine ces symptômes.

Mots-clés utilisés pour décrire les symptômes

- Dépression, ennui, « je ne ressens pas grand-chose », voix monocorde ou monotone.
- « Mon partenaire n'est pas heureux avec moi », « avant, c'était différent ».
- Faible profondeur émotionnelle (positive et négative)

Questions aidant à poser le diagnostic

- Est-ce que vous ressentez encore des émotions négatives et positives, mais très atténuées ?
- Quand est-ce que ça a commencé ? (Après avoir fait des sauts dans le temps ou pris des hallucinogènes ?)

Diagnostic différentiel

- Problème bactérien : la bactérie recouvre des parties clés de la cellule. Elle s'accompagne généralement de fatigue.
- Bulle : la bulle handicape partiellement une personne physiquement et mentalement ; les émotions aplaties n'affectent que l'étendue émotionnelle.
- Perte d'âme : l'engourdissement émotionnel cache une solitude ou une sensation de perte extrême.
- Syndrome d'Asperger (autisme léger) : il y a une sensation de « mur de verre » autour de la personne, ou autour de son noyau intérieur, bloquant la connexion aux autres et/ou à ses propres émotions. C'est présent depuis toujours.
- Arrêt du cerveau du cœur : les gens sont perçus comme des objets, et il y a une absence d'émotions.
- La prolifération fongique : il y a aussi un sentiment de résistance à toute action.
- État de Paix Intérieure : il y a encore toute la gamme des émotions positives.
- État de fusion des cerveaux : vous vous sentez généralement partiellement ou totalement creux. Le manque d'émotions vous semble approprié, vous ne vous sentez pas déprimé, et ce n'est pas ressenti comme un problème.

Traitement

- Il s'agit actuellement d'un processus réservé aux thérapeutes certifiés Peak States.

Erreurs typiques lors du traitement

- Ne pas reconnaître que la « dépression » du client provient en fait des émotions aplaties (parce qu'il ne sait pas quand ni comment ça a commencé).

Cause sous-jacente

- Un événement développemental précoce est activé (par des médicaments, des sauts dans le temps) et cause ce problème. Ou bien il a toujours été présent depuis l'enfance ou la naissance.

Fréquence et gravité des symptômes

- Rare dans le grand public. Très courant si cela est fait délibérément en pratiquant le saut dans le temps.
- Nous avons parfois observé ce problème chez des personnes qui ont consommé des hallucinogènes - elles l'obtiennent une fois l'expérience de la drogue terminée.

Risques

- Comme d'habitude en psychotraumatologie.

Codes CIM-10

- F34.1.

Prolifération fongique :
« Je ne ressens pas grand-chose, je suis rempli de trucs blancs »

Ce cas subcellulaire concerne une espèce fongique à l'intérieur de la cellule primaire qui « ressemble » à de la barbe à papa blanche. Elle peut varier en taille, allant de petites taches jusqu'à remplir entièrement l'image corporelle du client. Le symptôme primaire est un engourdissement émotionnel et physique qui peut aller de léger à extrême. On le remarque parfois comme une incapacité à ressentir des émotions positives normales telles que l'amour ou le bonheur. Cela peut aussi donner l'impression que la personne est physiquement « ligotée », comme si elle était Gulliver et que les Lilliputiens l'avaient attachée avec de petites ficelles. Elle peut aussi être vécue comme un sentiment d'être bloqué ou restreint, tout dans la vie demandant énormément d'efforts et de volonté. Cependant, cette espèce fongique ne crée pas de problèmes émotionnels ou autres problèmes d'interconnexion entre les personnes (comme dans le cas du champignon borg).

Ce problème de prolifération fongique peut survenir chez certaines personnes lorsqu'elles régressent à la coalescence ou à la conception. Les sentiments sexuels qui y sont ressentis déclenchent la prolifération du champignon à l'intérieur de leur cellule primaire dans le présent. Heureusement, ce n'est pas une expérience courante, et si cela se produit, le client se rétablit habituellement en quelques jours lorsque sa cellule primaire retrouve son homéostasie. Cependant, dans certains cas, le problème persiste - si c'est le cas, une intervention active est nécessaire.

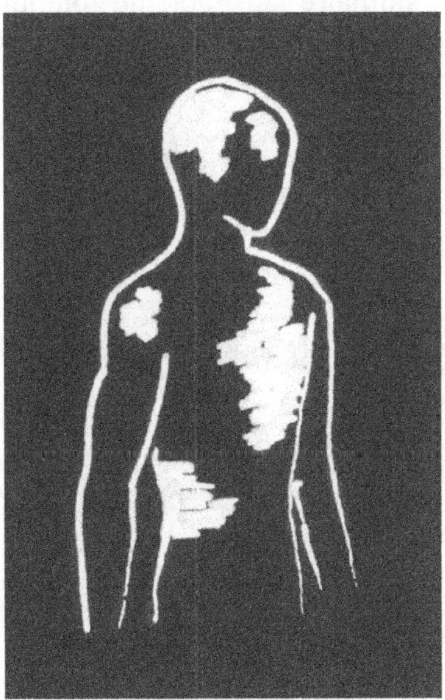

Figure 10.11 : Une toile fongique peut se développer dans diverses parties de la cellule primaire. Elle est vécue comme se trouvant à l'intérieur du corps. Pour les personnes qui peuvent voir en eux-mêmes au niveau de la cellule primaire, elle ressemble habituellement à de la barbe à papa blanche.

Au moment d'écrire ces lignes, nous voyons rarement des clients qui arrivent avec ce problème de prolifération fongique. Cependant, nous l'avons constaté chez deux personnes très malades dans des établissements de soins de longue durée ; nous ne savons pas si la prolifération fongique était une conséquence ou une cause de leur incapacité à quitter leur lit ou à maintenir leur poids.

Mots-clés utilisés pour décrire les symptômes

- Résistance, effort, ne peut pas ressentir, blanc à l'intérieur, attaché, ne peut pas voir, aucune perception, restreint.

Questions aidant à poser le diagnostic

- Avez-vous la sensation que votre corps est rempli de barbe à papa blanche, ce qui vous donne l'impression que vous ne pouvez pas vraiment sentir ou ressentir les choses ? Quand est-ce que cela a commencé ?

Diagnostic différentiel

- Traumatisme biographique : le tapotement ou la régression fonctionnent. Le problème fongique ne répondra pas à une simple thérapie en psychotraumatologie.
- Copies : les copies ont un sentiment de personnalité en elles ; ce problème fongique n'en présente pas.
- Émotions aplaties : similaire au problème fongique en ce qui concerne les émotions. Mais le processus fongique fait qu'une personne se sent également handicapée en ce qui concerne la connexion émotionnelle et les symptômes physiques.
- Perte d'âme : l'engourdissement émotionnel causé par la perte d'une grande perte d'âme est causé par la répression de l'extrême solitude ou de la tristesse. Le problème fongique n'a pas de contenu émotionnel.

Traitement

- Il s'agit actuellement d'un processus réservé aux thérapeutes certifiés Peak States.

Erreurs typiques lors du traitement

- Guérir seulement partiellement le problème, en raison de la perte de conscience due au champignon.

Cause sous-jacente

- Croissance de champignon de diverses espèces et à divers endroits dans la cellule primaire. Parfois déclenchée suite à une régression jusqu'à la conception.

Fréquence et gravité des symptômes

- Relativement courant, mais la plupart des gens considèrent que les symptômes sont normaux.

- Les symptômes peuvent être assez troublants, mais d'une manière négative, car ils font disparaître les émotions et les sensations, comme si les gens étaient remplis de barbe à papa blanche.

Risques

- Le problème peut dans certains cas être aggravé par des tentatives de guérison ; il peut y avoir les problèmes habituels en psychotraumatologie.

ATTENTION

- *Tenter de guérir ce problème peut aggraver considérablement les symptômes. N'effectuez ce processus que sous supervision et avec des renforts en cas de problèmes.*

Codes CIM-10

- F70-F79.

Superposition d'image :
« Je me souviens de quelque chose que j'ai vu en photo »

En faisant des régressions, de nombreuses personnes « superposent » des images qu'elles connaissent bien, au lieu de voir la réalité. C'est rarement un problème ; les sentiments associés à l'image superposée et à l'image réelle sont généralement les mêmes, donc la guérison fonctionne toujours. Ce phénomène de superpositions peut se répercuter dans la vie des gens, lorsque les événements prénataux se confondent avec la vie réelle. Par exemple : le client croit qu'il ne fait que se souvenir d'une photo d'enfance ; ou lors d'une régression, un homme a vu une image de lui-même se déplaçant rapidement sur une moto, alors qu'en réalité, il s'expérimentait en train de se déplacer en tant que spermatozoïde. Cela peut parfois se produire chez les clients lorsqu'ils croient que leurs parents ou des membres de leur famille leur ont fait quelque chose de mal, alors qu'en réalité, ils se souviennent d'un traumatisme prénatal superposé avec des personnes familières. Malheureusement, d'après notre expérience, les abus réels sont beaucoup plus fréquents que les « souvenirs » avec des superpositions.

Rarement, les superpositions d'images en régression peuvent être plus bizarres, parce que le client essaie de bloquer l'accès à un événement particulièrement douloureux et est prêt à tout pour ce faire. Ces images superposées ne correspondent pas au reste de l'expérience. Par exemple, une peinture, un vase ou un avion jaune qui remonte la rivière. L'image du traumatisme réel est cachée sous ou à l'intérieur de la superposition.

Figure 10.11 : (a) Un exemple de régression traumatique. Le client avait l'impression de filer sur une moto - en réalité, il revivait le spermatozoïde nageant jusqu'à l'ovocyte.

Il y a une autre classe de superpositions inconscientes que presque tout le monde a et qui créent des problèmes pour les gens. Elles existent dans le présent : toutes les femmes sont vues avec une image superposée de la mère de l'observateur ; tous les hommes sont vus avec une image superposée du père (un peu comme un effet vidéo où l'on verrait un fantôme par-dessus la personne). C'est un problème parce que les gens ressentent et agissent inconsciemment sur ces perceptions inexactes dans la vie réelle. Les thérapeutes, en particulier, devraient éliminer ces superpositions parentales afin d'être en mesure de mieux percevoir leurs clients. Il s'agit d'un problème rarement abordé par les clients, car il est inconscient pour presque tout le monde et que c'est considéré comme normal.

Les superpositions sont une distorsion d'un traumatisme biographique qui, une fois reconnu, est traité avec les méthodes habituelles en psychotraumatologie.

Figure 10.11 : (b) La superposition la plus problématique est celle de mettre une image de votre mère sur toutes les femmes et une image de votre père sur tous les hommes.

Mots-clés utilisés pour décrire les symptômes

- Voir une image fantomatique recouvrir quelqu'un ; toutes les femmes sont comme ma mère ; tous les hommes sont comme mon père.
- Je me souviens d'une photo ; je ne me souviens pas de l'avoir vue avant, et c'est un peu étrange ; j'ai été maltraitée ; mes parents m'ont fait de mauvaises choses.

Questions aidant à poser le diagnostic

- Est-ce que tous les hommes (ou toutes les femmes) vous rappellent votre père (ou votre mère) ?
- Avez-vous presque deux souvenirs différents de cette personne, comme s'il s'agissait de personnes très différentes ?

Diagnostic différentiel

- Traumatisme biographique : les images superposées n'ont pas vraiment de sens et ne cadrent pas avec le reste de l'expérience du client.

- Trouble de Personnalité Multiple (TPM) : dans les situations d'abus, l'agresseur peut avoir un TPM et, par conséquent, agir de façon complètement différente sans se souvenir de l'abus. Les souvenirs superposés décrivent habituellement des événements qui n'ont tout simplement aucun sens (« il m'a drogué pendant de nombreuses nuits »).

Traitement

- Superpositions d'images : guérison des traumatismes sur les sentiments émotionnels et les sensations corporelles.
- Projections du père et de la mère : utiliser la Courteau Projection Technique™

Erreurs typiques lors du traitement

- Oublier de guérir les projections du père et de la mère.

Cause sous-jacente

- Tentative inconsciente d'expliquer des images prénatales qui ne font pas partie de l'expérience de la personne ou d'échapper à des images qui sont trop traumatisantes pour être vues directement (par exemple, des images de parasites).

Fréquence et gravité des symptômes

- Environ 1/3 des clients voient des superpositions de temps en temps lors d'une régression, mais cela ne pose aucun problème si le thérapeute le reconnaît et continue la guérison du traumatisme.
- Les thérapeutes traitent rarement le problème de superposition du père et de la mère, car la plupart des clients n'en ont pas conscience, même s'il est présent.

Risques

- Comme d'habitude en psychotraumatologie.

Codes CIM-10

- Aucun code spécifique n'a encore été identifié.

Kundalini : « Je suis très avancé spirituellement »

Malheureusement, la kundalini est devenue un terme fourre-tout qui englobe de nombreux phénomènes sans rapport. Dans ce manuel, nous nous référons à la définition originale : une petite zone de la colonne vertébrale qui dégage de la chaleur en remontant lentement de la région pelvienne vers le haut, provoquant des sentiments traumatiques, des expériences spirituelles et une incapacité à dormir. Cela peut ou non s'accompagner d'un flux d'énergie le long de la colonne vertébrale. Elle se caractérise aussi par une alternance de périodes d'inflation et de déflation de l'égo. Nous avons également vu certains clients atteints de cette condition provoquer involontairement une sensation de picotement ou de bourdonnement chez d'autres clients à proximité, comme si les passants se trouvaient à côté d'une ligne électrique à haute tension. Bien que beaucoup de gens croient que la kundalini est une marque de progrès spirituel, nous n'en avons vu aucune preuve convaincante. Au contraire, d'après notre expérience, cela cause des années, voire des décennies de tourments pour la personne concernée. La cause est simple : le cerveau du corps blâme tout le reste de l'être pour ses propres problèmes. L'élimination de la kundalini est également simple : guérir les sentiments de blâme/reproche du cerveau du corps en utilisant des techniques de guérison de traumatismes ou de projection.

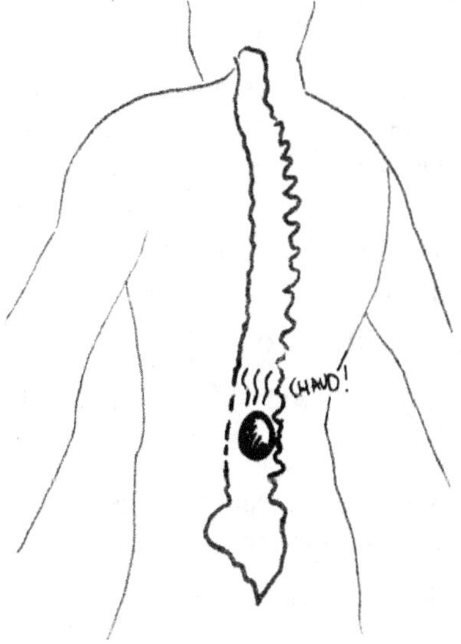

Figure 10.12 : Pendant la kundalini, il y a un point physiquement chaud sur la colonne vertébrale qui monte lentement au fil des mois.

Mots-clés utilisés pour décrire les symptômes

- Urgence spirituelle ; chaleur dans la colonne vertébrale ; point chaud en bas dans la colonne vertébrale ; énergie du serpent ; je suis devenu fou ; visions ; je suis si incroyable ; je ne vaux rien.
- Impossible de dormir, branché (électricité), anxiété.

Questions aidant à poser le diagnostic

- Êtes-vous incapable de dormir et êtes-vous continuellement submergé de sentiments traumatiques et d'expériences spirituelles ?
- Ce problème a-t-il commencé alors que vous utilisiez des pratiques spirituelles ou que vous aviez des expériences sexuelles inhabituellement puissantes ?
- Y a-t-il une zone de votre colonne vertébrale qui semble chaude et qui monte lentement vers le haut ?

Diagnostic différentiel

- Submersion traumatique : il n'y a pas de chaleur sur la colonne vertébrale, et il n'y a ni inflation ni déflation de l'ego.
- Psychose : il n'y a aucune implication avec de l'énergie le long de la colonne vertébrale.

Traitement

- Utiliser la Courteau Projection Technique™ sur les émotions de blâme/reproche que le client ressent envers lui-même, de la part d'autres personnes et que les personnes ont entre elles ; et/ou utiliser la guérison des traumatismes sur les sentiments de blâme/reproche dans le ventre, et les sentiments de blâme/reproche chez vos ancêtres si nécessaire.
- L'expression « tout est de votre faute » capture généralement la tonalité émotionnelle de la projection du cerveau du corps.

Erreurs typiques lors du traitement

- Passer à côté d'une partie de la problématique de blâme dans le ventre.

Cause sous-jacente

- Le cerveau du corps active le mécanisme de la kundalini parce qu'il accuse le reste de l'organisme de ses propres problèmes.

Fréquence et gravité des symptômes

- Très rare dans la population générale. Cependant, les personnes atteintes de ce problème sont généralement gravement touchées et ne peuvent souvent pas travailler ou maintenir des relations normales.

Risques

- Comme d'habitude en psychotraumatologie.

Codes CIM-10

- F51.

Agglomération de mitochondries : « Je suis le patron »

Les mitochondries endommagées provoquent généralement la formation de vortex. Elles peuvent avoir un autre problème : les mitochondries endommagées peuvent s'agglomérer. Parce que les mitochondries partagent une conscience commune (elles font partie du cerveau triunique du plexus solaire), la plus endommagée peut agir comme un « meneur » vis-à-vis des autres, agissant comme un Napoléon, les contrôlant et les faisant se déplacer de leur emplacement approprié dans la cellule. Ce problème subcellulaire peut entraîner un problème psychologique dans la vie réelle, une identification (et des comportements) autocratique et contrôlante avec cet organite endommagé. Cela n'a pas toujours cet effet, car cela dépend de l'identification du client avec le cerveau du plexus solaire.

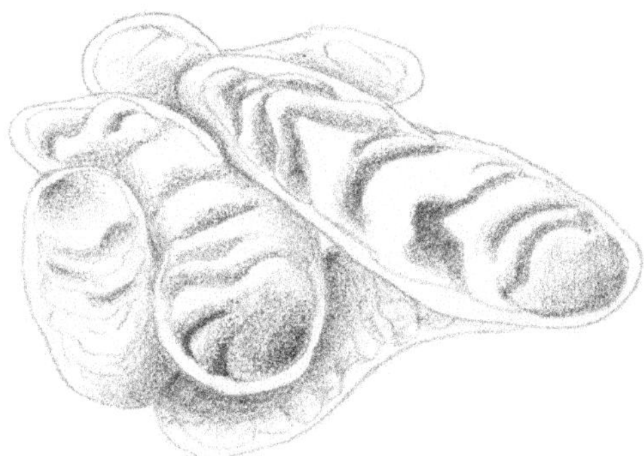

Figure 10.13 : Les mitochondries s'agglomèrent, comme des petits pains en pêle-mêle.

Mots-clés utilisés pour décrire les symptômes

- Supérieur ; règne ; les autres sont inférieurs ; je suis le chef.

Questions aidant à poser le diagnostic

- Ce sentiment vient-il de votre plexus solaire ?
- Y a-t-il un vortex (qui tourne, étourdissements) lié d'une façon ou d'une autre à ce sentiment ?

Diagnostic différentiel

- Traumatisme biographique ou générationnel : ce problème ne disparaîtra pas avec la guérison du traumatisme. Contrairement aux traumatismes que l'on peut ressentir n'importe où, ce sentiment n'émane que du plexus solaire.

Traitement

- Trouvez le point central du sentiment. Ressentez les dommages sous-jacents à la sensation. Guérissez avec la technique du WHH ou celle de Crosby Vortex Technique™.

Erreurs typiques lors du traitement

- Ne pas identifier le « meneur » pour la guérison.

Cause sous-jacente

- Un groupe de mitochondries endommagées créent des symptômes ; la personne s'identifie à son plexus solaire.

Fréquence et gravité des symptômes

- Rare. S'ils sont présents, les symptômes peuvent varier de légers à extrêmes, mais généralement l'intensité ne varie pas beaucoup.

Risques

- Comme d'habitude en psychotraumatologie.

Codes CIM-10

- Aucun code spécifique n'a encore été identifié.

Trouble de la Personnalité Multiple (Colonne du Soi - Fractures) : « Je n'ai pas dit ça ! »

En 2006, une de mes collègues m'a dit quelque chose qu'elle a nié avoir dit quelques instants plus tard. En enquêtant là-dessus, nous avons découvert, à notre grande surprise, que divers degrés de TPM (Trouble de la Personnalité Multiple ; actuellement appelé Trouble Dissociatif de l'Identité) existaient chez environ 70 % de nos élèves. Ce problème peut aller de personnalités qui pourraient se connecter puis se séparer, à une ou plusieurs personnalités totalement distinctes. Au lieu d'être rare, ce problème était la norme ! Il est intéressant de noter qu'il peut être particulièrement difficile à repérer parce que nous croyons que les trous de mémoire sont normaux et que, dans de nombreux cas, les personnalités du TPM sont semblables.

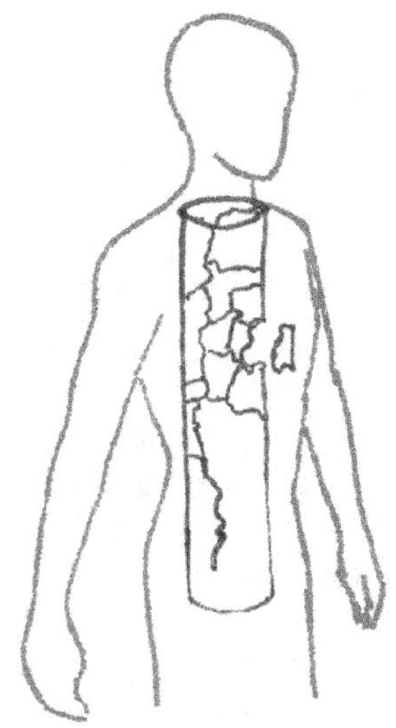

Figure 10.14 : Les morceaux brisés de la « colonne du soi » contiennent de la conscience. Lorsqu'ils sont séparés, la personne a un TPM (et ne s'en rend généralement pas compte).

Nous avons pu étudier ce problème parce qu'il pouvait être vu dans la cellule primaire dans une structure que nous appelons la « colonne du soi ». Un TPM apparaît comme une partie séparée de la colonne, ou comme une colonne dont des morceaux sont encore attachés, mais séparés par des fissures. Chaque morceau contient une personnalité unique avec ses propres souvenirs et attitudes. En fonction des dommages causés à la colonne, il devient difficile de définir quelle est la personnalité principale si les morceaux sont tous de la même taille. Le client peut détecter la présence d'un TPM comme une zone de son corps où sa conscience s'estompe. Il nous a fallu deux ans avant de pouvoir mettre au point un traitement qui ne pouvait être inversé par les événements de la vie.

Une autre variation de ce problème se produit pendant la conception. Le spermatozoïde et l'ovocyte apportent tous deux leurs propres gènes et leurs propres colonnes ; une est ressentie comme la mère, une est ressentie comme le père. Au fur et à mesure que la conception progresse, les gènes, les colonnes et les autres structures fusionnent et forment la nouvelle personne à partir de leur substance, avec le sentiment d'un nouvel individu qui se forme le long de la ligne centrale du corps et qui s'étend vers la droite et la gauche. La plupart des gens ne terminent pas ce processus ; au lieu de cela, ils se retrouvent avec trois personnalités (et trois colonnes) qui sont ressenties comme la mère, le père et la leur. Les colonnes maternelle et paternelle ne semblent pas agir comme des TPM, mais causent des problèmes dans la vie. Ces colonnes sont normalement de la même hauteur et rétrécissent proportionnellement au fur et à mesure que la nouvelle colonne est fabriquée ; mais certaines personnes manquent de matériau de colonne quand ils commencent à la fabriquer, ce qui empêche la nouvelle colonne de se former complètement.

Un organisme fongique de classe 2 fabrique les colonnes du soi. Presque toutes les personnes ont ces structures.

Mots-clés utilisés pour décrire les symptômes

- Confusion ou irritation due à ce qui semble être une intimité inappropriée de la part des autres.
- Changements de comportement, d'action ou de dialogue dont le client ne se souvient pas, mais que d'autres peuvent remarquer.
- Je ne me souviens pas d'une grande partie (ou pas du tout) de mon enfance.
- Des colonnes mère/père excessives : ma mère et/ou mon père est toujours en moi ; j'appelle ma mère et/ou mon père tous les jours ; ma mère et/ou mon père est tout le temps dans ma vie et je suis dans la sienne ; j'ai coupé tout contact avec ma mère et/ou mon père.

Questions aidant à poser le diagnostic

- Si vous déplacez votre conscience dans votre corps, où « perdez-vous connaissance » ?

Diagnostic différentiel

- Traumatisme biographique : avec le traumatisme et le TPM, la personne peut masquer ce qu'elle a ressenti ou dit, mais la personne avec un TPM a aussi une ou plusieurs parties de son corps dont elle n'est pas consciente.
- Identité de soi ou projection d'un cerveau triunique : ça prend le pouvoir sur moi, mais je me souviens encore comment j'étais. Avec le TPM, vous n'en êtes pas conscient, ou vous pouvez le ressentir dans une partie de votre corps, mais le rejeter (s'il est partiellement attaché).
- Côté de l'ovocyte ou du spermatozoïde : vous pouvez déplacer votre CdC de la gauche (côté de l'ovocyte) à la droite (côté du spermatozoïde) pour vous sentir différemment, mais vous êtes toujours conscient de le faire.

Traitement

- Il s'agit actuellement d'un processus réservé aux thérapeutes certifiés Peak States.

Erreurs typiques lors du traitement

- Oublier d'aborder les questions de suivi au fur et à mesure que de nouveaux souvenirs apparaissent.

Cause sous-jacente

- Des zones fracturées ou fendues dans la colonne du soi.

Fréquence et gravité des symptômes

- La conscience de personnalités totalement séparées est très rare. Les personnalités partiellement séparées sont souvent automatiquement rejetées ou supprimées comme étant « pas moi ». Le stress peut activer ou modifier la gravité de la fissuration.
- Ce problème, à un degré ou à un autre, touche environ 70 % de la population normale. Ce problème est plus courant chez les clients.

Risques

- Comme d'habitude en psychotraumatologie. De plus, les souvenirs et les sentiments d'une personnalité séparée peuvent être troublants pour la personne qui commence à en prendre conscience.

Codes CIM-10

- F44.0, F44.8, F62.

Sur-identification avec le Créateur :
« Je n'ai pas besoin d'aide parce que tout va bien »

Dans ce cas subcellulaire, le client a fusionné sa conscience avec la conscience du Créateur, et est partiellement resté dans cette expérience. Malheureusement, il peut également perdre la capacité de voir la souffrance des autres comme étant un problème et le désir d'intervenir quand quelqu'un a besoin d'aide. (Pour plus de détails sur ces concepts, voir le volume 2 de *Peak States of Consciousness*.) Les déclencheurs habituels sont la méditation ou d'autres pratiques spirituelles, la régression vers des événements développementaux précoces et l'utilisation d'hallucinogènes. Ce cas subcellulaire est rarement observé chez les clients parce que les personnes qui en sont atteintes ne croient pas avoir un problème - en fait, elles se sentent bien dans leur corps - bien que nous ayons constaté qu'avec le temps, elles peuvent commencer à se rendre compte qu'il y a un problème et demander de l'aide.

Ce problème survient parce qu'il existe une structure fongique « au-dessus » de la tête de la personne (dans le noyau nucléaire) avec laquelle elle fusionne sa conscience. Elle vit alors sa propre vie du point de vue de cet organisme fongique, caractérisé par une acceptation extrême de toutes les circonstances de la vie de la personne, bonnes ou mauvaises, mais sans aucune volonté d'aider les autres ou d'améliorer sa propre situation.

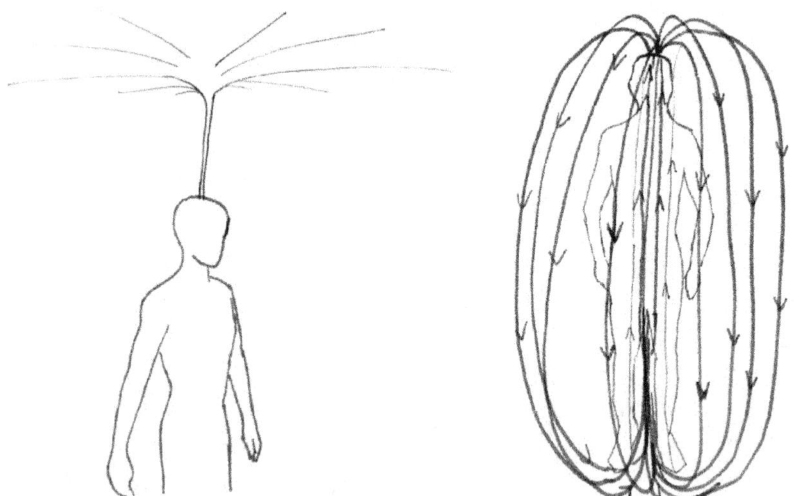

Figure 10.15 : (a) La conscience est bloquée dans un parasite fongique ressenti « au-dessus » du corps.
(b) Le fonctionnement normal est restauré en obtenant (et en enlevant les traumatismes à propos de) la sensation d'un flux remontant le centre du corps et retombant à l'extérieur, puis en guérissant.

Mots-clés utilisés pour décrire les symptômes

- Tout est comme il se doit ; c'est leur karma ; je ne me sens pas impliqué.

Questions aidant à poser le diagnostic

- Si quelqu'un souffrait et avait besoin de votre aide, ressentiriez-vous le besoin de l'aider ?
- Avez-vous l'impression que vous pouvez tout accepter, et que tout va bien tel que c'est ?

Diagnostic différentiel

- Traumatisme biographique ou générationnel : il y a une douleur physique et/ou émotionnelle sous-jacente au symptôme. Les techniques standard de psychotraumatologie élimineront les symptômes.

Traitement

- Concentrez-vous sur la génération d'un flux remontant à l'intérieur du corps, à partir de la terre vers le ciel, puis redescendant à l'extérieur du corps et remontant dans le corps dans un flux continu, comme une fontaine. Une fois que le problème a disparu, utilisez les techniques de psychotraumatologie standard sur la résistance à ce que ce flux continue.

Erreurs typiques lors du traitement

- Un suivi est nécessaire pour s'assurer que le problème ne réapparaît pas, car le client n'en remarquera aucun symptôme douloureux.

Fréquence et gravité des symptômes

- Rare dans la population générale.
- Rarement vu en thérapie parce que le client ne croit pas qu'il a un problème.

Cause sous-jacente

- La conscience est en partie bloquée dans la structure du Créateur à l'intérieur du noyau nucléaire.

Risques

- Comme d'habitude en psychotraumatologie.

Codes CIM-10

- Aucun code spécifique n'a encore été identifié.

Anneau de l'égoïsme :
« En réalité, je fais la plupart des choses pour mon propre bénéfice »

Un aspect intrigant du comportement humain est pourquoi les gens limitent la quantité de sentiments positifs qu'ils sont prêts à ressentir. Il y a plusieurs raisons à cela, le blocage tribal étant un blocage majeur. Mais une limitation encore plus directe est causée par une structure que nous appelons l'« anneau de l'égoïsme ». Il est situé à l'intérieur du noyau nucléaire et amène les gens à limiter leur expérience de tous les sentiments altruistes ; et il déforme leurs actions en des fins intéressées. Cette structure est également associée à ce que l'on appelle parfois l'« armure ». Le problème de l'anneau est un trouble à large spectre - certaines personnes en souffrent plus que d'autres, et quelques chanceux n'en souffrent pas du tout. L'anneau se forme à la naissance ; l'armure se forme plus tôt. Un champignon de classe 2 fabrique cette structure.

Il est très peu probable que les gens consultent un thérapeute pour ce problème, car le fait de bloquer à la fois les sentiments et les actions altruistes positifs les met plus à l'aise. Les personnes qui veulent s'épanouir personnellement ou ressentir des sentiments positifs plus forts pourraient être intéressées de guérir cela.

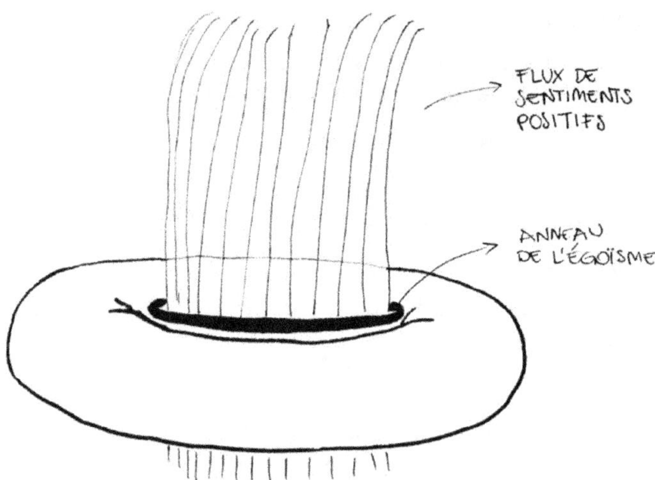

Figure 10.16 : Le tore a un anneau intérieur qui fait en sorte que la conscience se détourne du flux de sentiments positifs à travers le centre.

Mots-clés utilisés pour décrire les symptômes

- Les amis sont des gens que j'utilise. Les sentiments positifs sont douloureux. Je me sens bien quand je me sens calme.

Questions aidant à poser le diagnostic

- Ressentez-vous de la douleur ou des sentiments inconfortables si vous essayez de ressentir des émotions positives et altruistes ?

Diagnostic différentiel

- Traumatisme générationnel : le problème de l'anneau ne fait pas qu'une personne se sente défectueuse ou traumatisée.
- Traumatisme biographique : le problème de l'anneau est continu, ne se manifestant pas dans des moments distincts comme un traumatisme. Le problème est là depuis la naissance, donc ça semble normal.
- Blocage tribal : le blocage tribal fait qu'une personne se sent lourde lorsqu'elle essaie de résister au blocage tribal envers les sentiments positifs altruistes ; l'anneau de l'égoïsme ne le fait pas (il est plutôt douloureux).

Traitement

- Il s'agit actuellement d'un processus réservé aux thérapeutes certifiés Peak States.

Erreurs typiques lors du traitement

- Ne pas tenir compte d'autres problématiques liées à une volonté de changement et avoir des sentiments positifs permanents.

Cause sous-jacente

- Cette structure en anneau se forme à la naissance.

Fréquence et gravité des symptômes

- Presque tout le monde a cet anneau, mais ne réalise pas que c'est un problème. Il s'agit d'un trouble à large spectre : certaines personnes en sont atteintes plus gravement que d'autres et d'autres présentent une asymétrie du côté gauche/droite par rapport à la façon dont il les affecte.

Risques

- Inconnus pour l'instant. Supposer qu'il y a les risques habituels en psychotraumatologie.

Codes CIM-10

- F60.8.

Cristaux brisés (trouble déficitaire de l'attention) : « Je ne peux pas me concentrer »

À l'intérieur du cytoplasme peut se trouver ce qui ressemble à des morceaux de verre ou de cristal brisés. Ceci est causé par un problème fongique de classe 2 qui survient au début du développement. Lorsqu'une personne tente de concentrer son attention, elle découvre que sa concentration se morcelle, comme dans un kaléidoscope. Ce problème est généralement présent dès la naissance, mais les gens apprennent des stratégies pour y faire face. Ils peuvent garder leur attention diffuse ; ou ils regroupent les cristaux ensemble et évitent d'utiliser cette partie de leur psychisme lorsqu'ils concentrent leur attention.

Des exemples graves de ce problème sont souvent diagnostiqués en tant que TDA ou TDAH. Dans certains cas, le problème est compliqué par des cerveaux triuniques anormalement endommagés qui font en sorte que l'attention du client est continuellement attirée dans des directions différentes, un cerveau après l'autre prenant le dessus. Bien qu'il soit généralement présent dès la naissance chez certaines personnes, il est activé plus tard dans la vie si le traumatisme développemental correspondant est activé. Il est parfois rencontré pour la première fois lors d'expériences d'urgence spirituelle.

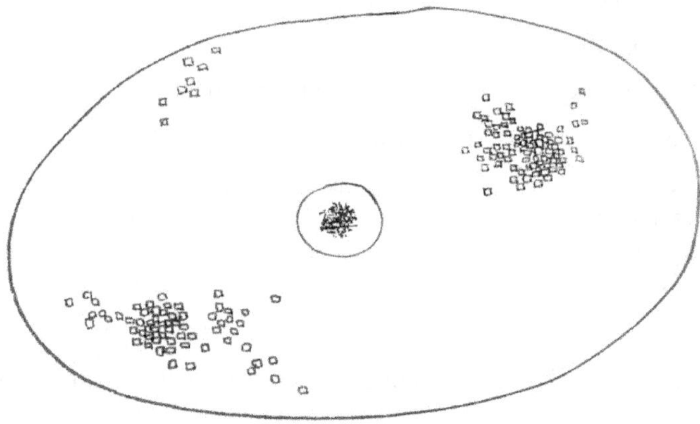

Figure 10.17 : Amas de cristaux brisés dans le cytoplasme. La plupart des personnes atteintes de ce problème ont réussi à les pousser en tas afin de pouvoir se concentrer en évitant cette partie de leur cellule.

Mots-clés utilisés pour décrire les symptômes

- Je ne peux pas me concentrer, je ne peux pas me concentrer sur des « choses », je n'ai jamais été capable de bien apprendre, essayer de me concentrer, c'est comme regarder à travers du verre brisé ; kaléidoscope.
- Un diagnostic de TDA ou de TDAH.

Questions aidant à poser le diagnostic

- Lorsque vous essayez de concentrer votre attention, avez-vous l'impression qu'elle se fracture en morceaux ?

Diagnostic différentiel

- Lésions cérébrales : en général, elles ne causent pas de problème de concentration, les gens peuvent se concentrer, mais ne peuvent tout simplement pas comprendre. Dans les deux cas, les personnes se sentent stupides ou handicapées, mais les lésions cérébrales sont plus spécifiques mentalement et physiquement ; les deux cas peuvent être stables et continus.
- Les bulles dans la colonne du soi : cela cause de la confusion si la conscience est placée dans des endroits spécifiques indépendamment des activités extérieures ; tandis que les cristaux brisés fragmentent l'attention ou la conscience quand on tente de se concentrer sur le monde extérieur ou les activités intérieures. Les bulles causent un problème tout le temps, alors qu'avec des cristaux brisés, il n'y a pas de problème si on n'essaie pas de focaliser l'attention.
- Dommage à un cerveau triunique : les clients peuvent se concentrer pleinement et facilement, mais leur attention est détournée vers d'autres sujets.
- Voix : qui causent des distractions.

Traitement

- Il s'agit actuellement d'un processus réservé aux thérapeutes certifiés Peak States.

Erreurs typiques lors du traitement

- Faire le processus incorrectement peut créer ou aggraver ce problème.

Cause sous-jacente

- Le matériau qui aide à former la conscience est trop solide et fracturé, et n'est donc pas absorbé correctement.

Fréquence et gravité des symptômes

- Problème rare chez les clients. Cependant, un nombre important de personnes ont ce problème, ils compensent tout juste adéquatement par l'évitement ou la focalisation partielle.

Risques

- Comme d'habitude en psychotraumatologie.

Codes CIM-10

- F80, F90.

Dommages à un cerveau triunique (Être Sacré) :
« Il y a quelque chose de fondamentalement brisé en moi »

Nous avons remonté la piste d'un nombre incroyable de différents types de cas subcellulaires, et les traumatismes eux-mêmes, à des dommages dans les structures des cerveaux triuniques. Les « êtres sacrés » sont la forme la plus fondamentale des cerveaux triuniques - leur conscience s'étend vers l'extérieur dans des structures plus grandes et plus complexes. D'abord aux pointes de la merkaba dans le noyau nucléaire de la cellule primaire, puis aux organites cellulaires, puis aux structures anatomiques du cerveau. Plus important encore, les dommages dans les blocs d'êtres sacrés se répercutent vers l'extérieur dans ces structures plus grandes à mesure qu'elles se forment pendant le développement pré et postnatal, et causent également toutes sortes de traumatismes, symptômes et cas subcellulaires chez les personnes. Les êtres sacrés sains ont une forme de bloc avec des bords et des coins arrondis (à moins qu'ils ne soient combinés dans leur configuration habituelle de totems, ou comme un seul bloc fusionné). Ils doivent être durs, lisses et d'aspect noir brillant (avec un intérieur en or massif). La plupart des gens ont des parasites fongiques et bactériens à l'intérieur des blocs. Le champignon fait ressembler les êtres sacrés à des enfants humains.

Travailler avec les blocs d'être sacrés est potentiellement très dangereux. Une grande partie de leurs dommages est due aux parasites, et le travail sur eux peut déclencher de nouveaux dommages causés par les parasites. Un autre problème que nous avons rencontré est celui des techniques de guérison (pas de notre part) qui éliminent les symptômes en rendant un bloc d'être sacré transparent ou mou - ceci inhibe sa capacité à fonctionner et doit donc être traité le plus rapidement possible.

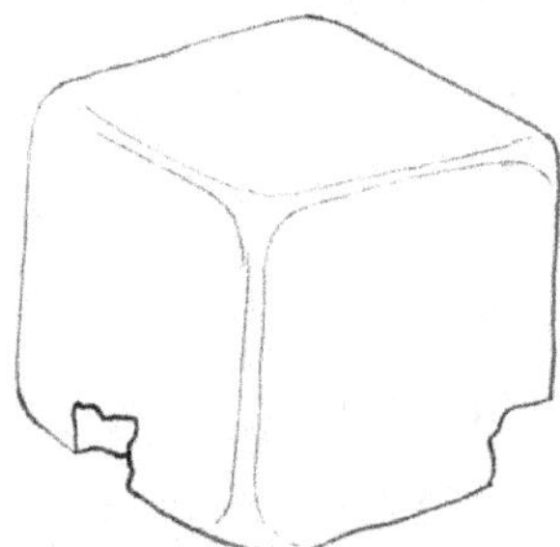

Figure 10.18 : Les blocs d'être sacrés sont là où réside la conscience des cerveaux triuniques. Ces structures peuvent être endommagées par des traumatismes générationnels ou par des actions de parasites.

Mots-clés utilisés pour décrire les symptômes

- Dommage fondamental ; ne peut jamais être guéri ; ça a été et sera toujours terrible ; je ne suis jamais capable de guérir cette douleur.
- Il y a quelque chose qui ne va pas du tout et qui est irréparable chez moi.

Questions aidant à poser le diagnostic

- Y a-t-il le sentiment d'une structure en forme de bloc en dessous de tous vos problèmes ?

Diagnostic différentiel

- Traumatisme générationnel : ce traumatisme est spécifique à un problème ; il s'agit d'un défaut très personnel en soi. L'endommagement des êtres sacrés cause de nombreux problèmes simultanés, en raison de ce problème plus fondamental et sous-jacent qui les dirigent.
- Parasites : Les différentes espèces de parasites ne sont pas ressenties comme sacrées, bien que certaines coquilles de parasites insectiformes de classe 1 puissent être ressenties comme une surface sacrée.

Traitement

- Il s'agit actuellement d'un processus réservé aux thérapeutes certifiés Peak States.

Erreurs typiques lors du traitement

- Stimuler des interactions parasites par erreur.

Cause sous-jacente

- Dommages aux êtres sacrés dus à des actions parasitaires ou à des problèmes de bourgeonnement originels.

Fréquence et gravité des symptômes

- Il s'agit d'un problème très courant, surtout parmi les populations clientes. Les conséquences sont habituellement graves, bien que la plupart des gens trouvent des moyens de masquer ou d'éviter une grande partie du problème.

Risques

- Travailler sur ces problèmes doit être considéré comme expérimental et potentiellement dangereux. Cela peut déclencher davantage de problèmes, de fatigue, d'incapacité à se connecter avec le monde extérieur et une foule d'autres problèmes majeurs.

DANGER

- *Le travail sur les dommages aux êtres sacrés est potentiellement dangereux. Ne le faites que sous la supervision d'une personne formée et bien informée sur la façon de traiter les problèmes de parasites dans ce contexte.*

Codes CIM-10

- Cela peut causer une grande variété de symptômes très différents.

Arrêt d'un cerveau triunique :
« J'ai perdu une capacité essentielle en moi »

Cela se produit lorsqu'un cerveau triunique se sent tellement rejeté et attaqué par les autres cerveaux triuniques qu'il s'arrête tout seul - fondamentalement, il se suicide de façon réversible. Cela fait perdre à la personne la capacité essentielle de ce cerveau. Pour l'arrêt du cerveau du mental, vous perdez la capacité de former des jugements, comme par exemple ne plus pouvoir choisir entre deux articles dans un magasin. Pour le cerveau du cœur, vous perdez la capacité de ressentir que les autres sont comme vous et pas seulement des objets. Pour le cerveau du corps, vous perdez le sens du temps qui passe. L'arrêt d'un cerveau peut être partiel ou complet, de sorte que les symptômes peuvent aussi être partiels ou extrêmes. Nous avons constaté ce problème chez des personnes qui avaient consommé des hallucinogènes et qui, à la fin de l'expérience, avaient subi un arrêt du cerveau du mental.

En utilisant la capacité extraordinaire que nous appelons simplement « Voir les cerveaux », le cerveau affecté semble aplati, comme s'il avait été écrasé par une voiture, plutôt qu'en forme de boule. Dans la vue biologique de la cellule primaire, la pointe de la merkaba qui correspond au cerveau est endommagée.

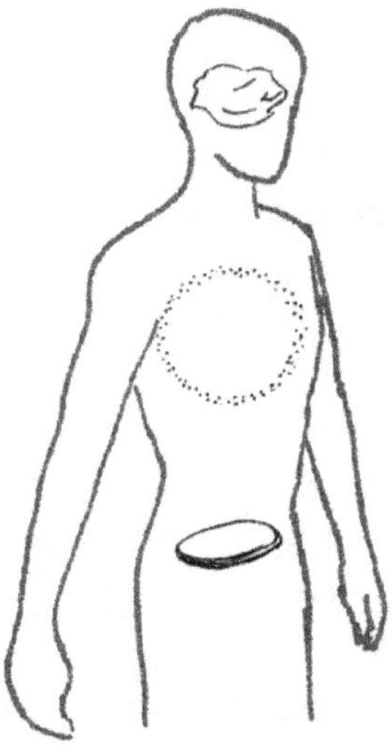

Figure 10.19 : Normalement, les consciences cérébrales ressemblent à des sphères duveteuses. Les consciences cérébrales à l'arrêt ont l'air aplaties, comme écrasées par une voiture. (Ces vues des cerveaux triuniques sont celles d'une infection fongique à l'intérieur des blocs des êtres sacrés.)

Mots-clés utilisés pour décrire les symptômes

- « Je me sens handicapé », manque de capacités normales.
- Je ne peux pas prendre de décisions ; je perçois maintenant les gens comme des objets ; le temps semble s'être arrêté.

Questions aidant à poser le diagnostic

- Qu'est-ce qui a déclenché ce problème ? (Recherchez les conflits des cerveaux triuniques.)

Diagnostic différentiel

- Émotion aplatie : l'arrêt partiel du cerveau du cœur peut paraître comme le cas des émotions aplaties. Cependant, avec des émotions aplaties, les gens ne sont pas perçus comme des objets. Vous pouvez également tester en vérifiant si la Courteau Projection Technique™ résout le problème.
- Autisme : avec l'autisme, les gens ressentent aussi les autres comme des objets. Cependant, ils ont également l'impression d'être dans un cylindre de verre, ce qui n'est pas le cas lorsqu'un cerveau est à l'arrêt.

Traitement

- Utiliser la Courteau Projection Technique™.

Erreurs typiques lors du traitement

- Le thérapeute oublie de sélectionner plusieurs personnes avec la projection et de trouver les traits communs.

Cause sous-jacente

- Essentiellement, la décision d'un cerveau triunique de s'arrêter.

Fréquence et gravité des symptômes

- Ce problème est très rare et peut être partiel ou complet.
- Les personnes atteintes ressentent souvent un soulagement à l'idée que le cerveau qui s'est arrêté a disparu, mais sont frustrées par la perte de fonction qui s'ensuit.

Risques

- Comme d'habitude en psychotraumatologie.

Codes CIM-10

- F60.2, F60.9.

Filet viral : « J'ai un mal de tête ou une migraine »

De nombreuses migraines, et peut-être la plupart, sont causées par une activité virale. Ces clients ont des particules virales qui se combinent pour former un « filet » (qui rappelle un napperon de dentelle) qui entoure une partie ou la totalité des gènes du nucléole, environ à mi-chemin entre le paquet de gènes et la membrane nucléaire. Ce matériel viral a un impératif pour se rendre au centre du noyau, apparemment pour qu'il puisse activer sa propre fonction vitale. Ce filet viral se contracte vers l'intérieur, créant une pression correspondante, habituellement douloureuse, dans une partie ou la totalité de la tête (puisque le noyau est perçu comme la tête pour la plupart des gens).

Certains clients ont ce problème de filet viral de façon continue (avec des douleurs à la tête continues correspondantes), d'autres seulement de façon temporaire. Plus troublant encore, les clients qui ont ce filet peuvent déclencher sa formation chez d'autres personnes qui y sont sensibles. Cette induction virale peut se produire individuellement - par exemple, entre une mère et sa fille -, mais elle est également fréquente dans les organisations. Les personnes atteintes de ce problème évoquent des symptômes chez les autres en les incitant à participer à des drames émotionnels. Cette activation se produit également dans les groupes. Le problème du filet viral est éliminé grâce à un processus réservé aux thérapeutes certifiés Peak States ; la pression disparaît immédiatement.

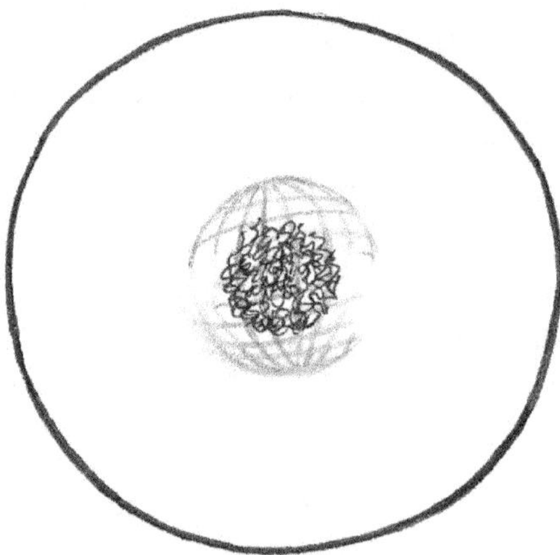

Figure 10.20 : Un réseau de ce que nous pensons être des brins viraux forme un filet de dentelle autour du nucléole et se comprime, causant des maux de tête ou des migraines. Le filet peut entourer complètement ou partiellement le noyau.

Mots-clés utilisés pour décrire les symptômes

- J'ai mal à la tête ; j'ai une migraine ; j'ai la tête serrée.
- Une personne stimule un drame émotionnel et pousse les autres à résister ou à se séparer de l'enseignant ou du patron.
- Je trahis les gens qui me font confiance ; je perturbe l'organisation dans laquelle je suis ; je dois être au centre de l'attention.

Questions aidant à poser le diagnostic

- Qu'est-ce qui a déclenché ce problème ? (Mon parent ou un être cher m'en veut beaucoup.)
- Cela s'est-il déjà produit plusieurs fois ? (c'est-à-dire, perturber le groupe ou l'organisation.)
- Avez-vous mal à la tête la plupart du temps ou tout le temps dans une zone spécifique de votre tête ?

Diagnostic différentiel

- Trou-a : a besoin d'amour et d'attention tout le temps, mais ne ressent pas sa tête comprimée.
- Traumatisme biographique : la douleur est due à une tension musculaire à long terme. Le filet viral n'exerce de pression que sur la tête.
- Association du corps : J'ai besoin de cette douleur pour une raison quelconque. L'ampleur de la pression du filet viral peut aller en se dilatant ou en se contractant.
- Chakra : Je sens que quelque chose me pousse ou me déchire les os, centré sur l'un des emplacements traditionnels des chakras. En revanche, la pression du filet viral est comme une casquette qui serre la tête.
- Parasites insectiformes : on a l'impression d'être poignardé, déchiré ou brûlé, mais n'importe où sur le corps. Il n'y a aucune sensation de pression.
- Boucle sonore : cet organisme bactérien peut provoquer une pression vers l'extérieur de la membrane nucléaire (la tête). Le filet viral n'exerce une pression que vers l'intérieur, vers le centre du nucléole (la tête).

Traitement

- Pour certains clients, la guérison d'un traumatisme situé dans le plexus solaire pendant qu'ils souffrent de migraine (ou par régression à un épisode migraineux) peut réduire ou éliminer les symptômes.
- L'élimination du filet viral est actuellement un processus réservé aux thérapeutes certifiés Peak States.

Erreurs typiques lors du traitement

- Mauvais diagnostic de la cause du symptôme de pression.

Cause sous-jacente

- Un réseau viral à l'intérieur du noyau qui comprime le nucléole, donnant des symptômes correspondants dans la tête.

Fréquence et gravité des symptômes

- Cette douleur de compression est assez rarement stimulée chez la plupart des gens (et disparais généralement si la personne évite la personne qui a stimulé le drame émotionnel en elle).
- Les personnes qui ont le problème de façon permanente et qui l'induisent chez les autres sont rares, mais très visibles dans leur entourage familial ou professionnel.

Risques

- Comme d'habitude en psychotraumatologie.

Codes CIM-10

- F24, F60.3, G43, R51.

Chapitre 11

Les cas subcellulaires qui bloquent (ou imitent) la guérison des traumatismes

Les problèmes des clients peuvent être directement attribuables à un traumatisme, ou *indirectement* attribuables à un traumatisme, comme l'ont montré de nombreux cas subcellulaires dans les chapitres précédents. Pour cette raison, la capacité de guérir rapidement et efficacement les traumatismes est une compétence essentielle pour le thérapeute. Cependant, trop souvent, la guérison ne fonctionne pas, malgré l'utilisation d'une technique appropriée pour la thérapie.

Les chapitres précédents traitaient de l'échec d'une thérapie en psychotraumatologie en raison d'un diagnostic erroné - le client avait en fait un problème de cas subcellulaire, et non un simple traumatisme. (« Simple » dans le sens où le symptôme provient d'une séquence de traumatismes d'ARNm bloquée et que des techniques standard bien connues s'appliquent donc, et non dans le sens de la façon dont cela affecte la vie d'une personne.) Par exemple, en règle générale, *si un changement ne se produit pas en deux ou trois minutes, vous devez arrêter la thérapie et examiner les raisons pour lesquelles elle ne fonctionne pas.* En considérant que vous faites la thérapie correctement, un examen des chapitres précédents suggère que le problème n'est pas un traumatisme, mais est plutôt susceptible d'être un cas subcellulaire, souvent une « copie ».

Dans ce chapitre, nous explorons d'autres raisons non standard, pour la plupart inconnues ou méconnues, que nous avons trouvées jusqu'à présent et qui causent l'échec d'une thérapie en psychotraumatologie, soit en général, soit dans des problèmes spécifiques. Ces raisons peuvent aussi être considérées comme des « cas subcellulaires » ; malheureusement, un client peut en avoir plus d'un en même temps. Bien que nombre de ces cas ne soient pas connus de tous, cela ne signifie pas qu'ils se produisent rarement, loin de là. Le lecteur se demande probablement quels sont les cas les plus fréquents dans ce chapitre, mais c'est difficile à dire, car cela varie d'un problème à l'autre et d'un client à l'autre. Par conséquent, le thérapeute doit apprendre les caractéristiques de chacun d'eux (tout comme il doit le faire pour les autres cas subcellulaires) et les garder à l'esprit au cas où leur processus thérapeutique se bloque ou ne fonctionne pas.

Soit dit en passant, il peut également y avoir un certain nombre de raisons ordinaires pour lesquelles votre processus de guérison d'un traumatisme avec un client ne fonctionne pas. Par exemple, certains problèmes impliquent des sentiments tellement intenses que le client ne peut pas ou ne veut pas les affronter. La plupart des thérapies comprennent diverses astuces pour aider le client dans ces cas-là. (De notre point de vue, le thérapeute devrait vérifier s'il y a des traumatismes générationnels qui font que le problème est trop personnel pour être affronté.) Ou que la thérapie de psychotraumatologie choisie ne fonctionne tout simplement pas bien pour ce client ou ce traumatisme particulier ; différentes thérapies ont tendance à fonctionner sur certains types de problèmes plus efficacement que sur d'autres. Ou peut-être que le client ne se rend pas compte qu'il ne suit pas la thérapie correctement. Le passage à une nouvelle technique de thérapie en psychotraumatologie peut aider dans ces cas-là. De toute évidence, le thérapeute a besoin d'une bonne « boîte à outils » de thérapies en psychotraumatologie et d'une expérience dans leur utilisation.

Empiriquement, nous avons constaté qu'il y a trois raisons principales pour lesquelles les clients ne guérissent pas. La raison la plus courante est que le thérapeute a un traumatisme « résonnant », identique ou complémentaire à celui du client. Le client peut ressentir la réaction inconsciente du thérapeute face au problème, et peut donc ne pas se sentir suffisamment en sécurité pour continuer la thérapie. La deuxième raison la plus courante est que le thérapeute, inconsciemment, ne veut pas que le client change. Cela est généralement dû à des associations du corps illogiques, où le client rappelle inconsciemment au thérapeute quelqu'un de son passé, est jaloux de l'autre personne, etc. Curieusement, la raison la *moins* commune est celle à laquelle nous consacrons le plus de temps - la technique n'est pas assez efficace pour le problème. D'autre part, il y a des raisons très intéressantes pour lesquelles le client guérit même lorsque la technique n'était *pas* adéquate ou appropriée pour le problème : par exemple, le client avait juste besoin de se sentir suffisamment en sécurité pour faire face au problème ; ou le thérapeute aide inconsciemment le client à guérir en induisant temporairement un état de conscience extraordinaire ; ou le thérapeute emploie une méthode de guérison à distance comme la DPR, l'EFT de substitution ou d'autres sans le savoir.

Médicaments psychoactifs : « Je n'arrive pas à ressentir »

Dans cette section, nous nous concentrons sur l'effet des médicaments psychoactifs sur ordonnance pendant la guérison de traumatismes. Plus précisément, nous rendons compte de nos expériences avec l'utilisation de la Whole-Hearted Healing™ (WHH) - il est probable que d'autres thérapies rencontrent des problèmes similaires.

Heureusement, seuls quelques médicaments psychoactifs peuvent bloquer ou ralentir considérablement la guérison des traumatismes. Cependant, à moins qu'on ne le leur demande expressément, de nombreux clients oublient de dire qu'ils prennent des médicaments, que ce soit sur ordonnance ou non. Par conséquent, les formulaires d'admission des clients doivent faire l'objet d'une vérification spécifique concernant ces substances. Pour en savoir plus sur les médicaments, les effets secondaires, le sevrage et d'autres problèmes, nous vous invitons à consulter *The Whole-Hearted Healing™ Workbook* de Paula Courteau.

De nombreux médicaments peuvent avoir des effets secondaires qui provoquent des symptômes de schizophrénie ou d'autres maladies mentales graves. Assurez-vous de vérifier les antécédents médicamenteux de votre client et sa prescription médicamenteuse au moment de la consultation.

Les benzodiazépines

Le valium (diazépam), le klonopin, le Xanax, l'Ativan (lorazépam), le Librium et quelques autres médicaments appartiennent à une classe de médicaments appelés benzodiazépines qui agissent comme dépresseurs du système nerveux central. En d'autres termes, ils ralentissent l'activité du système nerveux central. Matt Fox écrit : « Quand j'ai essayé la WHH sur des clients qui prennent des benzos, soit les résultats étaient anormalement lents, soit le client n'arrivait pas à se ressaisir suffisamment émotionnellement pour se concentrer sur l'intervention. Je n'aime pas utiliser la WHH ou l'EFT sur les clients pendant qu'ils prennent des benzos, et je leur conseille de parler à leur médecin pour les arrêter. »

Les ISRS et le lithium

Notre expérience, et celle d'autres utilisateurs de thérapies énergétiques, montre en particulier que ni le lithium ni les inhibiteurs sélectifs de la recapture de la sérotonine (ISRS, tels que Paxil et Prozac) n'interfèrent dans le processus de régression. Notez que vous pouvez et devriez continuer à prendre vos médicaments pendant le traitement.

Les antidépresseurs tricycliques

L'antidépresseur tricyclique desipramine peut empêcher les gens de régresser. Ce problème est apparu chez un client qui prenait ce médicament à pleine dose. De nos jours, avec l'avènement des ISRS, les médecins prescrivent généralement la desipramine et d'autres antidépresseurs tricycliques pour la douleur chronique plutôt que pour la dépression. La dose au coucher pour le contrôle de la douleur ne représente qu'environ un dixième de la dose d'antidépresseur et il est peu probable qu'elle cause un problème. Nous avons montré qu'il est tout à fait possible de régresser et de guérir efficacement même avec une gamme émotionnelle quelque peu réduite. Assurez-vous que le client n'arrête pas de prendre ses médicaments à moins d'être surveillé par son médecin.

Inversion psychologique (Traumatisme Gardien) : « J'ai tapoté pendant des heures et rien ne s'est passé »

Le problème probablement le plus courant qui bloque une thérapie de guérison des traumatismes est en fait assez simple lorsqu'il est compris. Le client a un « traumatisme gardien » ; un traumatisme qui dit au client qu'il a besoin d'un autre traumatisme. Par exemple, le traumatisme gardien peut être « je dois rester sur mes gardes ou les gens vont profiter de moi », tandis que le traumatisme dont le client essaie en vain de se débarrasser peut être « je me sens en danger ». Vous pouvez également avoir un traumatisme gardien qui protège un autre traumatisme qui protège un autre traumatisme, et ainsi de suite. Heureusement, vous pouvez guérir le traumatisme gardien, et une fois qu'il est parti, le traumatisme « protégé » peut être guéri à son tour. La thérapie méridienne BSFF utilise cette approche.

Ils utilisent une approche différente dans la thérapie méridienne EFT pour traiter ce problème. Ils appellent ce phénomène de traumatisme gardien l'« inversion psychologique » et frottent les ganglions lymphatiques pour en désactiver temporairement l'effet. Cela peut bien fonctionner, mais dans le cas d'un traumatisme grave, la fenêtre d'opportunité de guérir avant que le traumatisme gardien ne soit réactivé peut être très courte, de l'ordre de quelques secondes ; trop courte pour que la guérison ne progresse beaucoup.

D'autres thérapies de psychotraumatologie sont moins affectées par ce problème. Par exemple, la technique de régression de la WHH peut habituellement guérir un traumatisme malgré l'effet de tout traumatisme gardien. Cependant, c'est généralement plus facile lorsqu'il n'y a pas de traumatisme gardien.

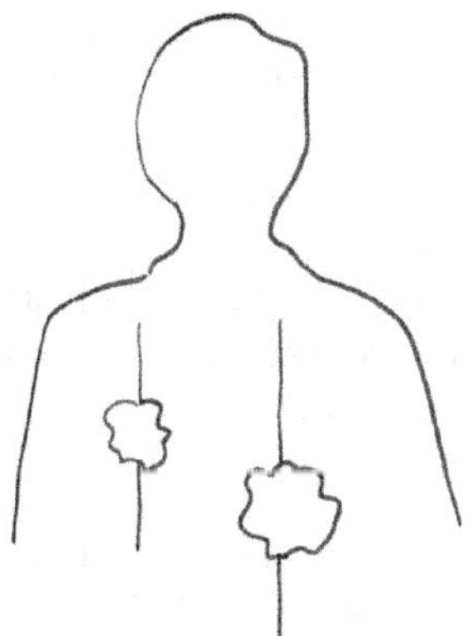

Figure 11.1 : Environ 10 à 20 % du temps, une thérapie de tapotement ne fonctionne pas parce qu'il y a un autre traumatisme qui dit au client de ne pas guérir le traumatisme d'origine. Ceci est illustré par la présence de deux séquences de traumatismes superposées à l'image corporelle.

Au niveau le plus profond du traumatisme, la plupart des gens résistent à la guérison (changement positif) à cause de la stimulation d'un traumatisme de suffocation - ce sentiment est généralement complètement bloqué de la conscience.

Faire délibérément chercher au client les sentiments de suffocation pendant qu'il essaie de guérir peut amener certaines personnes à en prendre conscience s'ils ne sont pas trop réprimés.

Il existe un mécanisme complètement différent dans le cas des maladies psychologiquement inversées. Le cancer, la sclérose en plaques et le syndrome de fatigue chronique en sont des exemples. Dans ce cas, le client résiste ou évite tout processus qui éliminera ses symptômes. Ce comportement, qui peut parfois être assez bizarre, est dû au fait que le corps du client estime qu'il a besoin de la maladie pour réprimer un problème plus grave - même si la maladie en question finit par tuer le client. Le traitement de ces problèmes consiste à éliminer d'abord le problème sous-jacent, puis la maladie présentée.

Mots-clés utilisés pour décrire les symptômes

- Je ne peux pas faire ça ; je ne dois pas laisser tomber ; je ne suis pas en sécurité sans ce problème.
- Rien ne se passe quand j'essaie de guérir.
- La guérison est très lente.
- Je ne peux pas continuer la séance de guérison, je dois faire autre chose maintenant (comme nourrir le chat).

Questions aidant à poser le diagnostic

- Est-ce que cela fait plus de trois minutes que le client tapote sans résultat ?
- À la fin du processus thérapeutique, y a-t-il encore une ombre du sentiment, comme un souvenir ?

Diagnostic différentiel

- Dilemme : vous vous sentez tiré dans différentes directions, et non pas empêché de guérir.
- Association du corps : souvent, il n'y a pas de lien ou de relation évidente avec le problème, et pas de croyance, juste une sensation.
- Blocage tribal : la problématique semble lourde.
- Traumatisme à racines multiples : un petit changement se produit habituellement lorsque les racines se dissolvent une à la fois.

Traitement

- Trouvez la ou les croyances motivées par le traumatisme sur la raison pour laquelle le client doit conserver la totalité ou une partie du traumatisme ciblé. La façon la plus simple est de faire imaginer au client que le traumatisme qu'il est en train de guérir a disparu, ce qui évoque les sentiments du traumatisme gardien. Une fois qu'ils sont identifiés, vous les guérissez d'abord, puis vous revenez au traumatisme initial.
- Utilisez les étapes d'inversion psychologique de l'EFT pour désactiver temporairement le traumatisme gardien.
- Utilisez la Triune Brain Therapy™ pour que les cerveaux triuniques n'interfèrent pas avec la guérison.

Erreurs typiques lors du traitement

- Ne pas se rendre compte qu'il y a un autre traumatisme gardien.
- Le client ne remarque pas qu'il y a encore une partie du problème.

Cause sous-jacente

- Un traumatisme peut empêcher une personne de guérir un autre traumatisme, par exemple, « J'ai besoin de ce sentiment traumatique pour survivre ».

Fréquence et gravité des symptômes

- Rarement pour la plupart des problèmes. Relativement fréquent dans les problèmes chroniques ou de longue durée.

Risques

- Comme d'habitude en psychotraumatologie.

Codes CIM-10

- Aucun code spécifique n'a encore été identifié.

Contournements de traumatismes :
« Je peux guérir instantanément et sans effort »

Nous avons rencontré ce problème pour la première fois en 2005. Une personne qui s'autoproclamait puissant guérisseur et chaman est tombée très malade. En essayant de diagnostiquer pourquoi, nous avons trouvé beaucoup de structures en forme de ruban sur la surface interne de la membrane nucléaire ; chacune contenait un gène bloqué. L'élimination de ces structures a fait que la personne a soudainement ressenti tous les traumatismes qui avaient été bloqués par ces structures. Ultérieurement, nous avons constaté que certains étudiants qui venaient suivre une formation guérissaient « instantanément » les traumatismes - mais au lieu de guérir, ils créaient ces mêmes structures. Certaines modalités thérapeutiques semblent former les gens à faire ceci délibérément. Cependant, bien que les symptômes disparaissent, c'est une mauvaise idée - le gène bloqué ne peut toujours pas être exprimé ; c'est un peu comme se couper le doigt pour éliminer la démangeaison d'une piqûre de moustique. Bien qu'il soit possible d'éliminer tous les contournements simultanément, cette approche doit être discutée avec le client avant le traitement. Il est intéressant de noter que certaines des personnes que nous avons rencontrées nous ont dit avoir l'impression que la technique (ou la méthode interne autocréée) qu'elles utilisent pour faire des contournements les endommage, même si elles ne peuvent pas dire pourquoi. Dans la plupart des cas, ces personnes ne se présentent pas comme des clients ; nous ne les voyons généralement que pendant la formation des thérapeutes.

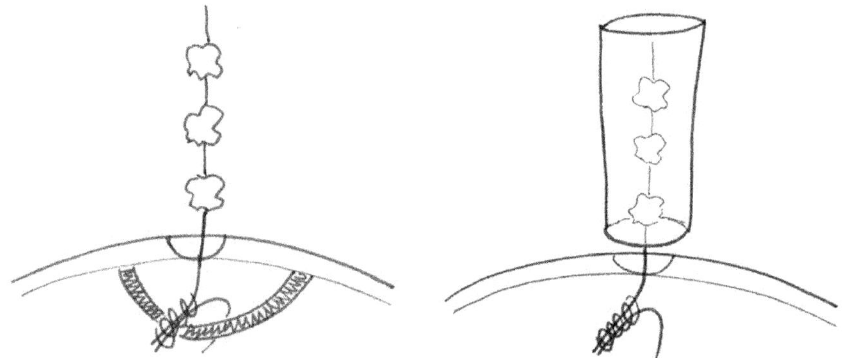

Figure 11.2 : On voit ici des vues latérales en coupe du noyau.
(a) Une structure en forme de pont enferme un gène bloqué dans le noyau. Ceci bloque la conscience de la séquence de traumatismes.
(b) Une structure du cerveau de la couronne entoure la séquence de traumatismes pour bloquer la sensation des ribosomes traumatiques.

Il existe un autre mécanisme biologique, beaucoup moins courant, qui permet également à un client de bloquer instantanément les sentiments traumatiques. Dans ce cas subcellulaire, le client met une structure du cerveau de la couronne autour de la séquence de traumatismes dans le cytoplasme. Bien que la motivation d'éviter la douleur et l'élimination immédiate et réelle des symptômes soient les mêmes dans les deux cas, le traitement est différent - le client doit être guidé pour guérir le besoin du cerveau de la couronne à créer ces structures.

Mots-clés utilisés pour décrire les symptômes

- Je peux faire disparaître le traumatisme instantanément et rapidement ; c'est parce que je suis un puissant ____ [chaman, guérisseur, type spirituel, professeur].
- Le thérapeute peut ressentir l'incongruité entre la présentation du client (comportement, conversation) et un niveau plus profond en eux.

Questions aidant à poser le diagnostic

- La guérison d'un traumatisme est-elle presque instantanée et facile pour vous ?
- Avez-vous ressenti un sentiment de calme, de paix et de légèreté à la fin de la guérison, ou la douleur émotionnelle a-t-elle simplement disparu ?
- (Pour le thérapeute : le client semble-t-il être très exceptionnel dans sa compassion et son acceptation ? Si c'est le cas, il est probable que leur guérison soit due à un état, et non à des contournements de traumatismes.)

Diagnostic différentiel

- État Être Présent : La progression de la guérison est rapide et non instantanée. Vérifier les attributs de l'état : sont-ils automatiquement dans leur corps ? manifestent-ils un amour-propre et une acceptation de soi exceptionnels ?
- État de Beauté Fondamentale instable : lorsque la sensation d'être vivant est présente, les symptômes disparaissent. Lorsque le sentiment d'être vivant est perdu, les symptômes réapparaissent.
- Structure du cerveau de la couronne : tester empiriquement en utilisant la méthode d'élimination de la structure du cerveau de la couronne.

Traitement

- Pour les contournements de gènes : il s'agit actuellement d'un processus réservé aux thérapeutes certifiés Peak States.
- Dans le cas d'une structure du cerveau de la couronne : demandez au client de ressentir ses symptômes et d'essayer de régresser. Ensuite, faites-leur ressentir la structure du cerveau de la couronne comme une cloche autour du corps. Effectuez la guérison de la structure du cerveau de la couronne sur la cloche. Le traumatisme contourné peut maintenant être guéri normalement.

Erreurs typiques lors du traitement

- Préparez-vous à une submersion traumatique une fois les structures disparues.

Cause sous-jacente

- Le client crée une structure de « contournement de traumatisme » dans le noyau pour entourer un gène bloqué afin de bloquer les symptômes.

Fréquence et gravité des symptômes

- Rare.

Risques

- La submersion traumatique peut se produire une fois les contournements guéris. Il peut y avoir des difficultés émotionnelles à accepter l'idée de contournements de traumatismes, car c'est en conflit avec l'image de soi d'un guérisseur puissant ou compétent.

Codes CIM-10

- Aucun code spécifique n'a encore été identifié.

Influence du blocage tribal : « La guérison ralentit ou s'arrête quand j'essaie de guérir ce moment-là »

Le phénomène du blocage tribal peut également causer des difficultés pour guérir des traumatismes particuliers. Nous avons remarqué ce problème pour la première fois lorsque nous avons demandé à des étudiants en thérapie de cibler des événements développementaux spécifiques pour la guérison. Nous utilisions l'EFT à l'époque ; nous avons constaté que le moment n'était tout simplement pas guéri correctement. En passant à la technique de la WHH, nous avons constaté que les élèves pouvaient guérir, mais que c'était beaucoup plus difficile que cela n'aurait dû l'être. Nous avons remonté la piste de ce problème jusqu'au problème du blocage tribal ; il bloquait les commandes de Gaïa de tous les événements développementaux.

Les personnes biculturelles ont deux problèmes - elles ont deux types différents de champignon borg, un de chaque culture. Surtout si le client essaie de rejeter l'une des cultures, le borg correspondant apparaîtra comme une sensation inconfortable attachée quelque part dans son corps. Le borg de l'autre culture sera positionné au niveau du nombril. La meilleure façon de guérir ce problème est d'éliminer le champignon borg avec la Silent Mind Technique™.

Ce cas subcellulaire a déjà été abordé dans un chapitre précédent ; nous l'incluons dans cette section parce qu'il peut aussi rendre le processus de guérison du traumatisme lent ou impossible à réaliser.

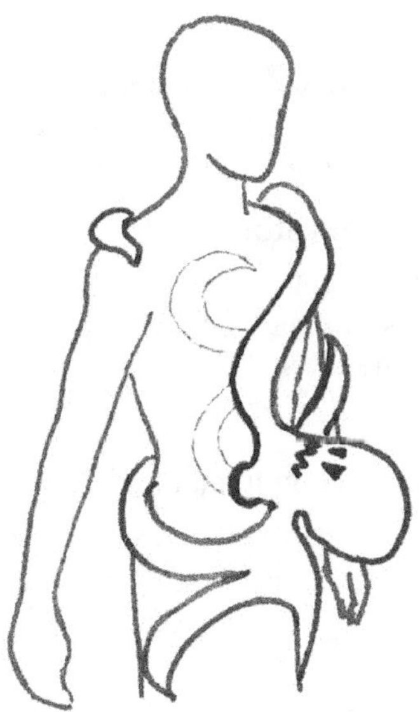

Figure 11.3 : Un champignon borg qui contrôle le comportement du client peut être ressenti dans ou sur le corps. Le point de contrôle est au nombril. Dans les cas biculturels, le deuxième champignon borg contrôlant s'est déplacé à un autre endroit.

Mots-clés utilisés pour décrire les symptômes

- Rien ne change ; la guérison ne s'achève pas ; je ne sais pas ce qui ne va pas ; c'est plus difficile dans un groupe ; je me sens lourd quand j'essaie de guérir.

Questions aidant à poser le diagnostic

- Quand vous dites la commande de Gaïa et pensez au moment du traumatisme, y a-t-il une tonalité émotionnelle au niveau de votre nombril ?
- Lorsque vous vous concentrez sur un problème traumatique à guérir, quelle est la tonalité émotionnelle qui se présente à votre nombril ?

Diagnostic différentiel

- Traumatisme gardien : le traumatisme gardien a sa propre émotion ; mais le blocage tribal fait en sorte qu'une personne se sent lourde, comme si elle portait un sac à dos quand elle essaie de guérir.

Traitement

- Utilisez la technique standard du blocage tribal pour un blocage à la fois.
- Faites la Silent Mind Technique™ (SMT) pour vous débarrasser du champignon borg qui cause le phénomène du blocage tribal.

Erreurs typiques lors du traitement

- Ne pas rester concentré sur le problème à guérir, ou passer à un autre problème, lors du travail sur le blocage tribal.

Cause sous-jacente

- Le blocage tribal est causé par une infection fongique de classe 2 (borg), en interaction avec d'autres personnes infectées par cette sous-espèce particulière (famille et culture sociale élargie).

Fréquence et gravité des symptômes

- Différentes cultures peuvent avoir plus de résistance à la guérison. Par exemple, nos étudiants polonais ont eu plus de problèmes avec cela que la plupart des autres cultures.

Risques

- Comme d'habitude en psychotraumatologie.

Codes CIM-10

- F43.2.

Traumatisme du chemin de vie :
« Je ne sais pas ce que je veux vraiment faire dans la vie »

Nous avons découvert pour la première fois ce problème de cas subcellulaire empiriquement en 2004 - nos étudiants australiens avaient beaucoup de difficulté à guérir certains matériels traumatiques *si* ceux-ci étaient en rapport avec le but de leur vie, ou leur chemin de vie optimal. Lorsque nous avons changé de technique et leur avons demandé d'examiner leur résistance à leur chemin de vie optimal, ces traumatismes particuliers ont été rapidement identifiés et guéris relativement facilement. L'avantage de cette approche du « chemin de vie » était qu'ils ne bloquaient plus inconsciemment la prise de conscience et la guérison de ces motivations.

Des années plus tard, nous avons découvert que ces chemins faisaient partie d'un organisme fongique vivant sur la surface interne de la membrane nucléaire. Cela a un impact énorme et généralement négatif sur la vie d'une personne. Les sensations traumatiques qui poussent une personne à quitter le chemin « lumineux » proviennent d'endroits sur la membrane où le chemin traverse un pore nucléaire avec les sentiments traumatiques qui y sont associés. Il est optimal que la conscience d'une personne ne soit pas du tout sur ce réseau de chemin - mais très peu de personnes sont désengagées de ce parasite.

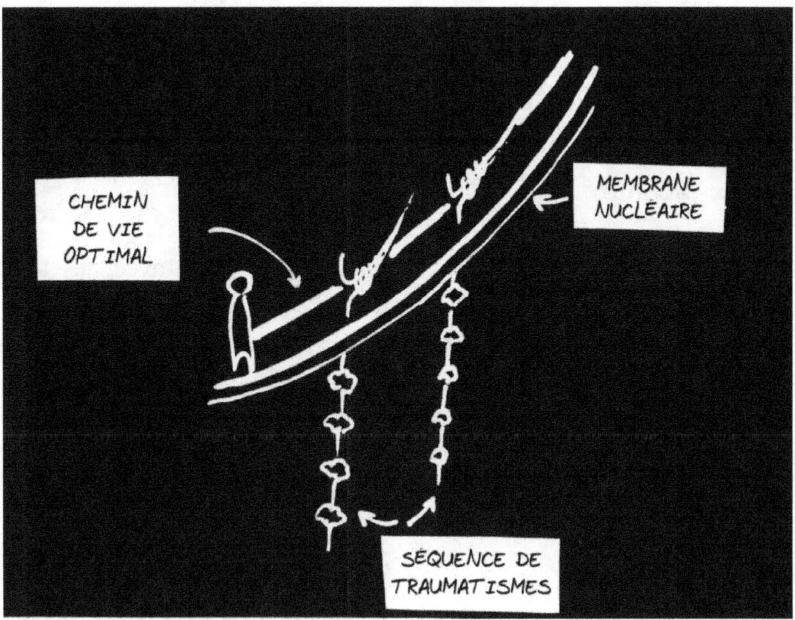

Figure 11.4 : L'organisme fongique du chemin de vie se trouve sur la surface interne de la membrane nucléaire. Il peut aussi être « vu » dans un « espace noir » comme des chemins à vos pieds qui s'étendent dans le temps avec de nombreux points de décision.

Nous travaillons avec ce problème de trois façons : pour les clients qui ont une décision à prendre dans leur avenir, guérir toute la charge émotionnelle sur les choix et ensuite choisir celui est ressenti comme le plus « lumineux » ; utiliser un processus Peak States® pour que le client puisse « voir » le chemin et guérir délibérément les mauvais choix futurs (bien que très peu de clients soient disposés à systématiquement maintenir un chemin optimal) ; ou utiliser un processus Peak States® pour éliminer l'organisme fongique.

Mots-clés utilisés pour décrire les symptômes

- Chemin de vie ; ce que je veux vraiment faire ; peur de l'inconnu ; je ne trouve pas le problème ; la guérison est lente ou très difficile.

Questions aidant à poser le diagnostic

- Est-ce que le problème qui est difficile à trouver ou à guérir concerne ce que vous voulez vraiment dans votre avenir (un avenir sans que vous n'essayiez de vous sentir spécial ou remarqué) ?

Diagnostic différentiel

- Blocage tribal : le blocage tribal fait en sorte qu'une personne se sente lourde si elle y résiste, et émotionnellement plate si elle ne résiste pas. Le blocage sur l'objectif de vie est neutre sur le plan émotionnel et simplement vide.

Traitement

- Utilisez la technique réservée aux thérapeutes certifiés Peak States pour le chemin de vie.

Erreurs typiques lors du traitement

- Ne pas ressentir pleinement l'euphorie.

Cause sous-jacente

- Pour être sur le chemin de vie optimal, il faut guérir des traumatismes qui peuvent être très difficiles à trouver ou à affronter avec des techniques normales.

Fréquence et gravité des symptômes

- Peu fréquent, parce qu'il ne se pose qu'autour de problèmes de résistance à l'idée d'être sur son chemin de vie optimal.

Risques

- Comme d'habitude en psychotraumatologie.

Codes CIM-10

- Pas de codes spécifiques.

Résistance des parasites :
« J'ai peur de faire quoi que ce soit pour changer »

Lorsque l'environnement de la cellule primaire est perturbé ou amélioré en raison de la guérison, les parasites dans la cellule peuvent trouver les changements inconfortables ou menaçants et vouloir les stopper. Nous avons constaté que de nombreuses personnes, en particulier les populations de clients au niveau de fonctionnement faible, résistent à la guérison parce qu'elles ne peuvent pas faire la différence entre elles-mêmes et les parasites à l'intérieur de leur cellule primaire. Parfois, les parasites provoquent des sensations douloureuses et le client a appris qu'elles s'arrêteront s'il cesse d'essayer de changer, un peu comme un cavalier qui fouette un cheval récalcitrant, mais bien entraîné. Dans d'autres cas, le désir émotionnel de voir l'environnement de la cellule primaire cesser de changer est en fait dans le parasite, mais le client ressent ces sentiments comme s'ils étaient les siens. (Il est intéressant de noter que certaines personnes ne ressentent pas du tout les sentiments des parasites, bien que la plupart des gens les ressentent à un degré plus ou moins élevé.) Ainsi, par crainte d'une punition ou d'une confusion identitaire, le client évite ou résiste à la guérison ou au changement, même dans les cas où il souhaite que cela se produise.

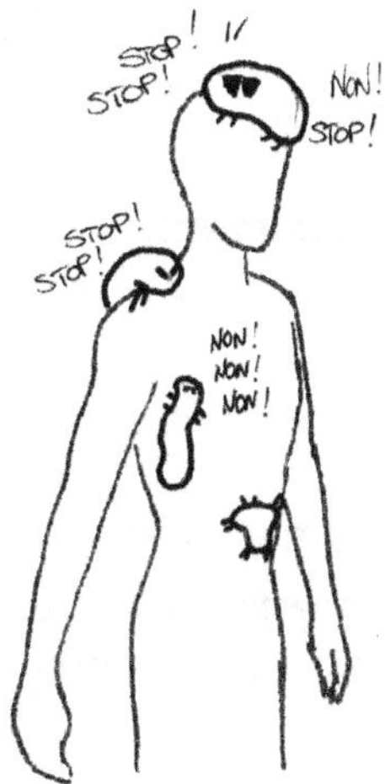

Figure 11.5 : Presque toutes les personnes se confondent avec les désirs et les actions des parasites dans leur cellule primaire. En général, ces organismes ne veulent pas que leur environnement change, ce qui conduit à un comportement similaire dans la vie quotidienne du client.

Les parasites influencent également la personne pour changer son environnement cellulaire interne afin de le rendre plus confortable et/ou pour faciliter leur reproduction. Par exemple, et de façon tout à fait contre-intuitive, les expériences de groupe positives sur le plan émotionnel facilitent la reproduction d'une infection bactérienne à l'échelle de l'espèce. Les émotions négatives affectent aussi indirectement l'environnement subcellulaire, le rendant plus confortable pour divers parasites. Le diabète est un autre exemple de parasite subcellulaire qui influence l'hôte afin de modifier l'environnement de la cellule primaire.

Mots-clés utilisés pour décrire les symptômes

- Résister, ne pas vouloir, ne pas changer, peur, anxiété, arrêter.

Questions aidant à poser le diagnostic

- Est-ce qu'il semble y avoir une sorte de voix qui vous dit d'arrêter la guérison ?
- Avez-vous l'impression d'être attaqué et que cette thérapie vous semble dangereuse ?

Diagnostic différentiel

- Bavardage mental : le bavardage mental ressemble à de vraies personnes qui parlent. Les parasites sont beaucoup plus simples et n'utilisent pas de langage - c'est juste que ça y ressemble.
- Traumatisme de suffocation : la résistance provient de la tentative d'évitement des sentiments de suffocation.

Traitement

- Encore en cours de développement. Comme il est difficile pour les gens de reconnaître que les parasites ne sont pas eux-mêmes, il est difficile de les éliminer.

Erreurs typiques lors du traitement

- Inconnues.

Cause sous-jacente

- Inconnue.

Fréquence et gravité des symptômes

- Fréquent chez de nombreuses personnes, en particulier chez les clients au niveau de fonctionnement faible ou moyen.

Risques

- Inconnus.

Codes CIM-10

- Peut déclencher l'anxiété dans les codes F40-48.

Traumatisme à racines multiples :
« Je guéris et guéris, mais les symptômes sont toujours là »

Lors de la guérison d'un traumatisme simple, qu'il soit biographique, générationnel ou associatif, nous voyons normalement un ou tout aux plus deux gènes qui ancrent la séquence de traumatismes bloquée. Lorsque nous avons plusieurs gènes bloqués se connectant à une séquence d'ARNm, nous appelons les différentes branches des « racines » en raison de leur ressemblance visuelle avec une racine d'arbre. Les différentes racines contribuent chacune des qualités traumatiques différentes aux traumatismes ultérieurs, comme si elles s'additionnaient. (Cela correspond à l'expérience psychologique d'avoir « plus d'une racine au problème ».) Lorsque nous guérissons et qu'un gène libère son ARNm, le client perd les sensations traumatiques qui étaient associées au gène bloqué. Malheureusement, nous avons parfois vu des clients qui avaient de très nombreuses racines pour un problème traumatique donné. Ces personnes peuvent en fait guérir une ou plusieurs racines d'un traumatisme, mais ne s'en rendent pas compte tellement le changement graduel dans les symptômes présentés est faible. Surtout si la thérapie sur la base d'un travail « par gène bloqué » est lente, elle peut sembler être une perte de temps pour le client, même si elle fonctionne comme elle est censée le faire.

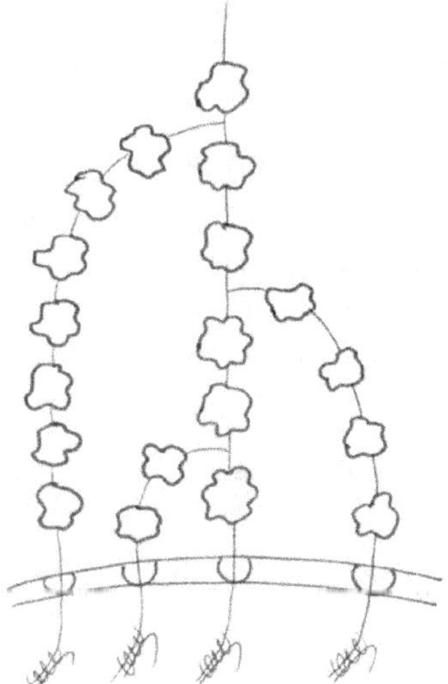

Figure 11.6 : Cette figure montre une séquence de traumatismes à quatre racines. Les traumatismes ribosomiques supérieurs contiendront une combinaison de sentiments provenant des quatre gènes bloqués.

Mots-clés utilisés pour décrire les symptômes

- Aucun changement. La guérison ne fait aucune différence. Futile. J'ai eu ce problème pendant longtemps. Rien ne fonctionne.

Questions aidant à poser le diagnostic

- Les origines spécifiques des traumatismes se dissolvent-elles réellement ; si elles se dissolvent, réapparaissent-elles ?
- Y a-t-il une infime quantité de changement sur le symptôme présenté ?
- Est-ce que l'origine d'un traumatisme a vraiment guéri, mais le symptôme est toujours là ?

Diagnostic différentiel

- Boucles temporelles : les traumatismes dans les boucles peuvent être éliminés, mais revenir plus tard. Les racines multiples ne semblent tout simplement pas guérir (beaucoup).

Traitement

- Utiliser une technique qui est très rapide sur la base d'un travail par gène bloqué. Si le client répond au tapotement, il suffit d'utiliser le point de gamme.

Erreurs typiques lors du traitement

- Arrêter trop tôt.

Cause sous-jacente

- Un problème présent provenant d'une séquence de traumatismes qui a de nombreuses racines (gènes bloqués).

Fréquence et gravité des symptômes

- Heureusement, les racines multiples sur une séquence de traumatismes sont très rares. Il n'y a normalement qu'une seule racine, avec une limite maximale d'environ six. Dans un cas très inhabituel, le client avait environ 50 racines sur une seule séquence de traumatismes.

Risques

- Comme d'habitude en psychotraumatologie.

Codes CIM-10

- Pas de codes spécifiques.

Boucles temporelles : « Le traumatisme est revenu ! »

Nous avons originellement découvert ce problème en examinant les premiers événements développementaux. Après la guérison d'un moment traumatique avec la WHH, en quelques minutes (ou en quelques heures), le traumatisme original était restauré exactement comme il était avant la guérison. Au début, nous pensions qu'il s'agissait peut-être d'une propriété des événements développementaux précoces. Mais il s'est avéré qu'il existait un mécanisme complètement différent, un mécanisme que nous appelons aujourd'hui les « boucles temporelles ». Comme son nom l'indique, on a l'impression lorsqu'on régresse qu'un segment de temps ne cesse de se répéter. Si le client guérit un traumatisme dans cette zone temporelle, il se réinitialise tel qu'il était auparavant. Du point de vue du thérapeute, une « boucle temporelle » pourrait plus fonctionnellement s'appeler un cas subcellulaire de « réinitialisation de traumatisme ». Cette réinitialisation est déclenchée lorsque le client ressent de l'anxiété ou de la peur.

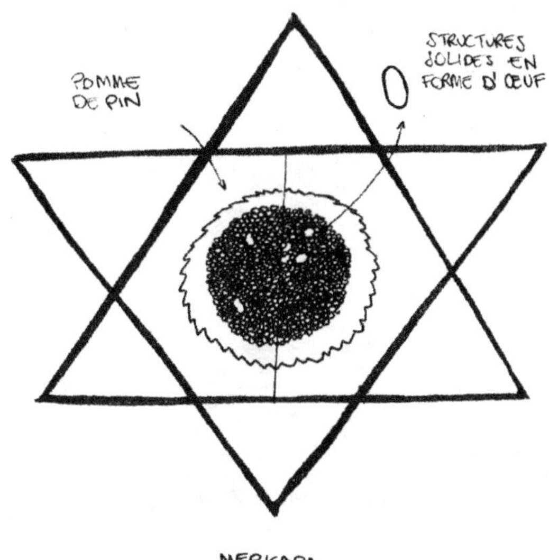

Figure 11.7 : (a) Les boucles temporelles sont des récipients de forme ovale (comme un œuf) ou lisse qui enferment des bulles dans la structure (fongique) de la pomme de pin dans le noyau nucléaire. La structure extérieure est une merkaba tridimensionnelle, représentée par des lignes plates sur le schéma.

La biologie des boucles temporelles est fascinante - la structure physique qui génère cette réinitialisation de traumatisme est perçue et ressentie un peu comme un œuf avec une coquille dure qui enferme des bulles. Cette structure se trouve à l'intérieur de ce que nous appelons la « pomme de pin » (un parasite fongique) à l'intérieur du noyau nucléaire. La structure en forme d'œuf de la boucle temporelle est en réalité mise en place au tout début du développement comme une défense dressée par l'organisme de la pomme de pin contre les parasites insectiformes de classe 1 et fongiques de classe 2 qui mangent la génération suivante de l'organisme de la pomme de pin. Ce matériau de coquille comporte également une émotion, typiquement de l'anxiété ou de la peur.

La boucle temporelle, telle une rediffusion sportive à la télévision, peut être ressentie en régression, une fois que l'attention du client est attirée sur la sensation. Les structures physiques en forme d'œuf peuvent *également* être ressenties dans le corps dans le présent. La sensation d'une barrière sur le haut du ventre qui bloque le haut et le bas du corps est un exemple assez courant de boucle temporelle. Elles peuvent également être ressenties n'importe où à l'intérieur ou autour du corps, et ont n'importe quelle taille (bien qu'en réalité elles soient à gauche ou à droite de la structure de la pomme de pin). Elles sont rares chez les clients moyens, mais peuvent être fréquentes dans les populations de clients souffrant de problèmes chroniques ou de paranoïa. Les boucles temporelles peuvent aussi se trouver à l'intérieur d'autres boucles temporelles comme des poupées russes. Nous avons également vu des clients avec des boucles temporelles entourant tout leur passé du côté ovocyte ou spermatozoïde. Le fait de ressentir de l'anxiété ou de la peur lorsqu'on se concentre sur le problème fera qu'une boucle temporelle remplacera tout symptôme de traumatisme ayant été éliminé auparavant.

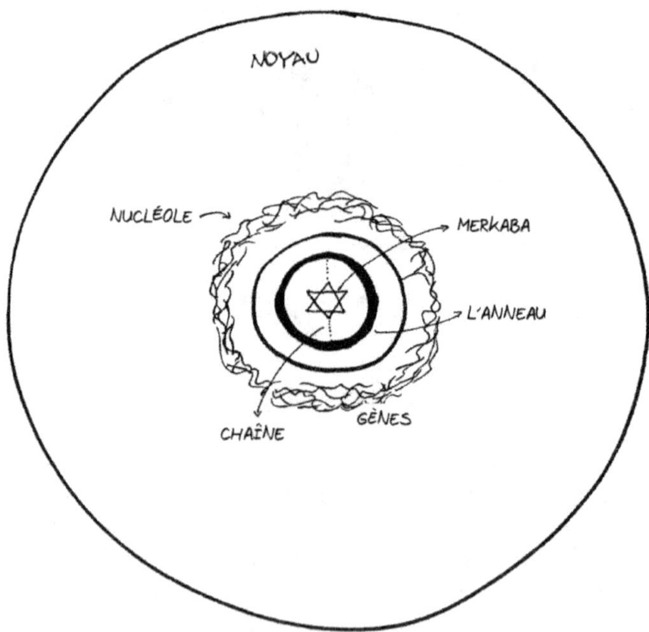

Figure 11.7 : (b) Une vue du noyau (pas à l'échelle) avec la merkaba (une structure fongique) représentée dans le noyau.

Rarement, il peut y avoir un autre type de structure biologique dans la pomme de pin qui peut causer des boucles temporelles. Plutôt que d'avoir une coquille dure, cette structure a une membrane souple sans aucune émotion. Cependant, elle est attachée à un parasite insectiforme qui est masqué à la conscience du client par une sorte de brouillard ou de statique. L'élimination du parasite insectiforme par la guérison générationnelle de sa tonalité émotionnelle dissout à la fois le parasite et la membrane.

Mots-clés utilisés pour décrire les symptômes

- Cette thérapie ne fonctionne pas. Rien ne fonctionne jamais pour moi. La guérison s'est inversée. L'émotion douloureuse revient sans cesse.
- Je sens une barrière qui sépare le haut et le bas de mon corps.

Questions aidant à poser le diagnostic

- Est-ce que le même problème revient tout de suite après la fin de la thérapie ?
- Ressentez-vous un objet dur et arrondi dans votre corps ?
- Si vous vous concentrez sur le problème éliminé, puis essayez de ressentir de l'anxiété ou de la peur, les mêmes symptômes réapparaissent-ils ?

Diagnostic différentiel

- Association du corps : le corps recrée les symptômes, mais utilise de nouvelles méthodes et de nouveaux traumatismes pour le faire ; les nouveaux symptômes sont habituellement pires ; une boucle temporelle n'a aucune cause traumatique sous-jacente.
- Copie : le client doit trouver une nouvelle personne à copier pour restaurer un symptôme ; les boucles temporelles remettent en place rapidement les symptômes (de quelques minutes à quelques heures).
- Structure du cerveau de la couronne : ces structures sont également dures au toucher, mais elles sont anguleuses, comme fabriquées à partir de pièces métalliques, et non-arrondies comme des œufs. Et la structure ne contient pas de tonalité émotionnelle dans son matériau.
- Traumatisme gardien : le problème ne disparaît jamais (ne guéris jamais réellement) par rapport au traumatisme de la boucle temporelle qui a guéri et qui revient.
- TPM : le client peut changer de personnalité pendant la guérison, évitant ainsi la guérison. Si c'est le cas, ils ne se rappelleront pas (ou d'une manière très limitée) ce qui a été fait plus tôt dans l'autre personnalité.
- Trous-a : ils n'ont qu'un sentiment d'annihilation, d'aspiration d'énergie ; la boucle temporelle peut inverser tout problème lié à un traumatisme.
- Blocage tribal : le client se sentira lourd ; vérifiez le nombril. Les boucles temporelles se trouvent dans les régions du corps.

Traitement

- Pour les boucles temporelles sous forme de coquille d'œuf :
  - Fusionner avec *la totalité* de la coquille de la structure de la boucle temporelle. Ressentez la douleur émotionnelle et physique, et le désespoir de la grand-mère pour défendre le client - la coquille va se dissoudre. S'assurer de dissoudre tous les fragments de coquille, s'il y en a. Répétez ensuite la guérison qui a été faite et annulée.
  - Alternativement, ressentez l'émotion dans la structure de la boucle temporelle, trouvez le traumatisme générationnel correspondant et guérissez-le pour éliminer la boucle temporelle.
- Pour les boucles temporelles sous forme de membrane :
  - Trouvez le parasite insectiforme attaché à la membrane à l'intérieur de la boucle temporelle, ressentez sa tonalité émotionnelle, et guérissez le traumatisme générationnel ayant la même émotion. Si nécessaire, guérissez les boucles temporelles qui restaurent le traumatisme générationnel.
- Toutes les boucles temporelles peuvent être simultanément éliminées grâce à un processus réservé aux thérapeutes certifiés Peak States.

Erreurs typiques lors du traitement

- Lorsqu'on soupçonne l'existence de boucles temporelles, tester la réinitialisation du traumatisme en demandant au client de ressentir de l'anxiété permet de gagner du temps.
- Passer à côté de boucles temporelles plus grandes et plus enveloppantes qui doivent d'abord être guéries.
- Ne pas faire la distinction entre une boucle temporelle à membrane et une boucle temporelle en coquille d'œuf dure.
- L'élimination d'une barrière de boucle temporelle à travers le corps peut faire apparaître la sensation que la moitié inférieure du corps est différente de la moitié supérieure. Ceci peut être guéri à l'aide de la Courteau Projection Technique™.

Cause sous-jacente

- Le phénomène de boucle temporelle est causé par une structure en forme d'œuf qui est construite par un organisme en forme de pomme de pin dans le noyau afin de protéger sa génération suivante des autres parasites. Ces structures sont préservées pendant le développement et apparaissent dans la structure de la pomme de pin dans le noyau nucléaire.

Fréquence et gravité des symptômes

- Problème courant chez les gens, mais très rarement rencontré pour un problème donné, sauf chez les clients ayant des problèmes chroniques ou des problèmes que les thérapies ne semblent pas guérir.

Risques

- Aucun risque connu si la boucle temporelle est guérie dans le présent. La régression peut causer un problème dû à l'activation du parasite dans le client en développement.

Codes CIM-10

- Pas de codes spécifiques.

Homéostasie dysfonctionnelle :
« Les symptômes sont revenus et sont encore pires ! »

Dans ce cas très fréquent, la conscience du corps de la personne (en dehors de la conscience consciente) travaille activement à maintenir certains symptômes ou sensations continuellement présents. Cela se produit parce que le corps a une association irrationnelle qui dit : « je dois avoir ce symptôme particulier sinon je vais mourir ». Ces associations se forment lors de moments traumatiques où le corps ressent que sa survie est menacée. Normalement, en tant que thérapeutes, nous traitons nos clients comme s'il s'agissait d'une voiture qui a un problème, et nous devons juste trouver quelles pièces ont besoin d'être réparées. Malheureusement, cette approche ne fonctionne pas dans le cas de ces associations homéostatiques dysfonctionnelles. Si vous réussissez à vous débarrasser des symptômes, l'organisme trouvera rapidement une nouvelle façon de les faire réapparaître et, habituellement, il surcompensera, ce qui aggravera encore le problème. Ainsi, ces associations du corps doivent être éliminées *en premier*, sinon vous serez pris dans une suite interminable de nouveaux problèmes. (Soit dit en passant, l'une des causes des « submersions traumatiques » est l'homéostasie dysfonctionnelle, mais où le corps essaie d'éviter une sensation, en l'occurrence celle de la paix).

Figure 11.8 : (a) Une représentation symbolique du problème des substituts sensoriels. Le client s'accroche à des personnes (ou à d'autres substituts) qui sont ressenties comme leur entourage au moment d'un traumatisme prénatal précoce. Le fait de s'accrocher à ces substituts le met à l'aise (même si les personnes qui jouent ce rôle n'ont pas l'air très heureuses).
(b) La cliente prête attention, mais son cerveau résiste.

Par exemple, nous avions une cliente qui avait une perte d'audition. Chaque fois que nous déterminions le mécanisme qui en était la cause, son audition s'améliorait de façon radicale et immédiate. Pourtant, le lendemain matin, sa perte auditive était pire qu'au début. Il s'est avéré qu'elle avait été victime d'un traumatisme où elle associait la surdité à la sécurité. Ainsi, trouver les raisons pour lesquelles elle ne pouvait pas entendre et les éliminer comme on remplace des pièces brisées dans une voiture a aggravé son cas. Son corps essayait activement de déjouer le processus de guérison.

Mots-clés utilisés pour décrire les symptômes

- Les symptômes réapparaissent ; la guérison ne fonctionne pas ; soulagement temporaire seulement ; situation empirée.

Questions aidant à poser le diagnostic

- Après la guérison et la disparition des symptômes, sont-ils revenus le lendemain et ont-ils même empiré ?

Diagnostic différentiel

- Boucles temporelles : les boucles restaurent les traumatismes et leurs symptômes très rapidement, en quelques minutes ou quelques heures. Mais les traumatismes sont exactement les mêmes. Le problème associatif provoque le retour des symptômes, mais les traumatismes guéris restent guéris.

Traitement

- Body Association Technique™. .

Erreurs typiques lors du traitement

- Il manque quelques associations ; ne pas vérifier les deux mains.

Cause sous-jacente

- Une association du corps qui dit au corps qu'il a besoin des symptômes.

Fréquence et gravité des symptômes

- Bien que ce problème soit très courant dans le grand public, il se rencontre peu fréquemment chez les clients, en dehors de ceux atteints de problèmes chroniques ayant résisté aux tentatives de guérison.

Risques

- Comme d'habitude en psychotraumatologie.

Codes CIM-10

- Pas de codes spécifiques.

Submersion traumatique :
« De nouveaux sentiments négatifs surgissent sans fin »

Occasionnellement, le thérapeute aura un client qui guérissait des traumatismes, mais qui, une fois terminé, s'est immédiatement lancé dans un nouveau problème traumatique généralement sans rapport. Une fois guéri, le client est de nouveau confronté à un nouveau problème traumatique. Et ce cycle se poursuit ; parfois avec un répit momentané après la guérison, mais parfois sans aucune pause. D'autres clients ont un problème chronique d'activation ou de submersion traumatique, souvent avec des traumatismes activés simultanément, mais sans rapport avec une guérison de traumatisme. Quoi qu'il en soit, il s'agit d'un problème très sérieux pour ces clients, et les thérapeutes doivent savoir comment y faire face.

Submersion traumatique - la première fois que cela arrive (après la guérison d'un traumatisme)

- <u>Cerveaux triuniques</u> : Il arrive parfois qu'une submersion traumatique se produise chez des clients qui expérimentent pour la première fois une guérison de traumatisme. Leurs cerveaux triuniques, qui sont comme des enfants ravis, ressentent que c'est enfin une chance de guérir, et c'est ce qu'ils veulent. Ils stimulent donc des traumatismes pour que le client les guérisse, un peu comme un enfant peut continuer à demander du chocolat sans arrêt pendant des heures et des heures.

- <u>Localisation du CdC</u> : il s'agit d'un problème rare, mais qui peut se produire. Au cours de la guérison d'un problème, le CdC du client s'est déplacé vers la zone des gènes bloqués au niveau de la membrane nucléaire. Au lieu de se déplacer normalement ailleurs une fois la guérison terminée, le client étend sa conscience dans cette zone. Cela leur permet d'accéder d'un coup à des séquences de traumatismes aléatoires et aux émotions qu'elles stockent. Pour guérir, il faut montrer au client comment déplacer leur conscience loin des séquences de traumatismes et guérir tout besoin traumatique de garder leur CdC à cet endroit.

-

Submersion traumatique chronique préexistante

- <u>Processus de Paix Intérieure</u> : d'après notre expérience, la raison la plus fréquente pour laquelle des traumatismes s'activent facilement ou en continu est qu'il y a une incompatibilité biologique entre les séquences de traumatismes d'ARNm et les pores nucléaires de la membrane. Chaque fois qu'un événement déclenche le besoin d'une protéine dont le gène correspondant est bloqué, il y a une sensation d'irritation légèrement douloureuse à la limite entre la séquence et la membrane. Avec le temps, ces irritations laissent une sorte d'« ancre » composée de petits morceaux qui s'accumulent au niveau du pore nucléaire. Ces séquences de traumatismes biographiques et les sensations traumatiques qu'elles provoquent deviennent beaucoup plus faciles à activer à mesure que cela se produit. Pour guérir ce problème, nous utilisons le processus réservé aux thérapeutes certifiés Peak States « Processus de Paix Intérieure ». Cela n'élimine pas les traumatismes, mais plutôt l'irritation et les ancres à la base de chaque séquence de traumatismes, ce qui les rend beaucoup plus difficiles à activer dans des circonstances normales.

Figure 11.9 : (a) Séquences d'ARNm bloquées sortant du noyau, avec des « ancres » en bas.
(b) Une vue 3D du cytoplasme en regardant vers la membrane nucléaire.

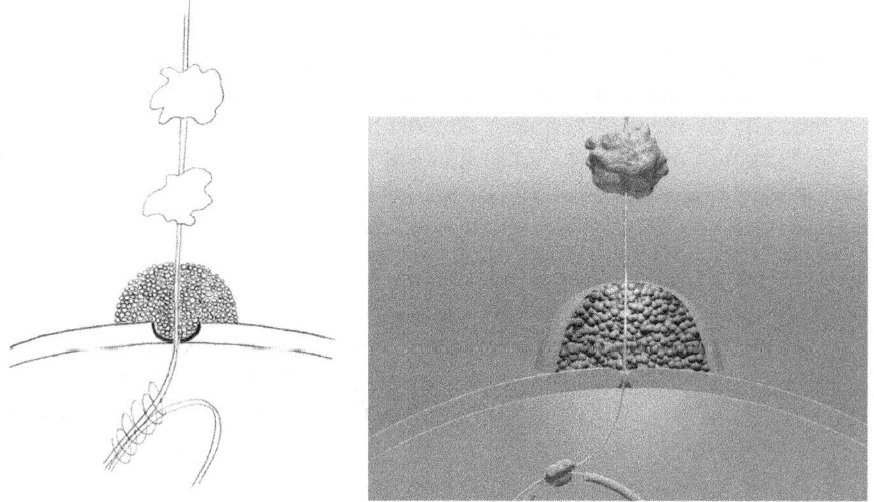

Figure 11.9 : (c) Vue en coupe d'une séquence d'ARNm bloquée au niveau de la membrane nucléaire. Notez que les grains de matière au niveau du pore nucléaire forment la structure d'ancrage.
(d) La même chose en 3D.

- <u>Association du corps</u> : Pour un client souffrant d'une submersion traumatique préexistante et chronique, la raison la plus courante de ce problème est que le client a une association du corps négative avec le sentiment d'être en paix.

Essentiellement, le corps du client estime qu'il n'est pas sécuritaire de ne pas avoir de problème, de sorte qu'il déclenche un barrage constant de traumatismes négatifs. La clé pour détecter ce problème est de faire en sorte que le client « ressente » (et pas seulement qu'il ait une image mentale de) la sensation de n'avoir aucun traumatisme activé (sensation de paix), soit au moment de la courte pause paisible qui suit la guérison d'un problème, soit à partir de sa mémoire d'un tel moment. Ceci activera habituellement les sensations motrices sous-jacentes pour qu'elles puissent être guéries.

- <u>Supprimer un sentiment traumatique sous-jacent</u> : Dans le cas d'un client souffrant d'une submersion traumatique préexistante ou occasionnelle, nous avons vu des clients qui avaient l'impression de devoir avoir des symptômes (par exemple, des étourdissements et des nausées de tourbillons) sous peine de ne pas recevoir l'attention (et, avec de la chance, la sollicitude) qui gardait au loin leur solitude écrasante. Pour trouver le problème à guérir, demandez au client de regarder au moment où les sensations traumatiques ont commencé lors de chaque épisode afin de trouver le sentiment déclencheur réprimé. Et aussi guérir les associations du corps sur leurs symptômes préférés qu'ils utilisent pour cette répression inconsciente du sentiment (par exemple, la sensation de vertige est mon symptôme préféré).

- <u>Kundalini</u> : Cela déclenche une série de sentiments traumatiques à long terme qui se poursuivent, peu importe l'ampleur de la guérison. Généralement, le déclencheur est la méditation, une expérience sexuelle forte ou certaines pratiques spirituelles. Contrairement aux traumatismes normaux, la kundalini donne aussi des moments d'expériences et de sentiments spirituels extrêmes, ainsi qu'un excès d'énergie et de tension empêchant partiellement ou même totalement de dormir. Vous guérissez ce cas subcellulaire de la façon habituelle.

Risques

- Comme d'habitude en psychotraumatologie.
- Un traitement global pour les structures d'ancrage de traumatisme implique une régression vers l'événement développemental de la cellule de genèse. Les clients ayant des antécédents de troubles cardiaques ne devraient *pas* être régressé à cet événement, car il y a un risque potentiel de déclenchement d'une crise cardiaque.

ATTENTION

Les clients ayant des antécédents de troubles cardiaques ne devraient pas être régressé à l'événement développemental de la cellule de genèse en raison du risque possible de déclenchement d'une crise cardiaque.

Codes CIM-10

- Pas encore déterminé.

Section 4

Applications

Chapitre 12

Problèmes liés à des causes multiples ou indirectes

Nous allons examiner dans ce chapitre certains problèmes fréquents des clients causés par un simple traumatisme ou de multiples problèmes subcellulaires. Évidemment, tout problème donné d'un client doit être diagnostiqué à partir des symptômes présentés ; mais il peut être très utile d'avoir une liste de cas subcellulaires probables en tête au moment du diagnostic.

Plus important encore, dans certains cas, les symptômes ne sont pas dus de façon flagrante à des cas subcellulaires. Tout comme l'astuce pour résoudre un problème mathématique, ce chapitre inclut des explications sur les façons plutôt étranges et indirectes dont les dysfonctionnements subcellulaires et les traumatismes liés aux événements développementaux peuvent créer les symptômes d'un problème. Cette compréhension est souvent d'une importance cruciale pour le diagnostic et le traitement.

Rappelons que les thérapeutes qui ont l'intention de travailler avec des problèmes graves pour leurs clients (comme les addictions ou le suicide) ont l'obligation éthique et habituellement légale de recevoir une formation appropriée et adéquate.

Bibliographie

- McFetridge, G. Gietz, G. (2008). *Peak States of Consciousness, Volume 2* Couvre les traumatismes des événements développementaux prénatals et périnatals.

Les addictions

Les thérapeutes qui travaillent avec les addictions ont absolument besoin d'une formation spécialisée pour travailler avec cette clientèle. Cependant, si nous examinons les problèmes de dépendance légers chez les personnes qui fonctionnent bien et qui veulent se débarrasser de leur problème, nous avons trouvé des solutions simples qui ont fonctionné pour de nombreuses personnes. Pour de plus amples informations, consultez notre manuel de thérapie Peak States® *Addiction and Withdrawal*.

Les envies irrésistibles

Pour la plupart des gens, les envies irrésistibles sont causées par des associations du corps (voir page 114) qui ont établi un lien entre la survie et la substance qui crée une dépendance. Cela peut être un peu délicat, mais le thérapeute peut habituellement utiliser la Body Association Technique sur les envies et éliminer rapidement le problème. Chez certains clients, les envies proviennent de copies. Note : cette approche fonctionne rarement avec le tabagisme, parce que celui-ci est habituellement utilisé comme automédication contre les symptômes d'un problème parasitaire fongique.

Les symptômes de sevrage

Les symptômes de sevrage sont généralement dus à une association du corps. Utilisez simplement les sensations des symptômes de sevrage avec la Body Association Technique pour éliminer rapidement (en quelques minutes) les symptômes. Les traumatismes générationnels peuvent également en être la cause.

Codes CIM-10

- F10-F19

Les allergies

Plusieurs techniques habituellement efficaces existent déjà pour les allergies, comme la Tapas Acupuncture Technique (TAT) ou la Nambudripad's Allergy Elimination Technique (NAET) ; et nous recommandons aux thérapeutes qui souhaitent devenir compétents dans le traitement des allergies d'étudier ces approches existantes. Par exemple, nous avons même vu un choc anaphylactique chez un bébé éliminé en quelques secondes grâce à l'approche TAT. Notre propre Body Association Technique peut également être utilisée sur les allergies en ciblant les symptômes allergiques spécifiques.

Cependant, ces techniques ne fonctionnent *pas* lorsque le filtrage hépatique du client n'est plus suffisant par rapport aux exigences qui lui sont imposées. Cela signifie que le client sera allergique simultanément à plusieurs allergènes ; les symptômes dépendent de l'état de stress actuel du foie. Les dommages au foie, ou la surcharge toxique d'une infection systémique de candida sont la cause habituelle de ce problème. Une simple question diagnostique à poser est : « trouvez-vous que les gaz d'échappement des voitures sont perceptibles, ou gênants ? » - dans l'affirmative, cela indique un déficit important de la fonction hépatique.

L'anxiété / la peur

Au niveau le plus profond, toutes les personnes (à l'exception de celles qui sont dans l'état de Beauté Fondamentale ou mieux) ont une peur sous-jacente qu'elles projettent sur les événements dans leur vie. Malheureusement, à l'heure actuelle, nous n'avons pas encore de traitement pour ce problème lié aux parasites.

Nous n'avons pas non plus encore de traitement pour l'anxiété intense du Trouble Obsessionnel Compulsif (TOC).

Heureusement, la plupart des clients ont des problèmes d'anxiété ou de peur traitables qui sont dus à un traumatisme ou à des cas subcellulaires. (Notez que le thérapeute a souvent besoin d'obtenir une description plus précise de ce que signifient les mots « anxiété » ou « peur » pour le client afin de poser un diagnostic différentiel). Voici une liste de causes allant des plus courantes aux moins courantes :

- Trous : la prise de conscience inconsciente d'un trou est *souvent* la cause de l'anxiété. Dans certains cas, la personne a de multiples trous dans la conscience. (Voir page 166.)
- Copies : faire des copies de l'anxiété ou de la peur d'une autre personne est également courant. (Voir page 125.)
- Traumatisme biographique : la peur ou l'anxiété provient généralement d'un événement prénatal ou de l'enfance. Cela peut aussi se manifester dans les rêves, à mesure que les anciennes émotions traumatiques sont rejouées. Une sous-catégorie de ce phénomène est le traumatisme de la « peur de la peur », comme dans « j'ai peur que cela se reproduise ». (Voir page **Erreur ! Signet non défini..**)
- Association du corps : le client a associé la peur à la survie, il n'est donc pas capable d'arrêter d'avoir peur. (« Quelqu'un pourrait me faire du mal si j'arrête d'avoir peur. ») (Voir page 114.)
- Conscience de parasites : certains clients ressentent de la peur ou de l'anxiété parce qu'ils perçoivent inconsciemment un parasite dans leur cellule primaire.
- Colonne du soi - vide : le CdC du client s'approche ou se trouve au centre même de son corps, et des sentiments de crainte et d'annihilation se manifestent. (Voir page 155.)
- Peur générationnelle : le client a une peur ou une anxiété générationnelle. (Voir page 117.)
- Urgence spirituelle : le client a peur ou est anxieux à propos d'un événement inhabituel qui s'est produit ou qui pourrait se reproduire, comme la kundalini. Le traitement consiste simplement à rassurer et à donner de la lecture sur le sujet. (Voir page 281.)
- Abîme : le client a peur d'aller de l'avant et de tomber dans l'abîme. (Voir page 184.)

Parfois, l'anxiété ou la peur est si intense que le client ne peut pas se concentrer sur le diagnostic ou suivre un processus ou une procédure. Si le simple tapotement ne fonctionne pas, nous vous suggérons d'utiliser la Waisel Extreme Emotion Technique ; commencez le processus puis demandez au client de marcher avec son corps jusqu'à l'endroit où la peur est la plus intense.

Jusqu'à présent, nous avons posé un diagnostic en présupposant que le client ressent de l'anxiété ou de la peur émotionnelle ou kinesthésique dans son corps. Mais parfois ce n'est pas le cas - au lieu de cela, le client a des pensées de peur ou d'anxiété, mais décrit sa situation comme un sentiment de peur. Bien sûr, ces pensées peuvent à leur tour stimuler l'anxiété ou la peur dans leur corps, mais ne sont pas la source du problème. Ces pensées/voix sont éliminées de manière standard. Notez également qu'un client peut avoir plus d'un problème à la fois.

Codes CIM-10

- F40, F41, F60.6, R45.0, R45.1, R45.2

Les zones corporelles contractées, tendues ou figées

Dans ce problème, un client arrive avec une zone du corps qui est contractée, tendue ou figée. Lors d'une thérapie typique centrée sur le corps, le thérapeute pousserait brièvement et doucement dans la zone, afin que le client puisse prendre conscience des images ou de tout autre sentiment dans cette zone, afin de faire prendre conscience des traumatismes causaux. Et cela fonctionne souvent. Cependant, la cause des distorsions dans le corps peut provenir d'un cas subcellulaire. Par exemple, nous avons vu une poitrine comprimée qui avait un grand trou dans cette zone. Nous avons vu une poitrine élargie, comme la proue d'un bateau, qui avait également un grand trou. Dans les deux cas, le client essayait de créer une sensation dans cette partie du corps pour « remplir » le vide du trou.

Codes CIM-10

- M62.88

La dépression

Nous avons identifié un certain nombre de causes différentes pour la dépression. Cela s'explique en partie par le fait que le mot « dépression » a des significations différentes selon les personnes. Ainsi, le thérapeute doit être faire extrêmement attention lorsqu'il entend ce mot pour retrouver les sensations exactes que le client ressent.

- Une profonde tristesse qui ne part pas. Il s'agit très probablement d'un simple traumatisme (voir page **Erreur ! Signet non défini.**), d'une copie (voir page 125) ou d'une perte d'âme (voir page 135).

- Un sentiment d'ennui, de pesanteur et de léthargie, un sentiment d'être « réprimé ». Souvent à cause d'une pensée refoulée. Revenez au moment où cela a commencé et guérissez le schéma répétitif ou le traumatisme.

- Impression que la vie est futile, avec des pensées sur toutes les mauvaises choses qui sont arrivées à l'humanité, comme le génocide, les crimes nazis, etc. Ceci est traité à l'aide de la Courteau Projection Technique.

- Tous les sentiments sont amoindris. Cela peut durer toute la vie ou être plus récent. Ceci est causé par le cas subcellulaire des émotions aplaties (voir page 204).

- Un sentiment de diminution de l'énergie mentale et physique ou d'épuisement. Cela peut être causé par une « malédiction enveloppante » (voir page 161), ou par une infection bactérienne qui « étouffe » ou met des toxines dans des parties critiques de la cellule primaire.

- Incapable de se connecter à d'autres personnes, ou de ressentir de l'amour. En raison de l'arrêt du cerveau du cœur (voir page 228). Alternativement, peut être dû à un autisme léger, mais si tel est le cas, cela aurait été à vie.
- Une dépression semblable à celle de quelqu'un d'autre. Il peut s'agir d'une copie (voir page 125) ou, s'il s'agit d'un membre de la famille, elle peut être générationnelle (voir page 117).
- Un sentiment de lourdeur et de pesanteur. Il s'agit souvent d'un problème de blocage tribal (voir page 142).
- La dépression comme réaction courante à la perte d'un état extraordinaire. La meilleure solution est de rétablir leur état, si possible.
- L'abîme.

Codes CIM-10

- F33, F34.1

Les rêves

Le client peut venir avec des sentiments forts provenant d'un rêve ou d'un cauchemar. Nous avons découvert que les rêves sont des séquences de sentiments qui correspondent exactement à un événement traumatique du passé. Le scénario et les images du rêve ne sont pas pertinents. Cependant, certains rêves semblent numineux, ineffables ou sacrés. Ces types de rêves sont très rares et ne sont pas (habituellement) basés sur des traumatismes, mais plutôt sur des expériences visionnaires.

Pour guérir les sentiments traumatiques d'un rêve, le client peut généralement revenir à la séquence de sentiments (et non au scénario) et les guérir en utilisant la WHH. Ils peuvent aussi utiliser d'autres techniques de psychotraumatologie comme les thérapies méridiennes sur chaque sentiment de la séquence.

L'autre raison pour laquelle un client peut parler de rêves est qu'il ne rêve pas et qu'il est inquiet. Les gens dans état de Beauté Fondamentale ne rêvent pas à moins d'avoir perdu l'état - ce manque de rêve est normal. Ils passent en revue les événements de la journée chaque nuit pendant leur sommeil, mais ce n'est pas du tout comme dans les rêves.

Codes CIM-10

- F51

Les hallucinogènes

Au fil des ans, nous avons vu beaucoup de clients qui nous ont fait part d'un grave problème lié à la consommation d'une substance hallucinogène (LSD, psilocybine, etc.). Ce n'est pas parce que les drogues les ont empoisonnées (même si c'est toujours un risque), mais plutôt parce qu'elles ont déclenché des traumatismes latents tels des « mines antipersonnel ». Ces problèmes, bien qu'ils soient souvent très intenses, peuvent généralement être traités avec les techniques de psychotraumatologie standard. En fait, dans la thérapie psycholytique (et psychédélique), le traitement habituel des traumatismes activés est une autre séance de prise de substance avec des techniques de soutien entre les séances.

Malheureusement, certains des clients que nous avons vus avaient déclenché une cascade de problèmes au cours de leur expérience avec la drogue ; les symptômes présentés ne ressemblaient plus à la cause et, par conséquent, l'approche habituelle de la « thérapie de psychotraumatologie basée sur les symptômes » ne pouvait être utilisée. Même en éliminant le traumatisme déclencheur initial, on n'arrivait pas à inverser les problèmes subséquents dans de nombreux cas. Cela est généralement dû au fait que le client a déclenché un cas subcellulaire dont les symptômes ne sont pas dus à un traumatisme. Dans l'ordre approximatif de fréquence décroissante, les cas subcellulaires les plus courants sont :

- les émotions aplaties (voir page 204) ;
- le bavardage mental (voir page 133) ;
- des cristaux brisés (voir page 224) ;
- la sur-identification avec le Créateur (voir page 220) ;
- des distorsions corporelles et des muscles figés ;
- et des problématiques de parasites de la cellule primaire, y compris la douleur et la perte ou la détérioration de l'identité personnelle.

Nous avons aussi vu d'autres problèmes causés par l'utilisation d'hallucinogènes que nous ne savons pas encore comment traiter. Par exemple, un jeune homme est arrivé dans un état de psychose chronique. Un autre exemple particulièrement troublant est celui d'un adulte normal en bonne santé qui a contracté une sclérose en plaques irréversible et débilitante quelques heures seulement après avoir pris du LSD. Heureusement, les problèmes graves sont l'exception et non la règle, étant donné le grand nombre de personnes qui consomment des substances psychoactives.

Codes CIM-10

- F1x.7

Les maux de tête

Il peut y avoir de nombreuses raisons aux maux de tête. Le diagnostic nécessite un examen attentif des symptômes. En ce moment, nos techniques ne sont pas parfaites - certaines personnes ont des problèmes que nous ne pouvons pas encore traiter. Voici quelques-unes des causes habituelles de ce symptôme.

Le problème des maux de tête dus à la pression, à la sensation d'une poussée vers l'intérieur ou vers l'extérieur, ou les deux, peut avoir plusieurs causes.

- Une blessure a pu provoquer une contraction de la musculature. Plus tard, si ce traumatisme biographique (ou générationnel) est activé pendant un certain temps, il peut causer de la douleur lorsque les structures environnantes sont sollicitées ou disloquées par la contraction. (Incidemment, cet effet traumatique est particulièrement perceptible dans l'alignement de la colonne vertébrale).

- Une autre cause est la présence d'une bactérie d'une espèce particulière à l'intérieur des structures de la cellule primaire poussant contre les frontières dans la région de la « tête » de la structure de la cellule primaire. Les associations du corps standard et la guérison générationnelle des bactéries peuvent habituellement régler ces problèmes. (Voir le problème des parasites bactériens page 148.)

- Un autre problème possible est une pression de « déchirure » au centre du front, ou une pression au sommet de la tête vers le bas. Ces douleurs sont causées par le mouvement de l'organisme fongique du chakra sur la membrane nucléaire. Le champignon est activé dans une réponse défensive à des contractions musculaires conscientes ou inconscientes dans la région du corps qui correspondent à la zone de la membrane nucléaire où le champignon chakra est attaché. (Voir le cas du chakra page 197.)

- De nombreux maux de tête, et peut-être la plupart des migraines, sont causés par la contraction d'un « filet viral » à l'intérieur de la membrane nucléaire. Lorsqu'il est grave, ce problème donne le symptôme de « sensibilité à la lumière » associé aux migraines. Certaines personnes réagissent bien lorsque les symptômes beaucoup moins évidents du plexus solaire sont éliminés.

- Des symptômes beaucoup plus légers dans le plexus solaire ou une autre partie du corps peuvent être un déclencheur indirect d'un mal de tête. Demandez au client de rechercher ces sentiments subtils et de les guérir pour tester cette possibilité.

Un mal de tête peut aussi être décrit comme une douleur lancinante ou déchirante. Cette cause moins fréquente de douleur à la tête est due à des parasites insectiformes qui endommagent la membrane de la cellule primaire dont l'emplacement correspond à la zone de la tête. (Voir le problème des parasites insectiformes page 152.)

Et les maux de tête (et en fait n'importe quelle douleur) de toutes sortes peuvent être dus à l'activation d'une « copie » du mal de tête de quelqu'un d'autre. (Voir copies page 125.)

D'autres causes courantes de maux de tête sont les réactions à des substances toxiques telles que les sulfites ou le glutamate monosodique et les symptômes de sevrage de la caféine. Dans ces cas, utilisez la technique d'association du corps pour les symptômes. Rarement, d'autres problèmes médicaux peuvent devoir être envisagés, comme une rupture d'anévrisme cérébral (avec une source ponctuelle de douleur qui se développe rapidement ; un mal de tête parfois décrit comme « un coup de pied dans la tête »).

Codes CIM-10

- G43, R51

La douleur (chronique)

Souvent, la douleur chronique peut être guérie par de simples tapotements ou d'autres techniques de guérison des traumatismes. C'est parce que la douleur, en particulier la douleur dorsale, est souvent due à un traumatisme qui provoque la contraction des muscles dans le présent, causant des symptômes au fil du temps. En d'autres termes, les muscles contractés tirent la colonne vertébrale hors de son alignement. Ces traumatismes étaient habituellement des moments de blessure ou de blessure anticipée qui sont « gelés » par le traumatisme et qui, pour une raison quelconque, sont activés dans le présent. C'est pourquoi les douleurs chroniques dans le dos peuvent être temporairement ajustées par un chiropraticien, mais reviennent ensuite - les contractions dues au traumatisme sont toujours présentes. Le traitement peut se faire en stimulant les traumatismes pour les porter à la conscience en poussant brièvement sur la zone du corps où se trouve la douleur et en demandant au client de guetter une image traumatique ou une mémoire qui referait surface. Cependant, trouver le traumatisme de cette façon n'est pas toujours fiable. Une autre approche souvent efficace consiste à demander au client de guérir ses émotions à propos de la douleur - par exemple « je m'écroule parce que je suis vieux », « je hais mon corps parce que j'ai mal », et ainsi de suite. Bien qu'un peu lent, car il peut y avoir de nombreuses raisons à cela, l'échelle d'USD de la douleur diminue généralement rapidement avec chaque émotion qui est éliminée, donnant un retour d'information claire à mesure que le processus se poursuit. Et le traumatisme générationnel doit également être vérifié - cela peut causer des douleurs directement, ainsi que la mise en place d'un groupe de douleurs traumatiques biographiques parce que la zone douloureuse s'est formée de manière incorrecte pendant le développement.

Incidemment, la douleur d'une blessure peut souvent être réduite ou éliminée en tapotant sur les méridiens si cette méthode est utilisée assez tôt. Par exemple, un homme a immédiatement utilisé l'EFT après avoir frappé son doigt avec un marteau ; la douleur a complètement disparu, et son doigt n'a même pas eu de bleu. Dans un autre exemple, une personne s'est fracturé une côte, et le tapotement sur un point de la poitrine a fait disparaître la douleur. Apparemment, la musculature doit agir automatiquement pour soutenir la zone blessée - une heure plus tard, quelqu'un l'a inopinément serré très fort dans ses bras, le faisant crier de douleur, mais la douleur a disparu instantanément une fois relâchée.

La douleur est aussi souvent causée par des copies. Les douleurs de ce type ne répondent pas aux thérapies de guérison des traumatismes et sont souvent la raison pour laquelle le processus de tapotement n'a pas d'effet.

La douleur peut également provenir des structures du cerveau de la couronne. Il est intéressant de noter que ces structures peuvent donner l'impression d'attacher différentes parties du corps ensemble, par exemple du bras à la hanche. Ainsi, lorsqu'une personne atteinte de cette condition balance son bras, il y a une sensation de douleur aux points d'ancrage. De toute évidence, ces structures sont immobiles à l'intérieur de la cellule primaire et non dans le bras, mais elles réagissent au mouvement comme si elles étaient dans le corps.

La douleur peut aussi provenir de divers parasites dans la cellule primaire. Le problème le plus courant est dû à des parasites de classe 1, insectiformes, qui provoquent des sensations de déchirure, d'enfouissement ou d'émission de liquide acide brûlant qui endommagent les membranes ou les structures de la cellule en réponse à l'attention que porte la personne sur ces parasites. Le problème suivant le plus courant est dû à la famille fongique des parasites - en raison d'interactions négatives avec une autre personne, le parasite fongique borg peut insérer une « malédiction » douloureuse qui donne l'impression qu'un ongle est planté dans son corps. (Il peut aussi émettre un liquide qui est toxique et irritant.) Ou un champignon chakra peut se contracter et causer une douleur de pression à un emplacement de chakra. Et moins fréquent, mais toujours un problème pour beaucoup de gens, un parasite bactérien peut se déplacer ou pousser contre les membranes nucléaires ou cellulaires causant des douleurs de pression. (Ils peuvent aussi sécréter des liquides nauséabonds et toxiques dans la cellule.) Et un filet viral peut se former à l'intérieur de la membrane nucléaire, provoquant la sensation que la tête est comprimée, ce qui provoque à l'extrême des symptômes de migraines. Chacune de ces questions parasitaires est traitée différemment, et la formation et la prudence sont de mise lorsque l'on travaille avec ces questions.

DANGER

Des blessures mettant la vie en danger peuvent parfois survenir lorsque l'on travaille avec des parasites insectiformes de classe 1 dans la cellule primaire. Une formation est requise. De plus, n'évoquez pas la problématique des parasites avec les clients - cela peut les amener à se concentrer de façon obsessionnelle sur les parasites insectiformes, ce qui incite ceux-ci à déchirer ou à endommager continuellement les membranes cellulaires. De très gros parasites insectiformes peuvent tuer le client s'ils déchirent une trop grande partie de la membrane cellulaire.

Dans les zones du corps présentant des trous, les gens contractent (ou gonflent) souvent les muscles de ces zones pour donner une sensation qui contrecarre la sensation d'un vide déficient. Comme il s'agit d'une maladie chronique (le trou est toujours là), cela peut entraîner des douleurs musculaires et une distorsion de la musculature. Par exemple, un trou dans la poitrine peut entraîner soit un affaissement de la poitrine, soit une poitrine avancée un peu comme la proue d'un bateau. Dans les parties du corps qui ont été blessées, on y trouve souvent un trou qui empêche la guérison. C'est comme si le corps ne pouvait pas sentir dans la zone du trou pour la réparer. Cela entraîne des blessures qui ne guérissent pas correctement et, indirectement, certains types de douleurs. Souvent, il y a également une perte d'âme dans la zone blessée, ce qui peut aussi empêcher une bonne guérison. Lorsqu'il traite la blessure d'un client, le thérapeute devrait supposer qu'il y a une perte d'âme et qu'un trou sera présent dans la zone de blessure, et allouer du temps pour les guérir comme partie intégrante du traitement.

En termes d'états extraordinaires, il y a un état de conscience où la douleur n'existe pas normalement - une personne qui est blessée n'a qu'un éclair de douleur momentané, puis celle-ci disparaît, ne laissant soit aucune douleur, soit simplement une sensation de pression. Il ne s'agit pas d'une sorte d'engourdissement ou de répression, mais d'un état de meilleure santé qu'à l'habitude.

Enfin, il est important de comprendre que la douleur peut aussi être un avertissement ou un symptôme d'une lésion à grande échelle du corps, et pas seulement une lésion de la cellule primaire. Comme le dit l'adage « tout ressemble à un clou pour un homme avec un marteau » ; à cause de l'orientation d'un thérapeute, il devient habituel de supposer que tout est « psychologique », ou (de notre point de vue) causé par des problèmes dans la cellule primaire. Toutefois, ce n'est pas toujours le cas. Par exemple, une douleur à l'épaule peut être due à une inflammation de la vésicule biliaire. Ou une douleur au ventre peut être due à une inflammation ou une rupture de l'appendice ou au passage de calculs rénaux.

ATTENTION

Assurez-vous de tenir compte des causes médicales possibles de la douleur.

Résumé des douleurs chroniques (par ordre approximatif croissant d'occurrence)

- Traumatisme biographique (avec contraction musculaire) (voir page **Erreur ! Signet non défini.**)
- (sur le sentiment de douleur) (voir page **Erreur ! Signet non défini.**)
- Traumatisme générationnel (la zone douloureuse ne s'est pas bien développée) (voir page 117)
- Association du corps (le corps sent qu'il a besoin de la douleur) (voir page 114)
- Copies (de la douleur) (voir page 125)
- Structure(s) du cerveau de la couronne (voir page 158)
- Parasite insectiforme de classe 1 (déchirure, perforation, brûlure) (voir page 152)
- Malédiction (douleur en forme d'ongle ou de flèche) (voir page 161)
- État pathologique (par exemple inflammation de la vésicule biliaire, infection, etc.)
- Trou (déclenchement de la contraction musculaire dans cette région) (voir page 166)
- Contraction du chakra (douleur de pression dans un ou plusieurs sites du chakra) (voir page 197)
- Mouvement bactérien (pression douloureuse) (voir page 148)

Codes CIM-10

- R52

Le syndrome prémenstruel (SPM)

Les symptômes du SPM peuvent être très graves. Nous avons constaté que, dans la plupart des cas, la cause du problème est générationnelle et que les techniques standard permettent d'éliminer rapidement les symptômes. Ceci peut être identifié rapidement en demandant si les ancêtres, les frères et sœurs ou les parents ont les mêmes symptômes du SPM. Mais le thérapeute doit aussi exclure les copies et les associations corporelles qui pourraient être à l'origine des symptômes.

Cette approche de guérison générationnelle fonctionne également sur les symptômes de la ménopause.

Codes CIM-10

* N94.3

Les relations (intimes)

Rien ne peut être plus satisfaisant - ou aussi douloureux - qu'une relation romantique, qu'elle soit nouvelle ou ancienne. Les relations intimes peuvent déclencher une grande variété de traumatismes et de problèmes structurels fondamentaux qui impliquent des événements développementaux précoces (comme la conception) où différentes parties de nous sont censées se connecter ou fusionner ensemble. Les couples qui fonctionnent bien ont tendance à n'avoir qu'un seul problème à traiter, alors que les clients plus typiques peuvent avoir une variété de problèmes en même temps.

Les problèmes liés aux états extraordinaires aggravent ces difficultés. Bien que la plupart des gens ne s'en rendent pas compte, ils recherchent aussi inconsciemment une relation que seuls quelques chanceux obtiennent - ce que nous appelons l'état de Relation Optimale. Lorsque les deux partenaires ont cet état, ils sont les meilleur(e)s ami(e)s du monde et ne sont presque jamais en colère l'un contre l'autre. Chacun trouve l'autre fascinant et ressent et apprécie continuellement sa présence. Ils jouissent continuellement de niveaux élevés d'intimité physique jusqu'à un âge avancé. L'acquisition de cet état dépasse le cadre de ce manuel de diagnostic ; au lieu de cela, nous couvrons ici ce que les clients attendent habituellement du thérapeute. Deux autres états extraordinaires sont également pertinents : l'état d'archétype masculin/féminin, où la personne incarne l'essence d'être un homme ou une femme ; et la version plus avancée, l'état de dieu/déesse, où la personne incarne l'essence d'un dieu ou d'une déesse. Ces états sont également des aspects de la relation qu'une personne désire généralement inconsciemment, ajoutant le sentiment subtil que quelque chose d'autre manque aussi à l'intimité de la plupart des gens. D'autres problèmes peuvent exister avec ces états : si l'un des partenaires a l'état et l'autre pas, cela peut mener soit à la dépendance d'un partenaire envers l'autre (peu importe ce qui est par ailleurs dysfonctionnel dans la relation) ; soit à la peur d'un partenaire en raison de la violence ou d'autres problèmes traumatiques qui surviennent lorsque l'autre partenaire accède à ces états.

Vous trouverez ci-dessous une liste de problèmes typiques liés aux relations chez les clients, par ordre de fréquence croissante approximative :

* Cordes : le client est affligé par ce qu'il ressent chez son partenaire. Utiliser la DPR ou le SMT. C'est habituellement le principal problème dans les relations avec les clients qui fonctionnent bien. (Voir page 130.)
* Traumatismes biographiques simples : le partenaire déclenche divers sentiments difficiles chez le client. Pour régler ce problème, on utilise

n'importe laquelle des techniques de psychotraumatologie standard, en particulier les thérapies méridiennes, qui sont couramment utilisées pour l'autoguérison. (Voir page **Erreur ! Signet non défini..**)

- Traumatisme biographique et générationnel : la relation déclenche des souvenirs de violence ou d'autres traumatismes extrêmes. Le problème le plus courant vient de la conception où le spermatozoïde mâle se sentait désapprouvé et l'ovocyte femelle se sentait abandonné. Ces sentiments sont extrêmement toxiques pour les relations. De plus, le mâle a souvent inconsciemment l'impression d'être anéanti par l'intimité, et donc se retire souvent après la proximité, ce qui reflète le traumatisme de la mort du spermatozoïde pendant la conception. (Voir pages **Erreur ! Signet non défini.** et 117.)

- Association du corps : le client est sexuellement dépendant d'une tonalité émotionnelle particulière chez son ou sa partenaire. Il peut s'agir d'un problème grave, car il peut à la fois causer des choix relationnels inappropriés et pousser inconsciemment le client à pousser son partenaire à satisfaire le besoin de l'addiction inconsciente. Le partenaire peut aussi rappeler au client ses parents ou même son placenta. Ceci est guéri avec la Body Association Technique. (Voir page 114.)

- Blocage tribal : le client joue un rôle culturel spécifique imposé par le blocage tribal. Par exemple, après l'accouchement, une femme peut perdre ses sentiments sexuels parce que cela est considéré comme « approprié » dans son groupe culturel. (Voir page 142.)

- Projection : le client fait des projections sur son partenaire. Ce problème peut se manifester chez les clients qui ont un schéma dysfonctionnel dans leurs relations intimes passées (autre que ceux dus à des associations du corps). Une projection commune est le partenaire en tant que placenta. Utilisez la Courteau Projection Technique pour les guérir. (Voir page 176.)

- Trouble de personnalité multiple : le partenaire semble être deux personnes différentes (bien que cela puisse être subtil, car parfois les autres personnalités sont très semblables). Une façon de le savoir est de remarquer si le partenaire a des trous de mémoire importants. Ceci est traité par un processus Peak States®. (Voir page 217.)

- Anneau de l'égoïsme : le client résiste au partenaire parce que la relation évoque des sentiments positifs qui sont trop intenses pour lui. (Gay Hendricks appelle cela le « problème de la limite supérieure ».) Il s'agit actuellement d'un processus réservé aux thérapeutes certifiés. Cette réaction peut également être due à différents types de traumatismes. (Voir page 222.)

- Trous-m : le client évite le partenaire parce celui-ci paraît soudain « maléfique ». (Voir page 202.)

L'éventail des problèmes relatifs aux relations intimes est énorme. Par exemple, quelques variations intéressantes, quoique peu fréquentes : le partenaire contrôle inconsciemment l'excitation sexuelle chez l'autre personne ; le partenaire perd de l'attirance pour l'autre personne parce qu'il devient inconsciemment conscient de la présence d'un parasite chez le partenaire ; et beaucoup d'autres encore.

À la fin des relations, les problèmes les plus courants sont (par ordre approximatif croissant de fréquence) :

- Perte d'âme : le client se sent triste ou seul à cause de ce problème. C'est de loin le problème le plus courant. (Voir page 135.)
- Traumatisme simple : la fin de la relation projette le client dans un événement traumatique passé, ou bien il y a des sentiments de ne pas être assez bon en raison d'un traumatisme générationnel. (Voir page **Erreur ! Signet non défini.**)
- Cordes : les clients sont toujours connectés par des cordes qui évoquent des sentiments et des comportements inappropriés. (Voir page 130.)
- Décompensation : la relation empêchait d'autres problèmes de se manifester chez le client. Exemples : sentiments d'extrême solitude ; sensations de trous ou de trous-m ; le problème de la colonne du soi ; perte de l'émotion objet d'une addiction ; etc.
- Trous-a : le partenaire était dépendant de l'autre personne parce qu'il « nourrissait » son besoin d'amour pour combler le vide de ses trous-a. (Voir page 139.)
- États extraordinaires : la relation est perturbée parce que le client s'est retrouvé dans un nouvel état extraordinaire, ce qui a déclenché de la jalousie chez le partenaire ; ou alors cela a poussé le partenaire à lui faire du mal à travers des parasites pour éliminer le nouvel état extraordinaire. Le traitement est un processus réservé aux thérapeutes certifiés Peak States.

Codes CIM-10

- F52

Les pulsions suicidaires : « Je dois mourir »

En raison des risques inhérents et des complexités inhérentes, la description de la cause biologique et des techniques pour éliminer les pulsions suicidaires est traitée en détail dans un livre à part, *Suicide Prevention* de Thomas Gagey M.D. et Grant McFetridge Ph.D. La brève description ici est réservée aux thérapeutes déjà formés à nos techniques.

DANGER

Le travail avec les clients suicidaires ne devrait être effectué que par un thérapeute formé à la prévention du suicide et qui a veillé à ce que le client soit supervisé en permanence pendant les semaines de traitement. Sans cela, tenter d'utiliser le contenu de ce livre est à la fois stupide et potentiellement mortel.

Le contexte

Le suicide, les tentatives de suicide et les idées suicidaires sont un énorme problème pour le client et le thérapeute. Aux États-Unis, environ la moitié des thérapeutes auront un client qui se suicidera et mourra pendant la durée du traitement ; et environ la moitié de ces thérapeutes auront aussi un deuxième client qui se suicidera. Plusieurs organisations à travers le monde enseignent au public (et aux thérapeutes) comment reconnaître les personnes suicidaires et quelles mesures prendre pour essayer de les aider.

Le déclencheur du suicide

À notre grande surprise, nos travaux de recherche ont permis de découvrir ce qui semble être la cause première (et probablement la seule) des sentiments et des gestes suicidaires. Il s'avère que des événements de la vie, ou divers types de thérapies peuvent déclencher le suicide de la personne. Cela se produit parce que la personne a accédé au traumatisme de la mort du placenta à partir de ses souvenirs de naissance. Ces souvenirs sont souvent très douloureux, en partie à cause des pratiques d'accouchement courantes qui coupent trop rapidement le cordon ombilical du bébé, créant un traumatisme intense de type SSPT (Syndrome de Stress Post-Traumatique). Lorsque ces souvenirs sont activés, la personne est inondée par les sentiments qu'elle a éprouvés à la naissance.

Si cet événement déclenche le suicide, c'est en raison de la nature même du processus de la naissance. Pour que le bébé naisse, le placenta doit mourir - et cet impératif biologique s'inscrit dans l'expérience traumatique. Lorsqu'il est activé dans le présent, le client a le sentiment fort qu'il doit mourir ; il ne se rend pas compte que ces sentiments viennent du passé. Ceci peut être démontré sur la plupart des personnes qui se sentent suicidaires en leur faisant toucher leur nombril tout en ressentant l'envie de mourir. Ils se rendent immédiatement compte que les sensations ne viennent que de leur nombril ; beaucoup disent alors : « je ne veux pas mourir, mon nombril veut mourir ! ». Cela peut être un soulagement énorme et immédiat pour les clients suicidaires, et nous recommandons cette technique comme intervention temporaire.

Parce que les pulsions suicidaires sont dues à un traumatisme placentaire mortel, elles peuvent se manifester de plusieurs façons. Typiquement, il y a beaucoup de détresse émotionnelle avec l'impulsion suicidaire, provenant à la fois de l'événement de la naissance et de la réponse dans leur vie courante à ce problème. Mais certaines personnes déclenchent cette mémoire de naissance, et celle-ci n'avait pas eu beaucoup de contenu émotionnel. Dans ce dernier cas, la personne impliquée essaiera calmement de se suicider comme si c'était la chose la plus naturelle à faire ; et peut planifier à l'avance afin d'essayer de déjouer les gens qui, selon elle, pourraient vouloir l'arrêter.

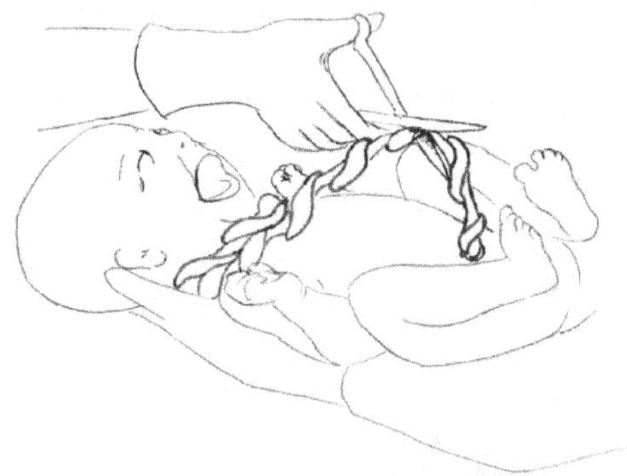

Figure 12.1 : La cause principale des pulsions suicidaires est les traumatismes qui contiennent la sensation de la mort du placenta pendant l'accouchement. Il peut y avoir beaucoup de ces traumatismes pendant l'accouchement, mais le plus grave est habituellement celui de couper le cordon trop tôt.

Le problème de la thérapie

Les circonstances de la vie sont le déclencheur habituel des traumatismes suicidaires qui s'activent. Malheureusement, presque n'importe quel type de thérapie peut également accidentellement déclencher ces traumatismes à la naissance durant la mort du placenta qui causent le suicide. La thérapie de régression peut également déclencher ce problème au cours d'une séance, mais l'avantage est qu'un thérapeute qualifié peut remarquer que le client a activé un traumatisme lié à la naissance et surveiller ce problème. Parce que la plupart des thérapeutes ne comprennent pas qu'un traumatisme placentaire est la cause du suicide, la plupart des thérapies n'enseignent pas cette problématique ou ce qu'il faut faire si elle survient. Cependant, toutes les thérapies pourraient guetter l'activation de ces traumatismes si elles connaissaient leur existence.

Le traitement

Il y a deux problèmes principaux à essayer de traiter les pulsions suicidaires. Bien que le traumatisme suicidaire principal se produise pendant l'événement de la coupe du cordon (en raison de la pratique médicale actuelle qui consiste à couper le cordon ombilical beaucoup trop tôt), pour beaucoup de gens, il y a habituellement de nombreux autres traumatismes qui contiennent également l'impulsion suicidaire. Ceci se produit parce que l'événement de naissance prend un certain temps, et le besoin placentaire de mourir peut être couplé à de nombreux moments traumatiques pendant la naissance. Par exemple, une personne avait l'impulsion de se pendre ; c'était dû à ce que le sentiment lié la mort du placenta était lié à l'expérience traumatique à la naissance d'avoir le cordon ombilical enroulé autour du cou du bébé *in utero*. C'est un énorme problème pour le traitement, car le thérapeute peut guérir le traumatisme présenté, ce qui permet au client de se sentir beaucoup mieux et plus énergique. Mais plus tard, peut-être quelques heures ou quelques jours plus tard, les circonstances de leur vie continuent d'activer ces événements de la naissance (par exemple, en raison d'un divorce) et le client a maintenant l'énergie et la motivation nécessaires pour se tuer suite à un traumatisme qui n'était même pas visible pendant le traitement.

Pour ces raisons, un thérapeute en psychotraumatologie qui travaille avec un traumatisme suicidaire de la naissance doit faire preuve d'une extrême prudence pour s'assurer que le client ne se suicide pas pendant ou après le traitement des symptômes présentés. C'est possible, mais il faut le faire dans un environnement approprié - le traitement par téléphone n'est pas sécuritaire. Dans les situations d'urgence, le fait de faire toucher son nombril au client pour localiser les sensations suicidaires est souvent couronné de succès. Le traitement d'urgence par téléphone peut aussi réussir SI le client se trouve dans une situation où il y a des gens qui peuvent le surveiller 24 heures sur 24, 7 jours sur 7, pendant environ deux semaines, et qui sont conscients que le problème peut revenir et même être pire, car le client se sent maintenant plus énergique et capable d'agir.

Certains clients ont des pensées suicidaires, mais ne sont pas suicidaires. Cela peut être assez déroutant pour ces clients, car ils n'ont pas de désirs suicidaires ou de sensations suicidaires dans leur corps. Au lieu d'avoir un traumatisme de la mort du placenta activé, ils entendent une « voix » qui dit des choses de nature suicidaire. Bien sûr, n'importe quel client peut avoir à la fois le problème de la « voix » et les pulsions suicidaires du traumatisme de la mort du placenta - les thérapeutes doivent vérifier les deux problèmes pour assurer la sécurité de leurs clients.

De plus, il peut également y avoir des copies avec des pulsions suicidaires. Et dans certains cas, des traumatismes générationnels liés au suicide peuvent aussi survenir. Et tout aussi important, le thérapeute doit éliminer toute association du corps sur la sensation de devoir mourir (la pulsion suicidaire).

Travailler avec des clients suicidaires exige une formation spécifique pour le thérapeute et un soutien continu et disponible pour le client. Une formation conventionnelle, telle que la « Formation Appliquée en Techniques d'Intervention face au Suicide » (ASIST) est nécessaire pour que le thérapeute puisse reconnaître les indicateurs de ce problème et en comprendre les ramifications juridiques.

La prévention

La solution à long terme à l'épidémie de suicide dans les pays occidentaux est à la fois simple et quelque chose que les familles peuvent faire immédiatement pour protéger leurs enfants - ne laissez PAS le personnel hospitalier couper le cordon ombilical immédiatement après la naissance. Couper le cordon environ 20 minutes après la naissance semble adéquat ; plus longtemps peut-être mieux (voir la technique appelée « lotus birth »). Ces enfants n'auront généralement pas le fardeau d'être activés par des pulsions suicidaires plus tard dans leur vie, à moins qu'ils n'aient eu des traumatismes périnatals de naissance antérieurs qui se sont également associés à l'impulsion de mort du placenta.

L'autre raison de ne pas couper le cordon immédiatement est liée à la santé mentale de l'enfant. Lorsque le cordon n'est pas coupé pendant une longue période de temps, l'enfant conserve généralement (dans environ 4 naissances sur 5) un état extraordinaire que nous appelons « complétude », ce qui rend l'enfant (et plus tard l'adulte) mentalement beaucoup plus sain que la normale.

Bibliographie

- ASIST. Formation Appliquée en Techniques d'Intervention face au Suicide
- Gagey, T., McFetridge, G. (à paraître). *Suicide Prevention - Peak States®Therapy Volume 3*
- Shivam Rachana (2000). *Lotus Birth : Leaving the Umbilical Cord Intact*
- Weiner K.M. Éd. (2014). *Therapeutic and Legal Issues for Therapists Who Have Survived a Client Suicide : Breaking the Silence*

Mots-clés utilisés pour décrire les symptômes

- Suicidaire ; j'ai envisagé d'y mettre fin ; un plan pour me suicider. (Voir les travaux du cours ASIST sur ce sujet.)

Questions diagnostic

- Avez-vous eu des idées suicidaires ou avez-vous pensé à vous suicider au cours de la dernière année ? Jamais ?
- Y avait-il des émotions associées au désir de mourir ?
- Si vous posez votre main sur votre nombril, la sensation émane-t-elle de là ?

Diagnostic différentiel

- Copies : la pulsion suicidaire a aussi la personnalité de quelqu'un d'autre.
- Traumatismes générationnels : les « grands-parents » se sentent aussi suicidaires.
- Voix : il n'y a pas de pulsion suicidaire - le client a une « voix » suicidaire (des pensées) qui parle à partir d'une position fixe dans l'espace, généralement en dehors de son corps.

Traitement

- Nous ne recommandons pas de traiter ce problème à moins que le thérapeute soit qualifié et certifié, avec un soutien approprié et *continu* en place pour le client pendant deux à trois semaines.
- Commencez par la technique du toucher du nombril ; guérissez tous les traumatismes suicidaires (et les associations, les générationnels et les copies) ; supposez que le client sera poussé au suicide dans les 1 à 3 semaines à venir à mesure que du matériel additionnel fera surface.
- Tous les traumatismes biographiques pertinents peuvent être tous éliminés simultanément avec un processus réservé aux thérapeutes certifiés Peak States.

Erreurs typiques lors du traitement

- Ne pas guérir complètement le problème ou les sentiments présentés.
- En guérissant le traumatisme présenté, le client peut se sentir plus énergique, de sorte qu'il réalise ses intentions suicidaires plus tard si de nouveaux traumatismes suicidaires surviennent.
- Ne pas réaliser que le client cache son intention de se suicider plus tard.
- Ne pas reconnaître que les pulsions suicidaires n'ont pas besoin d'avoir un contenu émotionnel dramatique.

- Se tromper en diagnostiquant des pensées suicidaires comme étant des pulsions suicidaires.

Cause sous-jacente

- Traumatisme à la naissance qui contient le sentiment que le placenta doit mourir.

Fréquence et gravité des symptômes

- Cela peut aller d'occasionnel à continu.
- L'intensité peut varier dans le temps.
- Il peut y avoir ou non des émotions fortes liées à la compulsion suicidaire.

Risques

- Les clients qui ont ce problème devraient être considérés à risque, et les autres problèmes ne devraient pas être réglés tant qu'ils envisagent de se suicider ou s'ils l'ont récemment envisagé.

DANGER

Les clients qui ont exprimé des idées suicidaires, des plans, ou effectué des tentatives de suicide, actuellement ou récemment, devraient être considérés à risque. D'autres problématiques thérapeutiques ne doivent pas être abordées. La guérison du symptôme présenté du traumatisme de la naissance peut faire passer à côté d'autres traumatismes pertinents ou d'autres cas subcellulaires tels que les copies.

DANGER

Le fait de se concentrer sur les traumatismes suicidaires peut subtilement activer d'autres traumatismes similaires de la même zone temporelle que la mort du placenta à la naissance. Chez certains clients, la guérison du traumatisme présenté peut donner de l'énergie au client et lui donner l'impression d'être complètement guéri, mais le client a maintenant l'énergie nécessaire pour donner suite aux impulsions suicidaires provenant d'autres traumatismes de la mort du placenta.

DANGER

Certains traumatismes de la mort du placenta peuvent activer une pulsion suicidaire calme et sans émotion. Il faut être extrêmement prudent lorsque l'on travaille dans cette zone temporelle, car le client aura l'air rationnel tout en pensant qu'il est parfaitement normal de se suicider immédiatement.

Codes CIM-10

- R45.8, Z91.5

Chapitre 13

Les urgences spirituelles et les problèmes associés

Au cours des dernières décennies, l'acceptation des phénomènes « spirituels » en dehors des croyances et des modèles occidentaux conventionnels n'a cessé de croître, aussi bien dans la littérature professionnelle que dans les livres et les films populaires. De nos jours, la plupart des gens savent de quoi vous parlez quand vous parlez d'une expérience de mort imminente, d'une vie antérieure, d'une expérience hors du corps, etc. Malheureusement, ces expériences sont en conflit direct avec notre vision du monde moderne, scientifique et biologique. Les gens gèrent généralement ce conflit soit en ignorant et en niant les phénomènes conflictuels, soit en divisant leur monde en environ deux parties complètement indépendantes : une partie quotidienne où ils vont chez le médecin pour la médecine et une partie non physique, un monde « spirituel » qui est considéré comme impossible à comprendre vraiment.

Cependant, les thérapeutes n'ont pas le luxe de simplement ignorer ces phénomènes non ordinaires. Bien que ce soit rare, ils doivent traiter avec de vraies personnes dans leur bureau qui souffrent de problèmes « spirituels » qui peuvent être en dehors de leur propre système de croyances. Bien qu'il y en ait un certain nombre qui puissent simplement attribuer les problèmes de leur client à diverses maladies mentales et suggérer des médicaments antipsychotiques, d'autres essaient de comprendre et de traiter leurs clients du mieux qu'ils peuvent. C'est pourquoi nous recommandons fortement que tous les thérapeutes reçoivent une formation dans les urgences spirituelles - par exemple, tous les thérapeutes certifiés Peak States sont tenus de suivre un cours dans ce domaine avant que nous les certifiions - afin qu'ils puissent reconnaître ces problèmes et savoir ce qui se fait de mieux comme traitement.

Nous encourageons également les thérapeutes à s'intéresser à diverses pratiques de guérison, chamaniques et spirituelles. Notre travail décrit la base de ces phénomènes et, par conséquent, il est extrêmement précieux à la fois en tant que thérapeute et en tant que personne vivant et travaillant avec des états de conscience extraordinaires de se familiariser avec eux dans d'autres contextes. Cependant, les pratiques spirituelles peuvent aussi déclencher des urgences spirituelles ; et dans certains cas, le mode de pratique lui-même cause les problèmes.

Heureusement, et avec un réel sentiment de soulagement, la compréhension des événements pré-développementaux prénatals et des cas subcellulaires permet de comprendre pour la première fois ces expériences et urgences « spirituelles » dans le contexte des modèles biologiques et des croyances culturelles occidentaux. Ce chapitre (écrit pour les thérapeutes qui ont déjà reçu une formation dans ce domaine) donne un bref aperçu des moyens complètement nouveaux de traiter efficacement certains des problèmes les plus courants : problèmes impliquant des états et des expériences spirituelles extrêmes ; expériences de mal existentiel ; problèmes avec des états extraordinaires ; et problèmes impliquant des enseignants spirituels. Cependant, pour une couverture en profondeur et d'autres questions d'urgence spirituelle, nous vous référons à *Spiritual Emergencies - Peak States® Therapy, Volume 4*.

Bibliographie

- Bragdon, E. (2006). *A Sourcebook for Helping People with Spiritual Problems*
- Grof, S. (1989). *Spiritual Emergency : When Personal Transformation Becomes a Crisis*
- Lukoff, D., Spiritual Competency Resource Center. DSM-IV Religious and Spiritual Problems [en ligne]. www.spiritualcompetency.com
- McFetridge, G. et al. (2004, 2008, et à paraître). *Peak States of Consciousness, Volumes 1-3*
- McFetridge, G. et al. (à paraître). *Spiritual Emergencies - Peak States® Therapy, Volume 4*

Les sensations maléfiques

Bien que peu fréquents, certains clients viennent suivre une thérapie en raison d'expériences où ils se sentent terrifiés par le mal qu'ils ressentent en eux-mêmes ou chez quelqu'un d'autre. Par-là, nous entendons le genre de sensations qu'une personne peut éprouver en regardant un film comme « L'exorciste » - où vous avez l'impression que vous allez être contaminé à jamais par la sensation. Il existe un certain nombre de mécanismes qui impliquent la sensation du mal ; vous trouverez ci-dessous des conseils sur la façon de traiter les différentes façons dont cela se produit chez les clients.

En aparté, les zones qui n'ont pas le matériau à partir de laquelle la conscience est construite émanent une sensation de mal ; celle-ci est normalement bloquée hors de la conscience. Malheureusement, pratiquement tous les êtres humains ont ce problème particulier, car il est le résultat de dommages causés par une espèce bactérienne lors de la création de la conscience originelle du spermatozoïde ou de l'ovocyte dans les parents. Guérir ceci est un processus réservé aux thérapeutes certifiés Peak States.

ATTENTION

Certains thérapeutes ne devraient pas travailler avec ces problèmes, car cela peut submerger leurs mécanismes de compensation et augmenter leurs propres problèmes dans ce domaine. Si vous avez l'intention de travailler sur cette question, nous vous recommandons de suivre une formation avec des personnes qui ont de l'expérience et qui peuvent vous permettre de vous entraîner avec des clients appropriés.

Le mal est rencontré pendant la régression

Le client éprouve des sentiments maléfiques en lui-même, chez ses ancêtres, dans sa vie passée, chez ses parents ou ses grands-parents. Le traitement est la simple acceptation et l'acceptation du changement (un élément clé de la technique du WHH).

Pendant les régressions, un client peut parfois entrer dans un « royaume de l'enfer » lorsqu'il entre dans un passage biologique dans des membranes. Par exemple, entrer dans la salle de coalescence en traversant son mur cause souvent ce problème, mais il peut survenir à d'autres stades précoces du développement. La solution est de les faire rester au « centre » du passage, d'ignorer leur environnement généralement très effrayant, et de poursuivre et de terminer leur passage à travers la barrière. Alternativement, le client peut aussi être encouragé à passer à la « vue biologique » pour voir quel problème physique est à l'origine de son expérience afin qu'il puisse le guérir directement.

Le mal se trouve dans son propre bavardage mental

Sous une forme douce, la « voix » donne des pensées maléfiques. Dans un cas extrême, cela cause le problème classique de la possession démoniaque. Ce problème peut survenir de façon inattendue au cours d'une session, ou le client peut venir avec le problème. Le traitement est d'éliminer la voix unique qui comporte une association entre le mal et la survie en utilisant la Body Association Technique ; le traitement global est la Silent Mind Technique (SMT).

Attirer des personnes et des situations malfaisantes

Le client attire les personnes et les situations malfaisantes. Cela n'a généralement rien à voir avec la négativité de la personne concernée. Elle est causée par une association du corps qui dit au corps qu'il a besoin d'avoir la sensation du mal à proximité pour survivre. Ceci est facilement traité en utilisant la Body Association Technique.

Dans de rares cas, ce problème est causé par un mécanisme différent. Ce client a des états extraordinaires exceptionnellement bons ; d'autres gens réagissent en essayant de lui faire du mal à cause du manque douloureux qu'ils ressentent lorsqu'ils sont proches du client ou qu'ils pensent à lui. Ce comportement chez la personne en manque est motivé par une variété de causes. Malheureusement, il s'agit là d'un problème intrinsèque aux états extraordinaires. Comme pour les richesses financières, le fait que le client minimise ou cache ses états extraordinaires autour des autres personnes aide à réduire ce problème. De plus, l'élimination des parasites fongiques borg de classe 2 du client contribue également à minimiser ce problème, rendant le client émotionnellement « invisible » aux yeux de ceux qui ont le sentiment de manque.

Le client aime le sentiment de puissance qu'il ressent lorsqu'il fait du mal

Le client aime avoir le sentiment d'être puissant (généralement motivé par un sentiment d'impuissance sous-jacent) et commet de mauvaises actions. Cela peut être dû à des traumatismes, à des gens souffrant d'un arrêt du cerveau du cœur qui considèrent les autres comme des objets, ou à des personnes dont l'identité de soi a été en partie fusionnée avec le champignon borg de la classe 2. Dans ce dernier cas, les gens perdent la capacité de se connecter par l'empathie et interagissent plutôt avec la manipulation, l'abus ou le mal - ils ont une perspective parasitaire fongique des autres. Nous estimons qu'environ 20 à 30 % de la population générale souffre de ce problème dans une certaine mesure (bien qu'il puisse évoluer dans le temps). Une variante de cela est l'interaction avec les membres d'une culture qui est ressentie comme maléfique par le client. Les deux cas sont traités de la même manière, en utilisant le SMT pour éliminer le champignon borg.

Vous rencontrez une personne qui irradie le mal

Il s'agit généralement soit d'un problème de corde, soit d'un trou-m. Ce problème peut être rapidement éliminé en utilisant la DPR, mais cette technique peut s'avérer difficile pour de nombreux clients, car ils doivent être capables d'aimer inconditionnellement la sensation maléfique. Une autre approche pour une corde consiste à identifier la séquence de traumatismes à laquelle la corde est attachée et de guérir le traumatisme correspondant. Si la cause est un trou-m, demandez au client de guérir le trou-m qui résonne en lui-même en utilisant une technique de guérison de traumatismes générationnels.

Il peut y avoir d'autres raisons plus graves à ce problème. La conscience centrale de cette personne qui émane le mal est anormalement endommagée, et le mal à l'intérieur d'elle est perçu par le biais d'une fusion inconsciente ou par le biais d'organismes parasites à travers lesquels la personne maléfique étend sa conscience jusqu'aux autres. Travailler avec ce type de client nécessite une approche qui dépasse la portée de ce manuel.

Vous ressentez une sensation maléfique quelque part dans votre corps

La cause peut être une copie, auquel cas elle a le sentiment de la personnalité de quelqu'un d'autre. Dans ce cas, utilisez le traitement pour une copie ; le tapotement ou la régression ne fonctionnent pas. Elle peut aussi être due à un trou-m : dans ce cas, utilisez le processus subcellulaire standard pour ce cas.

Une autre cause possible est une malédiction. Si c'est le cas, elle comportera un sentiment de la personnalité de l'autre personne. Peu de malédictions sont ressenties comme réellement maléfiques (la colère est beaucoup plus fréquente), car elles reflètent le sentiment de la personne qui déclenche cette action de la part du champignon borg. Le problème peut ressembler à une flèche dans le corps ou à une enveloppe sur le corps. Dans les deux cas, la DPR agit rapidement. Le SMT est une solution globale à ce problème si le problème ne cesse de se reproduire.

Une autre raison possible est une sensation de nausée et de malaise dans de petits endroits ou dans de plus grandes parties du corps. Cela peut être causé par des matières toxiques d'aspect noir à l'intérieur de la cellule primaire, habituellement émises par une combinaison d'organismes insectiformes de classe 1 (émotion), fongiques de classe 2 (nausées), et bactériens de classe 3 (toxiques). Un simple tapotement avec l'EFT peut parfois éliminer ce problème. Alternativement, utilisez des processus parasitaires standard pour guérir ce problème. Commencez par les associations du corps sur le sentiment toxique ; puis s'il y a des tonalités émotionnelles dans la zone, guérissez les traumatismes générationnels correspondants pour éliminer tout parasite insectiforme de classe 1 ; puis guérissez tout traumatisme générationnel qui a la même sensation maléfique. Malheureusement, les techniques actuelles peuvent dans certains cas ne pas être adéquates pour éliminer ce problème - des processus cliniques de l'ISPS peuvent être nécessaires.

Une ouverture sur l'enfer

Cette expérience contre-intuitive peut être déclenchée lorsque le client est entouré d'un groupe de personnes qui font la fête, dansent, prient, etc. Le client peut se sentir exceptionnellement fatigué quand il participe à l'activité (pour réprimer inconsciemment l'expérience) ; être réticent à participer à ces activités de groupe ; ou peut « voir » une grande ouverture ronde et noire dans le plancher sous le groupe de personnes semblant maléfiques et qui semble mener vers l'enfer.

Cette expérience est causée par le fait que le client prend conscience d'un parasite bactérien de classe 3 dans son noyau nucléaire qui vit « en dessous » de lui - le tunnel fait partie du corps de l'organisme. Il s'active dans les groupes parce que les sentiments positifs des gens « nourrissent » le parasite pour qu'il puisse se reproduire. Ce parasite particulier existe chez presque tout le monde, mais, heureusement, il est habituellement réprimé hors de la conscience. Bien que la guérison générationnelle puisse réduire ce problème, nous vous suggérons de contacter une clinique Peak States® pour un traitement.

Vous ressentez la présence d'un ancêtre maléfique

Les clients remarquent parfois la présence de leurs grands-parents à proximité, et s'ils émanent le mal, cela peut causer une grande détresse, en partie parce qu'il est parfois difficile de l'ignorer. Ou peut-être ressentent-ils un ancêtre antérieur qui émane le mal. Dans les deux cas, utilisez la technique de guérison des traumatismes générationnels.

Vous êtes entouré d'un sentiment de négativité ou de mal

Dans ce cas, les gens ressentent de la négativité ou du mal dans une zone autour du client, dans un rayon allant jusqu'à 3 à 5 mètres. D'habitude, le client ne le ressent pas lui-même. Ce problème est causé par un nuage d'organismes bactériens qui vivent à l'intérieur de la membrane de la cellule primaire et qui ont été « imprégnés » de ces sentiments négatifs. Il est intéressant de noter que certaines personnes peuvent les sentir dans la région à l'extérieur du corps du client. Ces organismes peuvent être éliminés en sensibilisant d'abord le client au problème, en lui faisant faire toutes les associations du corps, puis en guérissant les traumatismes générationnels sur la sensation des organismes bactériens (mous, toxiques, en forme de « blob »).

Codes CIM-10

- F44.3

Les expériences, les états et les capacités extraordinaires

Par définition, un état extraordinaire correspond à des sensations, des sentiments ou des capacités qui vous rendent capable de mieux fonctionner dans le monde. Cependant, aussi étrange que cela puisse paraître, il se peut que les clients aient des problématiques négatives avec des expériences, des états et des capacités extraordinaires :

- Ils ont un traumatisme associé aux sensations ou aux émotions de l'état extraordinaire. Par exemple, ils ont peur de se sentir heureux, se rendant malheureux avec le nouvel état. Ou le nouvel état ou la nouvelle capacité peuvent sembler trop accablants. De simples associations du corps et la guérison des traumatismes suffisent généralement à résoudre ce problème.
- L'état ou la capacité extraordinaire sort trop de l'ordinaire de sorte qu'ils supposent qu'il y a quelque chose qui ne va pas mentalement (ou physiquement) chez eux. Cela pourrait entraîner une hospitalisation, une médication ou une électrothérapie totalement inappropriée. Par exemple, de nombreuses personnes dans l'état de Beauté Fondamentale s'entendent dire qu'il y a quelque chose qui ne va pas parce qu'elles n'ont pas de traumatisme ou d'émotion négative. De simples explications avec des références à des manuels appropriés suffisent généralement à résoudre ce problème.
- Le client a eu une expérience, un état ou une capacité extraordinaire qui a disparu. Selon l'état et la personne, cette perte peut être dévastatrice. Le client a peut-être passé énormément de temps et d'argent à essayer de le récupérer. La meilleure solution est de restaurer l'état, si c'est un état pour lequel nos techniques actuelles sont adéquates.
- Le client est accro à une expérience extraordinaire dans son travail ou ses loisirs. Ce problème est extrêmement commun, et beaucoup de gens avec ce problème ne s'en rendent même pas compte. Par exemple, une personne qui détruit les articulations de ses genoux parce qu'elle désire tellement l'« euphorie du coureur ». Ou bien ils gardent un emploi inapproprié parce qu'il les récompense occasionnellement avec un sentiment momentané d'expérience extraordinaire. La meilleure solution, si possible, est d'utiliser

notre processus Peak States® pour transformer l'expérience en un état permanent.

●

Codes CIM-10

- Pas encore déterminé.

Les urgences spirituelles

Les urgences spirituelles impliquent des expériences non ordinaires ou spirituelles qui causent soit de la détresse, soit l'incapacité de fonctionner, soit les deux. Ce sont souvent des expériences provenant de diverses traditions spirituelles, mystiques ou chamaniques qui deviennent une crise. (Une urgence spirituelle n'est pas la même chose qu'une crise de religion ou de foi, ni qu'un épisode psychotique.) Pour la discussion approfondie originale sur la variété des différents types d'urgences spirituelles, voir *Spiritual Emergency* du Dr Stanislav Grof. Vous pouvez également consulter le site internet pédagogique du Dr David Lukoff concernant la catégorie V62.89 du DSM-IV intitulée « Religious or Spiritual Problem » (en anglais). Vous pouvez aussi consulter notre propre manuel sur ce sujet, *Spiritual Emergencies*, de Grant McFetridge et al.

Probablement parce que l'ISPS se concentre sur les états de conscience extraordinaires, nous avons tendance à voir plus de personnes en situation d'urgence spirituelle que la plupart des thérapeutes. Dans notre expérience, la plupart des urgences spirituelles sont simplement des problèmes de cas subcellulaires de la cellule primaire qui sont portés à la conscience suite à des pratiques méditatives (ou moins fréquemment, déclenchées par des expériences intenses comme l'accouchement, le sexe, un traumatisme extrême, des expériences de beauté extrême ; ou rarement pour aucune raison apparente). Parfois, il n'y a rien à guérir ; l'état ou l'expérience sort tellement de l'ordinaire que le client croit qu'il doit être atteint d'une maladie mentale. Par exemple, l'expérience directe de l'état de l'être sacré a conduit un client à rester inutilement dans un hôpital psychiatrique pendant des années. Qu'il y ait quelque chose à guérir ou non, le fait de donner aux clients des références de livres qui décrivent leur urgence spirituelle est un soulagement énorme pour les clients et cela devrait être fait le plus tôt possible.

Si l'expérience spirituelle du client ne correspond pas à l'un des cas standard, les thérapeutes peuvent souvent résoudre le problème en faisant passer le client d'une « vision spirituelle » à une « vision biologique ». Parce que le client vit généralement l'événement du point de vue spirituel pour éviter la douleur, il peut avoir besoin d'un accompagnement en douceur pour l'aider à faire le changement. Une fois cela fait, les dommages biologiques sous-jacents peuvent généralement être identifiés et guéris à l'aide de techniques standard.

Urgences spirituelles catégorisées (par ordre approximatif décroissant de fréquence en thérapie) :

- Canalisation (channeling) : Il s'agit généralement d'un cas de voix schizophréniques qui est éliminé comme décrit dans le cas subcellulaire du « bavardage mental ».

- Expériences raciales et collectives : le client ressent la douleur d'un sous-ensemble de toute l'humanité du passé. Par exemple : la souffrance de tous les prisonniers qui ont été torturés ; l'agonie des mères qui sont mortes pendant le travail, et ainsi de suite. Il ne s'agit pas d'un traumatisme générationnel, car sa cause biologique est différente. Le traitement de ce problème est d'utiliser la Courteau Projection Technique.

- Kundalini : Le client sent l'énergie monter le long de sa colonne vertébrale, déclenchant une série interminable de traumatismes. Ce phénomène est facilement éliminé à l'aide du processus indiqué dans la liste de cas subcellulaires.

- Possession : Il s'agit généralement d'un cas de voix ribosomiques, qui est traité très rapidement par des associations du corps ou des tapotements EFT. Cependant, au moment d'écrire ces lignes, nous avons eu un client que nous n'avons pas pu aider ; il s'agissait d'un autre mécanisme que nous n'avions pas encore identifié.

- Rencontre avec un extraterrestre : Nous avons vu un certain nombre de personnes dont les « implants extraterrestres » étaient en fait de simples structures du cerveau de la couronne.

- Expériences mystiques : Les causes peuvent être multiples. Elles peuvent être des expériences ou des états positifs qui déclenchent des réactions traumatiques ; des expériences de la cellule primaire ; ou des expériences d'organismes parasites de la cellule primaire, en particulier celles des organismes fongiques qui sont habituellement interprétées comme étant des expériences de Dieu.

- Crise chamanique : Il s'agit souvent de revivre des traumatismes très précoces liés au développement.

- Expérience de mort imminente : Certaines expériences de mort imminente sont de nature infernale. Traitez une expérience de mort imminente positive ou négative en guérissant les traumatismes déclenchés par le fait d'y penser ; ceci est généralement suffisant pour ramener le client à la paix.

Diverses urgences spirituelles à partir de cas subcellulaires

Il y a toute une variété d'autres urgences spirituelles non classées dans la littérature. Dans ce manuel, vous trouverez les rubriques de cas subcellulaires suivantes :

- Abîme - le client est conscient de l'abîme, avec potentiellement une image visuelle, causant une angoisse extrême.

- Problèmes de chakras - le client ressent de la douleur et d'autres sensations causées par les chakras (un organisme fongique vivant sur la membrane nucléaire).
- Superposition d'images - bien qu'elle s'applique habituellement aux images de traumatismes, par exemple lorsque le client voit des images fantomatiques des parents surimposées à des personnes du sexe approprié.
- Images archétypales internes - le client perçoit un dieu ou un monstre numineux et ancien à l'intérieur de son corps.
- Malédiction (forme de pensée négative) - le client a l'impression que quelqu'un l'a « maudit » et lui a causé des blessures.
- Sur-identification avec le Créateur - le client a l'impression qu'il a l'équanimité du Créateur, mais au détriment de la compassion humaine.
- Vies antérieures - le client vit des traumatismes liés à ses vies antérieures.
- Dommages des êtres sacrés des cerveaux triuniques - le client voit ou devient un être sacré, et a habituellement des sentiments sacrés intenses.
- Vide dans la Colonne du Soi - le client ressent une crainte existentielle lorsqu'il prend conscience du vide dans son centre.

Codes CIM-10

- F23

Les enseignants et/ou thérapeutes spirituels et leurs problèmes

Dans le cadre de notre formation de thérapeute, nous enseignons toujours les problèmes d'un travail de guérison sur les enseignants spirituels et les thérapeutes. C'est parce que notre travail avec les états extraordinaires attire les enseignants spirituels, et notre travail avec les techniques de thérapie de pointe attire les thérapeutes. Du point de vue du diagnostic et de l'établissement des prix, la thérapie prend habituellement environ trois fois plus de temps pour un thérapeute que pour un client type. Tout d'abord, c'est parce que la plupart des thérapeutes se sont lancés dans ce type de travail en raison d'un problème de vie majeur qu'ils essayaient sans succès de guérir. Ainsi, ils ont probablement déjà éliminé tous les traumatismes simples et leur problème sera probablement inhabituel et complexe. Mais la plus grande perte de temps avec ce groupe est qu'ils vont essayer d'expliquer leur problème avec ce qu'on leur a enseigné ou ce qu'ils croient. La plupart de nos apprentis thérapeutes ont beaucoup de difficulté à garder un thérapeute sur la bonne voie avec des descriptions de symptômes et de sensations, au lieu des abstractions et des explications qu'ils sont impatients de partager et qu'ils sont habituellement poussés à partager.

Dans le cas de l'enseignant spirituel, la thérapie prend généralement environ cinq fois plus de temps que pour le client moyen. Comme les thérapeutes, les enseignants spirituels auront aussi généralement déjà fait tout ce qui est guérison facile, et auront aussi ce problème de vouloir expliquer leur problème en fonction de leurs croyances particulières. Cependant, ils auront tendance à avoir un autre problème majeur : en tant que partie intégrante de leur personnalité, ils ont tendance à trouver très difficile d'admettre qu'ils ont un problème. Il est donc très difficile d'obtenir une description précise des symptômes, surtout si cela entre en conflit avec leur image de soi. Bien sûr, beaucoup de gens ont ce problème ; mais les enseignants spirituels ont tendance à être bien meilleurs à imposer leur duperie sur le thérapeute via divers mécanismes parasitaires (tels que les cordes). Par exemple, un enseignant spirituel bien connu dissimulait un sentiment profond d'inadéquation et déclenchait une pulvérisation fongique borg sur quiconque en prenait conscience. Par conséquent, d'après notre expérience avec ce groupe, leurs problèmes ont tendance à être graves, cachés et très difficiles à affronter pour eux. Tout cela prend plus de temps (et d'efforts) de la part du thérapeute que ce à quoi on pourrait s'attendre d'une personne qui semble habituellement si gentille et accommodante.

Pour donner quelques exemples, nous avons vu des enseignants spirituels qui sont remplis de contournements de traumatismes ; certains ont des niveaux inhabituels de bien et de mal dans leur être, et passent de l'un à l'autre ; il y a ceux qui utilisent leurs véritables capacités psychiques pour manipuler et blesser les autres afin qu'ils puissent continuer à se sentir spéciaux et uniques ; d'autres cachent des sentiments profonds et fondamentaux d'insuffisance et d'incompétence ; d'autres encore qui utilisent leurs élèves à leurs propres fins égocentriques ; et ceux qui provoquent chez les autres des sentiments sexuels en employant l'état de l'archétype mâle ou femelle pour capter leur attention, etc.

Les états extraordinaires induits

Un autre problème que nous avons vu avec les enseignants spirituels en général est un problème qui semble d'abord très positif. L'enseignant a un ou plusieurs états extraordinaires authentiques et a appris à les induire chez les autres. Là, le problème est que cela crée une dépendance chez de nombreuses personnes, en particulier chez celles qui « cherchent » à cause de leurs propres problèmes émotionnels sous-jacents ou d'une maladie grave et de longue durée. Ainsi, vous obtenez le phénomène du client qui « suit le gourou » comme un drogué pour continuer à obtenir cette expérience extraordinaire. C'est financièrement lucratif pour l'enseignant ; il n'y a aucune incitation à ce que l'élève acquière réellement l'état en question, et il y a une contre-incitation à ce que cela se produise en raison de ses propres problèmes émotionnels autour de la question de se sentir supérieur. En résumé : les enseignants spirituels authentiques agissent de façon tout à fait ordinaire et sont ressentis comme étant tout à fait ordinaires, et ont des élèves qui apprennent à maîtriser le sujet et à maintenir des états stables par leurs propres moyens.

Dans le cadre de nos formations régulières, nous abordons ce problème de manière très intéressante. Nous faisons porter l'attention de l'étudiant sur le professeur spirituel de son choix qu'il ressent comme étant d'une façon ou d'une autre « incroyable ». Nous leur demandons ensuite d'éliminer tous les différents traumatismes ou cas subcellulaires qui ont été activés par cet enseignant qui donne ces sensations. Parfois, il s'agit de simples problèmes de projection ou de traumatismes ; mais bien plus souvent, il s'agit d'une tromperie active - l'enseignant crée une corde avec l'élève pour lui donner le sentiment supérieur ou exceptionnel ;

ou alors il a le problème du trou-a et il projette un sentiment « d'amour » à l'élève susceptible ; ou bien il utilise une connexion parasitaire pour faire du mal à ceux qui pourraient voir au-delà de leurs déceptions ou qui pourraient apprendre leurs capacités ou acquérir leurs états. Ces derniers problèmes de parasites peuvent être un sérieux problème pour le thérapeute qui travaille avec ce type de clients.

Les différentes pratiques spirituelles

Un autre point intéressant que nous faisons aussi valoir auprès de nos élèves : chaque pratique spirituelle ou psychologique que nous avons examinée attire surtout des gens qui ont la même imperfection inconsciente particulière qui résonne avec la pratique et les enseignants. Par exemple, une pratique bien connue attire des gens qui essaient d'échapper à toutes les émotions ; une autre pratique attire des gens qui essaient d'échapper à toute pulsion sexuelle ; une autre attire des gens qui veulent manipuler les autres ; une autre attire des gens qui ont besoin de pouvoir et ainsi de suite. L'imperfection est extrêmement difficile à déceler en soi ; la meilleure façon est de supposer que ce problème existe et de demander à quelqu'un qui n'est pas intéressé par la pratique, mais qui connaît bien les gens qui la pratiquent, de chercher la problématique sous-jacente commune.

Les pratiques spirituelles qui nuisent à l'utilisateur

Au fil des ans, nous avons vu un certain nombre de clients qui ont eu recours à diverses pratiques ou techniques spirituelles qui leur ont causé du tort, comme des sensations corporelles étranges, de la douleur, de la paranoïa, des voix et d'autres problèmes. Bien sûr, même les techniques de méditation standard peuvent déclencher des urgences spirituelles ou d'autres problèmes chez les clients. Mais il s'agit ici de techniques qui interagissent directement avec les cellules primaires de certains utilisateurs et les endommagent involontairement.

La première étape consiste à amener le client à cesser d'utiliser la technique mais, aussi évident que cela puisse paraître, bon nombre de ces clients ne peuvent pas croire que la pratique pourrait être à l'origine de leur problème, souvent parce que leur professeur spirituel l'a dit. Si le client ne se rétablit pas dans la semaine qui suit l'arrêt de la pratique, l'étape suivante est un bilan diagnostic complet.

Ce problème ne se limite pas aux techniques « spirituelles », car de nombreuses techniques « psychologiques » interagissent également avec la cellule primaire. Comme nous l'avons mentionné précédemment, certaines techniques psychologiques obtiennent l'effet escompté en endommageant la cellule primaire du client. Parfois, les symptômes qui en résultent sont subtils ; d'autres fois, ils sont assez graves pour finalement pousser le client à obtenir de l'aide.

Le problème de la fusion

Comme vous l'avez lu, de nombreux membres de notre espèce essaient inconsciemment (ou consciemment) de nuire aux autres par l'intermédiaire des diverses espèces de parasites - surtout si l'autre montre des signes manifestes d'états extraordinaires, ou en fait tout talent, capacité ou richesse inhabituelle. Cependant, ces problèmes parasitaires sont un problème particulier pour la plupart des guérisseurs et des enseignants spirituels, parce qu'ils peuvent généralement « fusionner » leur conscience avec celle de leur client ou de leur étudiant. Ce phénomène de fusion peut être démontré en laboratoire en synchronisant les ondes cérébrales de deux personnes avec un équipement de biofeedback. L'enseignant/guérisseur sera probablement inconsciemment « activé » par ce qu'il ressent chez l'autre personne ; pire encore, l'enseignant/guérisseur a tendance à être bien meilleur que la moyenne pour nuire aux autres par l'intermédiaire de parasites. Ou, bien sûr, l'inverse est également vrai - le client/étudiant peut nuire à l'enseignant ou au guérisseur pendant cette « fusion ». Ce problème dissimulé, mais malheureusement bien réel est l'une des raisons pour lesquelles l'ISPS n'enseigne pas aux thérapeutes les techniques de fusion.

Alors que faire ? Tout d'abord, les enseignants/guérisseurs nés avec un état de Beauté Fondamentale stable et durable ne s'identifieront pas ou n'utiliseront pas de parasites, peu importe ce qu'ils peuvent ressentir envers le client. Donc, la question de nuire aux autres ne se pose pas pour ces gens. En dehors de cela, la meilleure solution à long terme est de se débarrasser de tous ces parasites, ce qui est l'objectif actuel de nos recherches.

Codes CIM-10

- Pas encore déterminé.

Section 5

Annexes

Identifier les croyances limitantes chez les thérapeutes

Lorsque nous commençons un nouveau cycle de formations, nous demandons d'abord aux étudiants thérapeutes de rechercher et de guérir tout problème émotionnel concernant le matériel qu'ils vont apprendre. Nous avons vu à maintes reprises qu'à moins que leur réactivité émotionnelle ou leurs croyances limitantes ne soient éliminées, l'apprentissage et l'acquisition de compétences peuvent aller lentement ou même s'arrêter complètement.

Le plus difficile est d'amener l'élève à prendre conscience de ses problèmes ; nous trouvons que le fait de lui fournir une liste de déclencheurs possibles facilite ce processus. Au fil des ans, nous avons donc pris note ce que nos élèves ont trouvé en eux (voir ci-dessous). Nous leur demandons de parcourir la liste et de cocher ceux qui ont une charge émotionnelle pour eux, ou de noter sur cette page ceux qu'ils ont pu trouver ou comprendre qu'ils avaient. Évidemment, nombre de ces problèmes n'ont aucun sens d'un point de vue logique, et l'élève est parfois réticent à admettre qu'il a une réaction émotionnelle à leur égard.

Une autre façon de trouver des problèmes est d'utiliser l'astuce consistant à dire une déclaration ou une phrase positive sur le sujet. Remarquez les contre-sentiments ou les déclarations qui remontent à la conscience. Ils commencent souvent par « Oui, mais... » ou « Non, parce que... ». En voici quelques exemples :

- Je mène (dirige) le client avec confiance.
- Le diagnostic et la guérison sont rapides et simples.
- Je suis calme avant de travailler avec mon client.
- Je me rappellerai toujours de demander l'échelle d'USD.

Une autre façon de voir si vous avez une croyance limitante ou un traumatisme fondamental est de regarder les autres pour trouver des contre-exemples à vos convictions ou croyances.

Une fois qu'ils sont identifiés, et puisque ces problèmes sont presque toujours dus à un simple traumatisme ou à des croyances fondamentales, les élèves ne consacrent habituellement que quelques minutes par problème pour traiter leur contenu. Après avoir identifié les problèmes en classe, nous leur donnons souvent comme devoir à la maison la tâche de guérir.

Toutefois, ce système n'est pas infaillible. Beaucoup d'élèves ne sont toujours pas conscients de certains problèmes, ce qui signifie qu'ils se manifestent encore de temps en temps en classe ou avec les clients. Mais cela aide beaucoup, et cela vaut la peine d'être fait.

Les croyances à l'égard de la facturation et du « paiement au résultat »

Les thérapeutes ont souvent peur de passer à un mode de facturation sur le principe du « paiement au résultat ». Mais d'autres problèmes surgissent également.

- Je me sens coupable de facturer autant pour un processus aussi simple et rapide.
- Je me sens coupable de facturer un supplément en compensation des clients que je ne peux pas aider.
- Et si le client est guéri et dit que ce n'est pas le cas ?
- Je ne comprends pas ce que le client veut vraiment - je passe à côté du vrai problème.
- J'ai peur que le client ait trop d'attentes à mon égard.
- C'est trop compliqué.
- J'ai peur des actions en justice.
- Finir la séance le plus vite possible pour que je puisse avoir l'argent.

Les croyances au sujet du contrat et de l'entrevue initiale

- J'ai peur de ne pas trouver quel est le bon problème.
- Je me rappellerai toujours de demander l'échelle d'USD.
- Je ne comprends pas ce que le client veut vraiment.
- Je passe à côté du vrai problème.
- Je m'intéresse davantage aux problèmes sous-jacents qu'aux problèmes présentés.
- J'ai peur de perdre le contrôle de la session.
- J'ai peur que le client ait trop d'attentes à mon égard.
- Je n'aurai pas d'idées, donc le client sera bloqué, et je serai embarrassé, et le client pensera que je suis incompétent.
- J'ai peur d'être embarrassé devant le client.

Les croyances au sujet du diagnostic

Ce sont des croyances communes qui interfèrent avec la capacité du thérapeute à poser un diagnostic. Lisez la liste et identifiez celles qui déclenchent des sentiments, puis vérifiez si vous en avez d'autres qui ne figurent pas sur la liste ci-dessous. Ce serait une très bonne idée de guérir ces problèmes en vous-même avant d'essayer de diagnostiquer les clients.

- C'est trop compliqué.
- Cela doit prendre beaucoup de temps (pour être complet, etc.).
- J'ai peur d'être activé par les problèmes des clients.
- J'ai peur de me laisser induire en erreur par le client.
- Je ne me souviendrai pas des cas et de leurs symptômes.

- J'ai peur de mal le faire et de faire du mal au client.
- J'aurai peut-être de la difficulté à comprendre (langue, style) le client.
- Je suis distrait par l'histoire que raconte le client.
- J'oublierai les indices auxquels je dois prêter attention.
- J'ai peur d'avoir un blanc de mémoire.
- J'ai peur de diriger le client.
- Je vais poser un mauvais diagnostic.
- Je ne pourrai pas les aider.
- J'ai de la résistance à autant de structuration dans le diagnostic et la guérison.
- J'ai peur de « copier » le problème du client.
- Je vais perdre ma concentration pendant le diagnostic.
- J'ai peur de paraître incompétent ou stupide.
- Je vais oublier quelque chose.
- Je ne suis pas assez bon.
- J'ai de l'anxiété liée à ma performance.
- Je suis confus parce que je ne comprends pas la structure et les mécanismes sous-jacents.
- J'ai besoin de plus d'informations.
- J'ai des réticences à diriger la séance.
- Je crains de ne pas pouvoir me remettre sur les rails si je perds le contrôle de la séance.

Les croyances en matière de sécurité et d'éthique

- Je crains que le client ne parte s'il lit le formulaire de consentement éclairé.
- Pourquoi devrais-je utiliser un formulaire de divulgation ? Personne d'autre ne le fait.
- J'ai peur de faire fuir le client.
- J'ai besoin d'être le centre d'attention (ou j'ai besoin d'argent) à tel point que je vais faire des choses dangereuses, contraires à l'éthique ou inutiles pour attirer les gens.
- La guérison est toujours une bonne idée.
- On n'obtient jamais plus que ce qu'on peut gérer.
- Je suis si avancé/capable que rien de mal ne m'arrivera jamais.

Les problèmes concernant les relations client-thérapeute

Voyez si les problèmes courants suivants du thérapeute vous activent (traumatisme) ou s'ils vous semblent vrais (possibilité d'un traumatisme générationnel, d'un traumatisme fondamental et/ou d'un traumatisme biographique).

- J'ai peur d'être directif avec mes clients.
- J'ai peur d'une action en justice.
- J'ai peur des problèmes du client.
- J'ai peur de rencontrer d'autres experts.

- Je ne peux pas aider ou bien je me sens incapable d'aider.
- J'ai peur d'être ridiculisé.
- C'est trop compliqué.
- Je ne sais pas quoi dire ou demander.
- Peur d'échouer ou d'aggraver la situation du client.
- Je ne peux pas/j'ai peur de diriger le client.
- Je suis intéressant au lieu d'être intéressé.
- Je perds de vue le problème.
- J'aide / je materne / je compatis excessivement.
- Je ne gagnerai pas assez / je ne serai pas valorisé.
- Je n'ai pas assez (ou pas du tout) de clients.
- Je manque de motivation pour faire des tâches connexes comme de la publicité.
- Je serais anéanti si je blessais un client.

Les problèmes concernant les relations avec les pairs ou les experts

- Je suis intimidé par d'autres personnes qui sont très compétentes.
- Nous sommes tous en compétition pour les mêmes clients.
- Il n'y en a pas assez à partager.
- Je ne veux pas être perçu comme inadéquat.
- Ils profiteront de moi.
- Je suis meilleur (pire) que les autres professionnels.
- Je ne travaillerai pas en équipe avec d'autres professionnels parce que (ils me jugeront, je ne suis pas assez bon, ils sont tous stupides...)
- Je pense que je suis meilleur que le corps médical.

Les problèmes personnels liés à la profession de thérapeute

- Je pense que j'ai fait une erreur en devenant thérapeute.
- C'est trop de responsabilités d'être thérapeute.
- Je suis surchargé par ma famille et mes clients.
- Je suis en conflit pour savoir qui a la priorité, la famille ou les clients.
- Je serais anéanti si mon client se suicidait.
- Je veux être célèbre, puissant et influent.
- Je n'enseigne que des ateliers / je n'ai pas besoin d'être un expert.
- Je ne veux pas que la profession médicale/universitaire méprise mon travail et moi.
- Je dois faire mes preuves.
- Je ne vaux la peine que si j'aide les autres.

Les problèmes relatifs à la spécialisation

- Il faut travailler dur pour gagner de l'argent.
- Si c'est facile et amusant pour moi, je ne mérite pas d'être payé.

- Ce n'est que si c'est difficile à faire que cela a de la valeur. Si c'est amusant et facile, cela n'a aucune valeur.
- Je ne reconnais pas mes talents parce que c'est trop facile et sans effort. Tout le monde n'est-il pas comme moi ?
- Je ne peux pas faire ce que je veux vraiment faire parce que si ça échoue, je serais complètement anéanti. Je vais donc choisir une option moindre qui n'a pas autant d'importance.

Les problèmes courants de formation ou de guérison

Les croyances sur la guérison chez le client ou chez le thérapeute peuvent interférer avec la guérison du client. Il est également très utile de guérir la résistance du thérapeute à accepter la douleur ou à ressentir des émotions difficiles en soi (et par extension chez ses clients).

Soit dit en passant, la guérison de ce genre de problèmes peut également être utilisée pour les clients qui veulent améliorer leur apprentissage. Cependant, dans les cas sévères, vérifiez s'il y a des problèmes de lésions cérébrales.

Les problèmes d'apprentissage ou de formation en classe

- Pas assez de temps.
- Le matériel est trop compliqué.

Les croyances à propos de la guérison

- La guérison est lente.
- La guérison est douloureuse.
- La guérison est fatigante
- La guérison c'est compliqué/complexe.
- Si le client ne guérit pas, c'est que ce n'est pas censé se produire.
- Ce n'est pas le bon moment pour guérir.
- Le client n'est pas prêt à lâcher prise.
- Je dois comprendre pour guérir ça.
- Seul Jésus / les médecins peuvent guérir.
- J'ai besoin de soutien pour guérir / Je ne peux pas guérir tout seul.
- Je ne peux jamais atteindre le calme complet / terminer une séance complètement.
- La guérison est dangereuse.
- Je me sens frustré quand je ne peux pas guérir quelque chose.
- Je ne fais pas la guérison, je suis un canal pour Dieu.
- Je crois que le client doit vouloir changer.
- La raison pour laquelle le client ne guérit pas est qu'il ne veut pas changer.
- Je ne sais plus comment faire.
- Je ne peux pas complètement laisser tomber mon problème.
- Je dois me souvenir de mon problème pour la prochaine fois.

Les guérisons essentielles pour les thérapeutes avancés

Les thérapeutes de nos cliniques suivent beaucoup plus de formations que nos thérapeutes certifiés. Certains des problèmes personnels auxquels ils doivent faire face pour bien faire leur travail sont énumérés ci-dessous. Nous exigeons que le thérapeute trouve la paix et parvienne au point où ses problèmes n'ont plus aucune charge émotionnelle, signification ou intérêt pour lui. Étrangement, même s'ils savent qu'ils sont tenus de le faire pour être de meilleurs thérapeutes, la plupart d'entre eux retardent ou évitent complètement de faire face à leurs propres problèmes personnels. C'est un comportement très bizarre, surtout chez un thérapeute, mais l'expérience a montré que c'est la norme et non l'exception.

- Problèmes personnels chroniques ou dominants (comme la solitude de longue date, la peur, la paranoïa, la supériorité, etc.). Le thérapeute n'est pas en mesure d'identifier ou de guérir des problèmes similaires chez ses clients. Le thérapeute a parfois besoin d'aide extérieure pour remarquer comment il est. Il s'agit notamment de phrases comme « je serai toujours triste », « ma vie n'est que solitude » et ainsi de suite.

- Problématiques relatives à la mère (y compris la projection de la mère sur toutes les femmes).

- Problématiques relatives au père (y compris la projection du père sur tous les hommes).

- D'autres problèmes familiaux, tels que ceux impliquant des frères et sœurs ou des parents. Des clients quelconques déclencheront ces problèmes chez le thérapeute.

- N'importe quel besoin d'avoir des secrets. Ce problème est une porte vers l'illusion et la maladie mentale, et il faut absolument l'affronter et l'éliminer.

- La peur, la préoccupation ou l'évitement de la mort. Nous avons constaté empiriquement que la santé mentale est proportionnelle à ce problème - plus une personne veut s'accrocher à la vie (ou éviter la mort), plus elle est malade.

- Recherchez les problèmes cachés par des compensations. Ces compensations sont des activités ou des symptômes dont vous ne pouvez vous passer. (C'est un peu comme utiliser une béquille toute sa vie pour manipuler, engourdir ou éviter certains sentiments personnels.)

- Voyez si le thérapeute ne peut pas se permettre de se sentir continuellement bien ou d'avoir des états de conscience extraordinaires. Cela peut également se manifester dans une impossibilité de guérir complètement un problème.

- Guérir les problématiques en rapport avec les autres. (Qui détestez-vous vraiment ? Qui aimez-vous vraiment ? Les deux sont des problèmes.)

- Faire face à la résistance à savoir et à faire ce que le thérapeute veut vraiment faire dans sa vie. Par exemple, choisissent-ils toujours le deuxième choix pour ne pas être anéantis si leur premier choix échoue ?

- Recherchez les enseignants spirituels, des leaders ou d'autres personnes qu'ils perçoivent comme exceptionnellement « spéciaux » ou « puissants » ou « aimants ». Guérissez ces sentiments jusqu'à ce qu'il ne reste que le calme. (Cela ne veut pas dire que la personne ne peut pas admirer les actions des autres ; cela signifie simplement qu'elle ressent ce sentiment à l'égard de l'autre personne à cause d'un traumatisme ou d'une projection.)

Exemples de contrats « paiement au résultat »

Dans la présente annexe, nous examinerons plusieurs styles différents de contrats de « paiement au résultat ». Ils varient de simples et informels à très détaillés, selon les besoins du thérapeute ou du client. Dans la plupart des cas, les thérapeutes utilisent simplement leur propre modèle et notent l'information lors de l'entrevue initiale (et peut-être du diagnostic), de sorte que tout le processus se déroule en quelques minutes et qu'ils peuvent remettre ou envoyer le contrat au client sur-le-champ. C'est au thérapeute de décider en fonction du client s'il demande une avance sur règlement ou s'il donne un délai de paiement.

Votre contrat sert à plusieurs choses. Évidemment, il définit les critères de succès et vos honoraires ; mais de façon tout aussi importante, il aide à minimiser les désaccords après le traitement pour savoir si vous avez réellement guéri le problème ou non. Cela peut se produire à cause de l'effet apex - de nombreux clients ne se souviennent littéralement pas qu'ils ont eu le problème que vous avez guéri. Le contrat permet d'y remédier (tout comme les enregistrements vidéo ou audio de l'entrevue initiale). Moins souvent, les clients ont parfois des attentes irréalistes, et le fait d'avoir les critères de réussite exacts en noir et blanc peut les aider à y répondre lorsqu'ils se plaignent que leur « vrai » (et parfois complètement nouveau) problème n'a pas disparu. Si leur « vrai » problème n'a pas disparu, même s'il ne figurait pas dans le contrat, les thérapeutes intelligents proposeront habituellement de traiter ce problème ou d'accorder un remboursement (en notant les nouveaux critères de succès) même s'ils ont effectivement guéri le problème du client. Rappelez-vous que le bouche-à-oreille est votre meilleur ami - et si vous n'aviez pas assez d'expérience pour réaliser ce que le client essayait vraiment de vous demander de guérir au départ, alors cela devient une expérience de formation bon marché et précieuse.

Si un client communique avec l'ISPS en raison d'un différend contractuel, la première chose que nous ferons est de demander à voir le contrat afin de vérifier si les critères convenus ont été respectés. Si le thérapeute n'en a pas écrit un (peut-être parce qu'il ne pouvait pas croire que le client ne pourrait jamais oublier son problème !), le thérapeute est automatiquement tenu d'immédiatement effectuer un remboursement. Si les conditions du contrat n'ont pas été respectées, le thérapeute est également tenu d'effectuer un remboursement immédiat. Dans ce dernier cas, cela peut se produire parce que les critères de résultats étaient trop larges et vagues ;

ou parce que ce n'était pas quelque chose qu'un thérapeute pouvait vraiment fournir ou vérifier ; ou parce qu'il avait proposé d'en faire trop et n'avait pas rempli une partie du contrat. Les thérapeutes apprennent rapidement à rédiger des contrats plus ciblés lorsque ce genre de chose se produit.

Dans certains cas, le client donnera quelque chose pour le temps passé même en cas d'échec. Tant que cela vient de leur cœur et n'est pas subtilement forcé ou obtenu par le biais d'une sorte de chantage émotionnel, c'est acceptable. Une façon utile et significative de répondre à leur gentillesse est de mettre cela au crédit des clients pro bono.

Les thérapeutes certifiés par l'ISPS utilisent également des contrats comportant deux types différents de critères de succès : ceux où le client et le thérapeute s'entendent sur ce qui doit être guéri ; et ceux qui utilisent un processus de l'ISPS réservé avec des critères prédéfinis (pour assurer le contrôle qualité autour d'un processus pour une pathologie donnée).

Un contrat type comprend généralement les éléments suivants :

- Le prix du traitement.
- La formulation exacte du client décrivant ce qu'il veut guérir (cela peut être très important plus tard !)
- Il peut être utile d'inclure l'échelle d'USD actuel du client au sujet de son problème. C'est utile plus tard pour montrer au client que oui, il a vraiment eu des problèmes émotionnels à ce sujet.
- L'heure du rendez-vous.
- Comment contacter le thérapeute en cas d'urgence.
- les modalités du paiement (s'il est conservé en dépôt, payable après le traitement ou tout autre arrangement).
- Le temps que vous donnez au client pour vérifier que le problème a disparu avant que le paiement ne soit dû (si nécessaire).
- Que se passe-t-il si le symptôme réapparaît (ils peuvent obtenir un remboursement ou davantage de traitement pour voir si le problème peut être éliminé) ?
- La vérification qu'ils ont signé le formulaire de responsabilité et de consentement éclairé et qu'ils n'ont plus de questions à poser ; et qu'ils ont rempli le formulaire d'historique du patient.
- La vérification qu'ils ont donné leur permission d'utiliser tout témoignage (avec ou sans leur nom comme ils l'ont spécifié).

Exemple : Contrat de thérapie générale avec symptômes

Voici un exemple d'un client qui voulait que des symptômes physiques distinctifs (et les sentiments associés) soient éliminés. Notez dans ce cas qu'une phrase déclencheur ne serait pas pertinente ou appropriée. Ces types de contrats vont de la douleur, à l'alignement du dos, aux symptômes du SPM, et ainsi de suite.

Chère ____,

Pour nos critères de paiement au résultat, nous acceptons de traiter et d'éliminer votre peur et votre anxiété d'être malade, de vomir et d'avoir des crampes intestinales dans les lieux publics. Vous testerez le traitement en vous déplaçant en voiture et en côtoyant des gens loin de chez vous.

Prévoyez trois séances, réparties sur deux semaines (et une autre au besoin).

Si nous éliminons le problème, les honoraires sont de \$ ____. Si vous décidez d'annuler le traitement avant la troisième séance (si nécessaire), les frais d'annulation seront de 200 \$. Le paiement doit être effectué 3 semaines après avoir constaté des résultats substantiels - si ce n'est pas le cas, il n'y a pas d'honoraires.

Si vous avez des problèmes liés au processus thérapeutique après le début de la thérapie, n'hésitez pas à m'appeler à la maison à toute heure. Si je ne suis pas disponible, contactez mon collègue ____ au ____.

Merci et au plaisir de travailler avec vous.

Signé ____

Exemple : Contrat de thérapie générale utilisant une phrase déclencheur

De nombreux contrats n'utilisent qu'une simple phrase déclencheur pour identifier le problème à l'esprit du client.

Chère ____,

Je confirme la session de samedi à 12h30 (fuseau horaire US Central).

Vous trouverez ci-joint le formulaire de responsabilité. Veuillez le lire, le signer, le faire témoigner (n'importe qui fera l'affaire) et me l'envoyer par courriel ou par la poste à ____.

Pour nos critères de paiement au résultat, nous acceptons de traiter ce qui suit et d'éliminer tous les sentiments entourant la phrase portant sur mari et les relations intimes antérieures :

« Je dois prendre soin de la personne sinon je vais mourir. » Les sentiments sont la panique et l'anxiété, avec des engourdissements autour de et dans la bouche, déclenchés par ces émotions. Mon niveau actuel de détresse (USD de 0 à 10) est ____.

Vous testerez ensuite le traitement en envoyant les documents de divorce à votre mari peu après la première séance. Nous nous engageons à vous retraiter le week-end suivant, si nécessaire. Il se peut que nous fassions une troisième courte session si nécessaire.

Si nous ne réglons pas la question en trois séances, il n'y a pas d'honoraires. Si nous éliminons le problème, les honoraires sont de \$ ____. Si vous décidez d'annuler le traitement avant la troisième séance (si nécessaire), les frais d'annulation seront de 200 \$.

Sincèrement,

Signé ____

Exemple : Contrat de critères prédéterminés pour la Silent Mind Technique

La Silent Mind Technique™ est un processus réservé que les thérapeutes certifiés utilisent avec leurs clients pour éliminer toutes les voix ribosomiques. Pour ce processus, l'ISPS spécifie des critères prédéterminés, bien que le thérapeute puisse les ajuster au besoin pour s'adapter au libellé et à la situation du client. Il y a aussi plusieurs autres processus de l'ISPS avec des critères prédéterminés.

Chère _____,

Comme nous en avons discuté au téléphone aujourd'hui (27 juillet 2014), nous avons encore besoin d'une ou deux photos récentes de vous pour nos dossiers. Une photo prise avec téléphone ferait parfaitement l'affaire. Nous en aurons besoin avant de commencer le traitement.

Merci d'avoir signé les formulaires de responsabilité et de consentement éclairé et d'avoir rempli votre d'historique.

Nous avons planifié de travailler avec vous à 18h (8h en Australie). Comme nous en avons discuté, nous devrons effectuer le traitement trois fois - la première fois, nous devrions nous débarrasser de vos voix, mais le lendemain, elles pourraient revenir. Nous effectuons un deuxième traitement 2 à 4 jours plus tard, puis un contrôle final (et un traitement mineur si nécessaire) dans environ 2 semaines pour s'assurer que le problème ne réapparaît pas.

Ceci est un accord de facturation au résultat - cela signifie que si nous ne respectons pas notre engagement, il n'y a pas d'honoraires. Veuillez noter que nous ne nous engageons pas à éliminer d'autres problèmes. Par exemple, la violence que vous avez subie pendant votre enfance ne sera pas traitée dans le cadre de ce processus. Comme nous en avons également discuté, nous ne savons pas si vos hallucinations visuelles seront éliminées ou non. Vous ne devez pas vous attendre à ce qu'elles disparaissent avec ce traitement.

CONTRAT

Nous nous engageons à éliminer le bavardage mental autonome du client, c'est-à-dire les pensées de fond que vous entendez lorsque vous essayez de méditer (qui peuvent sonner comme les voix des autres). Nous testerons les résultats en demandant au client de méditer pendant quelques minutes et d'écouter. Ces voix donnent l'impression d'être dans des lieux fixes dans l'espace, et ont des tonalités émotionnelles fixes.

Après le processus, le client aura la sensation que sa tête est vide, calme, ouverte et grande (comme s'il se tenait maintenant sur une scène vide). Notez que le client s'habituera bientôt à cette sensation et qu'il sera difficile de la remarquer plus tard.

Les honoraires sont de $ _____ payables dans les 3 semaines après que le changement soit stable. Si les voix reviennent, il n'y a pas d'honoraires.

Si le traitement est efficace, vous pourriez avoir une réaction à la perte de vos voix. Bien que cela soit peu fréquent, certains clients éprouvent un sentiment de solitude après le départ de leur voix. Si vous rencontrez ce problème, veuillez nous le faire savoir afin que nous puissions le traiter lors des séances de suivi. Certains trouvent que les personnes dont ils sont proches (les conjoints en particulier) ont l'impression que vous êtes plus distant ou éloigné, même si vous n'avez pas changé. C'est un résultat normal, parce que vous ne vous connectez pas inconsciemment à eux de la même manière. Ce problème disparaît passe avec le temps au fur et à mesure qu'ils s'adaptent à votre nouvel état.

Si d'autres problèmes surviennent à la suite du traitement, contactez-nous immédiatement. En Australie, téléphone ____.

Sincèrement,

Signé ____

Exemple : Contrat à critères prédéterminés pour le syndrome de fatigue chronique

Ce processus n'est actuellement disponible que dans les cliniques de l'ISPS. Au fur et à mesure que nous développons de nouveaux traitements, il se passe habituellement un an ou deux avant qu'ils ne soient mis à la disposition de nos thérapeutes certifiés, le temps qu'ils subissent davantage de tests et d'optimisation.

Chère ____,

Comme nous en avons discuté au téléphone, voici un contrat pour notre traitement de vos symptômes du syndrome de fatigue chronique. S'il vous plaît, consultez-le en vue d'éventuelles modifications avant le début du traitement à 14h le ____.

Pour une somme de $ ____ payable après trois semaines sans symptômes, nous nous engageons à traiter votre syndrome de fatigue chronique de telle sorte que : « la fatigue accablante sera revenue à des niveaux normaux, comme avant le début de la maladie, moins le fait que je n'ai pas fait d'exercice depuis longtemps et que je suis plus âgé que lorsque cela a commencé. » (Mon symptôme de SFC est : fatigue débilitante = alitement.) Sachez que nous ne traitons pas d'autres symptômes et que vous ne devez pas présumer qu'ils disparaîtront avec ce traitement. Ce contrat ne couvre pas non plus les problèmes résultant de la fatigue chronique ou d'autres problèmes survenus avant ou pendant votre maladie.

Vous avez déjà signé un accord de responsabilité ; vous avez lu le formulaire de divulgation sur le site internet de thérapie Peak States, et vous avez compris ce que vous avez lu sans autre question.

Comme je l'ai mentionné, une fois les symptômes disparus (en supposant que nous ayons réussi), nous ferons deux autres séances pour nous assurer que la guérison est stable. La première aura probablement lieu la première semaine, la deuxième la semaine suivante ou la semaine d'après. Il n'est pas rare que le problème revienne après le premier traitement réussi - c'est pourquoi nous prévoyons des traitements de suivi, pour éliminer tout ce que nous n'avons pas vu.

Nous avons également votre accord pour utiliser un compte-rendu de votre traitement sur notre site internet afin d'aider d'autres personnes à reconnaître les symptômes que nous traitons, mais nous n'utiliserons pas votre nom sans votre accord.

Si vous avez des questions ou si vous n'êtes pas d'accord avec ces conditions, veuillez me le faire savoir avant le début du traitement.

Sincèrement,

Signé _____

Le formulaire de consentement éclairé

Nom du thérapeute :
Adresse postale :
Téléphone au bureau :
Courriel du bureau :
Heures de bureau :

Bonjour,

Nous allons commencer notre travail ensemble en examinant ce formulaire de consentement éclairé. De nombreux pays ont des lois nous obligeant à le faire ; mais c'est une bonne idée de le faire de toute façon, car cela peut répondre à certaines de vos questions, ou répondre à des questions auxquelles vous n'avez peut-être même pas pensé auparavant. Au fur et à mesure que nous couvrirons chaque élément, je vous demanderai de cocher la case correspondante pour montrer que vous et moi en avons discuté à votre satisfaction. Je garderai le formulaire original et je vous en donnerai une copie pour vos dossiers.

Quelles sont mes qualifications de thérapeute et mes orientations thérapeutiques ?

Lorsque vous avez besoin de faire réparer votre moteur de voiture, vous devez vous adresser à un mécanicien qui connaît bien les moteurs - vous n'allez pas voir le gars de la transmission. De la même façon, les thérapeutes se spécialisent également et sont meilleurs pour certaines choses que pour d'autres, et il y a certaines choses pour lesquelles ils n'ont tout simplement pas la bonne formation. Ainsi, je suis ce qu'on appelle un thérapeute en psychotraumatologie, spécialisé dans la guérison de mémoires traumatiques qui vous causent des problèmes, que vous le réalisiez ou non. Plus tard, au cours de notre discussion sur le « paiement au résultat », nous passerons en revue votre question pour voir si je peux vous aider à résoudre votre problème particulier ; mais pour l'instant, voici une description de mon expérience officielle :

- Qualifications académiques : ____.
- Mon certificat officiel de thérapeute ou de conseiller est délivré par (en) ____.
- Je suis certifié par ____ pour utiliser leurs techniques.
- Membre de : ____.
- Orientations thérapeutiques : ____.

❏ Nous avons parlé des qualifications de mon thérapeute et de ses orientations thérapeutiques, et je comprends ce que le thérapeute me dit.

Quels sont les problèmes sur lesquels je ne peux pas travailler ?

Il y a certains problèmes pour lesquels je vous enverrai voir un autre thérapeute. Le plus important dont vous devez avoir connaissance est celui du suicide. Si vous avez des pulsions suicidaires, si vous avez tenté de vous suicider ou si vous avez prévu de vous suicider, vous devez voir une autre personne qui se spécialise dans ce domaine. Si cela se produit au cours de notre travail ensemble, je mettrai fin à nos séances et vous orienterai vers un autre thérapeute (ou autre professionnel) qui travaille dans ce domaine.

Un autre problème qui pourrait survenir concerne les problèmes physiques comme les problèmes cardiaques. Parce que la thérapie peut provoquer de fortes réactions émotionnelles et physiques, si vous avez des problèmes médicaux qui pourraient vous mettre en danger, nous ne pouvons pas commencer la thérapie.

❏ Nous avons parlé des problématiques avec lesquels mon thérapeute ne veut pas travailler, et je le comprends et l'accepte. De plus, je n'ai aucun des problèmes suicidaires dont nous avons parlé et je n'ai aucune condition physique (tel un problème cardiaque) qui pourrait être déclenchée par une thérapie.

La confidentialité et ses exceptions

Pendant nos séances, je pourrai prendre des notes écrites ou effectuer des enregistrements audios ou vidéos. Cela m'aide à me souvenir de ce que nous avons accompli ou de ce que nous devons encore faire, et peut aussi vous le rappeler, car l'un des effets communs de la thérapie moderne est d'oublier les problèmes que l'on avait (l'effet apex). Ce matériel est confidentiel et n'est pas destiné à d'autres personnes, même après que nous avons fini de travailler ensemble. Cependant, il y a quelques exceptions :

a) Si un enfant risque d'être maltraité ou négligé, ou s'il a besoin de protection.

b) Si je crois que vous ou une autre personne présentez un risque évident de préjudice imminent.

c) Pour se conformer à un ordre légal tel qu'une assignation à comparaître, ou si la divulgation est autrement requise ou autorisée par la loi.

d) Si vous suivez une thérapie de couple avec moi, ne me dites rien que vous souhaiteriez tenir secret de votre partenaire.

e) Je peux également divulguer des renseignements dans le cadre d'une consultation professionnelle, d'une présentation professionnelle ou d'une communication, auquel cas votre identité demeurera confidentielle. (*Remarque : si vous êtes un client d'une clinique de l'ISPS, tous les renseignements vous concernant sont au besoin mis à la disposition des autres membres du personnel de l'ISPS.*)

f) Je peux également partager des données anonymes de nos sessions (durée, efficacité, problèmes inhabituels) pour aider à améliorer la qualité des processus que nous utilisons.

g) Vous devez savoir que les courriels ou les téléphones cellulaires peuvent être surveillés par d'autres personnes, alors ne communiquez pas de cette façon si vous souhaitez la confidentialité.

❑ Nous avons parlé des exceptions à la confidentialité, et je comprends et j'accepte ces termes de la thérapie.

Avantages et risques du traitement des traumatismes

La thérapie de psychotraumatologie que nous allons suivre vise à guérir la ou les questions précises que vous et moi décidons dans notre contrat de « paiement au résultat ». La thérapie en psychotraumatologie peut aussi permettre d'approfondir la compréhension et la conscience personnelles, de trouver des solutions ou de meilleures façons de comprendre les problèmes et d'y faire face, d'améliorer les relations, de réduire considérablement les sentiments de détresse et de mieux comprendre les valeurs et les objectifs personnels.

Sachez toutefois que la thérapie en psychotraumatologie exige habituellement que vous soyez prêt à examiner et à discuter de sujets ou de moments difficiles de votre vie, à vivre des émotions plus fortes que d'habitude et à essayer des comportements nouveaux et différents. La thérapie peut parfois sembler difficile et difficile. Les sentiments et les expériences inconfortables peuvent être abordés (en ce sens que vous pouvez ressentir de la colère, de la tristesse, de la culpabilité, de la peine, de la perte, de la frustration, etc.) ainsi que des inconforts ou des douleurs physiques (nausées, maux, douleurs). Pendant le traitement, il se peut que vous vous sentiez moins bien avant de commencer à vous sentir mieux. Et il se peut que je ne sois tout simplement pas en mesure de vous aider ou, dans de rares cas, que je vous fasse vous sentir encore plus mal que lorsque nous avons commencé. Cependant, c'est vous qui décidez en fin de compte de ce dont nous parlons et de ce sur quoi nous travaillons. Si vous vous sentez mal à l'aise ou si vous n'êtes pas prêt à parler d'une question particulière à un moment donné, c'est tout à fait normal.

Au cours de votre séance, nous utiliserons presque certainement une ou plusieurs thérapies de pointe telle que l'EMDR, l'EFT, le TAT, le TIR ou la WHH, en fonction de votre problème et d'autres facteurs. (Elles fonctionnent beaucoup mieux que les anciennes techniques de traumatologie.) Vous devez aussi savoir que ces techniques, bien que largement utilisées, sont encore considérées comme expérimentales et peuvent vous causer des problèmes qui n'ont pas encore été reconnus. De plus, les techniques que vous pourriez apprendre en thérapie sont pour votre propre usage et ne doivent pas être enseignées aux autres, qu'ils soient partenaires, famille, amis, thérapeutes ou clients. C'est pour leur sécurité, parce qu'une formation formelle est nécessaire au cas où quelque chose ne se passerait pas bien ; et aussi parce que certaines de ces techniques sont des marques déposées.

Il y a d'autres types de thérapie que vous voudrez peut-être suivre à la place. Par exemple, vous pourriez simplement avoir besoin d'un conseiller pour vous aider à prendre une décision dans votre vie, et non de quelqu'un pour guérir les sentiments que vous éprouvez face à la situation. Si vous décidez de continuer, nous examinerons la question que vous voulez guérir et déciderons s'il s'agit d'un problème que nous pouvons convenir de traiter et des moyens de mesurer le succès.

Et bien sûr, après cette discussion, vous vous rendrez peut-être compte que ne rien faire est la bonne chose à faire pour vous en ce moment.

❑ Nous avons parlé des avantages, des risques et des autres options qui s'offrent à moi en matière de thérapie, et je comprends et choisis de poursuivre la thérapie en psychotraumatologie.

Avantages et risques du traitement des traumatismes (autre option)

NOTE AUX ÉTUDIANTS : Cette section est une version plus détaillée de la section précédente. Elle a l'avantage d'être plus précise et vous aide à vous rappeler vous-même les détails. Elle a l'inconvénient de comporter plus de détails pouvant ne pas être pertinents pour votre client. N'oubliez pas de choisir la section que vous voulez utiliser.

C'est la partie du formulaire de consentement éclairé qui peut vous surprendre (à moins que vous ne soyez vous-même thérapeute). Tout d'abord, sachez que toute technique thérapeutique peut déclencher certains types de problèmes et que certaines thérapies peuvent avoir des problèmes spécifiques supplémentaires. Évidemment, je ne voudrais utiliser que des thérapies qui ne comportent pas de risques, mais elles n'existent pas. Après avoir discuté des avantages et des risques, c'est à vous de décider si la possibilité de guérir votre problème vaut les risques connus ou prévus de la thérapie en psychotraumatologie.

Quels sont donc certains des risques ? Nous commencerons par un problème dont vous n'avez peut-être pas réalisé qu'il pourrait même être un problème - que la thérapie est un succès et que votre problème disparaît. Pourquoi cela pourrait-il être un problème ? Après tout, c'est pour ça que vous êtes là, n'est-ce pas ? Eh bien, ce qui arrive parfois, c'est que non seulement vous perdez votre problème, mais vous changez aussi d'autres façons. Par exemple, vous êtes une actrice qui a besoin d'exposer fréquemment de la tristesse sur scène - et maintenant vous ne pouvez plus l'évoquer à volonté. Ou encore, des souvenirs anciennement vifs ou traumatiques peuvent s'estomper, ce qui pourrait nuire à votre capacité de fournir un témoignage juridique détaillé au sujet d'un incident traumatique. Ou bien vos intérêts et vos objectifs personnels changent, ce qui vous pousse à vouloir quitter votre emploi ou changer de carrière. Ou encore, ce que vous ressentez à l'égard de votre conjoint ou de vos amis change soudainement et vous devez composer avec les problèmes interpersonnels qui en découlent. Ou vous pouvez avoir des problèmes d'adaptation à vous sentir très différent intérieurement, ou avoir une expérience spirituelle qui entre en conflit avec les enseignements de votre appartenance religieuse. Évidemment, ces problèmes ne se limitent pas à la thérapie - ils peuvent survenir en raison de n'importe quelle expérience de croissance, comme les voyages, l'éducation ou la rencontre de nouvelles personnes. C'est juste que cela arrive beaucoup plus rapidement et plus fréquemment en thérapie.

Au cours des séances, vous rencontrerez très probablement des émotions fortes, des souvenirs difficiles ou des douleurs physiques ; et pendant ou après le traitement, de nouvelles sensations émotionnelles et physiques ou d'autres souvenirs non résolus peuvent également apparaître. Ces expériences surviennent généralement dans le cadre de n'importe quelle thérapie, et vous devriez soit vous y préparer, soit ne pas commencer la thérapie. De plus, si ces sentiments ne sont pas éliminés d'ici la fin de la séance, vous pourriez avoir de la difficulté à conduire après la séance en raison des distractions causées par des sentiments forts, des sensations ou de la fatigue, ou avoir à composer avec ces sentiments à la maison et au travail. Heureusement, dans la plupart des cas, ces sentiments s'estompent, même s'ils ne sont pas traités, car les souvenirs sont mis de côté lorsque vous vivez votre vie quotidienne. Cependant, si vous trouvez que ces sentiments demeurent un problème trop inconfortable pour attendre votre prochaine séance, vous devriez me contacter pour obtenir de l'aide plus rapidement. Dans de rares cas, une séquence de souvenirs traumatiques peut survenir, comme si une obstruction à l'écoulement d'un cours d'eau était supprimée. Selon la situation, cela peut nécessiter la guérison des nouveaux problèmes ; ou vous pouvez simplement avoir besoin d'arrêter la guérison jusqu'à ce que ce flux s'estompe.

Au cours de votre séance, nous utiliserons presque certainement une ou plusieurs thérapies de pointe comme l'EMDR, l'EFT, le TAT, le TIR ou la WHH, en fonction de votre problème et d'autres facteurs. Si nous utilisons la WHH, le TIR ou l'EMDR, vous devez savoir que, aussi étrange que cela puisse paraître, vous pouvez revivre des expériences prénatales très traumatiques, ce qui est normal avec ces techniques. Sachez également que ces techniques, bien que largement utilisées, sont encore considérées comme expérimentales et qu'elles peuvent poser des problèmes qui n'ont pas encore été reconnus. De plus, les techniques que vous pourriez apprendre en thérapie sont pour votre propre usage et ne doivent pas être enseignées aux autres, qu'ils soient partenaires, famille, amis, thérapeutes ou clients. C'est pour leur sécurité, parce qu'une formation formelle est nécessaire au cas où quelque chose ne se passerait pas bien ; et aussi parce que certaines de ces techniques sont des marques déposées.

Il y a quelques risques supplémentaires dont nous devrions discuter. Que se passe-t-il si vous décidez de quitter la thérapie avant qu'elle ne soit terminée ? Dans ce cas, vous pouvez vous attendre à vous sentir probablement plus mal qu'au début, du moins pendant un certain temps. Un autre problème est que la thérapie peut ne pas fonctionner et que votre problème demeure. Malheureusement, il n'y a aucune garantie qu'une thérapie pourra aider. Bien que cela n'entraîne pas une charge financière pour vous, parce que nous ne « facturons qu'au résultat », cela peut être très perturbant pour certains. Et, tout comme vous l'avez probablement déjà vécu à la maison, vous vous sentirez peut-être plus mal qu'au début une fois que vous aurez commencé à vous focaliser sur le problème.

Le dernier risque que je veux couvrir est que, pendant la thérapie, dans de rares cas, nous pourrions finir par vous faire vous sentir plus mal, pas mieux. Cela peut se produire parce que votre problème a une source plus profonde et plus traumatique que nous n'avons tout simplement pas pu guérir, ou qu'un autre problème a été déclenché, ou pour des raisons que personne ne peut expliquer. Bien que cela arrive rarement, c'est une possibilité. Dans ces cas-là, nous constatons généralement que le nouveau problème s'estompe avec le temps au fur et à mesure qu'il retourne dans votre inconscient, mais peut-être pas. J'ai aussi des spécialistes à ma disposition à qui nous ferions appel pour obtenir de l'aide. Il y a un cas en particulier dont nous devons parler - ce qui se passe si des pulsions suicidaires surviennent au cours de votre traitement. Dans ce cas, je vais mettre fin au traitement et vous référer à un thérapeute qui travaille avec dans ce domaine.

En résumé, vous en savez maintenant beaucoup plus sur les risques de la thérapie, certains emprunts de bon sens et d'autres dont beaucoup de gens ne réalisent même pas l'existence. En tant que consommateur averti, vous êtes le seul à pouvoir juger si les risques d'intervention dont nous avons discuté sont d'un ordre que vous êtes prêt à accepter. Si cela semble plus que ce que vous êtes prêt à risquer, je vous recommande de consulter un psychothérapeute, et non un thérapeute en psychotraumatologie.

❑ Je comprends les avantages et les risques de la thérapie dont nous avons discuté et j'accepte l'utilisation des thérapies décrites.

Avantages et risques des processus Peak States

Il existe un autre type de thérapie, où l'accent est mis sur l'obtention de certains « états extraordinaires » de la conscience. Par exemple, vous pouvez obtenir un esprit continuellement calme ou un sentiment de paix qui est plus important que la normale.

Quels sont donc les difficultés ou les risques liés à l'utilisation de ces processus ? Premièrement, il s'agit de la guérison de traumatismes prénatals. Si vous ne les guérissez pas complètement, vous pourriez vous sentir mal pendant des heures ou des jours, et peut-être même plus longtemps, jusqu'à ce que ces souvenirs reviennent à la surface et quittent votre conscience. Deuxièmement, ces processus sont relativement nouveaux et expérimentaux. Les effets à long terme, le cas échéant, n'ont fait l'objet d'aucune étude ou recherche. Cela signifie qu'il y a toujours la possibilité que des problèmes que nous n'avons jamais vus auparavant se produisent et que nous ne sachions pas comment y faire face. Par analogie, c'est comme un nouveau médicament qui, après quelques années, s'avère avoir des effets secondaires qui ne touchent que certaines personnes. En cas de problème, je ferai appel à des spécialistes, mais même eux ne seront peut-être pas en mesure de résoudre votre problème. Compte tenu de cela, pourquoi voudriez-vous utiliser un tel processus ? La raison est la même que celle pour laquelle vous utiliseriez un nouveau médicament - il peut faire des choses que vous voulez vraiment faire, et il n'y a pas de problèmes évidents (du moins jusqu'ici).

Évidemment, pour des raisons de sécurité, seul un thérapeute formé à ces techniques devrait les utiliser. Si vous entreprenez ce type de traitement, vous ne devez pas partager les techniques avec d'autres personnes, y compris votre conjoint ou d'autres thérapeutes de votre connaissance.

❑ Nous avons parlé des avantages et des risques des processus Peak States®. Je comprends qu'il peut y avoir des problèmes qui subsistent après la fin du traitement. [Encerclez le choix qui s'applique à vous ci-dessous.]

    ○ Oui, je suis prêt à accepter les risques et les conséquences qui peuvent en découler et à utiliser ces processus. J'accepte de ne pas partager les techniques avec qui que ce soit d'autre.

○ Non, je ne suis pas disposé à accepter les risques ou à être entièrement responsable de ce qui se passe, et je n'utiliserai donc pas les processus.

Détails pratiques

Si vous décidez de commencer une thérapie, nous commencerons par rédiger un contrat de « paiement au résultat » pour votre thérapie. Les séances durent généralement deux heures, mais peuvent être prolongées et nous nous entendons sur un horaire qui nous convient à tous les deux. Si vous manquez trois séances sans annulation ou avec un préavis de moins de 24 heures, ou si vous annulez la thérapie avant la fin (jusqu'à cinq séances), vous pouvez perdre votre acompte (le cas échéant). Je ne fais pas de facturation pour les assurances.

Je vous encourage à téléphoner si des situations d'urgence découlent de notre travail entre les séances, mais d'autres préoccupations devraient être abordées lors de votre séance de thérapie régulière. Mon numéro de téléphone se trouve à la fin de ce document. Lorsque je ne suis pas disponible ou en vacances, je vous donnerai le numéro de quelqu'un qui pourra vous aider.

En cas d'urgence mettant votre vie en danger, vous devez soit appeler un service d'écoute spécialisé dans la prévention du suicide au ____, téléphonez au service d'urgence au ___, ou rendez-vous aux urgences les plus proches. Je n'offre que des services thérapeutiques non urgents sur rendez-vous. Si j'ai besoin de services supplémentaires ou plus intensifs, je peux m'adresser à un autre organisme pour obtenir des services complémentaires.

❑ Nous avons parlé des détails pratiques de notre travail ensemble, en particulier des urgences, et je comprends et j'accepte ces termes.

Passages en revue, orientations et fin du traitement

En conseil et en thérapie, il est de votre droit, à tout moment, de :

a) passer en revue vos progrès et tout sujet abordé dans ce formulaire ;

b) être orienté vers un autre conseiller ou professionnel de la santé ;

c) retirer votre consentement à la collecte, à l'utilisation ou à la communication de vos renseignements personnels, sauf si la loi l'interdit ;

d) mettre fin à la relation de conseil ou de thérapie en en informant le thérapeute ou le conseiller. (Vous devrez peut-être renoncer à une partie ou la totalité de votre acompte, mais le montant sera inférieur ou égal au taux standard de 100 \$/h appliqué au temps que vous avez déjà passé en thérapie.)

e) accéder ou obtenir une copie de l'information contenue dans vos dossiers de conseil, sous réserve des exigences légales.

Votre droit d'accès ou d'obtention d'une copie de vos renseignements personnels se poursuit après la fin de la relation de conseil.

Je me réserve le droit de mettre fin au traitement à tout moment. Cela peut arriver, par exemple, si je crois que je ne peux tout simplement pas vous aider. Si cela se produit, il n'y aura pas d'honoraires pour notre travail jusqu'à ce moment-là et votre acompte (le cas échéant) vous sera restitué.

❑ Nous avons parlé de mes droits concernant l'arrêt du traitement, et je comprends et j'accepte ces conditions.

Préoccupations ou plaintes

Si vous avez des préoccupations au sujet d'un aspect quelconque de votre conseil, je préférerais que vous en parliez d'abord avec moi. Si vous estimez que c'est impossible ou dangereux, ou si votre problème n'est pas résolu par notre discussion, vous devez contacter l'Institute for the Study of Peak States au +1-250-413-3211. Si cela ne résout pas votre plainte, vous devez alors contacter l'organisme gouvernemental local qui réglemente les thérapeutes dans votre pays.

❑ Nous avons parlé de la façon de traiter les plaintes ou les problèmes que j'ai avec mon thérapeute, et je comprends et j'accepte ces termes.

Signature

Ma signature ci-dessous confirme que j'ai (le client) lu ce qui précède, que j'ai eu l'occasion d'en discuter avec le thérapeute, que j'ai eu suffisamment de temps pour l'examiner attentivement et que mes questions ont été traitées à ma satisfaction.

———
Nom du client

———
Nom du thérapeute

———
Signature du client

———
Signature du thérapeute

———
Date de signature

———
Signature du témoin (le cas échéant)

Exemples pratiques d'identification des cas subcellulaires

Dans cette section, nous donnons de brefs exemples à utiliser pour interroger les élèves sur leur connaissance des cas subcellulaires. Dans une salle de classe, l'instructeur peut jouer le rôle du client pour aider l'élève dans le processus d'identification.

« Je me sens déprimé »

À propos de quoi vous sentez-vous déprimé ? Réponse : Tout.

Où le ressentez-vous dans votre corps ? Réponse : Je ne comprends pas la question, j'ai un coup de cafard/je me sens plat.

Diagnostic : émotions aplaties.

« Je me sens déprimé »

La posture du corps et l'expression du visage ont l'air tristes. (Chagrin, lourd partout, peu d'énergie, la vie ne vaut pas la peine d'être vécue).

Quand est-ce que ça a commencé ? Réponse : Ma partenaire m'a quitté.

Vous vous sentez fatigué ? Réponse : Oui, partout. (Ceci n'était pas utile dans le diagnostic différentiel.)

Diagnostic : perte d'âme.

« Je veux aller à ce rassemblement sympa, mais je me sens aussi tiraillé de rester à la maison... »

Diagnostic : dilemme.

« Je me sens lourde »

Cela fait quelques mois que je me sens comme ça.

Possibilités : blocage tribal, malédiction enveloppante, copie.

Diagnostic : blocage tribal.

« J'ai vu quelque chose »

J'ai un problème, mais je ne veux pas vraiment en parler. Je participais à un atelier tantrique. Je faisais un exercice et ma copine était sur mes genoux. Il s'est passé un truc vraiment bizarre. Elle est morte. Je suis un bon chrétien. C'était comme si elle était dans mes bras, et elle était morte. Puis je suis revenu, je me sens si triste.

Diagnostic : flash d'une vie antérieure

« Blessures de guerre »

Je continue d'aller en chirurgie pour l'endroit où j'avais une balle dans la jambe, mais j'y ressens encore de la douleur.

Ressentez la balle ; y a-t-il un message ? Réponse : Ouais, je te déteste.

Diagnostic : malédiction.

Allergie : éternuements

Possibilités : association du corps, générationnel (j'en ai eu toute ma vie, tout le monde dans ma famille l'a), copies.

Diagnostic : traumatisme générationnel.

« Mec, je me sens mal, terrible, tout le temps » (parle comme un drogué)

Diagnostic : symptôme de sevrage de l'héroïne.

Une femme, fin de la quarantaine, heureuse, joyeuse, a ce qui ressemble à la varicelle sur son corps

Je ne savais pas qu'elle avait tenté de se suicider. (Ce sont des marques de brûlures de cigarettes.)

Diagnostic : schizophrénie.

« Problème au travail »

J'ai un vrai problème au travail. Je ne suis pas capable de bien faire mon travail. Il se passe des trucs bizarres. Je suis malheureux. Je pense démissionner.

Quand est-ce que ça a commencé ? Réponse : Je viens de commencer dans ce nouveau travail. Je déteste travailler là, j'aime le travail, mais c'est difficile avec mes collègues. Pas de douleur physique.

Diagnostic : cordes.

« J'ai une forte envie d'aller conduire »

C'est parfois difficile d'aller au travail, parce que je veux continuer à conduire.

Diagnostic : traumatisme positif.

« Je suis au bureau, je me sens vraiment triste. »

Quand est-ce que ça a commencé ? Réponse : À l'automne.

Que s'est-il passé à l'automne ? Réponse : Rien en particulier. Ça a commencé l'automne d'avant aussi, et c'est parti au printemps. Je n'arrive pas à surmonter la tristesse. Je suis triste chaque hiver.

Avez-vous l'impression qu'un endroit ou quelqu'un d'autre vous manque ? Réponse : Non.

C'était quand la première fois que vous vous êtes sentis comme ça ? Réponse : L'automne où j'ai déménagé et j'ai changé de région.

Diagnostic : Trouble affectif saisonnier (TAS).

Note : Chez ce client, cela a été guéri par un simple tapotement. (Cela pourrait aussi provenir d'une association du corps.)

« Nervosité »
Diagnostic : trou.

Attirance sexuelle inappropriée
Diagnostic : association du corps sur leur tonalité émotionnelle.

Problème de genou, blessure, difficile à se déplacer
Diagnostic : structure du cerveau de la couronne.

« Ma femme se plaint que je n'ai pas beaucoup d'émotion »
Diagnostic : émotions aplaties ou état de paix intérieure.

« Je veux être thérapeute »
Diagnostic : recherche d'une expérience extraordinaire via son emploi.

« Je n'arrête pas de penser à mon ex-partenaire. Je n'arrête pas d'imaginer que je suis toujours en relation avec elle. »
(Cela aurait pu être un cas très délicat, mais heureusement il y avait plus d'informations.) Au cours d'une retraite de méditation, alors qu'il repensait à elle, son image de soi ou son identité a disparu et a été remplacée par la sensation terrible dans sa poitrine, celle d'un vide terrible et sans fond dans sa région du cœur.
Diagnostic : trou (il s'imaginait qu'il était encore en relation avec elle pour aider à bloquer la sensation de vide dans sa poitrine).

Études de cas pour la pratique du diagnostic différentiel

Les cas suivants concernaient de vrais clients (sans information d'identification) qui avaient guéri à la fin de la séance. Ces cas peuvent être utilisés par un instructeur en classe, lorsque l'enseignant peut lire l'histoire, se faire passer pour le client et demander aux élèves de voir s'ils peuvent diagnostiquer le problème.

Problème actuel : Désire l'abondance financière.

Histoire : Le client veut avoir une abondance financière constante. Quand il pense à gagner de l'argent, à accomplir le travail nécessaire, et que sa survie en dépend, il se sent lourd et anxieux.

Diagnostic : Blocage tribal.

Problème actuel : Créer une école et faire quelque chose que j'aime, et gagner de l'argent.

Histoire : Le client est inspiré à créer une école appelée l'École des Enfants par le Jeu, mais il ressent que « je n'ai pas les épaules assez larges ». Ressens un blocage, de la résistance, de la peur, un manque de confiance, du désespoir (peur que cela n'arrive jamais) pour construire une école.

Contrat de paiement au résultat : Supprimer la sensation de résistance (fatigue, nausées, faiblesse).

Phrase déclencheur : Vous n'avez pas les épaules assez larges (!!!) pour poursuivre ce projet/ créer cette école (USD = 9).

Diagnostic : Blocage tribal.

Problème actuel : Malheur constant.

Histoire : La cliente est guérie, mais elle n'est pas satisfaite et a d'innombrables autres problèmes dont elle peut se plaindre. À son insu, elle est dépendante de la souffrance. Dès qu'elle commence à se sentir calme, soit dans sa vie en général, soit lors d'une séance de guérison, elle commence inconsciemment à trouver un autre problème ou drame dont elle pourrait souffrir.

Elle rapporte que le bonheur est terrifiant. Elle a peur d'être heureuse. Sa mère était en train d'être activée lorsqu'elle l'a elle-même été. Oui, c'est personnel.

Phrase déclencheur : « Je peux lâcher ma souffrance en toute sécurité ».

Diagnostic : Association du corps (sentiment de paix).

Problème actuel : Je veux ressentir de la joie et de l'exubérance.

Histoire : Le client dit : « je veux ressentir de la joie et de l'exubérance », mais c'est une couverture pour sa sensation de « je ne suis pas assez, je suis déficient ». Beaucoup de clients qui veulent des états extraordinaires ou des sentiments positifs essaient en fait de s'en servir comme stratégie pour régler un problème qu'ils ont eu toute leur vie et qu'ils ne peuvent résoudre.

« Pourquoi voulez-vous avoir accès à la joie et à l'exubérance ? » Réponse : « Je pense que ça m'aiderait à ne pas me sentir mal dans ma peau et à mieux parler avec les gens. »

« Qu'est-ce qui vous empêche de vous sentir bien dans votre peau ? » Réponse : « La plupart du temps, je me sens comme inadéquat. »

Phrase déclencheur : « Je ne suis pas assez ».

Diagnostic : Traumatisme générationnel.

Problème actuel : Elle veut une pleine expression sexuelle.

Histoire : La cliente a évité de parler de sexe pendant la séance, mais elle voulait clairement quelque chose. Enfin, elle a raconté qu'il y a 7 ans, elle avait déjà un désir sexuel décroissant. Il y a 15 ans, elle était très occupée à l'école, trop épuisée pour avoir de relation sexuelle avec son mari. Lorsqu'on lui demande de ressentir son mari, la cliente le sent « détaché ».

Contrat de paiement au résultat : « Enlever le blocage à l'expression sexuelle avec mon mari. »

Phrase déclencheur : « Je dois abandonner » (USD = 8)

Diagnostic : Cordes. (DPR utilisé comme traitement.)

Problème actuel : Ne pas être présent.

Histoire : Comment vous sentez-vous, émotionnellement, face au problème ? Réponse : « J'ai surtout peur de comment sont les gens, comme être imprévisible. Je me sens triste. Je suis incapable de créer des relations parce que je ne suis pas dans la même réalité que les autres. »

Quelles sont certaines des façons dont cela se manifeste ? Réponse : « La perception que ce monde est flou. Je n'arrive pas à comprendre ce qui se passe. Si je me concentre très fort, je peux. C'est comme dans un rêve. Comme un enfant, j'aime jouer et je n'aime pas entrer dans la réalité, je pars sur un autre plan. »

C'était quand la dernière fois que c'est arrivé ? Réponse : « Je n'arrivais pas à comprendre ce qui se passait. C'est lié au fait que la réalité est floue. Mes sens ne sont pas clairs. Le processus de voir et d'interagir. »

Diagnostic : Bulle.

Problème actuel : Désire gagner plus d'argent.

Histoire : « Je ressens de la panique au niveau du plexus solaire, de la peur, de la colère et de la nervosité. Je ressens de la peur et de la colère de ne pas en gagner assez. »

Avez-vous un sentiment de résistance ? Réponse : « Oui. »

Vous sentez-vous lourd ? Réponse : « Oui. »

Phrase déclencheur : « Nous n'allons plus vous payer. » (USD = 9)

Diagnostic : Blocage tribal.

Problème actuel : Les gens sont immatures.

Histoire : « Je suis arrogant, je regarde les gens qui se plaignent de leur problème, je pense, « petite mauviette », et j'ai une attitude condescendante. Je suis dans le jugement. Je suis issu d'une culture de pêcheurs qui travaillent dur, une culture très macho. »

Contrat de paiement au résultat : Éliminer la réaction macho aux personnes immatures.

Phrase déclencheur : « Fais-le maintenant ! »

Diagnostic : Blocage tribal.

Problème actuel : Anxiété.

Histoire : « Je suis anxieuse quand je me réveille le matin, avec des sentiments d'angoisse. J'ai aussi la peur de ne pas réussir, je suis indécise, je m'éparpille, je suis incapable de prendre des décisions, j'ai le sentiment d'être déchirée, je manque d'estime de soi et de confiance en moi. D'habitude, je fonctionne bien, mais pas dernièrement, c'est peut-être la ménopause. »

Contrat de paiement au résultat : Me débarrasser de l'anxiété sous-jacente constante lorsque je me réveille le matin.

Phrase déclencheur : « Je vais mourir seule »

Diagnostic : Traumatisme générationnel et association du corps.

Résultats : La cliente n'a eu aucun symptôme pendant quelques jours, mais ils sont revenus avec la même anxiété au réveil le matin. La cliente se réveille en se sentant bien, mais elle a rapidement une pensée anxieuse qui la rend anxieuse et elle présente des symptômes physiques (battements de cœur rapides, syndrome du côlon irritable).

Contrat de paiement au résultat : le même que pour la séance précédente.

Diagnostic : Bavardage mental ; traité à l'aide de la Body Association Technique™.

Problème actuel : Je ne suis pas content de ma carrière.

Histoire : « Je me sens bloqué, je me sabote et je travaille/écris pour les autres plutôt que pour moi-même. Je dois travailler dur pour gagner de l'argent. »

Contrat de paiement au résultat : Lorsque je pense à travailler/écrire pour moi-même, au lieu de mon patron, je ne me sens plus bloqué, et n'ai pas l'impression de me retenir.

Phrase déclencheur : « Quand je suis sous le feu des projecteurs, on m'écrase. »

Diagnostic : Blocage tribal.

Problème actuel : Des voix gênantes pendant presque toute ma vie.

Histoire : « Je me parle à moi-même de façon vraiment négative. C'est un bavardage subconscient, des trucs de voix parentale. J'ai fait de l'hypnose, mais ça a semblé brouiller ma voix encore plus. Le choix de langage est étrange, et c'est aussi comme une voix d'ego. Je n'arrive pas à l'arrêter et ça peut commencer à me donner le tournis. Parfois, c'est bruyant, et ça veut prendre le contrôle. Je rumine avec un discours négatif, il y a une nuance qui n'est pas seulement ma voix. »

Contrat de paiement au résultat : Éliminer 3 voix : La voix de l'ego qui est en colère et craintive ; la voix de la mère qui est négative, méchante, contrôlante, haineuse ; la voix de l'esprit subconscient qui est désespérée, obstinée, provocante.

Diagnostic : Bavardage mental ; traité à l'aide de la Body Association Technique™ (avec une seule main).

Problème actuel : Blocage à une respiration facile.

Histoire : La cliente a une structure métallique inorganique (cage, poutre, camisole, étau, implant extraterrestre) dans le ventre depuis 13 ans. En conséquence, elle ne peut pas respirer librement, elle ressent qu'elle ne possède pas son corps, elle se sent étouffée, désespérée et enragée. En régression, la mémoire de la cliente s'est bloquée au moment du traumatisme. La cliente a parlé de divers autres événements. Cela a demandé un certain effort ; le thérapeute a utilisé une forme modifiée de la technique TIR pour déterminer le moment exact du traumatisme. La cliente s'est disputée à l'âge de 34 ans lorsque son conjoint lançait des assiettes. Elle ressentait de la colère et de la haine.

Diagnostic : Structure du cerveau de la couronne.

Problème actuel : Il veut sortir avec quelqu'un.

Histoire : Le client masculin trouve difficile d'aller à un rendez-vous galant. Quand il pense à sortir avec des femmes attirantes, il a des symptômes physiques d'anxiété, de nausée, d'étouffement, d'oppression thoracique et de panique.

Phrase déclencheur : « J'aurai le cœur brisé ». USD = 10.

Diagnostic : Traumatisme simple. Le tapotement a guéri le problème.

Problème actuel : Je me sens mal d'emprunter de l'argent.

Histoire : Un ouvrier dans le bâtiment répète le schéma de gagner de l'argent, puis, lorsque son emploi prend fin, il ne sort pas pour trouver un nouvel emploi. Au lieu de cela, il se sent mal d'avoir besoin d'emprunter de l'argent aux autres. Il a des sentiments positifs quant à son choix de ne pas travailler, ainsi qu'un sentiment de bon droit, d'arrogance et d'attitude impudente.

Phrase déclencheur : « Je me sens inadéquat dans mon travail ».

Diagnostic : Traumatisme simple. Le tapotement a guéri le problème.

Problème actuel : Je ne veux pas retourner en Europe.

Histoire : Cette femme d'une quarantaine d'années a quitté l'Europe pour venir s'installer au Canada. Elle se sent mal quand elle pense à retourner travailler dans son pays d'origine en Europe, et cela dure depuis dix ans. Elle estime que cette culture est très difficile et désagréable à vivre. Elle ressent continuellement des sensations de pression douloureuse et de lourdeur dans le cou lorsqu'elle songe à y retourner. Elle se sent contrôlée et limitée à cet endroit.

Diagnostic : Problème grave de blocage tribal interculturel. Guéri en utilisant la Silent Mind Technique™.

Problème actuel : Se sent contrôlé.

Histoire : Les symptômes d'une femme d'âge moyen ont commencé la semaine dernière. Elle est facilement en colère, voire violente, et se sent envahie par tous ceux qui l'entourent. Elle dit qu'il s'agit d'un « problème de contrôle ». « Je réagis à certaines personnes dans mon espace vital. » « Je ne veux pas de négativité dans mon espace vital. » « Il y a une pression à l'extérieur pour changer ou être différent. »

Phrase déclencheur : « Va te faire foutre ! »

Diagnostic : Blocage tribal.

Problème actuel : Je ne peux pas survivre ici.

Histoire : Une femme avait très envie de venir vivre sur une île qu'elle avait déjà visitée, mais quand elle y a déménagé après plusieurs années de planification, ce fut un désastre. Financièrement, elle n'y arrivait pas, et ses économies s'envolaient. Il s'avère qu'elle avait avorté à peu près à l'époque où elle avait initialement prévu de déménager sur l'île.

Diagnostic : Perte d'âme.

Problème actuel : Succès financier.

Histoire : Le client n'était pas heureux parce qu'il n'avait pas assez d'argent pour faire les choses qu'il voulait faire. « C'est comme un thermostat, je n'ai qu'un certain niveau de revenu. »

Phrase déclencheur : « Je suis empêché de vivre ma vie ». USD = 8.

Diagnostic : Blocage tribal.

Problème actuel : Mon mari ne me prête pas attention.

Histoire : « Je me sens triste, parce que mon mari, même s'il me parle, ne me prête pas attention. En conséquence, j'ai besoin de parler à quelqu'un d'autre qui le fait. » L'attention de la cliente se porte toujours sur son souci de « si les autres m'aiment ou pas ». « S'ils m'écoutent, je me sens bien et j'aime parler avec eux. »

Phrase déclencheur : « L'amour est le but de ma vie ».

Diagnostic : Trou-a. « Après ma guérison, l'attention ou l'amour n'est plus la force motrice derrière mon dialogue avec les gens. »

Problème actuel : Perte de l'attirance sexuelle pour le mari après l'accouchement.

Histoire : Une femme au niveau de fonctionnement élevé a perdu son attirance sexuelle pour son mari il y a trois ans, après la naissance de leur enfant. « Il me repousse ». « Je ne vois pas dans ses yeux son désir pour moi. »

Diagnostic : Cordes.

Quiz

Questions générales sur le diagnostic

1) Qu'est-ce qu'une « phrase déclencheur » et en quoi diffère-t-elle d'une description du problème présenté par le client ?

2) Combien de temps devriez-vous écouter l'histoire du client ?

3) Quelle catégorie de problèmes peut être déclenchée par la méditation ?

4) Quel est un problème très perturbateur qui peut être causé par l'augmentation de la conscience de soi-même en utilisant la méditation ?

5) Que signifie « diagnostic différentiel » ?

6) Si un client perd brusquement ses symptômes pendant la guérison, quelle peut en être la cause ?

7) Comment vérifier si un traumatisme est guéri ?

8) Quelles sont les premières étapes du diagnostic ?

9) Quelle est l'une des façons de repérer les traumatismes générationnels qui causent ou contribuent à aggraver le problème de votre client ?

10) Quand devriez-vous toujours soupçonner que c'est le blocage tribal qui cause le problème de votre client ?

11) Si un client a d'importants états de conscience extraordinaires, peut-il encore avoir des problèmes, et si oui, pourquoi ?

12) Les clients peuvent-ils connaître la cause de leur problème inhabituel ?

13) Lorsque vous guérissez un client qui a différents problèmes de gènes bloqués (biographiques, générationnels, associatifs), par lequel commenceriez-vous habituellement et pourquoi ?

14) Quelle est la différence entre un traumatisme fondamental et un problème dominant ?

15) Qu'est-ce qu'une phrase traumatique ?

16) Qu'est-ce qu'un substitut sensoriel ?

Questions sur des cas subcellulaires précis

17) Quelle est la différence entre un trou-m et un trou ?

18) Quelle est la différence entre une corde-m et une corde ?

19) Pourquoi les gens déplacent-ils leur conscience dans des bulles ?

20) Quel est le diagnostic de cas subcellulaire pour la canalisation ?

21) Les thérapeutes supposent que l'expérience d'un client est toujours négative, habituellement causée par un traumatisme. Quelles sont certaines des choses positives qu'un client peut vivre ?

22) L'absence d'émotion chez un client peut être causée par ?

23) Quel cas subcellulaire peut déclencher une crise de colère chez un enfant ?

24) Quelles sont les causes d'une croyance limitante chez un client ?

25) Quelle est l'une des façons d'identifier la classe de parasite (ou une combinaison de classes) dont votre client fait l'expérience ?

Questions sur la sécurité et l'éthique

26) Quelle est une façon facile et temporaire d'aider de nombreux clients suicidaires presque instantanément ?

27) Quels événements du développement contribuent aux pulsions suicidaires et pourquoi ?

28) Quels sont certains des problèmes qui peuvent être déclenchés par les thérapies de traitement des traumatismes ?

29) Que faites-vous si vous rencontrez un problème que vous ne pouvez pas guérir chez un client ?

30) Quels sont les préparatifs à faire avant une séance de thérapie par Skype (ou autre logiciel en ligne) et pourquoi ?

31) Parlez-vous aux clients des problèmes de parasites subcellulaires et pourquoi ?

32) Est-il conforme à l'éthique d'imposer des frais élevés pour des processus de guérison très rapides ?

33) Quels sont des problèmes psychologiques dus à des problèmes médicaux ?

34) Quelles sont les deux principales parties des contrats de « paiement au résultat » ?

35) Pourquoi les pratiques de facturation courantes sont-elles contraires à l'éthique ? (Donnez une raison.)

Questions sur l'ISPS

36) L'ISPS encourage-t-il ou décourage-t-il l'utilisation de techniques autres que celles de l'ISPS ?

37) Si une personne est certifiée par l'ISPS, doit-elle quand même utiliser un système de « paiement au résultat », même si elle utilise des techniques autres que celles de l'ISPS ?

Réponses au quiz

Questions générales sur le diagnostic

1) Qu'est-ce qu'une « phrase déclencheur » et en quoi diffère-t-elle d'une description du problème présenté par le client ?

Réponse : La phrase déclencheur est conçue pour stimuler la réaction émotionnelle du client et non pour décrire le problème ou l'histoire.

2) Combien de temps devriez-vous écouter l'histoire du client ?

Réponse : Généralement seulement 3 à 5 minutes.

3) Quelle catégorie de problèmes peut être déclenchée par la méditation ?

Réponse : Les urgences spirituelles.

4) Quel est un problème très perturbateur qui peut être causé par l'augmentation de la conscience de soi-même en utilisant la méditation ?

Réponse : Il peut y avoir une prise de conscience des trous.

5) Que signifie « diagnostic différentiel » ?

Réponse : Un symptôme peut être causé par plus d'un problème. Vous utilisez d'autres symptômes qui sont différents entre les causes multiples afin d'identifier la cause correcte.

6) Si un client perd brusquement ses symptômes pendant la guérison, quelle peut en être la cause ?

Réponse : Il se peut qu'il ait un état « Être Présent » fort : ou qu'il ait créé un contournement de traumatisme, qu'il ait une faculté exceptionnelle de s'aimer et de s'accepter, ou qu'il se dupe lui-même (il faut le vérifier).

7) Comment vérifier si un traumatisme est guéri ?

Réponse : Vérifiez s'il y a un sentiment de calme, de paix et de légèreté au moment de l'événement ; et si vous êtes dans votre corps au moment du traumatisme lorsque vous y retournez pour la première fois.

8) Quelles sont les premières étapes du diagnostic ?

Réponse : Obtenez la phrase déclencheur et l'USD. Décidez s'il s'agit d'un simple traumatisme biographique ou générationnel. Regardez le moment où le problème a commencé. Est-ce que le tapotement fonctionne sur le client ?

9) Quelle est l'une des façons de repérer les traumatismes générationnels qui causent ou contribuent à aggraver le problème de votre client ?

Réponse : Le sentiment est-il très « personnel » (cela peut être difficile à expliquer) ; ou avez-vous l'impression qu'il y a quelque chose qui intrinsèquement ne va pas chez vous, que vous êtes tout bonnement défectueux ; ou bien d'autres membres de la famille ont le même problème.

10) Quand devriez-vous toujours soupçonner que c'est le blocage tribal qui cause le problème de votre client ?

Réponse : Lorsque le client essaie de changer ou de se développer personnellement/professionnellement, lorsque c'est une personne au niveau de fonctionnement élevé, lorsqu'il veut un état de conscience extraordinaire et/ou lorsqu'il se sent lourd dans sa vie.

11) Si un client a d'importants états de conscience extraordinaires, peut-il encore avoir des problèmes, et si oui, pourquoi ?

Réponse : Oui. Il a encore des traumatismes. C'est un problème particulier parmi les enseignants spirituels (par exemple, de célèbres enseignants bouddhistes zen qui étaient également alcooliques). Certaines personnes dans l'état de Beauté Fondamentale peuvent encore trouver que la bière, le vin ou les alcools forts ont bon goût ; à l'extrême, être aussi alcooliques.

12) Les clients peuvent-ils connaître la cause de leur problème inhabituel ?

Réponse : Parfois.

13) Lorsque vous guérissez un client qui a différents problèmes de gènes bloqués (biographiques, générationnels, associatifs), par lequel commenceriez-vous habituellement et pourquoi ?

Réponse : Généralement, on commence d'abord par les traumatismes générationnels, parce qu'ils ont habituellement le plus d'impact sur une personne. (Ils causent également des problèmes structurels dans la cellule primaire qui peuvent à leur tour causer d'autres symptômes.) Puis vous guérissez les associations du corps, puis les traumatismes biographiques. Cela correspond à la guérison des gènes en partant du cerveau triunique inférieur et en remontant vers le haut (du périnée pour les générationnels, du corps pour les associatifs, du cœur pour les biographiques), et non de façon aléatoire ou du haut vers le bas.

14) Quelle est la différence entre un traumatisme fondamental et un problème dominant ?

Réponse : Le client ne ressent pas un traumatisme fondamental, mais peut en voir les effets dans sa vie. Le problème dominant cause un inconfort et des souffrances plutôt constants et constitue le principal problème pour le client.

15) Qu'est-ce qu'une phrase traumatique ?

Réponse : Un moment traumatique comporte une phrase courte d'un à quatre mots indiquant la croyance ou la décision qui s'est formée au cours de l'expérience traumatique. C'est une traduction mot à mot de la sensation corporelle lors de ce moment figé dans le temps.

16) Qu'est-ce qu'un substitut sensoriel ?

Réponse : Le client trouve un substitut dans le monde ou dans sa cellule primaire qui est ressenti comme identique à quelque chose qui se trouvait à l'extérieur de lui-même lors d'un traumatisme prénatal précoce. Il s'agit généralement d'une association du corps motivée par des sentiments d'essayer de survivre.

Questions sur des cas subcellulaires précis

17) Quelle est la différence entre un trou-m et un trou ?

Réponse : Un trou est une zone de vide déficient dans le corps. Un trou-m est une zone manquante, mais remplie d'un sentiment négatif qui a une connotation maléfique.

18) Quelle est la différence entre une corde-m et une corde ?

Réponse : Une corde relie des traumatismes complémentaires entre les personnes et donne la sensation que l'autre personne a une personnalité. La corde-m relie également les gens, mais donne seulement le sentiment que l'autre personne est ressentie comme maléfique (dans un endroit particulier de son corps).

19) Pourquoi les gens déplacent-ils leur conscience dans des bulles ?

Réponse : Cela donne à la personne un sentiment illogique de sécurité.

20) Quel est le diagnostic de cas subcellulaire pour la canalisation ?

Réponse : Les voix ribosomiques.

21) Les thérapeutes supposent que l'expérience d'un client est toujours négative, habituellement causée par un traumatisme. Quelles sont certaines des choses positives qu'un client peut vivre ?

Réponse : L'intuition, en particulier du type « un savoir calme, neutre » ; les expériences ou les états extraordinaires.

22) L'absence d'émotions chez un client peut être causée par ?

Réponse : L'arrêt du cerveau du cœur ou rarement un état extraordinaire de paix intérieure.

23) Quel cas subcellulaire peut déclencher une crise de colère chez un enfant ?

Réponse : Les voix ribosomiques, en raison du changement de la tonalité émotionnelle du parent.

24) Quelles sont les causes d'une croyance limitante chez un client ?

Réponse : Les traumatismes biographiques donnent des croyances mues par une charge émotionnelle. Les traumatismes fondamentaux créent des croyances qui n'ont aucun contenu émotionnel.

25) Quelle est l'une des façons d'identifier la classe de parasite (ou une combinaison de classes) dont votre client fait l'expérience ?

Réponse : Les parasites insectiformes ont un « goût » métallique, les champignons donnent la nausée et les bactéries donnent l'impression d'être empoisonnées ou toxiques. La plupart des gens bloquent automatiquement ces qualités parasitaires intrinsèques, mais peuvent habituellement les détecter si on leur demande de le faire. Cependant, cela doit être fait avec parcimonie, voire pas du tout - il est préférable que le client interagisse aussi peu que possible avec les parasites.

Questions sur la sécurité et l'éthique

26) Quelle est une façon facile et temporaire d'aider de nombreux clients suicidaires presque instantanément ?

Réponse : Leur faire toucher leur nombril.

27) Quels événements développementaux contribuent aux pulsions suicidaires et pourquoi ?

Réponse : La mort du placenta - le placenta doit mourir à la naissance, mais un traumatisme renferme ce sentiment et il peut être stimulé chez le client plus tard dans sa vie.

28) Quels sont certains des problèmes qui peuvent être déclenchés par les thérapies de traitement des traumatismes ?

Réponse : La submersion traumatique, la décompensation, la découverte de sensations traumatiques ou de cas subcellulaires pires, de nouveaux symptômes parasitaires.

29) Que faites-vous si vous rencontrez un problème que vous ne pouvez pas guérir chez un client ?

Réponse : Essayez d'aider votre client à trouver quelqu'un qui peut l'aider : référez-les à des spécialistes que vous avez trouvés justement pour le cas où cette possibilité se présenterait ; si vous êtes certifié par l'ISPS, contactez le personnel des cliniques de l'ISPS.

30) Quels sont les préparatifs à faire avant une séance de thérapie par Skype (ou autre logiciel en ligne) et pourquoi ?

Réponse : Assurez-vous d'avoir d'autres moyens de poursuivre la séance si internet cesse de fonctionner ; demandez à quelqu'un d'autre d'être présent physiquement pour intervenir en cas de problème ; utilisez les formulaires standard de consentement éclairé et de responsabilité afin qu'ils ne paniquent pas si cela se produit.

31) Parlez-vous aux clients des problèmes de parasites subcellulaires et pourquoi ?

Réponse : C'est en général une mauvaise idée d'aborder ce problème, parce que le client peut paniquer ou s'inquiéter inutilement, et que cela n'a aucune incidence sur le traitement ; ou alors cela peut l'amener à essayer d'inventer des moyens dangereux pour guérir ce problème par lui-même.

32) Est-il conforme à l'éthique d'imposer des frais élevés pour des processus de guérison très rapides ?

Réponse : Oui. Votre contrat était pour le service rendu, pas pour votre temps. Le client a déjà décidé de la valeur de votre service. Cela vous permet également de facturer moins cher aux clients qui nécessitent plus de temps, si vous choisissez de pratiquer ainsi (facturation sur la base d'un tarif fixe).

33) Quels sont des problèmes psychologiques dus à des problèmes médicaux ?

Réponse : Les lésions cérébrales ; les effets secondaires des médicaments sur ordonnance ; le champignon candida dans l'intestin.

34) Quelles sont les deux principales parties des contrats de « paiement au résultat » ?

Réponse : Avant le début du traitement, déterminez les critères de réussite et précisez le coût total des services. Si les critères ne sont pas remplis, il n'y a pas d'honoraires à payer. Cela permet au client de décider si le rapport coût/bénéfice en vaut la peine pour lui.

35) Pourquoi les pratiques de facturation courantes sont-elles contraires à l'éthique ? (Donnez une raison.)

Réponse : La motivation sous-jacente du client, même si elle n'est pas exprimée, est l'espoir que le temps passé avec le thérapeute résoudra son ou ses problèmes. Une guérison partielle, aléatoire ou sans succès nourrit l'espoir sans respecter le contrat implicite. Les pratiques courantes s'attaquent essentiellement aux personnes vulnérables, utilisant le désir sous-jacent du client afin d'obtenir de l'argent sans honorer le contrat tacite.

Questions sur l'ISPS

36) L'ISPS encourage-t-il ou décourage-t-il l'utilisation de techniques autres que celles de l'ISPS ?

Réponse : Nous encourageons l'utilisation de toutes les techniques qui fonctionnent. Cependant, certaines techniques obtiennent leur effet en endommageant le client et doivent être évitées.

37) Si une personne est certifiée par l'ISPS, doit-elle quand même utiliser un système de « paiement au résultat », même si elle utilise des techniques autres que celles de l'ISPS ?
Réponse : Oui.

Les classes de parasites et leurs cas subcellulaires

Parasites insectiformes (classe 1) :

- Bulle (en combinaison avec un organisme fongique)
- Problèmes de parasites insectiformes
- Prions liés aux états extraordinaires (anciennement états extraordinaires endommagés (voilés))

Parasites fongiques (classe 2) :

- Problème de chakras
- Colonne du Soi
- Corde
- Problèmes de parasites fongiques
- Chemin de vie
- TPM (Trouble de la Personnalité Multiple)
- Malédiction (enveloppante ou pointe de flèche)
- Traumatismes d'une vie antérieure
- Sur-identification avec le Créateur
- Voix ribosomiques
- Cristaux brisés
- Trou-a
- Boucles temporelles
- Blocage tribal

Parasites bactériens (classe 3) :

- Syndrome d'Asperger (en combinaison avec un organisme fongique)
- Problèmes de parasites bactériens
- Copie
- Trou-m
- Les grands-parents autour du corps
- Boucles sonores
- Contournements de traumatismes

Trouver des techniques

Ce manuel a été conçu pour aider les thérapeutes formés à la technique de régression Whole-Hearted Healing™ et à la thérapie Peak States® à diagnostiquer les clients. Les techniques spécifiques ne sont pas expliquées dans ce manuel. Nous vous renvoyons plutôt à des manuels déjà publiés ou à nos cours de formation. Vous trouverez ci-dessous un guide indiquant où se trouvent actuellement certaines de ces techniques (information valable en 2014) :

Body Association Technique : *Silence the Voices* de Grant McFetridge.

Courteau Projection Technique : *The Whole-Hearted Healing™ Workbook* de Paula Courteau.

Crosby Vortex Technique : *The Whole-Hearted Healing™ Workbook* de Paula Courteau.

Distant Personality Release : *Le manuel du Whole-Hearted Healing™* de Grant McFetridge et Mary Pellicer.

Generational Trauma technique: *The Whole-Hearted Healing™ Workbook* de Paula Courteau.

Silent Mind Technique : *Silence the Voices* de Grant McFetridge.

Tribal Block Technique : pas encore publiée.

Waisel Extreme Emotions Technique : pas encore publiée.

Whole-Hearted Healing™ : *Le manuel du Whole-Hearted Healing™* de Grant McFetridge et Mary Pellicer.

Le paiement au résultat : guide de calcul des honoraires

Lorsque vous utilisez le système de « paiement au résultat », comment calculez-vous vos honoraires pour les services ? Dans la présente annexe, nous traiterons de la méthode la plus simple et la moins risquée qui permet à vos clients d'obtenir les coûts les moins élevés possible tout en atteignant vos objectifs financiers.

Tout d'abord, vos honoraires sont précisés *d'entrée* dans la proposition de contrat que vous faites au client lors de l'entrevue initiale. Si vous réussissez à respecter les conditions du contrat, vous percevez ce montant - si vous ne respectez pas les conditions, ou si vous n'y parvenez que partiellement, vous n'êtes pas payé du tout. Vous ne facturez pas non plus séparément pour le diagnostic ou les consultations avec des clients qui n'acceptent pas votre proposition de contrat ni pour des clients que vous n'avez pas été en mesure de soigner. Bien que cela semble impossible pour de nombreux thérapeutes habitués à la facturation au temps passé, de nombreuses professions utilisent exactement ce mode de facturation de « paiement au résultat ». En fait, vous rencontrez ce mode de facturation presque tous les jours ! Après tout, vous vous attendez à ce que votre épicerie ne vende que des aliments frais et sains, pas mélangés à de la vieille marchandise pourrie ou avariée...

1 - Calculez votre forfait

En réalité, la plupart des thérapeutes en médecine générale qui utilisent le modèle de « paiement au résultat » utilisent simplement le même standard et fixent des honoraires pour chaque problème thérapeutique ordinaire. Fondamentalement, c'est une « taille unique ». Quel que soit le problème du client, ils facturent le même montant. La facturation d'honoraires fixes minimise le risque financier pour le thérapeute, car le risque et la récompense sont répartis également entre tous les clients. Les frais minimaux typiques pour une thérapie générale se situent entre 250 $ et 350 $US, mais varient selon le pays et le coût de la vie.

Il est intéressant de noter que, d'après notre expérience, la plupart des clients qui « paient au résultat » se contentent d'un tarif fixe - ils ne préoccupent véritablement que d'éliminer leur problème. (Ce ne sont généralement que des thérapeutes ou d'autres « professionnels de la santé » qui ont un problème avec ce mode de facturation.) Les clients reconnaissent qu'ils paient pour votre expertise et non pour votre temps. En fait, pour eux, plus court c'est mieux - les clients sont fatigués de souffrir et veulent simplement que le problème disparaisse le plus rapidement possible. Comme pour une réparation d'automobile, les clients sont plus satisfaits si celle-ci est effectuée en une heure plutôt qu'en une journée. Un devis préalable leur permet également d'évaluer le rapport coût/bénéfice et le budget de leur traitement. Encore une fois, puisqu'il s'agit de « payer au résultat », leur principale crainte de gaspiller inutilement une grande somme d'argent n'est plus un problème. Cette structure tarifaire signifie également que la moitié des clients sont facturés moins cher, et l'autre moitié plus cher, par rapport à un système de tarification horaire. Cela aide vraiment les clients plus lents et ne représente pas un fardeau excessif pour les clients plus rapides.

Alors, comment fixez-vous vos honoraires fixes ? Comme ces épiciers, vous devez fixer le prix de vos services pour couvrir les clients que vous soignez et ceux que vous ne soignez pas. Bien que vous ne puissiez pas prédire quels clients en particulier guériront (et vous feront gagner de l'argent), vos succès et vos échecs se maintiendront au fil du temps à un taux relativement stable. Grâce à cela, nous pouvons maintenant écrire un moyen simple de calculer les honoraires dont vous avez besoin :

$$honoraires = (taux\ horaire\ souhaité) * \frac{(total\ des\ heures\ de\ contact\ client)}{(nombre\ de\ clients\ guéris)}$$

Équation 10.1

La figure 10.1 montre la relation entre les honoraires fixes et le taux horaire à partir de l'équation 10.1. Le nom du graphe « temps de traitement chargé » signifie que cette moyenne comprend également le temps passé sur les clients que nous n'avons pas réussi à guérir, ainsi que le temps passé dans toutes les entrevues initiales. Il suppose également une charge en clients complète.

Notez que les honoraires que vous fixez vous donnent un revenu basé sur vos *heures de contact avec les clients*. D'autres frais généraux, comme le nettoyage de votre bureau ou la rédaction de matériel publicitaire, n'influent pas directement sur vos honoraires. Dans un cabinet, il est d'usage que les frais supplémentaires soient couverts par le taux horaire équivalent que vous avez choisi. Bien sûr, ce que vous facturez dépend de vous (dans les limites de la « facturation au résultat »).

Rien ne vous oblige à facturer votre tarif fixe standard si le problème du client a été traité rapidement, ce qui signifie que vous pourriez facturer moins si vous le vouliez - mais vous devez faire attention, car votre revenu dépend du fait que certains clients guérissent plus vite pour compenser pour ceux qui guérissent plus lentement !

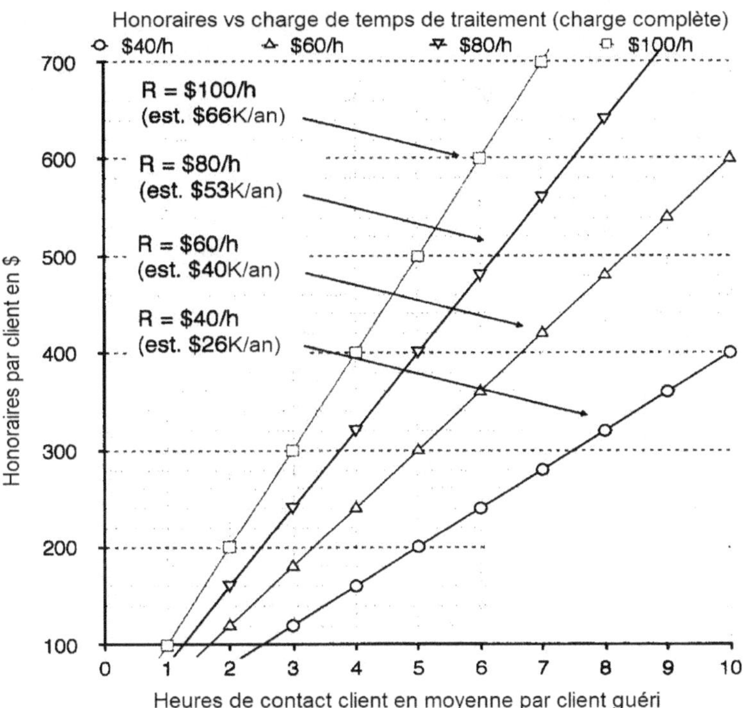

Figure 10.1 : Un graphe des honoraires fixes (équation 10.1) pour quatre taux horaires différents. Les revenus annuels estimés ont été calculés sur l'hypothèse de 660 heures de contact par an.

Exemple 10.1 : Les maths, beurk ! Dites-moi juste combien il faut facturer....

Des frais fixes d'environ 350 $US constituent une estimation raisonnable pour un débutant typique qui utilise des techniques de psychobiologie subcellulaire. Au fil du temps, vous pouvez utiliser l'équation 10.1 et ajuster vos honoraires en fonction de votre niveau de compétence et des problématiques des clients.

Comment en sommes-nous arrivés à un tarif fixe de 350 $ pour les débutants ? Voici les paramètres raisonnables (espérons-le) que nous avons utilisés. Vous voulez un revenu annuel de 50 000 $US et vous travaillez 660 heures par an, ce qui signifie que vous avez besoin d'un taux horaire équivalent (R) de 76 $/heure. La durée moyenne de votre diagnostic (T) est de 0,5 heure ; la durée moyenne de votre traitement thérapeutique global (A) est de 2 heures ; la durée limite maximale au-delà de laquelle vous devriez arrêter (C) est de 4 heures (nous l'expliquerons plus tard) ; le pourcentage de clients qui commencent le traitement après votre entrevue initiale (Pt) est de 80% ; et votre taux de réussite (P) pour ceux qui commencent est de 70%. Ainsi, dans le cadre de la figure 10.1, vous avez 4,6 heures de contact total par client guéri.

Compte tenu de ces chiffres, vous auriez à travailler avec 256 clients en un an, ce qui signifie que vous devriez voir 6 nouveaux clients chaque semaine (en comptant sur une semaine de travail de 5 jours avec 15,2 heures de contact client par semaine réparties sur 217 jours de travail pendant 43,4 semaines par an). Si vous ne pouvez pas obtenir autant de nouveaux clients, vous devrez soit accepter un revenu annuel inférieur (p. ex. pour 10% de clients en moins, votre revenu serait inférieur de 10%), soit augmenter vos honoraires pour compenser (p. ex. pour 10% de clients en moins, vous devrez augmenter vos honoraires de 10%).

2 - Surveillez votre rendement financier

L'équation simple 10.1 dit que pour calculer votre tarif fixe « taille unique », tout ce que vous avez à faire est de comptabiliser le temps cumulé que vous avez passé avec tous vos clients, tout en gardant une trace du nombre de clients que vous avez réellement été capable de guérir. La seule chose que vous devez savoir à l'avance est le taux horaire R désiré (disons 75 \$/heure). Au fur et à mesure que les semaines passent, vous continuez de mettre ces totaux à jour pour vous assurer que vos honoraires sont à peu près corrects.

Nous pouvons aussi réécrire cette équation pour nous assurer que le taux horaire désiré se maintient. Simple, n'est-ce pas ?

$$R = \frac{(total\ des\ honoraires)}{(total\ de\ toutes\ les\ heures\ de\ contact\ client)} = \frac{honoraires * (nombre\ de\ clients\ soignés)}{(total\ de\ toutes\ les\ heures\ de\ contact\ client)}$$

Équation 10.2 en \$/h

En fait, avec le temps, votre taux de réussite augmente, puis atteint un plateau à mesure que vous devenez plus compétent ; et continue de remonter à mesure que de nouvelles techniques sont mises au point et que des cas subcellulaires sont identifiés. Si vous êtes débutant, les thérapeutes que nous avons formés à l'utilisation des techniques subcellulaires s'améliorent rapidement au cours de leurs 20 premiers clients. Ainsi, vous constatez que vous pouvez diminuer vos honoraires tout en atteignant votre objectif de revenu horaire. Les thérapeutes expérimentés deviennent plus compétents, mais commencent souvent à accepter (ou à attirer) des clients plus difficiles qui prennent plus de temps. Ainsi, leur vitesse accrue peut être contrebalancée par des clients plus difficiles, ce qui nécessite parfois un rajustement des honoraires pour maintenir leur taux horaire équivalent au taux cible.

3 - Faites des choix au sujet de votre pratique

3.1 - Estimez le nombre d'heures de contact avec vos clients (W)

En tant que thérapeute avec un cabinet privé, vous devez décider combien d'heures vous voulez passer par semaine avec des clients. Vous devez également tenir compte du temps que vous devez consacrer à votre activité (passer des appels, prendre des rendez-vous, faire de la publicité, bavarder avec des organisations potentielles, tenir des dossiers à jour, assurer la facturation, payer les factures, etc.) Si vous travaillez une journée complète de 8 heures, il est raisonnable de prévoir 2 heures par jour pour ces autres tâches.

Le temps libre est un autre problème. Vous avez besoin de temps libre, et les clients ne viennent souvent pas pendant certaines périodes de l'année. Par exemple, les mois d'été et le mois suivant Noël sont peu susceptibles d'avoir une charge de travail complète. Ainsi, bien que cela varie considérablement, le maximum auquel vous pouvez probablement vous attendre est de 10 mois de travail à temps plein à raison de 30 heures par semaine de contact avec les patients et de 40 heures de travail par semaine au total. Ainsi, nous travaillons environ 217 jours ou 43,4 semaines à raison de 5 jours par semaine. Cela donne un maximum de 1 320 heures de contact - et il est plus probable que vous aurez beaucoup moins d'heures de contact, car vous n'aurez probablement pas un flux continu de clients sans pause. Une charge à mi-temps est probablement une estimation maximale raisonnable (bien qu'elle puisse être beaucoup moins élevée, surtout au début). Avec cette estimation, vous n'aurez que 660 heures par année de pratique privée en contact avec la clientèle (avec 220 heures supplémentaires pour d'autres tâches). Ce nombre est faible pour un thérapeute employé dans un établissement, mais probablement réaliste pour un thérapeute en pratique privée.

Si nous travaillons environ 660 heures de contact par an, cela signifie que nous avons environ 3 heures de contact par jour ouvrable. (Si l'on compte 220 heures supplémentaires par an pour d'autres tâches, cela représente un total d'environ 4,1 heures par jour ouvrable). Cet horaire d'une demi-journée n'est pas déraisonnable, car le nombre de clients qui veulent nos services est habituellement le facteur limitant, et ce travail de guérison de traumatisme est très exigeant pour le thérapeute. Cela permet aussi au thérapeute en psychotraumatologie de faire des heures supplémentaires beaucoup plus facilement, ce qui arrive souvent avec ce travail. Cela permet également au thérapeute de travailler plus longtemps les semaines où il y a beaucoup de clients, et d'avoir des semaines plus courtes quand il y a moins de clients.

3.2 - Déterminez votre taux horaire équivalent désiré (R)

Avec le « paiement au résultat », vous fixez un prix par tâche, plutôt que de facturer à l'heure. Cependant, en faisant la moyenne sur un certain nombre de clients, vous pouvez considérer votre revenu comme si vous aviez un emploi rémunéré à un taux horaire équivalent R - l'argent total que vous avez gagné divisé par le temps total que vous avez passé avec tous vos clients (c.-à-d., $/heure). Cette façon de penser est utile à plusieurs égards. Elle vous permet de calculer les honoraires en fonction du taux de rémunération que vous désirez, de comparer votre revenu à celui d'autres thérapeutes et de calculer facilement votre revenu annuel.

Tout d'abord, vous pouvez choisir votre taux horaire R équivalent en vous comparant au taux horaire des autres thérapeutes ordinaires. Renseignez-vous sur les psychothérapeutes de votre secteur qui facturent les services de psychothérapie (les plus bas et les plus hauts de gamme). Vous décidez ensuite où votre niveau de compétence et votre capacité de communiquer avec les gens vous situent dans l'échelle de rémunération horaire locale. (Dans la perspective de pouvoir facturer des honoraires plus élevés, il est souvent plus important de faire en sorte que les gens se sentent bien dans leur peau et dans leur relation avec vous que d'être compétent dans la guérison des clients.) Une fois que vous avez un chiffre, vérifiez s'il atteint vos objectifs financiers annuels - calculez ce que vous gagnerez à la fin de l'année pour voir s'il est suffisant.

La deuxième façon de choisir votre taux horaire équivalent R est de partir du revenu annuel que vous souhaitez, puis de calculer ce que vous devez facturer pour atteindre cet objectif. Évidemment, il y a des concessions à faire à ce sujet - vous voudrez savoir quelle est la fourchette typique des honoraires dans votre région, de sorte que vous puissiez voir si ce que vous voulez est raisonnable.

$$R = \frac{I}{R} = \frac{(revenu\ annuel\ souhaité)}{(heures\ annuelles\ de\ contact\ client)}$$

Équation 10,3 (en $/h)

Selon un sondage réalisé en 2009 par l'American Psychological Association, le revenu médian d'un titulaire d'une maîtrise dans une activité privée en psychologie clinique était de 40,5 K$ (écart-type = 27 K$) ; pour une moyenne de 660 heures de contact client, cela signifie R = 61 $/h. Le revenu médian pour un niveau de maîtrise dans une activité privée en assistance sociopsychologique était de 55 K$; pour une moyenne de 660 heures de contact client, cela signifie R = 83 $/h. Il y avait également une grande variation de revenu en fonction des années d'expérience.

Quel que soit le taux que vous choisissez, rappelez-vous que vous offrez à tous vos clients deux caractéristiques exceptionnelles qui rendent vos services beaucoup plus précieux que ceux de vos collègues. Tout d'abord, votre politique de « facturation au résultat » élimine le risque financier du client. C'est la chose la plus précieuse que vous puissiez offrir à un client (surtout à ceux qui ont des problèmes chroniques et qui ont gaspillé leurs économies habituellement très limitées dans des tentatives futiles de guérison). Deuxièmement, votre habileté avec les techniques de psychobiologie subcellulaire signifie que vous pouvez aider beaucoup de clients typiques de thérapie qui souffrent beaucoup et ne peuvent obtenir de l'aide nulle part ailleurs.

Exemple 10.2 : Quel devrait être mon taux horaire équivalent ?

Parce que votre pratique est nouvelle, vous décidez que votre taux de base devrait se situer au milieu de la fourchette des honoraires de psychothérapie de votre secteur. Il s'avère que c'est 75 $ l'heure. Si vous calculez une charge de travail à mi-temps et le même taux horaire moyen équivalent R de 80 $ l'heure, vous pouvez vous attendre à un revenu annuel brut de 75 $ l'heure x 660 heures = 49 500 $.

Inversement, si vous décidez que vous voulez un revenu annuel de 100 000 $ (ce qui est déraisonnablement élevé pour la plupart des thérapeutes généralistes, mais plus envisageable pour les thérapeutes spécialisés), vous devrez exiger un taux horaire équivalent R de 100 000 $ / 660 heures = 151 $ l'heure. Cependant, puisque vous offrez une thérapie très efficace avec une politique de « facturation au résultat », ce taux pourrait être mérité, mais il vous faudra un certain temps pour vous faire connaître suffisamment bien pour que cela fasse une différence auprès de votre clientèle.

3.3 - Facturer des tarifs différents pour des services différents

Cette annexe a été rédigée pour vous permettre de vous faire une idée de ce que vous gagnerez en fonction d'un modèle « un taux horaire pour tout » simple, que la plupart des psychothérapeutes « paiement au résultat » utilisent dans leur pratique générale. En d'autres termes, les formules supposent que vous facturez le même taux horaire équivalent R pour tous les problèmes du client.

Cependant, si un praticien généraliste traite aussi à l'occasion une problématique particulière et spécialisée - par exemple l'élimination des « voix » des schizophrènes - il peut employer un tarif fixe différent et plus élevé pour cette problématique particulière, surtout s'il s'agit d'un processus prédéfini standard, mais qui prend du temps. Cela appartient fondamentalement à une catégorie de temps séparée et devrait être facturé comme tel.

De plus, certains des services uniques qu'un thérapeute certifié Peak States peut offrir (comme les processus Peak States® ou le traitement de pathologies « incurables ») sont beaucoup plus précieux pour les clients que la thérapie standard et peuvent être facturés à un taux plus élevé. Bien que cela puisse avoir un aspect plutôt mercenaire, vous avez passé beaucoup de temps et d'argent à apprendre ce matériel de pointe qui peut aider vos clients quand rien d'autre ne le peut - et le client peut décider si le coût en vaut la peine. Et n'oubliez pas que vous n'avez pas de monopole, puisque l'ISPS fait de son mieux pour diffuser cette nouvelle façon de travailler aussi rapidement que possible. Ainsi, votre client peut simplement « voter avec ses pieds » et, après tout, aller trouver un autre thérapeute certifié dont les honoraires sont plus raisonnables.

3.4 - Se spécialiser

Les thérapeutes expérimentés s'orientent généralement vers une spécialisation qui les passionne. Cela peut faciliter grandement l'obtention du flux nécessaire de clients, surtout si le thérapeute peut travailler sur internet, obtenir des références pour sa spécialité ou avoir plusieurs cabinets géographiquement distincts. De plus, la spécialisation est généralement plus payante que la thérapie générale (les experts facturent plus cher pour leur expertise et leur formation) et permet d'effectuer des traitements plus longs sans augmenter le risque financier.

Le barème des honoraires fixes est particulièrement approprié pour les thérapeutes qui sont principalement des spécialistes. Ils fixent habituellement des honoraires pour leur travail plus élevés que la moyenne ; et puisqu'un spécialiste peut accumuler de l'expérience dans la prédiction de la durée de leurs traitements, il leur est également beaucoup plus facile de faire varier leurs prix en fonction du problème du client s'ils le désirent.

Les spécialistes réalisent aussi un meilleur travail (taux de réussite plus élevé) dans leur domaine d'expertise qu'un thérapeute généraliste ; et surtout, dans le cadre de la satisfaction professionnelle à long terme, ils se réveillent impatients de travailler et d'y prendre plus de plaisir !

4 - La durée limite

Cependant, il y a juste un petit problème...

Il s'agit du temps que vous passez à essayer de guérir les clients avant d'abandonner. Vous savez que certains clients ne vont tout simplement pas guérir, généralement parce que l'état de l'art n'est pas encore assez avancé pour aider tout le monde. Ainsi, plus vous passez de temps avec ces clients, plus vous perdez de temps à ne pas gagner d'argent et à ne pas traiter les clients que vous pourriez aider. Puisque ces clients impossibles ne viennent pas avec de petits panneaux sur la poitrine - ils sont mélangés avec ceux que vous pouvez vraiment aider - comment le gérez-vous ?

La réponse est d'avoir une « durée limite ». Cela signifie que vous cessez d'essayer d'aider votre client si le temps total que vous avez passé avec lui dépasse cette limite. Par conséquent, l'autre partie essentielle dans l'établissement de vos honoraires est de déterminer à l'avance quand arrêter et accepter que vous ne pouvez pas aider votre client (ni gagner d'honoraires).

D'accord, mais comment le déterminer ? Eh bien, il s'avère que la durée limite que vous choisissez a un impact réel sur vos honoraires. Trop courte, et vous devez facturer beaucoup trop cher pour tenir compte de tous les clients pour lesquels vous abandonnez. Mais, trop longue, vous devez à nouveau facturer beaucoup trop cher pour tenir compte des nombreuses heures que vous avez perdues avec des clients que vous ne pouviez de toute façon pas aider. Il y a donc un « point idéal », une heure limite qui vous convient parfaitement et qui rend votre tarif fixe le moins cher possible tout en vous offrant le meilleur taux horaire équivalent (votre revenu moyen en dollars par heure de contact avec le client).

Mais l'idée de la limite ne signifie-t-elle pas que certains de vos clients auraient pu quand même guérir si vous aviez continué ? Est-ce éthique ? Tout d'abord, très peu de clients débordent (seulement environ 8 % environ d'après une distribution gaussienne). Mais quoi qu'il en soit, on ne jette pas à la rue les clients qu'on ne peut pas aider ! Vous les référez à des spécialistes qui s'occupent des cas difficiles, comme le personnel des cliniques de l'ISPS. Cela signifie que vous devez être en réseau avec vos collègues pour savoir qui a l'espoir d'aider ces cas plus difficiles. En général, si le spécialiste réussit à traiter votre client, il partage avec une partie de ses revenus pour le référencement, une victoire pour vous trois.

Un dernier point : à mesure que vous gagnez en expérience, vous commencez à reconnaître, au moment du diagnostic, les clients que vous savez ne pas pouvoir tout simplement aider. Par exemple, ils ont peut-être une maladie que vous ne savez pas traiter, par exemple le trouble obsessionnel compulsif, et ils n'ont pas envie de payer ce que vous pouvez traiter, peut-être une diminution des sentiments sur le fait d'avoir ce problème. Ainsi, avec le temps, votre vitesse globale de traitement et votre taux de réussite augmentent parce que vous savez quand ne pas essayer.

Dans la prochaine section, nous allons aborder comment choisir une durée limite « optimale », dérivée statistiquement - mais cela ne veut pas dire que vous devez l'utiliser ! Disons par exemple que vous voulez toujours essayer d'aider les quelques clients qui prennent beaucoup plus de temps que d'habitude ; les équations 10.1 et 10.2 vous permettront toujours de calculer les honoraires fixes correspondants. Votre revenu peut maintenant varier un peu plus que si vous utilisiez le choix optimal, mais probablement pas de beaucoup. Et il se peut que vos honoraires soient plus élevés que si vous aviez optimisé, mais encore une fois, probablement pas de beaucoup. Ou alors vous pouvez tout simplement sauter cette histoire de mesure et choisir arbitrairement les paramètres qui vous semblent corrects. Vous pouvez toujours calculer des honoraires puis, au cours des mois suivants, les ajuster pour les adapter à la vie réelle.

Prévoir la durée limite statistiquement optimale, les honoraires et le nombre de clients

Beaucoup de thérapeutes expérimentés ont déjà une bonne idée du moment où ils doivent renoncer à essayer de guérir un client. Cependant, les débutants et même les thérapeutes expérimentés peuvent tirer profit de connaître la durée limite calculée statistiquement pour les aider à comprendre les compromis intuitifs qu'ils font en matière de temps. Bien sûr, vous pouvez utiliser n'importe quelle durée limite et calculer les honoraires en conséquence, mais ce petit processus vous aide habituellement à vous rapprocher de votre « point idéal ».

Pour cela, nous allons vous demander de suivre quelques étapes sans comprendre les mathématiques qui se cachent derrière. Si vous voulez quand même savoir et que vous avez une bonne maîtrise des mathématiques et des statistiques, nous vous renvoyons à notre article détaillé sur notre site peakstates.com.

Une erreur facile à commettre : cette heure limite n'inclut *pas* votre temps de diagnostic. Le décompte de la durée limite commence lorsque vous commencez à traiter le client. Voyez le diagnostic comme à une activité complètement différente, même si vous vous lancez dans le traitement juste après la rédaction du contrat.

Conseil - n'oubliez pas la règle de trois : en raison du problème assez fréquent des traumatismes manqués ou mal guéris, les thérapeutes font généralement des séances de suivi après l'élimination de tous les symptômes afin de s'assurer que le problème n'est pas revenu. Ceci est habituellement programmé quelques jours après la fin du traitement, suivi habituellement d'un rendez-vous téléphonique 2 à 3 semaines plus tard pour revérifier la guérison. Assurez-vous d'inclure ce temps « additionnel » dans vos mesures de durée de session.

Étape 1 : Notez le temps passé avec vos clients

Notez le temps qu'il vous faut pour guérir vos 10 prochains succès (c'est mieux d'en avoir plus, jusqu'à 20 - mais 10 suffisent généralement). Pour les clients les plus difficiles, travaillez avec eux une heure de plus que ce que vous auriez normalement dû faire avant d'abandonner, ce qui donne de meilleures données mathématiques. Notez également le temps qu'il a fallu pour poser un diagnostic sur toutes les personnes qui ont franchi la porte jusqu'au dernier client que vous avez guéri avec succès.

Exemple 10.3a : Vous avez enregistré tous vos temps de diagnostic en minutes : 25, 35, 40, 26, 37, 22, 40, 28, 38, 15, 17, 50, 28, 40, 20. Vous avez enregistré vos temps de traitement en heures : 0.5, ∞, 4.0, 1.5, 2.5, 1.0, 3.0, 1.5, ∞, 2.5, 2.0, 2.5. Les symboles de l'infini représentent les clients que vous n'avez pas pu guérir.

Étape 2 : Calculez la moyenne et l'écart-type

Utilisez une calculatrice ou un programme internet qui vous donne la moyenne (m) et l'écart-type (s) des temps de traitement que vous avez enregistrés (pas les temps de diagnostic). Utilisez l'« écart-type de l'échantillon » si vous en avez la possibilité, sinon l'« écart-type idéal » est suffisamment proche. Pour ce calcul, ignorez les clients que vous n'avez pas pu guérir.

Exemple 10.3b : La calculatrice donne une valeur de m=2,1 heures, et s=1,02 heure sur les 10 temps de traitement.

Étape 3 : Calculez votre durée limite

D'après une règle empirique, la durée limite C = m + (1,35 x s). Ceci est une moyenne qui ne correspond pas tout à fait à tous les cas, mais qui est suffisamment proche pour la plupart des thérapeutes.

Voici les cas où il est utile d'avoir davantage de précision :

(1) si la plupart de vos clients guérissent tôt ou au milieu de votre intervalle de temps (en termes statistiques, distributions gaussiennes ou positivement asymétriques), utilisez C = m + s x[2,04 x ((# clients guéris) ÷ (# tentatives clients) - 0,13)]] ;

(2) lorsque la plupart des clients prennent à peu près la même longue période de temps et que peu d'entre eux guérissent rapidement (distribution négativement asymétrique), utilisez C = m + (1,5 x s).

$$C = m + (1,35 * s)$$

Équation 10.4

Exemple 10.3c : C = 2,1 + 1,35 x 1,02 = 3,48 heures. Arrondi au dixième d'heure près, C = 3,5 heures.

Comme nous avons très peu de clients à guérison lente, nous essayons la formule la plus exacte : C = 2,1 + 1,02 x (2,04 x 9/12 - 0,13) = 2,1 + 1,02 (1,4) = 3,53. La différence est négligeable.

Étape 4 : Additionnez les durées des diagnostics

Additionnez tous les temps de diagnostic pour chaque client qui est entré chez vous (= Td). Notez le nombre total de personnes qui ont franchi la porte (= Na).

Exemple 10.3d : Vous avez tout converti en heures et les avez additionnées. Td = 7,69 heures. Le nombre de personnes qui ont franchi la porte Na = 15.

Pour le plaisir, nous calculons le temps de diagnostic moyen T = 7,69 ÷ 15 = 0,513 heures, ce qui n'est pas si mal, mais cela pourrait être un peu plus rapide avec plus d'expérience.

Étape 5 : Additionnez vos durées des traitements

Pour cette étape, vous devez d'abord faire la somme de tout le temps que vous avez passé à essayer de guérir vos clients. Voici un point délicat - vous devez remplacer dans l'addition tous les temps supérieurs à la durée limite par la durée limite. (Cela donne un résultat tel qu'il sera à l'avenir, lorsque vous utiliserez la durée limite calculée avec vos clients).

Exemple 10.3e : Maintenant, additionnons tous les temps. Nous avons déjà fait le temps de diagnostic total à l'étape 2, donc nous savons que

Td = 7,69 heures. Nous devons maintenant additionner tous les temps de traitement, donc Treatment = 0,5 + 1,5 + 2,5 + 1,5 + 1,0 + 3,0 + 1,5 + 2,5 + 2,0 + 2,0 + 2,5 + 2,5 + 3,53 + 3,53 + 3,53 = 27,6 heures.

Notez que nous nous sommes souvenus du point délicat et avons remplacé notre client de 4.0 heures par la durée limite plus courte, et avons également remplacé par la durée limite les 2 que nous ne pouvions pas guérir du tout (ceux que nous avions enregistrés comme ∞).

Étape 6 : Calculez vos honoraires fixes

À partir de l'équation 10.1, votre tarif F = (taux horaire équivalent) x (total de toutes les heures clients) ÷ (nombre de clients guéris).

Exemple 10.3f : Supposons que vous voulez gagner 75 \$/heure (un revenu annuel d'environ 50 000 \$). En additionnant tout cela, F = 75 \$ x (7,69 + 27,62) ÷ (9) = 293 \$.

Étape 7 : Calculez le nombre de nouveaux clients dont vous avez besoin

À partir de l'équation 10.5, et en utilisant 660 heures de contact client par an, notre nombre requis de nouveaux clients par an est le nombre annuel prévu d'heures de contact client divisé par le temps moyen que vous consacrez à chaque nouveau client. Ainsi, NY = (W x Na) ÷ (Td + Traitement) - c'est l'équation 10.5.

Exemple 10.3g : NY = (660 x 15) ÷ (7,69 + 27,6)] = 660 heures/an ÷ (2,35 heures/client) = 280,5 nouveaux clients par an. Pour 43,4 semaines par an, cela signifie que vous avez besoin de 280,5/43,4 = 6,46 nouveaux clients par semaine.

C'est beaucoup, donc vous devrez peut-être rajuster vos prix à la hausse pour tenir compte du nombre moyen réel et moins élevé de nouveaux clients que vous attirez dans votre cabinet. (Voir section 10.6.)

N'hésitez pas à sauter cette prochaine partie...

À ce stade, toutes les étapes de l'exemple 10.3 sont terminées et rien de plus n'est nécessaire. Mais pour ceux qui s'intéressent un peu plus aux mathématiques, les étapes que nous avons effectuées pour l'exemple 10.3 (ainsi que les honoraires et revenus pour d'autres choix de durées limites) sont illustrées graphiquement ci-dessous.

Les calculs de la moyenne et de l'écart-type à l'étape 2 pour l'exemple 10.3b sont présentés à la figure 10.2 ci-dessous. La durée limite statistiquement optimale pour l'exemple 10.3c est indiquée au point 1.4σ du graphique.

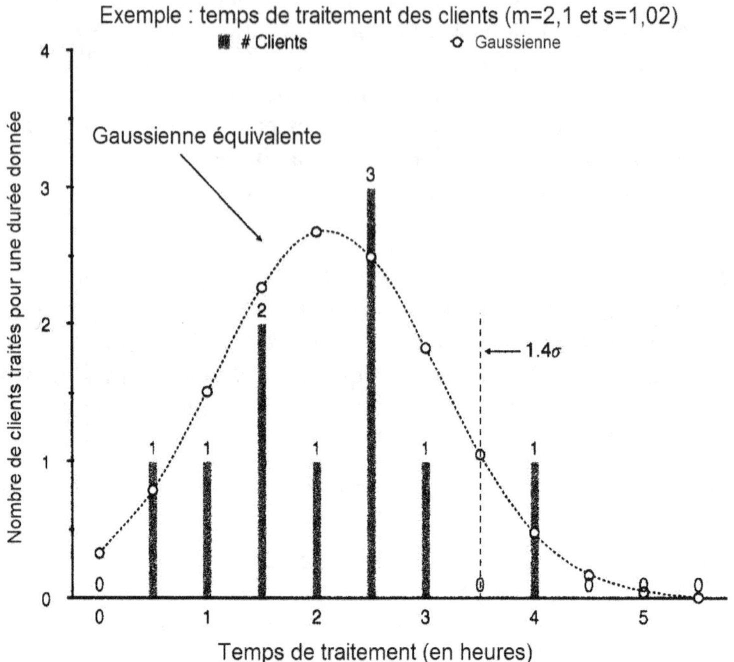

Figure 10.2 : (a) Voici un diagramme de fréquence des 10 temps de traitement des clients. Sur ce graphique se superpose une courbe gaussienne avec la même moyenne et le même écart-type. La durée limite statistique optimale du « point idéal » est indiquée par la ligne en pointillés 1.4σ.

Lors de l'étape 6 de l'exemple 10.3f, nous avons calculé les honoraires fixes que nous devons indiquer aux clients pour la durée limite calculée statistiquement. Mais nous pouvons également calculer les honoraires et le taux horaire équivalent que nous obtiendrions avec les données que nous avons réellement mesurées pour chaque durée limite possible. C'est ce que montre la figure 10.2.b.

Il est intéressant de voir visuellement que le tarif le plus bas donne le revenu horaire le plus élevé sur l'échelle des heures limites. Notez que le choix statistiquement optimal pour la durée limite - le « point idéal » - est tombé dans un petit creux. Cela est probablement dû à la petite taille de l'échantillon ; nous prévoyons qu'avec plus de clients, la courbe se « lisserait » et que ce choix se rapprocherait de l'optimum.

Notez également que pour cette distribution particulière de clients, vous pouvez choisir une limite de 3,5 à 4,0 heures et obtenir à peu près les mêmes résultats financiers. L'utilisation du temps plus long vous permettrait également de terminer la guérison pour quelques pour cent de vos clients en plus ; ou vous pourriez varier quelque peu le moment où vous cessez de travailler avec un client donné tout en obtenant à peu près le même rendement financier. Au-delà de 4 heures, votre taux d'échec (le pourcentage de clients que vous ne pouvez pas guérir) fait chuter votre revenu (pour un tarif donné) - et si votre taux d'échec était plus élevé que les 17 %

que ce nous avons utilisés dans cet exemple, votre revenu chuterait plus rapidement par rapport à la durée limite.

Le chiffre comprend également les résultats de l'étape 7 pour le nombre de clients par semaine (pour 660 heures de contact avec les clients par année) que vous traiteriez pour une durée limite donnée. Notez que le nombre de clients est à peu près le même par semaine pour des choix raisonnables de durée limite.

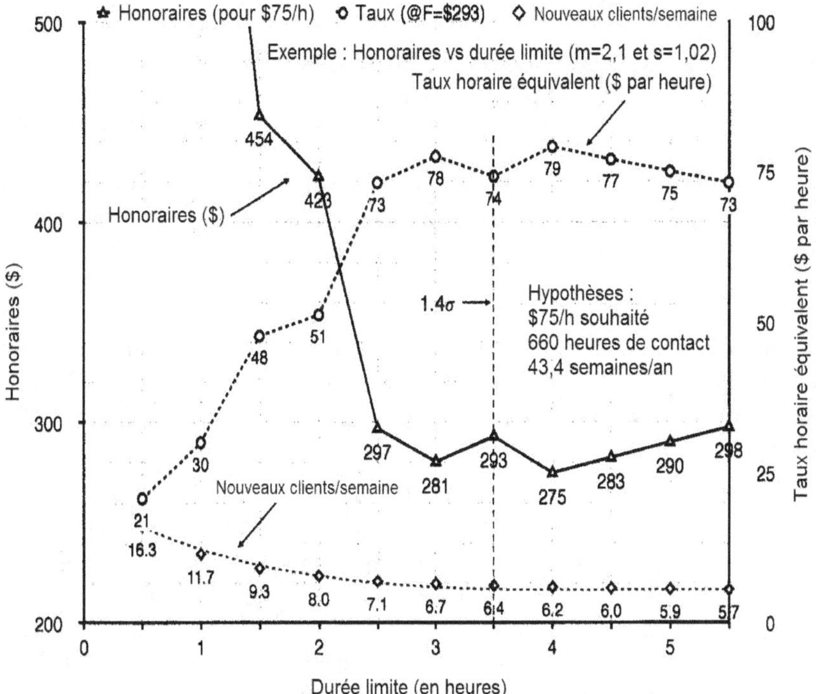

Figure 10.2 : (b) Nous montrons pour l'exemple 10.3 des courbes d'honoraires (pour un taux horaire équivalent de 75 $/h), un taux horaire équivalent (pour des honoraires fixes de 293 $) et le nombre de nouveaux clients requis, tous pour différents choix de durée limite.

5 - Comment calculez-vous les honoraires si vous n'êtes pas à charge complète ?

Jusqu'à présent, les formules de calcul des frais présentées dans cette annexe supposent toutes que vous avez une charge de travail complète. Malheureusement, ce n'est peut-être pas le cas pour les thérapeutes en psychotraumatologie typique. Dans cette section, nous nous pencherons sur cette question.

La plus grande surprise pour les nouveaux thérapeutes est probablement le nombre de nouveaux clients qu'ils devront voir pour gagner leur vie. Ceci est dû au fait qu'avec les nouvelles thérapies traumatologiques - et encore plus avec les nouvelles techniques de biologie subcellulaire - les clients sont soit guéris rapidement, soit vous vous vous rendez vite compte que vous ne pouvez pas les aider. Par conséquent, le taux de rotation est assez rapide et les thérapeutes doivent voir un grand nombre de nouveaux clients pour remplir leurs créneaux horaires ouverts. Que faisons-nous si nous ne pouvons pas attirer autant de nouveaux clients de façon constante ?

Travailler avec une autre institution qui vous envoie des clients dans votre spécialité est de loin la meilleure réponse. Ou tout simplement vous spécialiser et vous concentrer sur ce qui vous tient vraiment à cœur, là où vous pouvez facturer plus cher pour votre contribution unique à la vie de vos clients. Mais étant donné que vous n'avez pas d'affilié institutionnel et que vous travaillez encore comme praticien généraliste, vous devrez soit augmenter vos honoraires pour compenser, soit accepter que votre revenu annuel soit moins élevé, soit obtenir un deuxième emploi.

L'autre option est de simplement accepter que vous ayez un flux et un reflux dans votre pratique. Les honoraires que vous avez calculés ne tiennent pas compte des créneaux de rendez-vous manqués - donc si vous avez un client, c'est le bon tarif, et si vous n'en avez pas, vous n'essayez pas de vous rattraper en facturant plus ; vous attendez simplement de trouver un autre client. Peut-être que vous travaillez simplement plus d'heures pendant les semaines où il y a beaucoup de fréquentations. Bien sûr, vous devez quand même payer les factures, alors vous devez effectuer un suivi de vos heures et de votre revenu pour voir si vous atteignez vos objectifs financiers.

5.1 - Calculer la charge totale en clients

De combien de clients parlons-nous au juste ? Commençons par calculer combien de temps nous passons *en moyenne* avec chaque personne que nous voyons dans notre bureau. Cela signifie le total de toutes les heures de contact avec les clients - tous les diagnostics, tous les traitements, tous les échecs - divisé par le nombre de nouveaux clients (ou d'anciens clients ayant de nouveaux problèmes) qui ont franchi la porte. C'est ce que signifie le « temps moyen par nouveau client » dans l'équation 10.5 ci-dessous. Ainsi, pour NY = (nombre de nouveaux clients par an), vous pouvez consulter vos dossiers et calculer les termes dans les formules :

$$NY = \frac{(nombre\ total\ d'heures\ de\ contact\ client\ planifiées\ par\ an)}{(temps\ moyen\ par\ nouveau\ client)}$$

$$= \frac{W * Na}{(Td + Ttraitement)}$$

$$= \frac{(total\ d'heures\ de\ contact\ client\ planifié\ par\ an) * (nombre\ de\ clients\ passant\ la\ porte)}{(total\ de\ toutes\ les\ heures\ de\ contact\ client)}$$

Équation. 10.5 (en clients/an)

Pour mieux appréhender ce problème, nous pouvons exprimer NY en termes plus significatifs en divisant le nombre de « clients par semaine » par le nombre de semaines de travail. C'est simplement le nombre de nouveaux clients (ou de clients réguliers) dont nous avons besoin chaque semaine. Comme nous l'avons indiqué à la section 10.3.1, si nous supposons que vous êtes en pratique privée et que vous prenez environ deux mois de congé (pendant les périodes où la plupart des clients ne voient de toute façon pas de thérapeutes), nous travaillons 217 jours ou 43,4 semaines à 5 jours par semaine.

$$NW = \frac{NY}{(217\ jours\ de\ travail)/(5\ jours\ par\ semaine)} = \frac{NY}{(43,4\ semaines)}$$

Équation 10.6 (en clients/semaine)

Bien sûr, vos circonstances particulières peuvent être différentes - nous avons montré ces formules simples pour que vous puissiez facilement y insérer vos chiffres et calculer les résultats pour votre propre situation.

5.2 - Ajuster vos honoraires pour les charges légères

Si vous décidez d'augmenter vos honoraires pour compenser un manque de clients, l'ajustement de vos honoraires est simple - la modification de pourcentage pour les clients optimaux est également la modification de pourcentage pour les frais optimaux. En d'autres termes, si vous avez moins de clients, vos honoraires doivent augmenter du même pourcentage. Il en va de même pour le temps - si vous avez prévu 15 heures de contact avec les clients par semaine, mais qu'en moyenne, vous n'utilisez que 10 de ces heures, vos honoraires devront augmenter de (15-10)/15 = 33% pour compenser.

$$nouvel\ honoraire = (honoraire\ à\ charge\ complète) * \frac{(nombre\ réel\ de\ clients)}{(nombre\ de\ clients\ à\ charge\ complète)}$$

$$= (honoraire\ pour\ une\ charge\ complète) * \frac{(horaire\ à\ charge\ totale)}{(horaire\ à\ charge\ réelle)}$$

Équation 10.7

Une autre façon de calculer vos honoraires est d'ajouter simplement le temps pendant lequel vous n'avez pas vu de clients (alors que c'était prévu) à vos heures totales de contact avec les clients. L'honoraire est donc :

$$H = (taux\ horaire\ souhaité)$$

$$x\ \frac{(total\ de\ toutes\ les\ heures\ de\ contact\ client) + (temps\ total\ de\ rendez-vous\ vides)}{(nombre\ de\ clients\ guéris)}$$

Équation 10.8

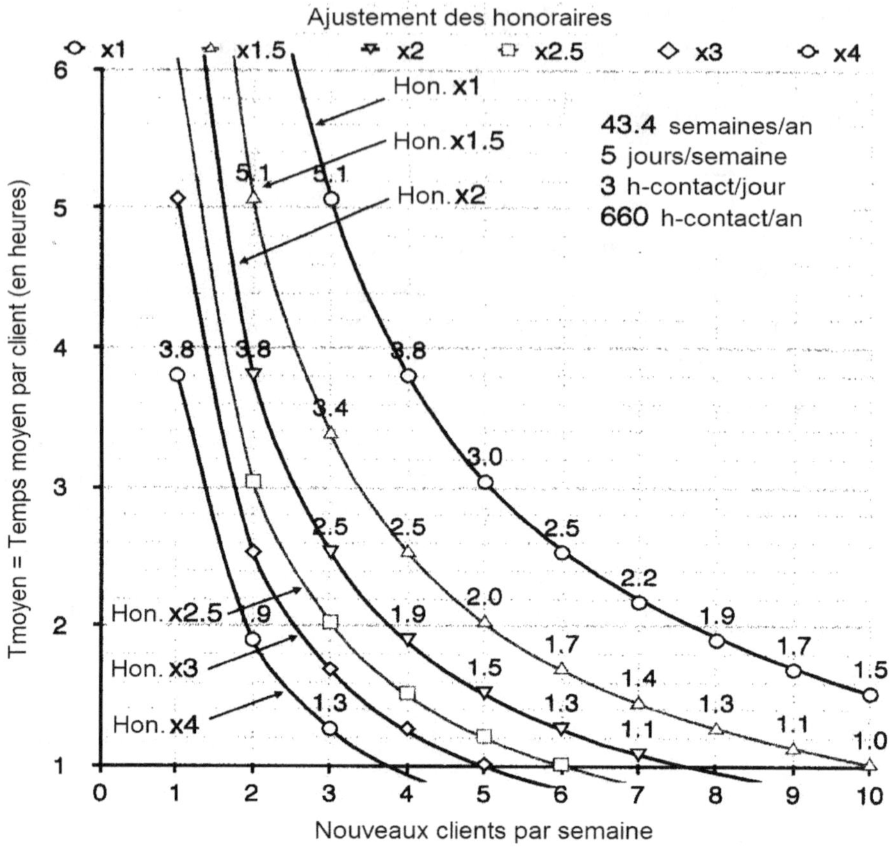

Figure 10.3 : Représentation graphique du montant par lequel vous devez multiplier si vous n'avez pas une clientèle nombreuse (sinon vous avez plutôt un revenu plus faible). La courbe supérieure droite correspond à une pleine charge de 660 heures de contact par an.

Exemple 10.4 : Les honoraires par rapport au nombre de clients par semaine

La figure 10.3 illustre l'ampleur du problème du besoin de nouveaux clients. Vous avez optimisé vos honoraires pour une charge de travail complète. Supposons que votre temps moyen par nouveau client (y compris le diagnostic) est de 2,5 heures. Cela signifie que vous devez voir en moyenne 6 nouveaux clients par semaine, chaque semaine travaillée de cette année-là afin de rester occupé (la ligne de charge complète en clients est appelée Honoraires x1). Mais que se passe-t-il si vous ne pouvez vraiment avoir que 3 nouveaux clients en moyenne par semaine ? Eh bien, soit vous gagnez la moitié de ce que vous voulez (6/3 = 0,5), soit vous devez doubler vos honoraires pour tenir compte de tout le manque de travail. Vous pouvez le voir sur le graphique sous la forme de la ligne Honoraires x2.

6 - Autres options - les honoraires variables

Les thérapeutes qui ont l'habitude de facturer à l'heure demandent souvent : « Au lieu d'avoir un tarif fixe, pourquoi ne pas fixer les honoraires en fonction du temps que le client mettra à guérir ? »

En général, nous ne le recommandons pas, et voici pourquoi. La facturation d'honoraires fixes minimise le risque financier pour le thérapeute, car le risque et la récompense sont répartis de manière égale entre tous les clients. Les nouveaux thérapeutes craignent (à juste titre) de ne pas avoir suffisamment d'expérience pour juger combien de temps un client mettra à guérir, ou même s'ils peuvent effectivement l'aider. Malheureusement, le fait de ne pas guérir les clients susceptibles de payer des honoraires plus élevés a un impact important sur le revenu - de petites erreurs dans vos estimations et hypothèses comptent beaucoup plus que dans la facturation d'honoraires fixes. Ainsi, pour de nombreux thérapeutes, les contrats à honoraires variables peuvent être un cauchemar financier.

Pire encore, les honoraires dont l'estimation est basée sur le temps peuvent devenir prohibitifs pour la moitié la plus lente de la clientèle - et les plus lents auraient à payer deux ou trois fois votre taux moyen. 300 $, c'est beaucoup, mais de 600 $ à 900 $ ou plus représente un niveau de douleur complètement différent pour les gens qui ont peut-être déjà du mal à payer leurs factures. Bon nombre de ces clients n'auraient tout simplement pas les moyens de se le permettre, même s'ils étaient assurés.

Les thérapeutes qui sont principalement des spécialistes peuvent envisager la facturation d'honoraires variables, mais leur situation est différente de celle d'un thérapeute généraliste. Les spécialistes fixent habituellement des honoraires pour leur travail plus élevé que la moyenne, mais comme ils peuvent accumuler de l'expérience dans la prédiction de la durée de leurs traitements, il leur est aussi beaucoup plus facile de faire varier leurs prix en fonction du problème du client s'ils le désirent.

Si vous décidez d'explorer l'emploi des honoraires variables, nous vous recommandons de vous faire un guide des « temps standard » pour les différents problèmes que vous rencontrez ; évidemment, le thérapeute généraliste aurait beaucoup plus de mal à le faire qu'un spécialiste, bien que cela soit possible. Bien sûr, avec de l'expérience, vous pourrez commencer à avoir une idée des problèmes des clients et du temps qu'ils prennent, et travailler selon votre intuition - mais si vous faites ainsi, nous vous suggérons de surveiller de près votre taux horaire équivalent cumulé !

7 - Réflexion finale sur les honoraires

La « facturation au résultat » est une question d'éthique et de respect de la règle d'or - faire aux autres ce que vous aimeriez qu'ils vous fassent. Cette annexe vient de montrer que vous pouvez le faire tout en gagnant votre vie - vous savez maintenant exactement comment facturer les honoraires les plus bas à vos clients tout en minimisant vos risques financiers et en maximisant vos revenus.

Dans la pratique, il se peut que vous contourniez un peu les règles sur les honoraires fixes, mais à ce stade, vous devriez avoir une bonne idée des compromis à faire. Par exemple, vous pourriez décider de facturer moins à certains clients

« faciles » et plus à certains des clients « difficiles ». Ou passer davantage de temps avec un client pour lequel vous pensez avoir presque fini, et moins de temps avec un client que vous avez compris ne pas pouvoir aider (et devoir passer le relais à un spécialiste ou à l'une de nos cliniques). Vous pouvez aussi consacrer une partie de votre temps à actions de charité (une pratique que nous encourageons et que nous avons nous-mêmes) en facturant plus que le minimum requis pour couvrir ces clients qui ne paient pas.

Évidemment, la façon dont vous facturez vos clients dépend de vous et des contraintes qui pèsent sur votre pratique. Nous avons entendu le commentaire de thérapeutes qui facturent beaucoup des compagnies d'assurance et qui ne peuvent pas appliquer une politique de « paiement au résultat » avec elles - mais ont-ils appelé les compagnies et leur ont-ils demandé ? Après tout, c'est dans l'intérêt de la compagnie d'assurance de vous faire travailler de cette façon ! Ou encore, vous pourriez soutenir que vous n'avez pas à modifier votre facturation parce qu'il est « illégal » de donner une garantie dans le secteur où vous habitez. Malheureusement, un certain nombre de thérapeutes ont utilisé cet argument pour éviter le changement ; en fait, les lois sont écrites pour régler le problème des « charlatans » qui proposent des miracles qu'ils ne peuvent réaliser, et non pas pour la « facturation au résultat ».

Bien que la façon dont un thérapeute facture est très personnelle - par exemple, certains travaillent gratuitement, d'autres n'acceptent que des dons pour leur travail - nous encourageons nos thérapeutes à faire payer le prix fort pour nos nouveaux traitements uniques (avec une politique de « paiement au résultat » et, non, l'ISPS ne reçoit rien de tout cela). Pourquoi ? Parce que nous voulons que ce nouveau paradigme se répande pour le bénéfice final de tous. Il est très difficile d'introduire de nouvelles idées ou de nouveaux traitements, même en l'absence de conflits de paradigmes - par exemple, il a fallu de nombreuses années aux médecins expérimentés pour accepter que les ulcères étaient causés par une infection bactérienne, même si le traitement par la tétracycline le démontre rapidement et facilement. Évidemment, nous espérons qu'avec le temps, un désir altruiste d'aider les clients fera se répandre l'approche de la psychobiologie subcellulaire. Mais malheureusement, la réalité est qu'une grande partie de la société occidentale n'est motivée que par l'intérêt personnel. Ainsi, nous espérons exploiter cette motivation en ayant des traitements plus rémunérateurs ce qui, nous l'espérons, incitera des gens qui n'utiliseraient normalement pas ce matériel à adopter nos approches dans leur propre travail. Au fur et à mesure que nos modèles se répandent, cela devrait permettre à un plus grand nombre de personnes d'obtenir de l'aide et inciter financièrement d'autres personnes à développer de nouveaux traitements pour d'autres maladies et problèmes. Et faire baisser assez rapidement les coûts pour les consommateurs tout en encourageant leur diffusion dans les différents systèmes de santé soutenus par l'état.

Bibliographie

- McFetridge, G., Institute for the Study of Peak States. *Pay for Results - Statistical and Mathematical Modeling for Fee Calculations* [en ligne]. www.peakstates.com

L'article explique les équations et les modèles statistiques pour les honoraires optimaux utilisés dans cette annexe pour la tarification à honoraires fixes et variables des thérapeutes

La CIM-10 (Classification Internationale des Maladies) et les cas subcellulaires

Les catégories de troubles mentaux et comportementaux de la CIM-10 (F00-F99) ci-dessous sont tirées du site internet de l'Organisation Mondiale de la Santé. Nous avons montré les cas subcellulaires pour les codes dont nous avons réussi à éliminer les symptômes en utilisant un (ou plusieurs) traitements subcellulaires. Nous avons sauté des catégories de la CIM si nous n'en connaissons pas encore la cause (par exemple, le trouble bipolaire et le trouble du tic) ; ou si nous n'avons tout simplement pas encore vu de clients qui avaient le CIM pour tester nos traitements. De nombreuses catégories de CIM ont des causes multiples, c'est parce que l'OMS regroupe les symptômes sans comprendre l'étiologie.

Quelle que soit la catégorie, le traitement pratique comprend généralement la guérison des traumatismes et des « copies ». C'est parce qu'elles provoquent une telle gamme de symptômes croisés qu'elles sont souvent la cause d'un trouble ; ou parce que le trouble a créé des séquelles traumatiques qui ne peuvent être ignorées.

(F00-F09) Troubles mentaux organiques, y compris les troubles symptomatiques
(F00) Démence de la maladie d'Alzheimer
(F01) Démence vasculaire
    (F01.1) Démence vasculaire par infarctus multiples
(F02) Démence associée à d'autres maladies classées ailleurs
    (F02.0) Démence de la maladie de Pick
    (F02.1) Démence de la maladie de Creutzfeldt-Jakob
    (F02.2) Démence de la maladie de Huntington
    (F02.3) Démence de la maladie de Parkinson
    (F02.4) Démence de la maladie due au virus de l'immunodéficience humaine (VIH)
    (F02.8) Démence au cours d'autres maladies classées ailleurs
(F03) Démence, sans précision
(F04) Syndrome amnésique organique, non induit par l'alcool ou d'autres substances psychoactives
(F05) Delirium, non induit par l'alcool ou d'autres substances psycho-actives

(F06) Autres troubles mentaux, dus à une lésion ou un dysfonctionnement cérébral, ou à une affection physique

    (F06.0) État hallucinatoire organique

    (F06.1) Catatonie organique

    (F06.2) Trouble délirant organique (d'allure schizophrénique)

    (F06.3) Troubles organiques de l'humeur (affectifs)

    (F06.4) Trouble anxieux organique

    (F06.5) Trouble dissociatif organique

    (F06.6) Labilité (asthénie) émotionnelle organique

    (F06.7) Trouble cognitif léger

    (F06.8) Autres troubles mentaux précisés dus à une lésion cérébrale et un dysfonctionnement cérébral et à une affection physique

    (F06.9) Trouble mental sans précision, dû à une lésion cérébrale et un dysfonctionnement cérébral, et à une affection physique

        - organique SAI

(F07) Troubles de la personnalité et du comportement dus à une affection, une lésion et un dysfonctionnement cérébral

    (F07.1) Syndrome postencéphalique

Voir cas subcellulaire : lésions cérébrales page 190.

↓   (F07.2) Syndrome post-commotionnel

    (F07.8) Autres troubles organiques de la personnalité et du comportement dus à une affection, une lésion et un dysfonctionnements cérébraux

    (F07.9) Trouble organique de la personnalité et du comportement dû à une affection, une lésion et un dysfonctionnement cérébraux, sans précision

(F09) Trouble mental organique ou symptomatique, sans précision

(F10-F19) Troubles mentaux et du comportement liés à l'utilisation de substances psychoactives

Voir application : addictions page 263.

↓   (F10.-) Troubles mentaux et du comportement liés à l'utilisation d'alcool

↓   (F11.-) Troubles mentaux et du comportement liés à l'utilisation d'opiacés

↓   (F12.-) Troubles mentaux et du comportement liés à l'utilisation de

↓   dérivés du cannabis

↓   (F13.-) Troubles mentaux et du comportement liés à l'utilisation de

↓   sédatifs ou d'hypnotiques

↓   (F14.-) Troubles mentaux et du comportement liés à l'utilisation de

↓   cocaïne

↓   (F15.-) Troubles mentaux et du comportement liés à l'utilisation d'autres

↓   stimulants, y compris la caféine

↓ --- ***Voir application : hallucinogènes page 267.***

↓ ↓   (F16.-) Troubles mentaux et du comportement liés à l'utilisation

↓   d'hallucinogènes

↓   (F17.-) Troubles mentaux et du comportement liés à l'utilisation de tabac

↓ (F18.-) Troubles mentaux et du comportement liés à l'utilisation de
↓ solvants volatils
↓ (F19.-) Troubles mentaux et du comportement liés à l'utilisation de
↓ drogues multiples et troubles liés à l'utilisation d'autres substances
↓ psychoactives
↓ Note : Les subdivisions suivantes peuvent être utilisées comme quatrième
↓ chiffre avec les rubriques F10-F19 :
↓   .0   Intoxication aiguë
↓   .1   Utilisation nocive pour la santé
↓   .2   Syndrome de dépendance
↓   .3   Syndrome de sevrage
↓   .4   Syndrome de sevrage avec delirium
↓   .5   Trouble psychotique
↓   .6   Syndrome amnésique
↓   .7   Trouble résiduel ou psychotique de survenue tardive
↓   .8   Autres troubles mentaux et du comportement
↓   .9   Trouble mental ou du comportement, sans précision

(F20-F29) Schizophrénie, troubles schizotypiques et troubles délirants
Voir cas subcellulaire : voix ribosomiques page 133.
↓ (F20) Schizophrénie
↓   (F20.0) Schizophrénie paranoïde
↓   (F20.1) Schizophrénie hébéphrénique
↓   (F20.2) Schizophrénie catatonique
↓   (F20.3) Schizophrénie indifférenciée
↓   (F20.4) Dépression post-schizophrénique
↓   (F20.5) Schizophrénie résiduelle
↓   (F20.6) Schizophrénie simple
↓   (F20.8) Autres formes de schizophrénie
↓   - Schizophrénie cénesthopathique
↓   - Trouble schizophréniforme
↓   - Psychose schizophréniforme
↓   (F20.9) Schizophrénie, sans précision
(F21) Trouble schizotypique
(F22) Troubles délirants chroniques
   ---   *Voir cas particulier : images archétypales page 186.*
↓   (F22.0) Trouble délirant
    (F22.8) Autres troubles délirants persistants
      - Dysmorphophobie délirante
      - État paranoïaque d'involution
      - Paranoïa quérulente
    (F22.9) Trouble délirant persistant, sans précision
*Voir application : urgence spirituelle page 281. (Veuillez noter que ce cas ne
s'applique pas à tous les troubles délirants.)*
↓   (F23) Troubles psychotiques aigus et transitoires

↓ (F23.0) Trouble psychotique aigu polymorphe, sans symptômes
↓ schizophréniques
↓ (F23.1) Trouble psychotique aigu polymorphe avec symptômes
↓ schizophréniques
↓ (F23.2) Trouble psychotique aigu d'allure schizophrénique
↓ (F23.3) Autre trouble psychotique aigu, essentiellement délirant
↓ (F23.8) Autres troubles psychotiques aigus et transitoires
↓ (F23.9) Trouble psychotique aigu et transitoire, sans précision
Voir cas subcellulaire : trou-a page 139; maux de tête du filet viral page 230.
↓ (F24) Trouble délirant induit
↓   - Folie à deux
↓   - Trouble paranoïaque induit
↓   - Trouble psychotique induit
(F25) Troubles schizoaffectifs
       (F25.0) Trouble schizoaffectif, type maniaque
       (F25.1) Trouble schizoaffectif, type dépressif
       (F25.2) Trouble schizoaffectif, type mixte
       (F25.8) Autres troubles schizoaffectifs
       (F25.9) Trouble schizoaffectif, sans précision
(F28) Autres troubles psychotiques non organiques
       - Psychose hallucinatoire chronique
(F29) Psychose non organique, sans précision

(F30-F39) Troubles de l'humeur (affectifs)
(F30) Épisode maniaque
       (F30.0) Hypomanie
       (F30.1) Manie sans symptômes psychotiques
       (F30.2) Manie avec symptômes psychotiques
       (F30.8) Autres épisodes maniaques
       (F30.9) Épisode maniaque, sans précision
(F31) Trouble affectif bipolaire
       (F31.0) Trouble affectif bipolaire, épisode actuel hypomaniaque
       (F31.1) Trouble affectif bipolaire, épisode actuel maniaque sans
       symptômes psychotiques
       (F31.2) Trouble affectif bipolaire, épisode actuel maniaque avec
       symptômes psychotiques
       (F31.3) Trouble affectif bipolaire, épisode actuel de dépression
       légère ou moyenne
       (F31.4) Trouble affectif bipolaire, épisode actuel de dépression
       sévère sans symptômes psychotiques
       (F31.5) Trouble affectif bipolaire, épisode actuel de dépression
       sévère avec symptômes psychotiques
       (F31.6) Trouble affectif bipolaire, épisode actuel mixte
       (F31.7) Trouble affectif bipolaire, actuellement en rémission
       (F31.8) Autres troubles affectifs bipolaires
       (F31.9) Trouble affectif bipolaire, sans précision

         - Trouble bipolaire II
         - Épisodes maniaques récurrents SAI

Voir cas subcellulaire : perte d'âme page 135.
↓   (F32) Épisodes dépressifs
↓   (F32.0) Épisode dépressif léger
↓   (F32.1) Épisode dépressif moyen
↓   (F32.2) Épisode dépressif sévère sans symptômes psychotiques
↓   (F32.3) Épisode dépressif sévère avec symptômes psychotiques
↓   (F32.8) Autres épisodes dépressifs
↓   - Dépression atypique
↓   - Épisodes isolés d'une dépression "masquée" SAI
↓   (F32.9) Épisode dépressif, sans précision

Voir application : dépression page 266. Voir cas subcellulaire : perte d'âme page 135; abîme page 184.
↓   (F33) Troubles dépressifs récurrents (y.c. Dépression saisonnière)
↓   (F33.0) Trouble dépressif récurrent, épisode actuel léger
↓   (F33.1) Trouble dépressif récurrent, épisode actuel moyen
↓   (F33.2) Trouble dépressif récurrent, épisode actuel sévère sans symptômes psychotiques
↓   (F33.3) Trouble dépressif récurrent, épisode actuel sévère avec symptômes psychotiques
↓   (F33.4) Trouble dépressif récurrent, actuellement en rémission
↓   (F33.8) Autres troubles dépressifs récurrents
↓   (F33.9) Trouble dépressif récurrent, sans précision
      (F34) Troubles de l'humeur (affectifs) persistants
         (F34.0) Cyclothymie
---   ***Voir application : dépression page 266. Voir cas subcellulaire : perte d'âme page 135; émotions aplaties page 204; abîme page 184.***
↓   (F34.1) Dysthymie
         (F34.8) Autres troubles de l'humeur (affectifs) persistants
         (F34.9) Trouble de l'humeur (affectif) persistant, sans précision
      (F38) Autres troubles de l'humeur (affectifs)
         (F38.0) Autres troubles de l'humeur (affectifs) isolés
         (F38.1) Autres troubles de l'humeur (affectifs) récurrents (Dépression brève récurrente)
         (F38.8) Autres troubles de l'humeur (affectifs) précisés
      (F39) Trouble de l'humeur (affectif), sans précision

      (F40-F48) Troubles névrotiques, troubles liés à des facteurs de stress et troubles somatoformes
Voir application : anxiété/peur page 264.
↓   (F40) Troubles anxieux phobiques
↓   (F40.0) Agoraphobie
↓   (F40.1) Phobies sociales
↓   - Anthropophobie

↓   - Névrose sociale
↓   (F40.2) Phobies spécifiques (isolées)
↓   - Acrophobie
↓   - Claustrophobie
↓   - Phobie simple
↓   - Phobie des animaux
↓   (F40.8) Autres troubles anxieux phobiques
↓   (F40.9) Trouble anxieux phobique, sans précision
↓   - Phobie SAI
↓   - État phobique SAI
Voir application : anxiété/peur page 264.
↓   (F41) Autres troubles anxieux
↓   (F41.0) Trouble panique (anxiété épisodique paroxystique)
↓   (F41.1) Anxiété généralisée
          (F42) Trouble obsessionnel compulsif
Voir cas subcellulaire : traumatisme biographique page 111 ; traumatisme
générationnel page 117.
↓   (F43) Réactions à un facteur de stress important, et troubles de
↓   l'adaptation
↓   (F43.0) Réaction aiguë à un facteur de stress
↓   (F43.1) État de stress post-traumatique
↓   ---   ***Voir cas subcellulaire : blocage tribal page 142; colonne du soi -***
↓   ↓   ***Vide page 155.***
↓   ↓   (F43.2) Troubles de l'adaptation (Hospitalisme, Choc culturel)
Voir : traumatisme générationnel page 117.
↓   (F44) Troubles dissociatifs (de conversion)
↓   ---   ***Voir cas subcellulaire : trouble de la personnalité multiple page***
↓   ↓   ***217.***
↓   ↓   (F44.0) Amnésie dissociative
↓   (F44.1) Fugue dissociative
↓   (F44.2) Stupeur dissociative
↓   ---   ***Voir cas subcellulaire : voix ribosomiques page 133. Voir***
↓   ↓   ***applications : sensations maléfiques page 282.***
↓   ↓   (F44.3) États de transe et de possession
↓   (F44.4) Troubles moteurs dissociatifs
↓   (F44.5) Convulsions dissociatives
↓   (F44.6) Anesthésie dissociative et atteintes sensorielles
↓   (F44.7) Trouble dissociatif [de conversion] mixte
↓   ---   ***Voir cas subcellulaire : trouble de la personnalité multiple page***
↓   ↓   ***217.***
↓   ↓   (F44.8) Autres troubles dissociatifs [de conversion] (Syndrome de
↓   ↓   Ganser, TDI)
↓   ---   ***Voir cas subcellulaire : bulles page 192.***
↓   ↓   (F44.9) Trouble dissociatif (de conversion), sans précision

***Voir cas subcellulaire : problèmes parasitaires de type insectiforme page 152;
traumatisme biographique page*** Erreur ! Signet non défini.***; copies page 125;
problème de chakra page 197. Causes médicales : candidose systémique.***

↓　　　(F45) Troubles somatoformes
↓　　　　　　(F45.0) Trouble de somatisation
↓　　　　　　　　- Syndrome de Briquet
↓　　　　　　　　- Trouble psychosomatique multiple
↓　　　　　　(F45.1) Trouble somatoforme indifférencié
↓　　　　　　(F45.2) Trouble hypocondriaque
↓　　　　　　　　- Dysmorphophobie (non délirante)
↓　　　　　　　　- Hypocondrie
↓　　　　　　　　- Névrose hypocondriaque
↓　　　　　　　　- Nosophobie
↓　　　　　　　　- Peur d'une dysmorphie corporelle
↓　　　　　　(F45.3) Dysfonctionnement neurovégétatif somatoforme
↓　　　　　　　　- Névrose cardiaque
↓　　　　　　　　- Syndrome de Da Costa
↓　　　　　　　　- Névrose gastrique
↓　　　　　　　　- Asthénie neuro-circulatoire
↓　　　---　　***Voir cas subcellulaire : malédiction page 161.***
↓　　↓　　(F45.4) Syndrome douloureux somatoforme persistant
↓　　↓　　　　- Psychalgie
↓　　↓　　(F45.8) Autres troubles somatoformes
↓　　　　　(F45.9) Trouble somatoforme, sans précision
　(F48) Autres troubles névrotiques
　---　　***Voir : Syndrome de Fatigue Chronique dans Peak States of***
↓　　　***Consciousness, Volume 3.***
↓　　(F48.0) Neurasthénie
　---　　***Voir cas subcellulaire : expérience de sortie du corps due à un***
↓　　　***traumatisme (biographique, générationnel, associatif) page 109***
↓　　(F48.1) Syndrome de dépersonnalisation-déréalisation
　　　(F48.8) Autres troubles névrotiques précisés
　　　　　- Syndrome de Dhat
　　　　　- Névrose professionnelle
　　　　　- Psychasthénie
　　　　　- Névrose psychasthénique
　　　　　- Syncope psychogène
　　　(F48.9) Trouble névrotique, sans précision
　　　　　- Névrose SAI

**(F50-F59) Syndromes comportementaux associés à des perturbations
physiologiques et à des facteurs physiques**
(F50) Troubles de l'alimentation
　　　(F50.0) Anorexie mentale
　　　(F50.1) Anorexie mentale atypique
　　　(F50.2) Boulimie (bulimia nervosa)

(F50.3) Boulimie atypique
(F50.4) Hyperphagie associée à d'autres perturbations
psychologiques
(F50.5) Vomissements associés à d'autres perturbations
psychologiques
(F50.8) Autres troubles de l'alimentation
- Pica de l'adulte
(F50.9) Trouble de l'alimentation, sans précision

Voir cas subcellulaire : kundalini page 213; traumatisme biographique page *Erreur ! Signet non défini..* ***Voir application : rêves page 267.***

↓   (F51) Troubles du sommeil non organiques
↓   (F51.0) Insomnie non organique
↓   (F51.1) Hypersomnie non organique
↓   (F51.2) Trouble du rythme veille-sommeil non dû à une cause
↓   organique
↓   (F51.3) Somnambulisme
↓   (F51.4) Terreurs nocturnes
↓   (F51.5) Cauchemars

Voir cas subcellulaire : corde page 130; traumatisme biographique (traumatisme postnatal ou de la conception/coalescence) page *Erreur ! Signet non défini..* ***Voir application : relations page 273.***

↓   (F52) Dysfonctionnement sexuel, non dû à un trouble ou à une maladie
↓   organique
↓   (F52.0) Absence ou perte de désir sexuel
↓   - Baisse du désir sexuel
↓   - Frigidité
↓   (F52.1) Aversion sexuelle et manque de plaisir sexuel
↓   - Anhédonie (sexuelle)
↓   (F52.2) Échec de la réponse génitale
↓   - Trouble de la réponse sexuelle chez la femme
↓   - Trouble de l'érection chez l'homme
↓   - Impuissance psychogène
↓   (F52.3) Dysfonctionnement orgasmique
↓   - Inhibition de l'orgasme chez la femme ou chez l'homme
↓   - Anorgasmie psychogène
↓   (F52.4) Éjaculation précoce
↓   (F52.5) Vaginisme non organique
↓   (F52.6) Dyspareunie non organique
↓   (F52.7) Activité sexuelle excessive
↓   (F52.8) Autres dysfonctionnements sexuels, non dus à un trouble
↓   ou à une maladie organique
↓   (F52.9) Dysfonctionnement sexuel non dû à un trouble ou à une
↓   maladie organique, sans précision

     (F53) Troubles mentaux et du comportement associés à la puerpéralité,
     non classés ailleurs

(F53.0) Troubles mentaux et du comportement légers associés à la puerpéralité, non classés ailleurs
- Dépression après un accouchement SAI
- Dépression post-partum SAI
(F53.1) Troubles mentaux et du comportement sévères associés à la puerpéralité, non classés ailleurs
- Psychose puerpérale SAI
(F54) Facteurs psychologiques ou comportementaux, associés à des maladies ou à des troubles classés ailleurs
(F55) Abus de substances n'entraînant pas la dépendance
(F59) Syndromes comportementaux non spécifiés associés à des perturbations physiologiques ou à des facteurs physiques

(F60-F69) Troubles de la personnalité et du comportement chez l'adulte
(F60) Troubles spécifiques de la personnalité
(F60.0) Personnalité paranoïaque
(F60.1) Personnalité schizoïde
--- *Voir cas subcellulaire : arrêt d'un cerveau triunique page 228.*
↓ (F60.2) Personnalité dyssociale
- Personnalité antisociale
--- *Voir cas subcellulaire : trou-a page 139; filet viral page 230.*
↓ (F60.3) Personnalité émotionnellement labile
↓ - Personnalité borderline
↓ (F60.4) Personnalité histrionique
(F60.5) Personnalité anankastique
- Personnalité obsessionnelle compulsive
--- *Voir cas subcellulaire : anxiété/peur page 264.*
↓ (F60.6) Personnalité anxieuse (évitante)
(F60.7) Personnalité dépendante
--- *Voir cas subcellulaire : anneau de l'égoïsme page 222.*
↓ (F60.8) Autres troubles spécifiques de la personnalité
- Personnalité de type « haltlose »
- Personnalité excentrique
- Personnalité immature
- Personnalité narcissique
- Personnalité passive agressive
- Personnalité psychonévrotique
--- *Voir cas subcellulaire : arrêt d'un cerveau triunique page 228.*
↓ (F60.9) Trouble de la personnalité, sans précision
(F61) Troubles mixtes de la personnalité et autres troubles de la personnalité
Voir cas subcellulaire : trouble de la personnalité multiple page 217; traumatisme biographique page Erreur ! Signet non défini..
↓ (F62) Modifications durables de la personnalité non attribuables à une
↓ lésion ou à une maladie cérébrale

Voir cas subcellulaire : associations du corps page 114.

↓   (F63) Troubles des habitudes et des impulsions
↓   (F63.0) Jeu pathologique
↓   (F63.1) Tendance pathologique à allumer des incendies
↓   (pyromanie)
↓   (F63.2) Tendance pathologique à commettre des vols (kleptomanie)
↓   (F63.3) Trichotillomanie
        (F64) Troubles de l'identité de genre
                (F64.0) Transsexualisme
                (F64.1) Éonisme, transvestisme, travestisme bivalent
                (F64.2) Trouble de l'identité de genre de l'enfance
        (F65) Troubles de la préférence sexuelle
                (F65.0) Fétichisme
                (F65.1) Transvestisme fétichiste
                (F65.2) Exhibitionnisme
                (F65.3) Voyeurisme
                (F65.4) Pédophilie
                (F65.5) Sadomasochisme
                (F65.6) Troubles multiples de la préférence sexuelle
                (F65.8) Autres troubles de la préférence sexuelle
                        - Frotteurisme
                        - Nécrophilie
                        - Zoophilie
        (F66) Problèmes psychologiques et comportementaux associés au
        développement sexuel et à l'orientation sexuelle
                (F66.0) Trouble de la maturation sexuelle
                (F66.1) Orientation sexuelle égodystonique
                (F66.2) Problème sexuel relationnel
                (F66.8) Autres troubles du développement psychosexuel
                (F66.9) Trouble du développement psychosexuel, sans précision
        (F68) Autres troubles de la personnalité et du comportement chez l'adulte
                (F68.0) Majoration de symptômes physiques pour des raisons
                psychologiques
                (F68.1) Production intentionnelle ou simulation de symptômes ou
                d'une incapacité, soit physique soit psychologique (trouble factice)
                        - Syndrome de Münchhausen
                (F68.8) Autres troubles précisés de la personnalité et du
                comportement chez l'adulte
        (F69) Trouble de la personnalité et du comportement chez l'adulte, sans
        précision

(F70-F79) Retard mental
***Voir cas subcellulaire : lésions cérébrales page 190; parasites fongiques page
207; bulles page 192.***

↓   (F70.-) Retard mental léger
↓   (F71.-) Retard mental moyen

↓   (F72.-) Retard mental grave
↓   (F73.-) Retard mental profond
↓   (F78.-) Autres formes de retard mental
↓   (F79.-) Retard mental, sans précision

(F80-F89) Troubles du développement psychologique
Voir cas subcellulaire : Syndrome d'Asperger page 188; lésions cérébrales page 190; cristaux brisés (trouble déficitaire de l'attention) page 224; bulles page 192.
↓   (F80) Troubles spécifiques du développement de la parole et du langage
↓   (F80.0) Trouble spécifique de l'acquisition de l'articulation
↓   (Dyslalie)
↓   (F80.1) Trouble de l'acquisition du langage, de type expressif
↓   (Dysphasie, Aphasie)
↓   (F80.2) Trouble de l'acquisition du langage, de type réceptif
↓   - Aphasie réceptive
↓   (F80.3) Aphasie acquise avec épilepsie (Syndrome de Landau et
↓   Kleffner)
↓   (F80.8) Autres troubles du développement de la parole et du
↓   langage
↓   - Zézaiement
↓   (F80.9) Trouble du développement de la parole et du langage, sans
↓   précision
        (F81) Troubles spécifiques des acquisitions scolaires
                (F81.0) Trouble spécifique de la lecture
                        - Dyslexie de développement
                (F81.1) Trouble spécifique de l'acquisition de l'orthographe
                (F81.2) Trouble spécifique de l'acquisition de l'arithmétique
                        - Acalculie de développement
                        - Syndrome de Gerstmann
                (F81.3) Trouble mixte des acquisitions scolaires
                (F81.8) Autres troubles du développement, des acquisitions
                scolaires
                (F81.9) Trouble du développement, des acquisitions scolaires, sans
                précision
        (F82) Troubles spécifiques du développement moteur
                - Trouble de l'acquisition de la coordination
        (F83) Troubles spécifiques mixtes du développement
        (F84) Troubles envahissants du développement
                (F84.0) Autisme infantile
                (F84.1) Autisme atypique
                (F84.2) Syndrome de Rett
                (F84.3) Autres troubles désintégratifs de l'enfance
                (F84.4) Hyperactivité associée à un retard mental et à des
                mouvements stéréotypés
                (F84.5) Syndrome d'Asperger
        (F88) Autres troubles du développement psychologique

(F89) Troubles du développement psychologique, sans précision

(F90-F98) Troubles du comportement et troubles émotionnels apparaissant habituellement durant l'enfance et l'adolescence

Voir cas subcellulaire : cristaux brisés (trouble déficitaire de l'attention) page 224.

↓　　(F90) Troubles hyperkinétiques
↓　　　　(F90.0) Perturbation de l'activité et de l'attention
↓　　　　　- Altération de l'attention - syndrome avec hyperactivité
↓　　　　　- Altération de l'attention - trouble avec hyperactivité
↓　　　　(F90.1) Trouble hyperkinétique et trouble des conduites
↓　　　　(F90.8) Autres troubles hyperkinétiques
↓　　　　(F90.9) Trouble hyperkinétique, sans précision
　　(F91) Troubles des conduites
　　　　(F91.0) Trouble des conduites limité au milieu familial
　　　　(F91.1) Trouble des conduites, type mal socialisé
　　　　(F91.2) Trouble des conduites, type socialisé
　　　　(F91.3) Trouble oppositionnel avec provocation
　　　　(F91.8) Autres troubles des conduites
　　　　(F91.9) Trouble des conduites, sans précision
　　(F92) Troubles mixtes des conduites et des émotions
　　　　(F92.0) Troubles des conduites avec dépression
　　　　(F92.8) Autres troubles mixtes des conduites et troubles émotionnels
　　　　(F92.9) Trouble mixte des conduites et troubles émotionnels, sans précision

Voir cas subcellulaire : traumatisme biographique (abus, traumatisme prénatal, etc.) page Erreur ! Signet non défini.1; traumatisme associatif (dépendance à l'émotion d'un soignant) page 114; copies page 125.

↓　　(F93) Troubles émotionnels débutant spécifiquement dans l'enfance
↓　　　　(F93.0) Angoisse de séparation de l'enfance
↓　　　　(F93.1) Trouble anxieux phobique de l'enfance
↓　　　　(F93.2) Anxiété sociale de l'enfance
↓　　　　(F93.3) Rivalité dans la fratrie
↓　　　　(F93.8) Autres troubles émotionnels de l'enfance
↓　　　　　- Hyperanxiété
↓　　　　　- Trouble de l'identité
↓　　　　(F93.9) Trouble émotionnel de l'enfance, sans précision

Voir cas subcellulaire : Syndrome d'Asperger page 188; traumatisme biographique page Erreur ! Signet non défini..

↓　　(F94) Troubles du fonctionnement social débutant spécifiquement dans
↓　　l'enfance ou à l'adolescence
↓　　　　(F94.0) Mutisme sélectif
↓　　　　(F94.1) Trouble réactionnel de l'attachement de l'enfance
↓　　--- *Voir cas subcellulaire : trou-a page 139.*
↓　↓　　(F94.2) Trouble de l'attachement de l'enfance avec désinhibition

↓   (F94.8) Autres troubles du fonctionnement social de l'enfance

↓   (F94.9) Trouble du fonctionnement social de l'enfance, sans

↓   précision

(F95) Tics

          (F95.0) Tic transitoire

          (F95.1) Tic moteur ou vocal chronique

          (F95.2) Forme associant tics vocaux et tics moteurs (syndrome de
Gilles de la Tourette)

          (F95.8) Autres tics

          (F95.9) Tic, sans précision

(F98) Autres troubles du comportement et autres troubles émotionnels
apparaissant habituellement durant l'enfance ou à l'adolescence

          (F98.0) Énurésie non organique

          (F98.1) Encoprésie non organique

          (F98.2) Trouble de l'alimentation du nourrisson et de l'enfant

          (F98.3) Pica du nourrisson et de l'enfant

          (F98.4) Mouvements stéréotypés

          (F98.5) Bégaiement

          (F98.6) Bredouillement (langage précipité)

          (F98.8) Autres troubles précisés du comportement et troubles
émotionnels apparaissant habituellement durant l'enfance et
l'adolescence

               - Masturbation excessive

               - Onychophagie

               - Se mettre les doigts dans le nez

               - Sucer son pouce

               - Trouble de l'attention sans hyperactivité

          (F98.9) Trouble du comportement et trouble émotionnel
apparaissant habituellement durant l'enfance et l'adolescence, sans
précision

***Note : cette catégorie pourrait couvrir un large éventail de traumatismes, de cas
subcellulaires ou de problèmes parasitaires.***

↓   (F99) Trouble mental, SAI

(G40-G47) Affections épisodiques et paroxystiques

***Voir cas subcellulaire : filet viral page 230. Voir application : maux de tête page
268.***

↓   (G43) Migraine

↓   Utiliser, au besoin, un code supplémentaire de cause externe (Chapitre

↓   XX) pour identifier le médicament éventuellement causant.

↓   Excl. : céphalée SAI (R51)

↓   (G43.0) Migraine sans aura [migraine commune]

↓   (G43.1) Migraine avec aura [migraine classique]

↓   - Équivalents migraineux [prodromes neurologiques sans
céphalée]

↓   - Migraine :

↓   - aura, sans céphalée
↓   - avec :
↓   - aura prolongée
↓   - aura typique
↓   - installation aiguë de l'aura
↓   - basilaire
↓   - familiale, hémiplégique
↓   (G43.2) État de mal migraineux
↓   (G43.3) Migraine compliquée
↓   (G43.8) Autres migraines (Ophtalmoplégique, Rétinienne)
↓   (G43.9) Migraine, sans précision
(G44) Autres syndromes d'algies céphaliques
Excl. : algie faciale atypique (G50.1), céphalée SAI (R51), névralgie du trijumeau (G50.0)
            (G44.0) Syndrome d'algie vasculaire de la face
                  - Algie vasculaire de la face :
                        - chronique
                        - épisodique
            (G44.1) Céphalée vasculaire, non classée ailleurs (Céphalée vasculaire SAI)
            (G44.2) Céphalée dite de tension (Céphalée chronique dite de tension, Céphalée de tension épisodique, Céphalée de tension SAI)
            (G44.3) Céphalée chronique post-traumatique
            (G44.4) Céphalée médicamenteuse, non classée ailleurs (Utiliser, au besoin, un code supplémentaire de cause externe (Chapitre XX) pour identifier le médicament.)
            (G44.8) Autres syndromes précisés d'algies céphaliques

(R20-R23) Symptômes et signes relatifs à la peau et au tissu cellulaire sous-cutané
(R20) Troubles de la sensibilité cutanée
Excl. : anesthésie dissociative et atteintes sensorielles (F44.6), troubles psychogènes (F45.8)
            (R20.0) Anesthésie cutanée
            (R20.1) Hypoesthésie cutanée
---   ***Voir cas subcellulaire : parasites insectiformes page 152.***
↓   (R20.2) Paresthésie cutanée
            Excl. : acroparesthésie (I73.8)
            (R20.3) Hyperesthésie
            (R20.8) Troubles de la sensibilité cutanée, autres et non précisés

(R40-R46) Symptômes et signes relatifs à la connaissance, la perception, l'humeur et le comportement
Excl. : lorsqu'il s'agit d'un élément d'un trouble mental (F00-F99)
(R40) Somnolence, stupeur et coma (Excl. : coma)
            (R40.0) Somnolence (Assoupissement)

(R40.1) Stupeur (Excl. : Stupeur catatonique (F20.2), Stupeur dépressive (F31-F33), Stupeur dissociative (F44.2), Stupeur maniaque (F30.2))

(R40.2) Coma, sans précision (Perte de conscience SAI)

(R41) Autres symptômes et signes relatifs aux fonctions cognitives et à la conscience (Excl. : troubles dissociatifs [de conversion] (F44.-))

--- ***Voir cas subcellulaire : colonne du soi - bulles page 200.***

↓ (R41.0) Désorientation, sans précision (Confusion SAI) (Excl.: désorientation psychogène (F44.8))

(R41.1) Amnésie antérograde

(R41.2) Amnésie rétrograde

(R41.3) Autres formes d'amnésie (Amnésie SAI)

Excl.: syndrome amnésique:
- amnésie globale transitoire (G45.4)
- dû à l'utilisation de substances psychoactives (F10-F19 avec le quatrième chiffre .6)
- organique (F04)

(R41.8) Symptômes et signes relatifs aux fonctions cognitives et à la conscience, autres et non précisés

Voir cas subcellulaire : vortex page 181.

↓ (R42) Étourdissements et éblouissements (Inclus : Sensation de tête
↓ légère, Vertige SAI) (Excl. : syndromes vertigineux (H81.-))

(R43) Troubles de l'odorat et du goût

(R43.0) Anosmie

(R43.1) Parosmie

(R43.2) Paragueusie

(R43.8) Troubles de l'odorat et du goût, autres et non précisés (Troubles associés de l'odorat et du goût)

Voir cas subcellulaire : voix ribosomiques page 133.

↓ (R44) Autres symptômes et signes relatifs aux sensations et aux
↓ perceptions générales (Excl. : troubles de la sensibilité cutanée (R20.-))

↓ (R44.0) Hallucinations auditives

↓ (R44.1) Hallucinations visuelles

↓ (R44.2) Autres hallucinations

↓ (R44.3) Hallucinations, sans précision

↓ (R44.8) Symptômes et signes relatifs aux sensations et aux
↓ perceptions générales, autres et non précisées

Voir cas subcellulaire : traumatisme biographique page Erreur ! Signet non défini.***; traumatisme générationnel page 117.***

↓ (R45) Symptômes et signes relatifs à l'humeur

↓ --- ***Voir application : anxiété/peur page 264.***

↓ ↓ (R45.0) Nervosité (Tension nerveuse)

↓ ↓ (R45.1) Agitation

↓ ↓ (R45.2) Tristesse (Ennuis SAI)

↓ (R45.3) Découragement et apathie

↓   (R45.4) Irritabilité et colère
↓   (R45.5) Hostilité
↓   (R45.6) Violence physique
↓   (R45.7) État de choc émotionnel et tension, sans précision
↓   ---   ***Voir cas subcellulaire : pulsions suicidaires page 275.***
↓   ↓   (R45.8) Autres symptômes et signes relatifs à l'humeur (Idées
↓   ↓   [tendances] suicidaires) (Excl. : idées suicidaires au cours de
↓   ↓   troubles mentaux (F00-F99))
      (R46) Symptômes et signes relatifs à l'apparence et au comportement
          (R46.0) Hygiène personnelle très défectueuse
          (R46.1) Apparence personnelle bizarre
          (R46.2) Comportement étrange et inexplicable
          (R46.3) Suractivité
          (R46.4) Lenteur et manque de réactivité (Excl. : stupeur (R40.1))
          (R46.5) Caractère soupçonneux et évasif
          (R46.6) Inquiétude et préoccupation exagérées pour les événements
          sources de tension
          (R46.7) Prolixité et détails masquant les raisons de la consultation
          et gênant le contact
          (R46.8) Autres symptômes et signes relatifs à l'apparence et au
          comportement

(R50-R69) Symptômes et signes généraux
*Voir cas subcellulaire : filet viral page 230. Voir application : maux de tête page
268.*
↓   (R51) Céphalée
↓   Inclus : Douleur faciale SAI
↓   Excl. : algie faciale atypique (G50.1), migraine et autres syndromes
↓   d'algies céphaliques (G43-G44), névralgie du trijumeau (G50.0)
*Voir cas subcellulaire : parasites insectiformes page 152; structures du cerveau
de la couronne page 158; problème des chakras page 197. Voir application :
douleur (chronique) page 269.*
↓   (R52) Douleur, non classée ailleurs
↓   Inclus : douleur ne pouvant être rapportée à un seul organe ou une seule
↓   partie du corps
↓   Excl. :
↓   - céphalée (R51)
↓   - colique néphrétique (N23)
↓   - douleur (de) : abdominale (R10.-), articulaire (M25.5), dent
↓   (K08.8), dos (M54.9), épaule (M75.8), gorge (R07.0),
↓   langue (K14.6), mammaire (N64.4), membre (M79.6),
↓   oculaire (H57.1), oreille (H92.0), pelvienne et périnéale
↓   (R10.2), psychogène (F45.4), rachis (M54.-), région
↓   lombaire (M54.5), thoracique (R07.1-R07.4)
↓   - personnalité caractérisée par un syndrome algique chronique
↓   (F62.8)

↓ (R52.0) Douleur aiguë
↓ (R52.1) Douleur chronique irréductible
↓ (R52.2) Autres douleurs chroniques
↓ (R52.9) Douleur, sans précision
  - Douleurs généralisées SAI

(Z80-Z99) Sujets dont la santé peut être menacée en raison d'antécédents personnels et familiaux et de certaines affections
(Z91) Antécédents personnels de facteurs de risque, non classés ailleurs
Excl. :
  - antécédents personnels d'abus de substances psychoactives (Z86.4)
  - exposition (à) :
    - pollution et autres difficultés liées à l'environnement physique (Z58.-)
    - professionnelle à des facteurs de risque (Z57.-)
(Z91.0) Antécédents personnels d'allergie, autre qu'à des médicaments et des substances biologiques
Excl. : antécédents personnels d'allergie à des médicaments et des substances biologiques (Z88.-)
(Z91.1) Antécédents personnels de non-observance d'un traitement médical et d'un régime
(Z91.2) Antécédents personnels de mauvaise hygiène personnelle
(Z91.3) Antécédents personnels de cycle veille/sommeil anormal
Excl. : troubles du sommeil (G47.-)
(Z91.4) Antécédents personnels de traumatisme psychologique, non classé ailleurs
--- ***Voir cas subcellulaire : pulsions suicidaires page 275.***
↓ (Z91.5) Antécédents personnels de lésions auto-infligées
↓   - Intoxication volontaire
↓   - Parasuicide
↓   - Tentative de suicide
(Z91.6) Antécédents personnels d'autres traumatismes physiques
(Z91.8) Antécédents personnels d'autres facteurs de risque précisés, non classés ailleurs
  - Abus SAI
  - Sévices SAI

Glossaire

Anneau [*ring*] : Organisme fongique qui peut ressembler à un anneau ou à une sphère, que l'on trouve à l'intérieur du noyau nucléaire. Il fabrique la structure cristalline fongique de la colonne du soi lors du développement précoce de la conscience du petit-enfant.

Arrêt (d'un cerveau) [*shutdown (brain)*] : L'état de la conscience d'un cerveau triunique qui est partiellement ou complètement arrêté. Lorsque cela se produit, la personne perd la capacité conférée par ce cerveau. Par exemple, l'arrêt du cerveau du mental cause la perte de la capacité de former des jugements, l'arrêt du cerveau du cœur fait que les autres sont perçus comme des objets et non comme des personnes, et ainsi de suite.

Arrêt d'un cerveau triunique [*triune brain shutdown*] : Voir « arrêt (d'un cerveau) ».

Associations du corps [*body associations*] : Le cerveau du corps fait des associations non logiques pendant les traumatismes qui dirigent ensuite ses actions plus tard dans la vie. C'est par exemple la base du « chien de Pavlov » qui relie le son d'une cloche à la nourriture.

Blastocyste [*blastocyst*] : Stade de développement embryonnaire qui commence environ quatre jours après la conception et se termine au moment de la nidation. Elle se caractérise par une cavité qui se forme dans la morula (cellules embryonnaires), avec une couche externe qui devient plus tard le placenta, et une couche interne qui devient le fœtus

Blocage tribal [*tribal block*] : L'influence de la culture sur les gens. Il provoque également des conflits culturels et de l'hostilité entre les membres de cultures différentes. Causée par un champignon.

Boucle temporelle [*time loop*] : Structure dans la cellule primaire qui provoque le retour de traumatismes après leur guérison. Elle est vécue comme une structure en forme d'œuf dans le corps, ou lors d'une régression comme le temps qui s'écoule dans une boucle répétitive. On les trouve dans la pomme de pin dans le noyau nucléaire.

BSFF - Be Set Free Fast (littéralement « Soyez Libéré Rapidement ») : Une thérapie méridienne qui n'utilise que quelques points sur les mains, qui cible les traumatismes gardiens pour éliminer l'inversion psychologique, et qui a une variante qui peut déclencher le processus de guérison en utilisant un mot-clé.

Bulle [*bubble*] : Structure fongique qui « ressemble » à une bulle dans la cellule et qui peut retenir la conscience emprisonnée entièrement ou partiellement, causant une déficience. Trouvée à l'intérieur de la merkaba dans le noyau nucléaire.

CdC - Centre de Conscience [*CoA - Center of Awareness*] : À l'aide d'un doigt, vous pouvez trouver votre centre de conscience en pointant du doigt l'endroit où vous êtes dans votre corps. Peut-être à un point particulier, ou diffus, ou à plus d'un endroit, ou à la fois interne et externe au corps.

Cellule germinale primordiale [*primordial germ cell*] : Cellule originelle qui finit par se transformer en un spermatozoïde ou un ovocyte. Elles se forment initialement dans le blastocyste parental peu après la nidation à l'intérieur de la grand-mère.

Cellule eucaryote [*eukaryotic cell*] : Cellule qui contient un noyau et d'autres organites. Tous les organismes multicellulaires sont constitués de cellules eucaryotes.

Cellule primaire [*primary cell*] : La seule cellule du corps qui contient la conscience. Elle agit comme le modèle de base pour toutes les autres cellules. Elle est formée à la quatrième division cellulaire après la conception.

Cerveau de la colonne vertébrale [*spine brain*] : Un cerveau triunique conscient de lui-même dont le point focal de sa responsabilité est la colonne vertébrale. Il correspond à la queue du spermatozoïde dans le spermatozoïde et au lysosome dans les cellules adultes.

Cerveau du cœur [*heart brain*] : Le système limbique, ou cerveau paléo-mammalien. Il pense en séquences d'émotions, et s'expérimente au centre de la poitrine.

Cerveau du corps [*body brain*] : Le cerveau reptilien, à la base du crâne. Il pense en sensations corporelles gestaltiques (appelées « ressenti corporel » dans le Focusing de Gendlin), et s'expérimente dans la partie inférieure du ventre. On l'appelle le *hara* en japonais. C'est le cerveau avec lequel nous communiquons lorsque nous faisons de la radiesthésie ou des tests musculaires. Au niveau subcellulaire, c'est le réticulum endoplasmique.

Cerveau du mental [*mind brain*] : Le néocortex, ou cerveau de primate. Il pense en pensées et s'expérimente dans la tête. Au niveau subcellulaire, c'est le noyau.

Cerveau du périnée [*perineum brain*] : La conscience consciente d'elle-même au niveau du périnée.

Cerveau du placenta [*placental brain*] : La conscience placentaire consciente d'elle-même. Elle correspond à l'appareil de Golgi. Parfois appelé « cerveau du nombril ».

Cerveau du troisième œil [*third eye brain*] : Un cerveau triunique conscient de lui-même dont la zone de fonction majeure est située au centre du front. Il est censé être apparié au placenta, mais il l'est rarement dû à des infections fongiques.

Cerveau triunique [*triune brain*] : Le nom complet est le « modèle du cerveau triunique de Papez-MacLean ». Le cerveau est construit à partir de trois grandes structures biologiques distinctes formées au cours de l'évolution. Ce sont le complexe R (le corps), le système limbique (le cœur) et le néocortex (le mental). Chacun est conscient de soi, construit pour différentes fonctions, et pense en utilisant soit des sensations, soit des émotions, soit des pensées. Ils génèrent le phénomène du subconscient. Il est possible de communiquer directement avec eux à l'aide d'un état extraordinaire spécifique.

Cerveaux [*brains*] : Désigne les différentes parties du cerveau qui ont une conscience de soi distincte : le mental (primate), le cœur (mammifère) et le corps (reptilien) du modèle du cerveau triunique. Leurs consciences sont des extensions des organites à l'intérieur de la cellule primaire, qui à leur tour sont des extensions des blocs des êtres sacrés. Fait également référence au modèle du cerveau triunique étendu : périnée, corps, plexus solaire, cœur, mental, troisième œil, couronne, nombril (placenta) et colonne vertébrale (queue du spermatozoïde).

Cerveaux organites [*organelle brains*] : Les organites conscients d'eux-mêmes dans le spermatozoïde, l'ovocyte ou la cellule fécondée. Il y a sept organites conscients d'eux-mêmes dans le spermatozoïde ou l'ovocyte, et neuf organites composés dans les cellules zygote et adultes. Ils partagent la conscience avec leurs cerveaux triuniques pluricellulaires correspondants. Cette étiquette est généralement raccourcie en « organite » dans le contexte des structures cellulaires conscientes d'elles-mêmes.

Chaîne [*chain*] : Une structure à l'intérieur du noyau nucléaire qui ressemble à une chaîne qui relie l'« anneau » à la « merkaba ». C'est la source des traumatismes fondamentaux (dans la colonne vertébrale) ; elle se superpose de façon kinesthésique à la colonne vertébrale proprement dite.

Chakras : Un organisme fongique sur la membrane nucléaire. Donne lieu à des expériences de « centres d'énergie » le long de l'axe vertical avant du corps. Il contient du matériau cristallin brisé qui correspond aux traumatismes.

Coalescence : Les organites précellulaires se combinent pour former une cellule germinale primordiale au stade de la coalescence. Cela se produit à l'intérieur du parent qui est encore un blastocyste à l'intérieur de la grand-mère (sa mère).

Coex - condensed experience (littéralement « expérience condensée ») : Conçu par le Dr Stanislav Grof, ceci décrit le phénomène que, lors d'une guérison en régression, les traumatismes semblables sensoriellement sont activés simultanément et s'interconnectent.

Colonne du Soi [*column of Self*] : Une structure en forme de colonne dans le noyau nucléaire de la cellule primaire. Différents types de dommages à cette colonne provoquent des symptômes différents, souvent graves. Elle est de nature fongique.

Colonnes Mère/Père [*Mother/Father columns*] : Deux colonnes supplémentaires en plus de la colonne du soi peuvent être « vues » chez la plupart des gens. Elles sont « ressenties » respectivement comme la mère et le père, parce que ce sont des reliquats de matériaux de conscience qui étaient censés se combiner pour former la nouvelle conscience au moment de la conception. Ces colonnes, surtout si elles sont grandes par rapport à la colonne du soi, peuvent causer des problèmes pour certaines personnes. Ce sont des structures fongiques.

Commande de Gaïa [*Gaia command*] : Les événements développementaux peuvent être décomposés en étapes biologiques, chaque étape étant décrite par une courte phrase. En régression, ces phrases sont vécues comme des commandes envoyées par une source externe que nous appelons Gaïa, la biosphère vivante de notre planète, qui guide notre développement en temps réel.

Conscience collective [*collective consciousness*] : Une conscience qui est construite à partir d'unités individuelles de conscience, mais qui a des qualités différentes de ses sous-unités et ne réside dans aucune sous-unité particulière. Quelques exemples sont Gaïa, le spermatozoïde, la mitochondrie, et les « maillages des âmes ». D'autres termes pour ce phénomène sont « esprit de groupe » ou « conscience composite ».

Conscience composite [*composite awareness*] : Voir « **conscience collective** ».

Contournement (de traumatismes) [*bypass (trauma)*] : Structure à l'intérieur du noyau qui recouvre un gène bloqué à la base d'une séquence de traumatismes. Cela bloque la sensation sans réellement guérir le problème. Peut résulter des approches de la PNL en matière de guérison des traumatismes.

Copies : Une copie des émotions ou des sensations d'une autre personne sur son propre corps. Les copies sont causées par une espèce bactérienne qui vit dans le cytoplasme.

Cordes [*cords*] : Ceci décrit une connexion dysfonctionnelle entre deux personnes (en fait, entre un traumatisme dans chaque personne) qui peut être perçue comme un « tube » ou une « corde ». Celles-ci provoquent la sensation en temps réel que les autres ont une « personnalité » - (une tonalité émotionnelle) quand on pense à eux. Ce sont en fait les tentacules d'un organisme fongique qui pénètrent dans la cellule.

CPL - Calm, Peace, Lightness (littéralement « Calme, Paix, Légèreté ») : Le point final de la guérison d'un traumatisme. Ceci se produit lorsque le client entre dans le moment présent, même si ce n'est généralement que de façon temporaire.

Cristaux brisés [*shattered crystals*] : La conscience peut être « fragmentée », de sorte qu'il est très difficile de concentrer son attention. Ceci est causé par ce qui ressemble à des cristaux brisés ou du verre brisé dans le cytoplasme de la cellule primaire.

Déstabilisation [*destabilization*] : Après la guérison d'un problème, les symptômes d'un autre problème apparaissent. Le problème présenté était en fait là pour que le client puisse éviter le problème plus profond et plus douloureux. La guérison du premier problème a « déstabilisé » le client.

Diagnostic différentiel [*differential diagnosis*] : Lorsqu'un symptôme peut avoir des causes différentes, le thérapeute détermine la cause réelle en vérifiant si d'autres symptômes correspondent à l'un des choix possibles.

Diagramme de Perry [*Perry diagram*] : Un diagramme utilisant des cercles pour indiquer le degré de connexion des consciences des cerveaux triuniques.

DPR - Distant Personality Release (littéralement « Libération de la personnalité distante ») : Une technique Peak States® qui élimine le transfert et le contre-transfert entre les personnes en dissolvant les « cordes » (et les traumatismes correspondants) qui les relient.

Effet Apex [*apex phenomenon*] : Découvert par le Dr Roger Callahan, ceci fait référence au phénomène commun qu'une fois un problème est éliminé par une thérapie, le client essaie d'expliquer le changement par quelque chose qu'il connaît, tel que la distraction, même si l'explication ne colle pas. La définition a été élargie pour inclure le phénomène de l'oubli par le client (au point de l'incrédulité) que la problématique guérie ne lui ait jamais posé problème.

EFT - Emotional Freedom Technique (littéralement « Technique de Libération Émotionnelle ») : Une thérapie qui utilise le tapotement sur les points méridiens pour éliminer l'inconfort émotionnel et physique. Classée comme thérapie énergétique, dans la sous-catégorie « énergétique » ou « méridienne ».

EMDR - Eye Movement Desensitization and Reprocessing (« Intégration neuro-émotionnelle par les mouvements oculaires ») : Une thérapie de guérison de traumatismes par régression impliquant le déplacement répété de l'attention de gauche à droite, soit avec les yeux, soit en touchant le corps d'un côté puis de l'autre.

Émotions aplaties [*flattened emotions*] : Une condition où le client a une capacité grandement réduite de ressentir des émotions. Il peut encore ressentir des émotions positives et négatives, mais c'est comme si quelqu'un avait baissé le volume.

Esprit de groupe [*group mind*] : Voir « conscience collective ».

État extraordinaire [*peak state*] : Une expérience extraordinaire stable et durable, faisant partie de plus d'une centaine de types différents. Il peut s'agir d'aptitudes physiques exceptionnelles, de sentiments positifs continus ou d'expériences en dehors du système de croyances occidental.

Êtres sacrés [*sacred beings*] : La conscience des cerveaux triuniques trouve son origine dans des cubes ressentis comme sacrés et qui se perçoivent eux-mêmes dans le « royaume du sacré ». Ils sont symbolisés par des totems ou des pagodes. Ces structures extrêmement minuscules se trouvent au centre du noyau nucléaire.

Expérience extraordinaire [*peak experience*] : Une sensation éphémère et exceptionnellement bonne qui améliore la fonctionnalité dans le monde.

Expérience hors du corps [*OBE - Out of Body Experience*] : La conscience d'une personne peut sortir de son corps. Ce phénomène est plus facile à remarquer dans les souvenirs de traumatismes qui sont « perçus » d'un point de vue hors du corps.

Expériences collectives [*collective experiences*] : La personne ressent la douleur d'un sous-ensemble de toute l'humanité du passé. Par exemple : la souffrance de tous les prisonniers qui ont été torturés ; l'agonie des mères qui sont mortes pendant l'accouchement, etc. Ce n'est pas un traumatisme générationnel. Parfois catégorisé comme une urgence spirituelle. C'est ce que Grof appelle les « expériences raciales et collectives », traitées avec la Courteau Projection Technique.

Expériences raciales et collectives [*racial and collective experiences*] : Voir « expériences collectives ».

Guérison régénérative [*regenerative healing*] : Guérison physique caractérisée par une vitesse extrême (de quelques secondes à quelques minutes) et la capacité de guérir pratiquement tous les problèmes physiques (des cicatrices aux fractures). Elle peut être effectuée sur soi-même ou induite à distance chez les clients. Il s'agit d'un cas extrêmement rare. Elle utilise un mécanisme fondamentalement différent de celui de la guérison des traumatismes.

Identité de soi [*self-identity*] : Chacun des cerveaux biologiques prétend être quelqu'un ou quelque chose d'autre. Ce besoin de faire semblant est motivé par un malaise subtil ancré profondément dans les cerveaux triuniques concernant une incapacité à remplir correctement leur fonction spécifique.

Identités prétendues [*pretend identities*] : Équivalent de l'« image de soi d'un cerveau triunique ». Les identités que les différents cerveaux triuniques prétendent avoir.

Identités projetées [*projected identities*] : Chaque cerveau triunique projette typiquement des identités sur d'autres cerveaux triuniques. Elles ont tendance à être très négatives. Il est intéressant de noter que le cerveau du corps est souvent perçu comme un dieu (ou un monstre) par les autres cerveaux.

Inversion psychologique [*psychological reversal*] : Lorsque les thérapies par « tapotement » des méridiens n'ont aucun effet, la cause en est souvent un besoin inconscient du problème. L'utilisation d'un massage des ganglions lymphatiques ou l'élimination des traumatismes « gardiens » permet à la guérison de se dérouler normalement.

Kundalini : Caractérisée par la sensation d'une petite zone de chaleur (environ 2,5 centimètres de diamètre), qui se déplace lentement le long de la colonne vertébrale. Cela peut durer des mois et, dans certains cas, des années. La kundalini stimule des traumatismes et d'autres expériences « spirituelles » inhabituelles, créant de graves problèmes pour la plupart des gens, ainsi qu'un sommeil réduit.

Maléfique [*evil*] : Une sensation qui est bien capturée dans les films d'horreur. Dans le contexte de notre travail, il ne s'agit pas d'un type de comportement, mais plutôt d'une qualité expérientielle.

Mémoires cellulaires [*cellular memories*] : Souvenirs du spermatozoïde, de l'ovocyte et du zygote, généralement de nature traumatique. Il s'agit notamment de sensations, d'émotions et de pensées. Également appliqué dans la littérature aux seuls souvenirs de la conscience du corps.

Méridiens [*meridians*] : Canaux d'énergie qui traversent le corps. Utilisés dans des thérapies telles que l'acupuncture et l'EFT. Causés par des tubes dans le cytoplasme de la cellule primaire qui se connectent à l'organisme fongique « chakra » sur le noyau.

Merkaba : Organisme fongique ressemblant à une merkaba géométrique en trois dimensions, que l'on trouve à l'intérieur du noyau nucléaire.

Mitochondries [*mitochondria*] : Chaque cellule a des centaines de petits organites dans le cytoplasme qui ressemblent un peu à des pains à hot dog. Ces organites correspondent au cerveau du plexus solaire. Elles créent le composé chimique (ATP) équivalent à l'oxygène dont la cellule a besoin pour « respirer ».

Modèle de biologie transpersonnelle [*transpersonal biology model*] : Des événements développementaux activés et les structures correspondantes dans la cellule primaire sont à l'origine de toutes les expériences transpersonnelles. Il existe souvent un double point de vue : l'un basé sur la conscience sans composant biologique, l'autre sur les structures biologiques correspondantes dans la cellule.

Modèle des événements développementaux [*developmental events model*] : Explique la présence ou l'absence d'états, d'expériences et de capacités extraordinaires dus à des traumatismes prénataux. Cela s'applique également aux maladies mentales et physiques.

Modèle du cerveau triunique étendu [*extended triune brain model*] : Basé sur le modèle du cerveau triunique de Papez-MacLean, il décrit le cerveau comme une structure en neuf parties. Ces parties sont communément appelées cerveaux du périnée, du corps, du placenta, du plexus solaire, du cœur, de la colonne vertébrale, du mental, du troisième œil et de la couronne.

Noyau nucléaire [*nuclear core*] : Volume creux à l'intérieur du nucléole, contenant les structures fondamentales de la conscience.

Organite [*organelle*] : Les différents types de structures à l'intérieur d'une cellule qui agissent comme différents « organes ».

Organite de la queue du spermatozoïde [*sperm tail organelle*] : C'est le lysosome dans la cellule. Dans le développement prénatal, c'est la conscience de la queue du spermatozoïde. Sa contrepartie multicellulaire est la colonne vertébrale.

Organites précellulaires [*precellular organelles*] : Les organites conscients d'eux-mêmes avant qu'ils ne se combinent pour former une cellule germinale primordiale. Les différents types sont identifiés soit par leur nom biologique dans la cellule, soit par le cerveau triunique avec lequel ils partagent une continuité de conscience (par exemple, corps, cœur, etc.).

Personnalité [*personality*] : C'est ce que les autres ressentent à propos d'une personne lorsqu'ils tournent leur attention vers elle. Plutôt que d'être une construction mentale chez l'observateur, c'est une expérience en temps réel de traumatismes particuliers dans celui qui est observé. Elle est causée par le champignon borg. La technique de la DPR est utilisée pour dissoudre cette connexion.

Perte d'âme [*soul loss*] : Phrase utilisée dans le chamanisme pour décrire des morceaux de la conscience de soi qui ont quitté la personne. Cette personne se sentira généralement seule, triste et regrettera la personne qui a déclenché ce problème.

Phrase déclencheur [*trigger phrase*] : La courte phrase qui déclenche chez le client son inconfort maximal (c'est-à-dire la mesure de l'USD la plus élevée).

Phrase traumatique [*trauma phrase*] : Il s'agit d'une courte phrase, habituellement de 1 à 3 mots, qui traduit en langage les sensations corporelles ressenties pendant un moment traumatique. Elle est employée avec la thérapie de régression Whole-Hearted Healing™ lorsque la guérison d'un traumatisme ne prend pas fin.

Pomme de pin [*pinecone*] : Structure fongique ressemblant à une pomme de pin, contenant de minuscules « bulles », que l'on trouve dans le noyau nucléaire.

Pores nucléaires [*nuclear pores*] : Ouvertures dans la membrane nucléaire qui contiennent des sphincters ressemblant à des iris de caméra. Il y a 4 à 5 000 pores dans le noyau de la cellule primaire.

Prions : Les prions sont des agents pathogènes infectieux qui causent un groupe de maladies neurodégénératives invariablement mortelles. Les prions sont dépourvus d'acide nucléique et semblent être composés exclusivement d'une protéine modifiée. Nous soupçonnons que les prions sont les parasites insectiformes de classe 1 que l'on voit dans la cellule primaire.

Problématique dominante [*dominant issue*] : Un problème traumatique qui bloque la capacité d'un client à ressentir ses états extraordinaires.

Problèmes structurels [*structural problems*] : Le client a des émotions ou des sensations qui ne sont pas dues directement à un traumatisme, mais plutôt à des problèmes structurels dans la cellule primaire. Par exemple, des étourdissements dus à des mitochondries endommagées.

Procaryote [*prokaryote*] : Classe d'organismes unicellulaires simples qui n'ont pas d'organites (comme un noyau). Les bactéries sont dans cette classe.

Psychobiologie subcellulaire [*subcellular psychobiology*] : De nombreux symptômes psychologiques (et physiques) sont directement causés par divers maladies ou troubles biologiques à l'intérieur de la cellule. Les problèmes subcellulaires sont traités par diverses techniques psychologiques qui interagissent directement avec les structures subcellulaires ; ou par des techniques de guérison des traumatismes qui réparent les dommages du développement précoce qui ont causé directement ou indirectement les problèmes subcellulaires subséquents.

Psychose [*psychosis*] : Le client a perdu le contact avec la réalité extérieure. De nombreux problèmes très différents et sans rapport les uns avec les autres sont étiquetés de cette façon (par exemple, voir « cristaux brisés »).

Règle de trois [*rule of three*] : Une fois que le problème d'un client est complètement guéri, le thérapeute prévoit de faire deux autres séances pour s'assurer que la guérison est stable. La première séance a lieu quelques jours après, et la deuxième séance a lieu une à deux semaines plus tard. Cela permet de détecter les problèmes dus aux gènes sous la surface dans le noyau et aux boucles temporelles qui s'activent plus tard.

Royaume de l'enfer [*hell realm*] : Pendant la régression vers certains moments du développement, ou à certains endroits à l'intérieur de la cellule primaire, la personne a l'expérience d'être dans une sorte d'enfer, entourée par le mal pur. Ceci est causé par un parasite bactérien situé sous leur image corporelle.

Royaume du Sacré [*realm of the Sacred*] : Certains clients accèdent à un niveau de conscience où l'environnement ressemble à l'espace intersidéral sombre éclairé par des lumières noires fluorescentes. C'est ainsi que les « êtres sacrés » perçoivent leur environnement. Voir *The Vision* de Tom Brown Junior pour plus de descriptions.

Scan : En utilisant des états extraordinaires inhabituels, la cellule primaire peut être examinée à la recherche de certains problèmes structurels courants. Ceci est utilisé pour les clients qui sont difficiles à diagnostiquer en utilisant seulement des questions et des réponses.

SSPT - Syndrome de Stress Post-Traumatique [*PTSD - Post Traumatic Stress Disorder*] : C'est le nom standard des réactions graves et durables à des événements traumatiques.

Structure passerelle [*gateway structure*] : Ces structures subcellulaires agissent comme des portes d'accès vers des événements passés, chamaniques ou spirituels. Les plus connus sont les ribosomes sur une séquence d'ARNm bloquée, qui servent de passerelles vers les événements du passé.

Structures du cerveau de la couronne [*crown brain structuress*] : Elles « ressemblent » à des câbles ou à des conteneurs à l'intérieur du corps. Elles peuvent apparaître à certains clients sous la forme d'un « implant extraterrestre ». Le cerveau de la couronne les crée lors de certains types de traumatismes. Elles causent souvent des douleurs physiques.

Submersion traumatique [*trauma flooding*] : Le déclenchement simultané dans la conscience de nombreux traumatismes aléatoires.

Substitut sensoriel [*sensate substitute*] : Lors d'événements traumatiques, la conscience du corps peut associer son environnement à la survie. Dans le présent, elle pousse la personne à acquérir des substituts qui sont ressentis comme semblables à l'environnement original pour l'aider à se sentir en sécurité. Ces substituts se trouvent habituellement dans l'environnement subcellulaire et dans la vie quotidienne de la personne.

Sur-identification avec le Créateur [*over-identification with the Creator*] : Certaines personnes mettent leur conscience à l'intérieur d'une structure fongique dans la cellule, ce qui leur fait perdre leur perspective humaine et ne plus vouloir aider d'autres personnes en souffrance.

Test musculaire [*muscle testing*] : Communiquer avec la conscience du corps en utilisant la force musculaire comme indicateur. Même mécanisme que la kinésiologie appliquée, et les termes sont utilisés de façon interchangeable.

Thérapie psychédélique [*psychedelic therapy*] : Cette thérapie implique l'utilisation de très fortes doses de drogues psychédéliques, dans le but de promouvoir des expériences transcendantales, extatiques, religieuses ou mystiques extraordinaires. Les patients passent la plus grande partie de la période active du médicament, allongés avec un cache sur les yeux tout en écoutant de la musique non lyrique et en explorant leur expérience intérieure. Le dialogue avec les thérapeutes est rare pendant les séances avec la drogue, mais essentiel pendant les séances de psychothérapie avant et après l'expérience de la drogue.

Thérapie psycholytique [*psycholytic therapy*] : Elle implique l'utilisation de doses faibles à moyennes de drogues psychédéliques, de façon répétée à des intervalles de 1 à 2 semaines. Le thérapeute est présent pendant la période active de l'expérience et au besoin à d'autres moments pour aider le patient à traiter le matériel qui se présente et pour offrir son soutien quand nécessaire.

Thérapie énergétique [*power therapy*] : Une phrase inventée par le Dr Figley qui est également à l'origine de la catégorie psychologique appelée syndrome de stress post-traumatique (SSPT). Elle s'applique aux traitements extrêmement efficaces (à l'origine EMDR, TIR, TFT et VKD) qui éliminent les symptômes du SSPT ainsi que d'autres problèmes.

TIR - Traumatic Incident Reduction (littéralement « Réduction des incidents traumatiques ») : Une excellente thérapie énergétique qui utilise la régression.

Toxicité (de la cellule) [*toxicity (cell)*] : La cellule primaire peut avoir des zones dans les fluides ou dans les membranes qui sont toxiques. Cela provoque chez le client des symptômes qui, à l'extrême, se traduisent par des nausées, des maladies et des faiblesses. Les zones de toxicité ont une « apparence » grise ou noire dans la cellule primaire. Les liquides et les membranes des cellules primaires devraient avoir l'air transparents, mais cela se produit rarement.

TPM - Trouble de la Personnalité Multiple [*MPD - Multiple Personality Disorder*] : Désormais nommé « Trouble Dissociatif de l'Identité (DID) » dans le DSM4. Il décrit des personnes qui ont des personnalités différentes qui prennent parfois la relève sans que la personnalité principale n'en soit consciente.

Traumatisme [*trauma*] : Un moment, ou une série de moments, dans le temps où les sensations, les émotions et les pensées sont stockées à partir d'expériences douloureuses, difficiles ou agréables. Ils causent des problèmes parce qu'ils créent des croyances limitantes qui guident le comportement de façon inappropriée. Un traumatisme grave crée un trouble de stress post-traumatique.

Traumatisme gardien [*guarding trauma*] : Un traumatisme qui pousse le client à vouloir garder un problème. C'est la cause du phénomène de l'« inversion psychologique ». Une personne peut avoir plusieurs couches de ces traumatismes gardiens.

Traumatisme générationnel [*generational trauma*] : Problème structurel subcellulaire transmis par la lignée familiale. Ils provoquent des émotions qui sont vécues comme étant très « personnelles », que quelque chose ne va pas du tout en soi. Ils peuvent être éliminés à l'aide de diverses techniques.

Traumatisme précellulaire [*precellular trauma*] : Traumatisme des organites précellulaires.

Trou [*hole*] : Les clients peuvent parfois voir ce qui « ressemble » à des trous noirs dans leur corps, qui ressemblent à un vide infiniment profond et déficient. Ils sont portés à la conscience lors de certaines thérapies. Ils sont causés par des dommages physiques au corps.

Urgence spirituelle [*spiritual emergency*] : Une expérience de diverses traditions spirituelles, mystiques ou chamaniques qui devient une crise. Ce n'est pas la même chose qu'une crise de foi religieuse.

USD - Unité Subjective de Détresse [*SUDS - Subjective Unit of Distress Scale*] : Mesure relative utilisée pour évaluer le degré de douleur ou d'inconfort émotionnel. Initialement d'une échelle de 1 à 10, l'usage courant est maintenant de 0 (aucune douleur) à 10 (autant de douleur qu'il est possible d'avoir).

Vie antérieure [*past life*] : Expérience rencontrée dans certaines thérapies, d'avoir vécu dans le passé ou l'avenir avec une personnalité et un corps différents. C'est un phénomène différent des mémoires ancestrales (générationnelles). Elles sont créées par une structure fongique sur l'intérieur de la membrane cellulaire.

WHH - Whole-Hearted Healing (littéralement « Guérison de Tout Cœur ») : Une technique de thérapie de régression. Elle fait appel à la conscience de l'expérience hors du corps (« dissociation ») associée au traumatisme pour guérir.

Zygote : Cellule résultant de l'union d'un ovocyte avec un spermatozoïde à la conception. Le stade du zygote se termine à la première division cellulaire (bien qu'il soit parfois défini comme incluant l'organisme multicellulaire qui se développe à partir de la première cellule).

Index

C